技能应用速成系列

SPSS 28.0 统计分析基础与应用

梁 楠 编著

电子工业出版社
Publishing House of Electronics Industry
北京·BEIJING

内 容 简 介

本书以 SPSS 28.0 为平台，由浅入深地全面讲解 SPSS 软件的相关知识，通过图文并茂的方式和大量实例介绍各项操作，内容翔实，结构清晰，易学易用。

全书分为三部分，共 17 章，详细介绍了 SPSS 的界面、数据文件的编辑、数据文件的整理、基本统计分析、参数估计与假设检验、非参数检验、方差分析、相关分析、回归分析、聚类分析、判别分析、因子分析、对应分析、信度分析、生存分析、时间序列分析、SPSS 的综合应用案例等内容。本书涉及面广，涵盖了一般用户需要使用的各种功能，内容完整且每章相对独立，是一本详尽实用的 SPSS 学习用书。

本书适合高等院校统计分析专业的学生、科研人员、SPSS 用户和爱好者，以及希望从事 SPSS 软件技术相关工作的人员使用。

未经许可，不得以任何方式复制或抄袭本书之部分或全部内容。
版权所有，侵权必究。

图书在版编目（CIP）数据

SPSS 28.0 统计分析基础与应用 / 梁楠编著. —北京：电子工业出版社，2023.1
（技能应用速成系列）
ISBN 978-7-121-44797-6

Ⅰ. ①S… Ⅱ. ①梁… Ⅲ. ①统计分析－统计程序 Ⅳ. ①C819

中国版本图书馆 CIP 数据核字（2022）第 255071 号

责任编辑：许存权（QQ：76584717）　　文字编辑：徐　萍
印　　刷：三河市华成印务有限公司
装　　订：三河市华成印务有限公司
出版发行：电子工业出版社
　　　　　北京市海淀区万寿路 173 信箱　邮编　100036
开　　本：787×1092　1/16　印张：21.75　字数：556.8 千字
版　　次：2023 年 1 月第 1 版
印　　次：2023 年 1 月第 1 次印刷
定　　价：79.00 元

凡所购买电子工业出版社图书有缺损问题，请向购买书店调换。若书店售缺，请与本社发行部联系，联系及邮购电话：(010) 88254888，88258888。
质量投诉请发邮件至 zlts@phei.com.cn，盗版侵权举报请发邮件至 dbqq@phei.com.cn。
本书咨询联系方式：(010) 88254484，xucq@phei.com.cn。

前言

SPSS 是世界上最早的统计分析软件，以功能丰富、效率高、操作简便而著称，是非常适合进行数据分析的工具软件，在经济学、医学、教育学、管理学、心理学、广告学、统计学，以及商业、工业、林业、农业等各个领域有广泛应用。

本书基于 SPSS 最新产品——SPSS 28.0 版本编写，该版本在界面设置、数据管理、报表和图标、编程能力等方面有很大改进。本书采用"完全案例"的编写形式，与相关操作技巧紧密结合，与全书设计理念相辅相成，充分体现了专业性、层次性、技巧性等特点，具有很高的实用价值。

1. 本书特点

本书适合各阶段的读者使用。书中结合编者的实际项目经验，穿插了大量应用技巧和实例。本书主要有如下特点。

循序渐进、通俗易懂。本书完全按照初学者的学习规律和习惯，由浅入深地安排每章内容，让初学者掌握 SPSS 的基础知识及应用。

步骤详尽、内容新颖。本书结合作者多年 SPSS 的使用经验与实际案例，将 SPSS 软件的使用方法与技巧详细地介绍给读者。本书在讲解过程中步骤详尽、内容新颖，并辅以相应的图片，使读者一目了然。

内容全面、结构合理。本书涉及基本统计分析、参数估计与假设检验、非参数检验、方差分析、相关分析、回归分析、聚类分析、判别分析等统计分析方法，内容丰富。

案例丰富、技术全面。本书每章都是 SPSS 的一个专题，每个案例都包含多个知识点。读者对照本书进行学习，可以举一反三，达到从入门到精通的目的。

视频教学、轻松易懂。本书配备了高清语音教学视频，可以使读者掌握每个案例的操作难点，并且提高学习效率。

2. 本书内容

本书基于 SPSS 28.0，讲解了 SPSS 的基础知识和综合应用，主要分为三部分，即基础知识、数据分析和综合应用部分，其中基础知识部分包括第 1 章，数据分析部分包括第 2~13 章，综合应用部分包括第 14~17 章。

第一部分：基础知识。从 SPSS 的发展简史、数据类型、数据输入/输出等方面入手，使读者掌握 SPSS 的基本知识及数据分析前的数据整理方法，为其后的数据分析打下基础。

第二部分：数据分析。全面讲解 SPSS 在统计分析中的应用，该部分以实用为目标，通过简明扼要的讲解，以及实例引导，使读者全面掌握各种统计方法的操作要领。

第三部分：综合应用。该部分以实例作为导向，通过全面的数据分析，培养读者的统计分析思想，进一步提高读者对 SPSS 的理解。

本书可与电子工业出版社《SPSS 28.0 统计分析综合应用案例详解》(梁楠编著)一书配套学习,该书侧重于案例应用与实战讲解,读者可根据自己的领域选择性学习。

3. 读者对象

- ★ 相关数据分析从业人员
- ★ 大中专院校的师生
- ★ 参加工作实习的新手
- ★ 广大科研工作人员
- ★ 初学 SPSS 的技术人员
- ★ 相关培训机构的教师和学员
- ★ SPSS 爱好者
- ★ 初级和中级 SPSS 用户

4. 本书作者

本书由梁楠编著,虽然作者在编写过程中力求叙述准确、清晰,但由于水平有限,书中欠妥之处在所难免,请读者及同行批评指正,在此表示诚挚的谢意。

5. 读者服务

作者在"算法仿真在线"公众号中为读者提供技术资料分享服务,同时还在公众号中提供技术答疑,解答读者在学习过程中遇到的疑难问题。

读者关注"算法仿真在线"公众号回复"SPSS44797"可以获取视频及数据文件的下载链接、视频的在线播放地址、与作者的互动方式、技术交流群信息等,还可以在相关栏目下留言,我们将竭诚为您服务。

"算法仿真在线"公众号二维码

资源下载:

本书配套的多媒体教学视频文件、数据文件等都收录在百度云盘中,请根据以下地址进行下载。为方便教学使用,本书提供 PPT 教学课件,有需要的教师请联系作者获取。

配套资源下载链接:https://pan.baidu.com/s/1NTtxTH6tz5L82L_0-FaFBA(提取码:8ram)

目 录

第1章　SPSS 概述 ······················· 1
 1.1　SPSS 简介 ······················· 2
 1.2　SPSS 基本操作 ················ 2
 1.3　SPSS 窗口及其功能 ········ 3
  1.3.1　数据编辑窗口 ············ 3
  1.3.2　结果输出窗口 ············ 4
  1.3.3　语法编辑窗口 ············ 5
  1.3.4　脚本编辑窗口 ············ 5
 1.4　数据类型 ························· 6
  1.4.1　数据类型的定义 ········ 6
  1.4.2　操作符与表达式 ········ 9
 1.5　数据输入 ······················· 10
  1.5.1　在 SPSS 数据编辑窗口中直接输入数据 ·············· 10
  1.5.2　读取 Excel 文件 ········ 10
  1.5.3　读入纯文本文件 ······ 11
 1.6　数据输出 ······················· 16
 1.7　小结 ······························ 16
 1.8　习题 ······························ 16

第2章　描述统计分析 ············· 17
 2.1　频数分析 ······················· 18
  2.1.1　数据描述 ················· 18
  2.1.2　SPSS 实现 ················ 18
  2.1.3　结果分析 ················· 19
 2.2　描述性分析 ··················· 21
  2.2.1　数据描述 ················· 22
  2.2.2　SPSS 实现 ················ 22
  2.2.3　结果分析 ················· 23
 2.3　探索性分析 ··················· 24
  2.3.1　数据描述 ················· 24
  2.3.2　SPSS 实现 ················ 25
  2.3.3　结果分析 ················· 26
 2.4　列联表分析 ··················· 31
  2.4.1　数据描述 ················· 31
  2.4.2　SPSS 实现 ················ 32
  2.4.3　结果分析 ················· 33
 2.5　小结 ······························ 34
 2.6　习题 ······························ 34

第3章　参数检验 ····················· 36
 3.1　平均值检验 ··················· 37
  3.1.1　数据描述 ················· 37
  3.1.2　SPSS 实现 ················ 38
  3.1.3　结果分析 ················· 38
 3.2　单样本 t 检验 ··············· 39
  3.2.1　数据描述 ················· 40
  3.2.2　SPSS 实现 ················ 40
  3.2.3　结果分析 ················· 41
 3.3　两个独立样本 t 检验 ···· 41
  3.3.1　数据描述 ················· 42
  3.3.2　SPSS 实现 ················ 42
  3.3.3　结果分析 ················· 43
 3.4　成对样本 t 检验 ············ 43
  3.4.1　数据描述 ················· 44
  3.4.2　SPSS 实现 ················ 44

3.4.3　结果分析 ……………………… 45
　3.5　小结 ……………………………………… 46
　3.6　习题 ……………………………………… 46

第4章　非参数检验 …………………………… 47

　4.1　卡方检验 ………………………………… 48
　　　4.1.1　数据描述 ……………………… 49
　　　4.1.2　SPSS 实现 ……………………… 49
　　　4.1.3　结果分析 ……………………… 50
　4.2　二项分布检验 …………………………… 51
　　　4.2.1　数据描述 ……………………… 52
　　　4.2.2　SPSS 实现 ……………………… 52
　　　4.2.3　结果分析 ……………………… 53
　4.3　游程检验 ………………………………… 53
　　　4.3.1　数据描述 ……………………… 54
　　　4.3.2　SPSS 实现 ……………………… 54
　　　4.3.3　结果分析 ……………………… 55
　4.4　单样本 K-S 检验 ………………………… 55
　　　4.4.1　数据描述 ……………………… 56
　　　4.4.2　SPSS 实现 ……………………… 57
　　　4.4.3　结果分析 ……………………… 57
　4.5　两个独立样本的非参数检验 …………… 58
　　　4.5.1　数据描述 ……………………… 60
　　　4.5.2　SPSS 实现 ……………………… 60
　　　4.5.3　结果分析 ……………………… 61
　4.6　多个独立样本的非参数检验 …………… 63
　　　4.6.1　数据描述 ……………………… 64
　　　4.6.2　SPSS 实现 ……………………… 64
　　　4.6.3　结果分析 ……………………… 65
　4.7　两个相关样本检验 ……………………… 67
　　　4.7.1　参数设置 ……………………… 67
　　　4.7.2　SPSS 实现 ……………………… 68
　　　4.7.3　结果分析 ……………………… 69
　4.8　多个相关样本检验 ……………………… 70
　　　4.8.1　数据描述 ……………………… 71
　　　4.8.2　SPSS 实现 ……………………… 71
　　　4.8.3　结果分析 ……………………… 72
　4.9　小结 ……………………………………… 73
　4.10　习题 …………………………………… 73

第5章　方差分析 ………………………………… 74

　5.1　单因素方差分析 ………………………… 75
　　　5.1.1　数据描述 ……………………… 75
　　　5.1.2　SPSS 实现 ……………………… 76
　　　5.1.3　结果分析 ……………………… 77
　5.2　多因素方差分析 ………………………… 79
　　　5.2.1　数据描述 ……………………… 80
　　　5.2.2　SPSS 实现 ……………………… 80
　　　5.2.3　结果分析 ……………………… 83
　5.3　协方差分析 ……………………………… 86
　　　5.3.1　数据描述 ……………………… 87
　　　5.3.2　SPSS 实现 ……………………… 87
　　　5.3.3　结果分析 ……………………… 88
　5.4　多元方差分析 …………………………… 90
　　　5.4.1　数据描述 ……………………… 91
　　　5.4.2　SPSS 实现 ……………………… 91
　　　5.4.3　结果分析 ……………………… 92
　5.5　重复测量方差分析 ……………………… 95
　　　5.5.1　数据描述 ……………………… 96
　　　5.5.2　SPSS 实现 ……………………… 97
　　　5.5.3　结果分析 ……………………… 98
　5.6　小结 ……………………………………… 102
　5.7　习题 ……………………………………… 102

第6章　相关分析 ………………………………… 103

　6.1　双变量相关分析 ………………………… 104
　　　6.1.1　数据描述 ……………………… 104
　　　6.1.2　SPSS 实现 ……………………… 104
　　　6.1.3　结果分析 ……………………… 107
　6.2　偏相关分析 ……………………………… 108
　　　6.2.1　数据描述 ……………………… 108
　　　6.2.2　SPSS 实现 ……………………… 109

6.2.3　结果分析 …………………… 109
　6.3　距离分析 ……………………………… 110
　　　6.3.1　数据描述 …………………… 111
　　　6.3.2　SPSS 实现 …………………… 111
　　　6.3.3　结果分析 …………………… 113
　6.4　小结 …………………………………… 114
　6.5　习题 …………………………………… 114

第 7 章　回归分析 …………………………… 115

　7.1　线性回归 ……………………………… 116
　　　7.1.1　数据描述 …………………… 116
　　　7.1.2　SPSS 实现 …………………… 117
　　　7.1.3　结果分析 …………………… 119
　7.2　曲线回归 ……………………………… 125
　　　7.2.1　数据描述 …………………… 126
　　　7.2.2　SPSS 实现 …………………… 126
　　　7.2.3　结果分析 …………………… 127
　7.3　非线性回归 …………………………… 129
　　　7.3.1　数据描述 …………………… 131
　　　7.3.2　SPSS 实现 …………………… 131
　　　7.3.3　结果分析 …………………… 134
　7.4　二元 Logistic 回归 …………………… 135
　　　7.4.1　数据描述 …………………… 136
　　　7.4.2　SPSS 实现 …………………… 136
　　　7.4.3　结果分析 …………………… 137
　7.5　多元 Logistic 回归 …………………… 140
　　　7.5.1　数据描述 …………………… 141
　　　7.5.2　SPSS 实现 …………………… 141
　　　7.5.3　结果分析 …………………… 142
　7.6　有序回归 ……………………………… 148
　　　7.6.1　数据描述 …………………… 149
　　　7.6.2　SPSS 实现 …………………… 149
　　　7.6.3　结果分析 …………………… 149
　7.7　概率单位回归 ………………………… 151
　　　7.7.1　数据描述 …………………… 152
　　　7.7.2　SPSS 实现 …………………… 152
　　　7.7.3　结果分析 …………………… 153
　7.8　加权回归 ……………………………… 159
　　　7.8.1　数据描述 …………………… 160
　　　7.8.2　SPSS 实现 …………………… 160
　　　7.8.3　结果分析 …………………… 162
　7.9　小结 …………………………………… 164
　7.10　习题 ………………………………… 164

第 8 章　聚类与判别分析 …………………… 165

　8.1　快速聚类 ……………………………… 166
　　　8.1.1　数据描述 …………………… 167
　　　8.1.2　SPSS 实现 …………………… 167
　　　8.1.3　结果分析 …………………… 168
　8.2　系统聚类 ……………………………… 171
　　　8.2.1　数据描述 …………………… 172
　　　8.2.2　SPSS 实现 …………………… 172
　　　8.2.3　结果分析 …………………… 174
　　　8.2.4　进一步分析 ………………… 177
　8.3　两步聚类 ……………………………… 178
　　　8.3.1　数据描述 …………………… 179
　　　8.3.2　SPSS 实现 …………………… 179
　　　8.3.3　结果分析 …………………… 180
　8.4　一般判别分析 ………………………… 183
　　　8.4.1　数据描述 …………………… 183
　　　8.4.2　SPSS 实现 …………………… 184
　　　8.4.3　结果分析 …………………… 185
　8.5　逐步判别分析 ………………………… 189
　　　8.5.1　数据描述 …………………… 190
　　　8.5.2　SPSS 实现 …………………… 190
　　　8.5.3　结果分析 …………………… 191
　8.6　小结 …………………………………… 197
　8.7　习题 …………………………………… 197

第 9 章　主成分与因子分析 ………………… 199

　9.1　主成分分析 …………………………… 200
　　　9.1.1　数据描述 …………………… 200

VII

  9.1.2　SPSS 实现 ·········· 201
  9.1.3　结果分析 ·········· 202
 9.2　因子分析 ················ 206
  9.2.1　数据描述 ·········· 207
  9.2.2　SPSS 实现 ·········· 207
  9.2.3　结果分析 ·········· 208
 9.3　小结 ···················· 213
 9.4　习题 ···················· 213

第 10 章　对应分析 ············ 214

 10.1　简单对应分析 ·········· 215
  10.1.1　数据描述 ········· 215
  10.1.2　SPSS 实现 ········· 216
  10.1.3　结果分析 ········· 216
 10.2　多元对应分析 ·········· 219
  10.2.1　数据描述 ········· 219
  10.2.2　SPSS 实现 ········· 220
  10.2.3　结果分析 ········· 221
 10.3　小结 ·················· 224
 10.4　习题 ·················· 224

第 11 章　尺度分析 ············ 225

 11.1　信度分析 ·············· 226
  11.1.1　数据描述 ········· 226
  11.1.2　SPSS 实现 ········· 227
  11.1.3　结果分析 ········· 228
 11.2　多维尺度分析 ·········· 229
  11.2.1　数据描述 ········· 230
  11.2.2　SPSS 实现 ········· 230
  11.2.3　结果分析 ········· 231
 11.3　小结 ·················· 233
 11.4　习题 ·················· 233

第 12 章　生存分析 ············ 234

 12.1　寿命表分析 ············ 235
  12.1.1　数据描述 ········· 235

  12.1.2　SPSS 实现 ········· 236
  12.1.3　结果分析 ········· 237
 12.2　Kaplan-Meier 分析 ······ 239
  12.2.1　数据描述 ········· 240
  12.2.2　SPSS 实现 ········· 240
  12.2.3　结果分析 ········· 241
 12.3　Cox 回归模型 ·········· 243
  12.3.1　数据描述 ········· 244
  12.3.2　SPSS 实现 ········· 244
  12.3.3　结果分析 ········· 245
 12.4　小结 ·················· 251
 12.5　习题 ·················· 251

第 13 章　时间序列分析 ········ 252

 13.1　时间序列的预处理 ······ 253
  13.1.1　替换缺失值 ······· 253
  13.1.2　定义时间变量 ····· 254
  13.1.3　数据描述 ········· 254
  13.1.4　SPSS 实现 ········· 254
  13.1.5　结果分析 ········· 255
 13.2　序列图 ················ 256
  13.2.1　数据描述 ········· 256
  13.2.2　SPSS 实现 ········· 256
  13.2.3　结果分析 ········· 257
 13.3　周期性分解 ············ 259
  13.3.1　数据描述 ········· 259
  13.3.2　SPSS 实现 ········· 260
  13.3.3　结果分析 ········· 260
 13.4　谱分析 ················ 262
  13.4.1　数据描述 ········· 262
  13.4.2　SPSS 实现 ········· 263
  13.4.3　结果分析 ········· 263
 13.5　自相关 ················ 265
  13.5.1　数据描述 ········· 265
  13.5.2　SPSS 实现 ········· 265
  13.5.3　结果分析 ········· 266

13.6 创建时间模型 ················ 269
 13.6.1 数据描述 ············ 270
 13.6.2 SPSS 实现 ············ 271
 13.6.3 结果分析 ············ 273
13.7 应用时间模型 ················ 275
 13.7.1 数据描述 ············ 276
 13.7.2 SPSS 实现 ············ 276
 13.7.3 结果分析 ············ 277
13.8 交叉相关性 ···················· 278
 13.8.1 数据描述 ············ 278
 13.8.2 SPSS 实现 ············ 279
 13.8.3 结果分析 ············ 279
13.9 小结 ···························· 281
13.10 习题 ··························· 282

第 14 章 企业综合竞争力评价应用 ··· 283
14.1 背景介绍 ······················ 284
14.2 指标简介 ······················ 285
14.3 主成分分析的应用 ·········· 286
 14.3.1 SPSS 实现 ············ 286
 14.3.2 结果分析 ············ 288
14.4 聚类分析的应用 ············ 292
 14.4.1 SPSS 实现 ············ 292
 14.4.2 结果分析 ············ 293
 14.4.3 进一步分析 ········· 297
14.5 小结 ···························· 299
14.6 习题 ···························· 299

第 15 章 房地产市场评估应用 ········ 300
15.1 背景介绍 ······················ 301
15.2 相关分析的应用 ············ 301
 15.2.1 SPSS 实现 ············ 301
 15.2.2 结果分析 ············ 302
15.3 回归分析的应用 ············ 304
 15.3.1 SPSS 实现 ············ 305
 15.3.2 结果分析 ············ 306
15.4 小结 ···························· 309

15.5 习题 ···························· 309

第 16 章 社会科学调查应用 ············ 311
16.1 问卷设计 ······················ 312
16.2 信度分析 ······················ 313
 16.2.1 SPSS 实现 ············ 313
 16.2.2 结果分析 ············ 314
16.3 效度分析 ······················ 315
 16.3.1 SPSS 实现 ············ 315
 16.3.2 结果分析 ············ 316
16.4 问卷数据处理 ················ 320
16.5 频率分析 ······················ 321
 16.5.1 SPSS 实现 ············ 321
 16.5.2 结果分析 ············ 322
16.6 描述性分析 ···················· 323
 16.6.1 SPSS 实现 ············ 323
 16.6.2 结果分析 ············ 324
16.7 相关性分析 ···················· 324
 16.7.1 SPSS 实现 ············ 324
 16.7.2 结果分析 ············ 326
16.8 差异性分析 ···················· 326
 16.8.1 SPSS 实现 ············ 327
 16.8.2 结果分析 ············ 327
16.9 小结 ···························· 328
16.10 习题 ··························· 329

第 17 章 企业经营发展应用 ············ 330
17.1 背景介绍 ······················ 331
17.2 主成分分析 ···················· 331
 17.2.1 SPSS 实现 ············ 331
 17.2.2 结果分析 ············ 333
17.3 回归分析 ······················ 335
 17.3.1 SPSS 实现 ············ 335
 17.3.2 结果分析 ············ 336
17.4 小结 ···························· 337
17.5 习题 ···························· 338

第1章

SPSS 概述

SPSS 是世界上最早的统计分析软件，以功能丰富、效率高、操作简便而著称，是非常适合进行数据分析的工具软件，在经济学、医学、教育学、管理学、心理学、广告学、统计学，以及商业、工业、林业、农业等各个领域有广泛应用。本章首先介绍 SPSS 的基本操作、窗口及其功能、数据类型、数据输入、数据输出等内容。

学习目标

(1) 了解 SPSS。
(2) 熟知 SPSS 窗口及其功能。
(3) 掌握数据类型、数据输入、数据输出。

数据文件	数据文件\Chapter01\data01-01.xls、data01-01.txt、data01-02.txt
视频文件	视频文件\Chapter01\认识 SPSS.avi

1.1　SPSS 简介

SPSS 是由美国斯坦福大学的三位研究生 Norman H. Nie、C. Hadlai (Tex) Hull 和 Dale H. Bent 于 1968 年研究开发的。当时世界上许多有影响的报刊杂志纷纷就 SPSS 的自动统计绘图、数据深入分析、使用方便、功能齐全等方面给予了高度评价。

2009 年 7 月 28 日,IBM 公司宣布用 12 亿美元收购统计分析软件提供商 SPSS 公司,并更名为 IBM SPSS,如今 SPSS 已升级至 28.0 版本。SPSS 是世界上最早采用图形界面的统计软件,它最突出的特点就是操作界面极为友好,输出结果美观。

SPSS 以 Windows 窗口方式展示各种管理和分析数据的功能,以对话框形式展示各种选择项。SPSS 采用类似 Excel 表格的方式输入、管理数据,数据接口较为通用,能方便地从其他数据库中读入数据。

SPSS 是一个组合式软件包,它集数据录入、整理、分析功能于一身。用户可以根据实际需要和计算机的功能选择模块,以降低对系统硬盘容量的要求。SPSS 的基本功能包括数据管理、统计分析、图表分析、输出管理等。

SPSS 统计分析过程包括描述统计、均值比较、一般线性模型、相关分析、回归分析、对数线性模型、聚类分析、数据简化、生存分析、时间序列分析、多重响应等几大类,每类又分为多个统计过程,比如回归分析又分为线性回归分析、曲线估计、Logistic 回归、Probit 回归、加权估计、两阶段最小二乘法、非线性回归等,而且每个过程允许用户选择不同的方法和参数。SPSS 有专门的绘图系统,可以根据数据绘制各种图形。

SPSS 的分析结果清晰、直观、易用,而且可以直接读取 Excel 及 DBF 数据文件,它和 SAS、BMDP 并称国际上最有影响的三大统计软件。

SPSS 由于操作简单,已经在我国的社会科学、自然科学的各个领域发挥着巨大作用。

1.2　SPSS 基本操作

SPSS 安装完成后,在开始菜单中执行"开始"→"程序"→"SPSS for Windows"命令,即可打开 SPSS。为了方便,用户可以设置 SPSS 的快捷方式:

右击"SPSS for Windows",在弹出的菜单中选择"发送到"→"桌面快捷方式"命令,此时,计算机桌面上会出现一个快捷方式图标,双击图标即可启动 SPSS。

启动 SPSS 后,首先会弹出一个文件选择对话框(见图 1-1),该对话框中有新建文件、新增功能、帮助与支持、教程、社区等选项,用户可以根据自己的需求选择相应的选项。

若不想每次启动 SPSS 都看到该对话框,勾选最下方的"以后不再显示此对话框"复选框即可。

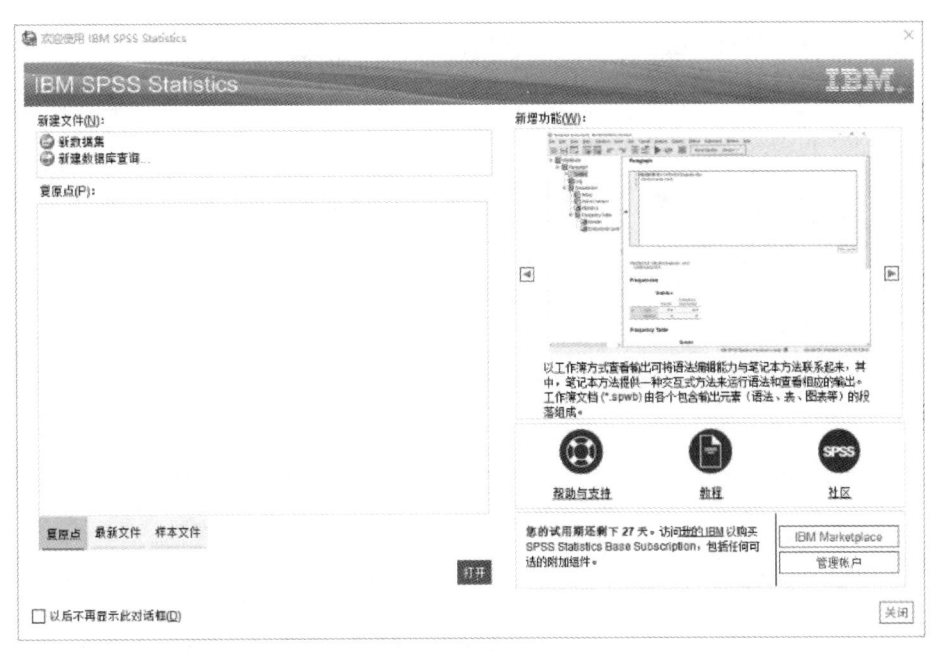

图 1-1　文件选择对话框

1.3　SPSS 窗口及其功能

本节将介绍 SPSS 中常用的窗口，包括数据编辑窗口、结果输出窗口、语法编辑窗口、脚本编辑窗口。

1.3.1　数据编辑窗口

数据编辑窗口包括两种视图，分别为数据视图、变量视图，如图 1-2 所示。前者是一个可以向下和向右扩展的二维表格，用于查看、录入和修改数据；后者用于输入和修改变量。

数据编辑窗口包括标题栏、菜单栏、工具栏、编辑栏、单元格信息栏、标签栏和状态栏。

（1）标题栏：显示当前的文件名。

（2）菜单栏：包括文件、编辑、查看、数据、转换、分析、图形、实用程序、扩展、窗口、帮助。

（3）工具栏：包含常用的工具图标。

（4）编辑栏：用于输入和显示单元格中的数据。

（5）单元格信息栏：在数据视图中显示所有个案在各个变量中的取值，每一行表示一个个案，每一列表示一个变量；在变量视图中显示所有变量的信息，每一行表示一个变量，每一列是变量一个方面的信息。

(6) 标签栏：包含"数据视图""变量视图"两个标签，可以切换。

(7) 状态栏：用于查看当前程序运行的状态。

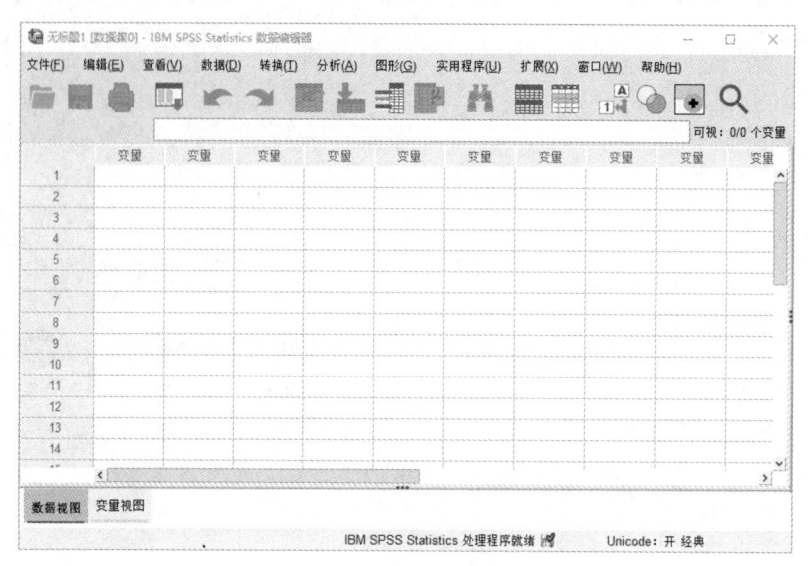

图 1-2　数据编辑窗口

1.3.2　结果输出窗口

结果输出窗口是显示和管理 SPSS 统计分析结果（包括文本、表格及图形）的窗口，如图 1-3 所示。该窗口的内容可以保存为以 .spv 为后缀的 SPSS 文件。

图 1-3　结果输出窗口

在第一次产生分析结果时，结果输出窗口自动打开，若要打开新的结果输出窗口，可执行菜单栏中的"文件"→"新建"→"输出"命令。

结果输出窗口包含标题、内容。前者用于显示已有的分析结果标题和内容索引；后者为统计分析的具体输出内容，包括文本、统计表和统计图。双击内容即可对输出结果进行修改。

1.3.3 语法编辑窗口

语法编辑窗口是编辑和运行命令文件的编辑器，如图 1-4 所示。该窗口不仅可以编辑对话框操作不能实现的特殊过程的命令语句，还可以将所有分析过程汇集在一个命令文件中，以避免处理较复杂资料时因数据的小小改动而重复分析过程。

该窗口的内容可以保存为以.sps 为后缀的 SPSS 文件。用户根据自己的需求可以对命令文件进行修改、编辑，也可以编写针对当前数据文件的命令程序。

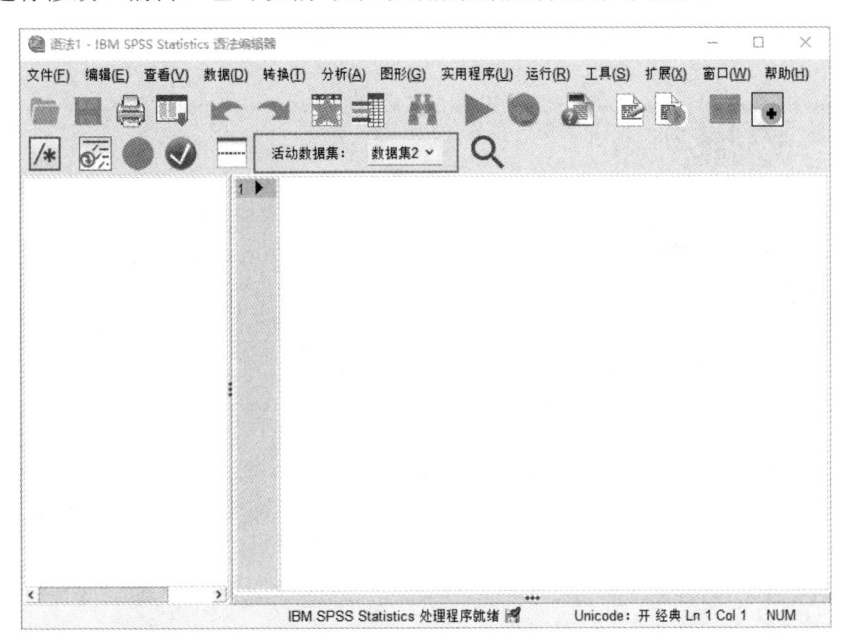

图 1-4 语法编辑窗口

在任何统计分析对话框中，都可以通过单击"粘贴"按钮自动打开语法编辑窗口。

若要打开新的语法编辑窗口，可执行菜单栏中的"文件"→"新建"→"语法"命令。编写好命令文件后，可以单击工具栏上的"运行"按钮，提交系统执行，显示结果输出窗口，得到分析结果。

1.3.4 脚本编辑窗口

脚本编辑窗口提供了 SPSS 的 SaxBasic 编程环境，不仅可以开发 SPSS 的便捷功能或插件，还可以编写自动化数据处理程序，如图 1-5 所示。

在该窗口中，可以利用程序或对话框编辑器编写出友好的 Windows 界面，基于 DDE 或 OLE 机制可以实现与其他程序的接口。

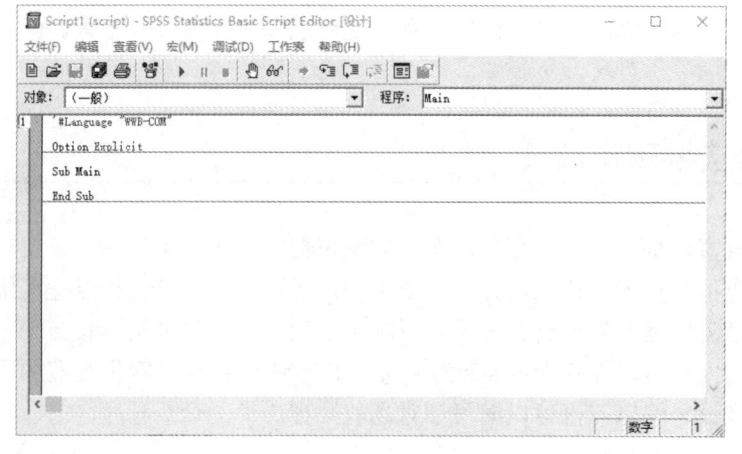

图 1-5 脚本编辑窗口

1.4 数据类型

数据是统计分析的基础，用户在进行分析之前，需要区分不同的数据类型，同时，掌握定义变量的方法。

1.4.1 数据类型的定义

数据包括常量和变量。常量指取值在一定阶段保持不变的量，如圆周率，SPSS 中的常量包括数值型、字符型和日期型常量；变量指在不同的记录行取不同的值，即取值可变的量。

输入数据前首先要定义变量。定义变量即定义变量名、变量类型、变量宽度、变量小数、变量标签、变量值标签等。

1. 定义变量名

SPSS 默认的变量名为 VAR00001、VAR00002 等，用户可以根据自己的需要对变量进行命名。变量的命名有一定的规则，具体内容如下。

（1）必须以字母、汉字或字符@开头，其他字符可以是字母、数字或_、#、$等符号。

（2）不能使用空白字符和其他特殊字符（如！、？等）。

（3）变量名不区分大小写且必须唯一。

（4）用户定义的变量名不能以"$"为开头。以"$"为开头的变量名特指 SPSS 的系统变量，不可修改，而且在程序中不可用。

（5）避免最后一个字符是"."，因为英文句点有时会作为命令的结束标志，若这样定义变量，则容易引起歧义。

（6）避免最后一个字符是"_"，因为下画线一般作为由程序或命令自动生成的变量名的结尾。

(7) SPSS 的保留字不能作为变量的名称，SPSS 的保留字有 ALL、AND、WITH、NOT、OR、BY、EQ、GE、GT、LE、LT、NE、TO。若使用了上述保留字作为变量名，系统会提示。

2. 定义变量类型

单击"类型"相应的单元格中的按钮 ，弹出"变量类型"对话框，如图 1-6 所示，在对话框中选择合适的变量类型并单击"确定"按钮，即可定义变量类型。

SPSS 的变量类型包括数值型、字符型、日期型，具体介绍如下。

1) 数值型变量

数值型变量的长度是用字符个数度量的宽度，小数点和其他分界符也计算在内，常用的数值型变量如下。

- 数字：可以定义数值的宽度和小数位数，SPSS 默认的宽度和小数位数分别为 8、2。数值的宽度包括整数部分的位数、小数点、小数部分的位数。

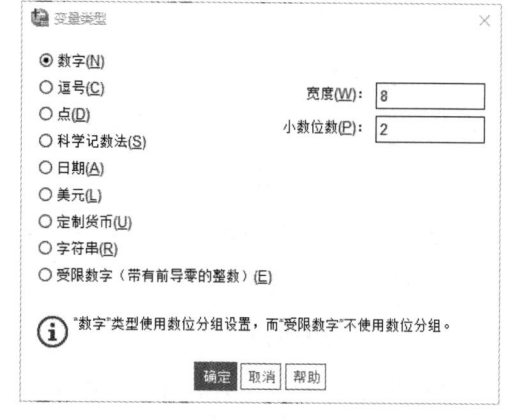

图 1-6 "变量类型"对话框

- 逗号：指整数部分每 3 位数添加一个逗号，如"1,234.00"。
- 点：以整数形式显示，每 3 位数加一点（这里不是小数点）。可以定义小数位数，但所显示的小数部分均为 0，且小数点用逗号表示。如自定义小数位数为 2，则"9.8765"显示为"9.88"。
- 科学计数法：指数值在数据编辑窗口中以指数形式显示。如定义数值宽度为 8，小数位数为 3，则"123.456"显示为 1.23E+02。
- 美元：SPSS 提供了多种货币显示形式，用户可根据需要选择，并定义数据宽度和小数位数。其值在显示时，有效数字前面带有"$"，输入时可以不输入"$"，显示时系统会自动加上"$"和分隔符。
- 定制货币：默认显示为整数部分每 3 位加一个逗号，用户可以定义数据宽度和小数位数。如 9876543.21 显示为 9,876,543.21。
- 受限数值型：指输入的数值位数限制为所设定的数据宽度。假定数据宽度设为 4，则"112233"显示为"2233"，而"11"显示为"0011"。

2) 字符型变量

用户可以自定义字符长度以便输入字符，使用时须注意以下几个方面。

- SPSS 区分短字符串和长字符串，短字符串最长 8 字节，一个长字符串大于或等于 8 字节，长字符串变量不能定义用户缺失值。有些分析过程可以处理短字符串，但不能处理长字符串。
- 系统缺失值不能用于生成字符型变量。
- 当生成新变量、修改原变量时，可能产生缺失值或未定义的变量值，这时系统自动赋予空值。变量值以空格表示时，若无特别定义，不能代表缺失值。

- 字符型变量不能参与算术运算。
- 字符串区分大小写字母。

3）日期型变量

SPSS 中的日期型变量既可以表示日期，也可以表示时间。SPSS 提供了多种日期显示形式，用户可根据需要选择。

3．定义变量宽度

系统默认宽度为 8。单击宽度列中的某一单元格，将出现 8，单击上、下箭头可调节变量的宽度，也可直接输入数字。当变量类型为日期型时，变量宽度的设定无效。

4．定义变量小数

设置变量的小数位数，方法同变量宽度的设置。当变量类型为日期型时，变量小数位数的设定无效。

5．定义变量标签

变量标签是对变量名的进一步描述，可以输入 120 个字符，并且可显示大小写字母。变量标签可以显示在结果输出窗口中，便于在查看结果时理解变量的实际意义。

6．定义变量值标签

变量值标签是对变量的每一个可能取值的进一步描述，当变量是定性或定序变量时，变量值标签的描述是非常有用的。

例如，在统计分析中经常用 1 代表"男"、2 代表"女"等。具体操作为：单击"值"相应的单元格右侧的 ，弹出"值标签"对话框，如图 1-7 所示；在"值"文本框中输入"1"，"标签"文本框中输入"男"；单击"添加"按钮即可完成变量值标签的添加。

7．定义缺失值

SPSS 有两类缺失值：系统缺失值和用户缺失值。在实际工作中常会因为某种原因出现记录数据失真、没有记录等现象。

如在统计过程中，一些被调查者没有回答的题目都将标为用户缺失值。定义缺失值的具体操作为：单击"缺失"下面的某一单元格，弹出"缺失值"对话框，如图 1-8 所示，有以下三种定义缺失值的方法。

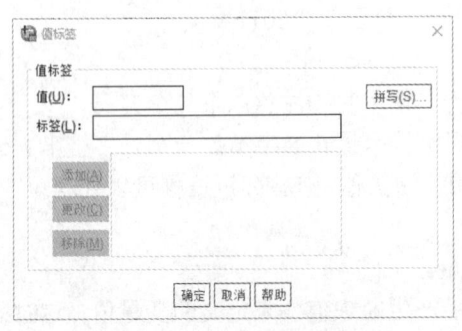

图 1-7 "值标签"对话框   图 1-8 "缺失值"对话框

- 无缺失值，SPSS 默认方式。若当前变量的取值完整，则选择此项。
- 离散缺失值，可以指定 1~3 个离散的缺失值。例如指定 20、95 和 88 为缺失值。
- 范围加上一个可选的离散缺失值，可以指定一个缺失值范围和一个离散的缺失值。

8．定义变量的显示宽度

SPSS 默认为 8，用户可根据需要进行设置。

9．定义变量显示的对齐方式

变量显示有左对齐、右对齐、居中对齐三种方式，SPSS 默认为右对齐。

10．定义变量的测量尺度

可选测量尺度有以下 3 种。

- 名义：一种分类变量，即它的取值只代表观测对象的不同类别，变量的取值之间没有内在的大小可比性，例如"性别"变量。
- 有序：一种分类变量，变量取值之间有内在的大小顺序或等级。例如"满意度"变量的取值为 1—很不满意、2—比较满意、3—非常满意，由小到大的取值代表满意度的提高。
- 度量：又称定距变量或刻度变量，一般为有刻度度量的连续变量，它的取值之间可以比较大小，且可以定义距离，例如"年龄""年份"等。

11．定义变量的角色

角色用于定义变量在后续统计分析中的功能，SPSS 提供的角色选项有输入、目标、两者、无、分区和拆分。

1.4.2　操作符与表达式

SPSS 的基本运算有 3 种：数学运算、关系运算和逻辑运算。对应的操作符见表 1-1。

表 1-1　操作符表

数学运算符		关系运算符		逻辑运算符	
+	加	<(LT)	小于	&(And)	与
−	减	>(GT)	大于	→(Or)	或
*	乘	<=(LE)	小于或等于	~(Not)	非
/	除	>=(GE)	大于或等于		
**	幂	１=(EQ)	等于		
( )	括号	~=(NT)	不等于		

数学运算符也就是常用的算术运算符，可以连接数值型的常量、变量和函数，形成算术表达式，运算结果通常为数值。运算符的优先级为：括号>函数>幂>乘或除>加或减，

同一优先级的符号，位于左侧的优先级高。

关系运算符用于建立两个量之间的比较关系，如果比较关系成立，则关系表达式的值为真（true），否则为假（false）。例如，假定表达式为"a<0"，那么如果a=1，则表达式"a<0"为假，表达式的值为0（假）；如果a=-1，那么表达式"a<0"为真，表达式的值为1（真）。

在表1-1中，关系运算符和逻辑运算符均有两种表达方法，括号中的关系运算符与括号前的是等价的。

逻辑运算符、逻辑型变量或值为逻辑型的表达式（如关系表达式）都称为逻辑表达式，逻辑表达式的值为逻辑型（true或false）。逻辑运算规则见表1-2。

表1-2 逻辑运算规则

逻辑表达式	结　果	逻辑表达式	结　果
true AND true	=ture	true OR true	=true
true AND false	=false	true OR false	=true
false AND false	=false	false OR false	=false
true AND missing	=missing	true OR missing	=ture
missing AND missing	=missing	missing OR missing	=missing
false AND missing	=false	false OR missing	=missing

1.5　数据输入

通过直接录入的方法可以获取数据，同时，也可直接读取其他格式的数据文件，如Excel、纯文本等文件，本节着重介绍获取数据和查看数据的方法。

1.5.1　在SPSS数据编辑窗口中直接输入数据

定义了所有变量后，单击左下方"数据视图"标签，即可在数据视图中输入数据。

单击某单元格，激活该单元格后即可输入数据。输入完毕后，将光标移动到下一个单元格继续输入数据。输入数据时可以逐行或逐列输入。

1.5.2　读取Excel文件

当Excel文件的数据结构符合SPSS的要求时，SPSS可以直接读取Excel文件。下面介绍读取一个Excel文件的实例。

本例的"data01-01.xls"是一个Excel文件，现在需要转换成SPSS数据。

（1）确认Excel文件的数据结构是否符合SPSS的要求。该文件的每一行数据是学生的信息，每一列是一个变量，所以，其数据结构符合SPSS的要求。

（2）执行菜单栏的"文件"→"打开"→"数据"命令，在弹出的"打开数据"对话框下方的"文件类型"中选择"Excel（*.xls、*.xlsx 和*.xlsm）"，如图 1-9 所示，当前目录下的 Excel 文件即可显示在对话框的文件列表中。

（3）选定目标文件"data01-01.xls"，如图 1-10 所示，单击"打开"按钮即可。

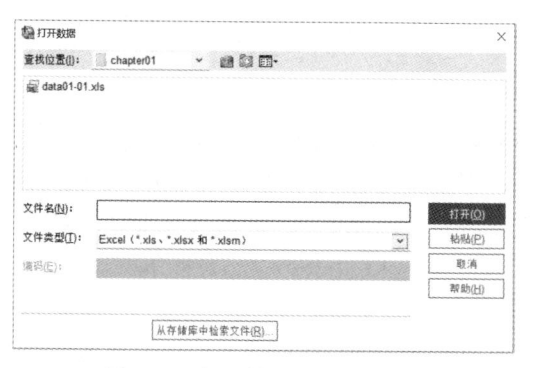

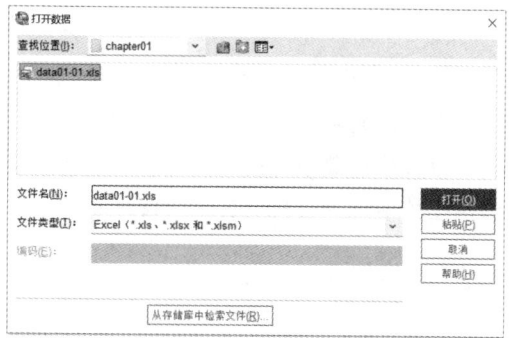

图 1-9 "打开数据"对话框一

图 1-10 "打开数据"对话框二

（4）弹出"读取 Excel 文件"对话框，如图 1-11 所示，选中"从第一行数据中读取变量名称"复选框。若 Excel 文件第一行就是数据值，那么不勾选此复选框。

若 Excel 文件中有多个工作表，那么需要在"工作表"下拉列表框中选择要读入的工作表；若不选择，SPSS 默认选择 Sheet1。

（5）对话框中其他设置不变，单击"确定"按钮即可读取数据，如图 1-12 所示。检查 SPSS 数据是否完整。

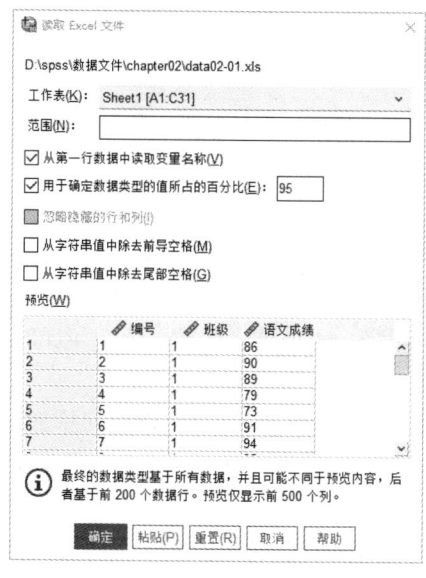

图 1-11 "读取 Excel 文件"对话框

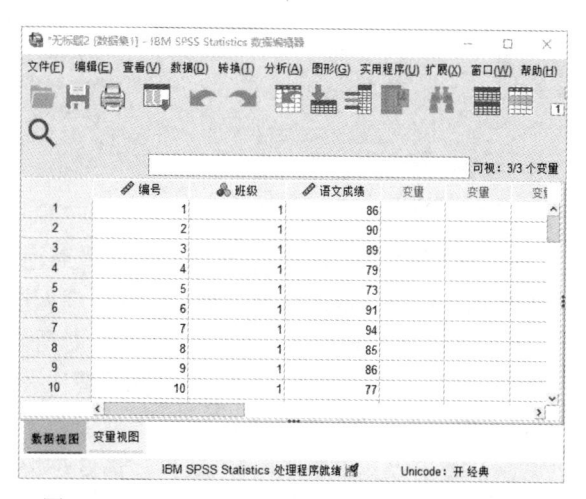

图 1-12 在 SPSS 数据编辑窗口中显示读取的数据

1.5.3 读入纯文本文件

纯文本文件是最通用的格式文件之一。根据纯文本文件中数据的排序方式，可以将其分为自由格式和固定格式。

前者文件的每个个案的变量数目、排列顺序固定，但数据项的长度可以不同，且数据项之间必须有分隔符（逗号、空格、Tab 键等）；后者文件要求每个个案的变量数目、排列顺序、变量取值长度都固定不变，且数据项之间不需要分隔符。现以实例介绍两种不同的数据读取方法。

1. 以自由格式读入数据

本例的数据文件是纯文本文件，如图 1-13 所示。现要求以自由格式读入数据。

（1）执行菜单栏的"文件"→"打开"→"数据"命令，弹出如图 1-14 所示的对话框，在其中选择目标文件"data01-02.txt"，单击"打开"按钮，随即启动文本导入向导。

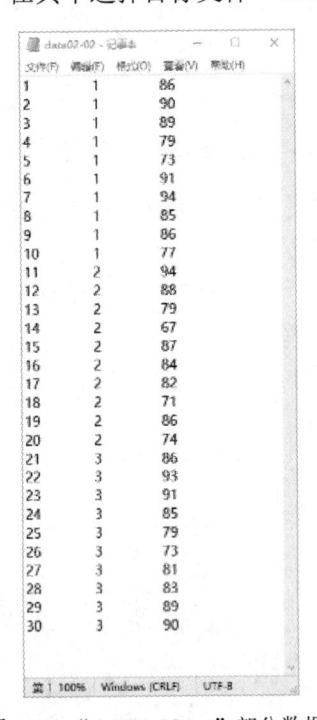

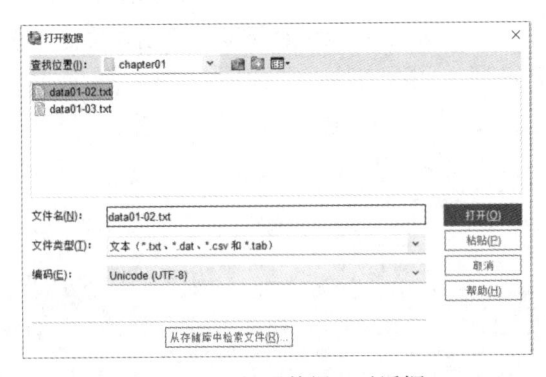

图 1-13 "data01-02.txt"部分数据

图 1-14 "打开数据"对话框

（2）弹出"文本导入向导-第 1/6 步"对话框，如图 1-15 所示。在该对话框中可以看见文本文件中的数据信息，单击"下一步"按钮。

（3）弹出"文本导入向导-第 2/6 步"对话框，如图 1-16 所示。在"变量如何排列？""文件开头是否包括变量名？""小数符号是什么？"选项区中分别选择"定界""否""句点"，单击"下一步"按钮。

（4）弹出"文本导入向导-定界，第 3/6 步"对话框，如图 1-17 所示。按照图示填写和选择相应的选项，单击"下一步"按钮。

（5）弹出"文本导入向导-定界，第 4/6 步"对话框，如图 1-18 所示。在"变量之间存在哪些定界符？"选项区中选择文本文件的分隔符，有"制表符"（即 Tab 键分隔符）、"空格""逗号""分号"和"其他"，这里选择"制表符"，单击"下一步"按钮。

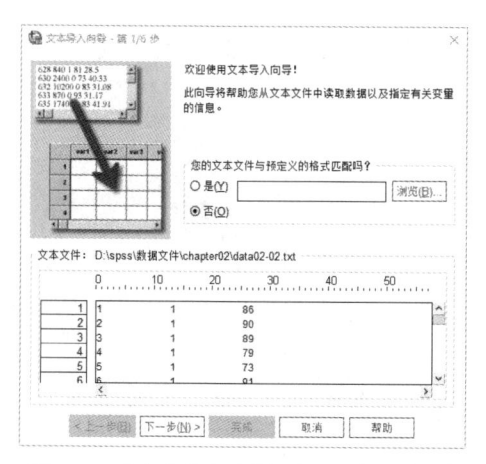

图 1-15 "文本导入向导-第 1/6 步"对话框 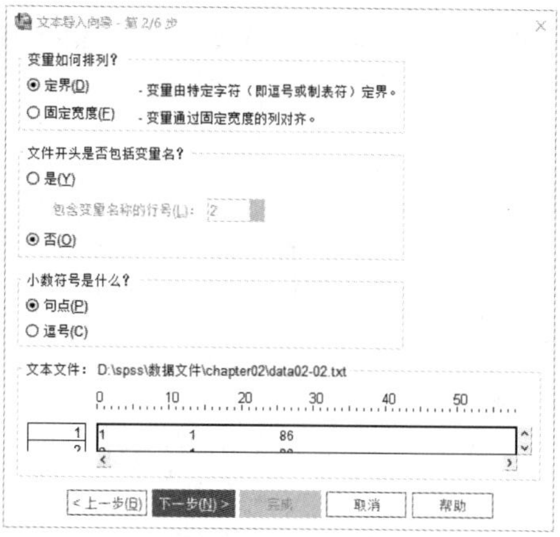　　图 1-16 "文本导入向导-第 2/6 步"对话框

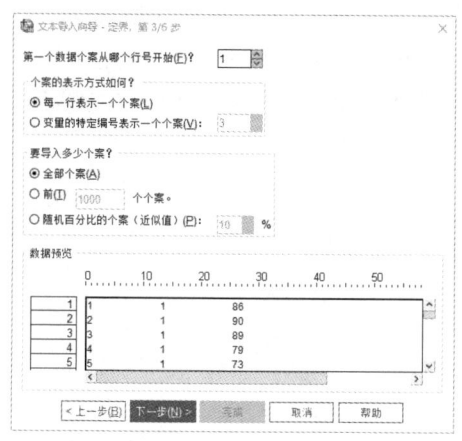

图 1-17 "文本导入向导-定界,第 3/6 步"对话框 　图 1-18 "文本导入向导-定界,第 4/6 步"对话框

（6）弹出"文本导入向导-第 5/6 步"对话框,如图 1-19 所示。此对话框下面是数据文件的预览,这时需要查看各变量的长度是否正确,单击"下一步"按钮。

（7）弹出"文本导入向导-第 6/6 步"对话框,如图 1-20 所示,单击"完成"按钮即成功读取自由格式的纯文本文件。

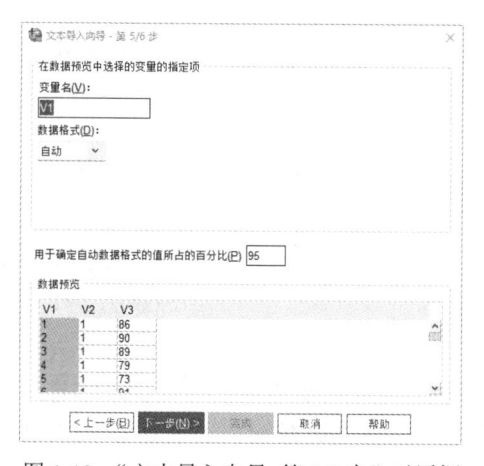

图 1-19 "文本导入向导-第 5/6 步"对话框 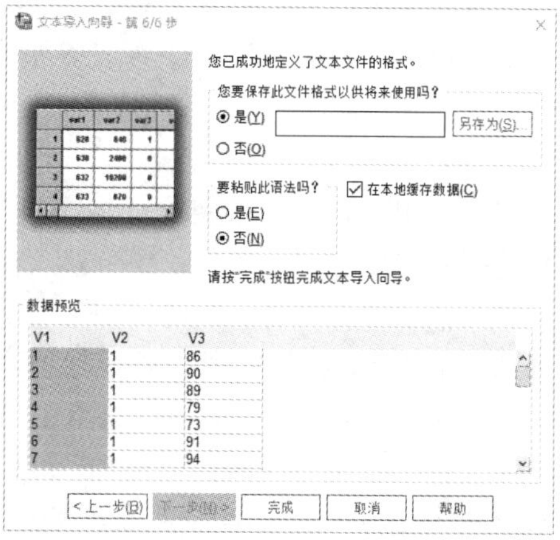　　图 1-20 "文本导入向导-第 6/6 步"对话框

（8）SPSS 顺利读取数据后，需要在变量视图中重新定义变量名，并进行宽度、小数位数等的设置，如图 1-21 所示。

图 1-21　显示读取数据的变量视图

2. 以固定格式读入数据

本例的数据文件是纯文本文件，如图 1-22 所示。现要求以固定格式读取数据。

（1）执行菜单栏的"文件"→"打开"→"数据"命令，在弹出的对话框中选择目标文件"data02-03.txt"，并单击"打开"按钮，如图 1-23 所示，随即启动文本导入向导。

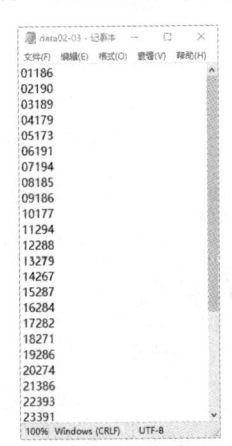

图 1-22　固定格式的纯文本文件　　　　图 1-23　"打开数据"对话框

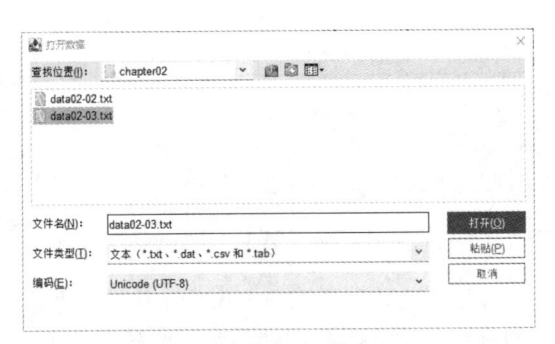

（2）弹出"文本导入向导-第 1/6 步"对话框，如图 1-24 所示。在该对话框中可以看到文本文件中的数据信息，单击"下一步"按钮。

（3）弹出"文本导入向导-第 2/6 步"对话框，如图 1-25 所示。在"变量如何排列？""文件开头是否包括变量名？""小数符号是什么？"选项区中分别选择"定界""否""句点"，单击"下一步"按钮。

（4）弹出"文本导入向导-定界，第 3/6 步"对话框，如图 1-26 所示。按照图示填写和选择相应的选项，单击"下一步"按钮。

（5）弹出"文本导入向导-定界，第 4/6 步"对话框，如图 1-27 所示。前两列数据属于第一个变量，在第二列和第三列之间单击即可添加一条分隔线；利用同样的方法在第三列和第四列之间添加分隔线，将第二个、第三个变量分隔出来，单击"下一步"按钮。

（6）弹出"文本导入向导-第 5/6 步"对话框，如图 1-28 所示。上一步已将前两列赋给第一个变量 V1，中间一列赋给第二个变量 V2，后面两列赋给第三个变量 V3，单击"下一步"按钮。

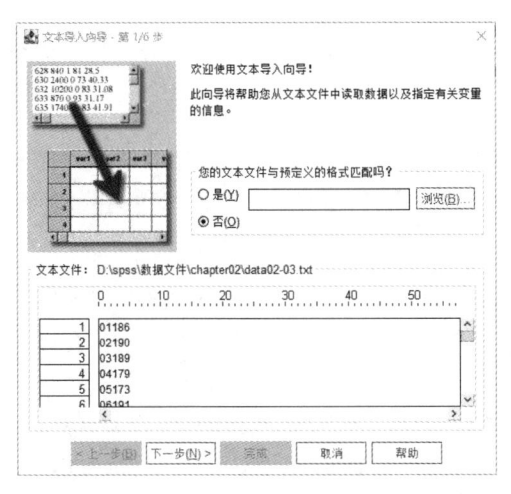

图 1-24 "文本导入向导-第 1/6 步"对话框

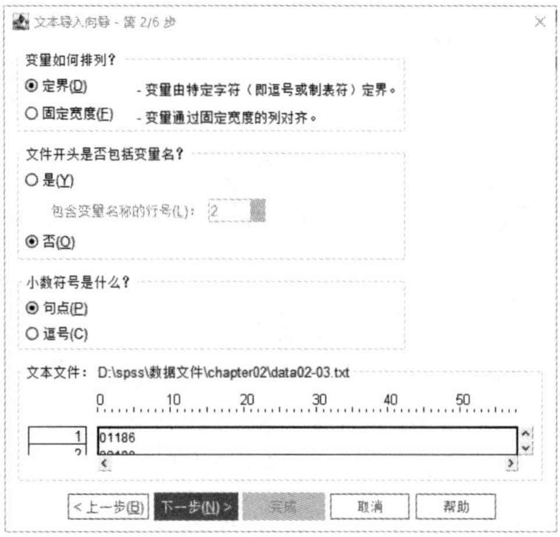

图 1-25 "文本导入向导-第 2/6 步"对话框

图 1-26 "文本导入向导-定界，第 3/6 步"对话框 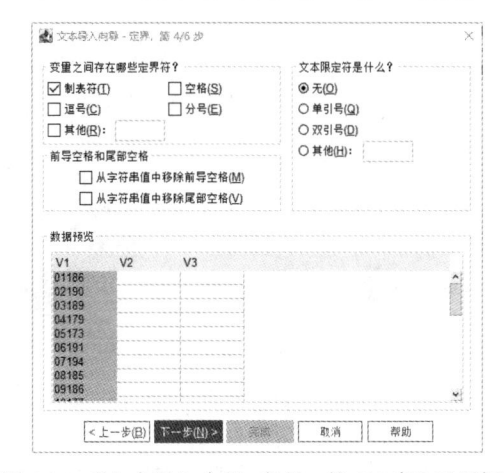　　图 1-27 "文本导入向导-定界，第 4/6 步"对话框

（7）弹出"文本导入向导-第 6/6 步"对话框，如图 1-29 所示。单击"完成"按钮即成功读取固定格式的文本文件。

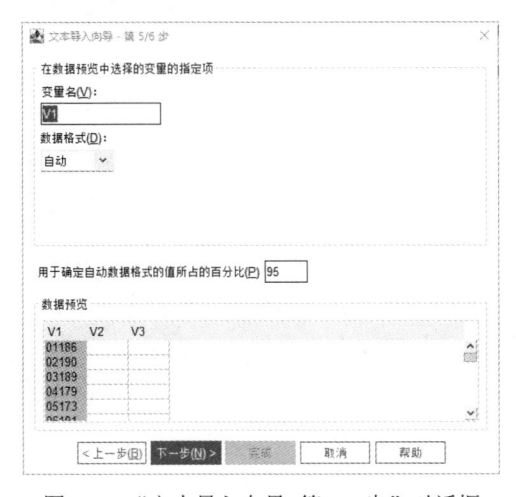

图 1-28 "文本导入向导-第 5/6 步"对话框

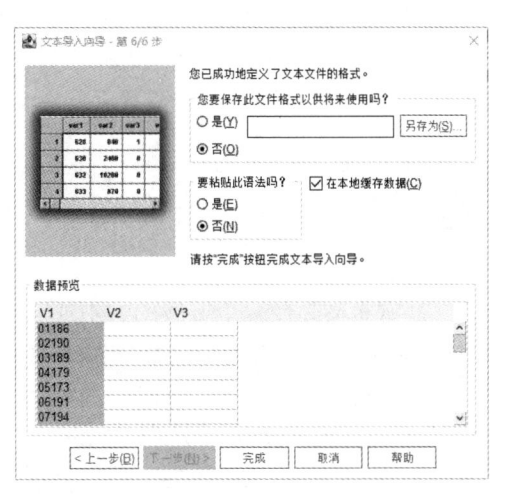

图 1-29 "文本导入向导-第 6/6 步"对话框

（8）SPSS 顺利读取数据后，需要在变量视图中重新定义变量名，并进行宽度、小数位数等的设置。

1.6 数据输出

SPSS 可以将数据保存为 SPSS（*.sav）、Excel（*.xls）、dBASE（*.dbf）、ASCⅡ（*.dat）、Access（*.mdb）及各类 SAS 文件。执行菜单栏的"文件"→"另存为"命令，会弹出"将数据另存为"对话框，如图 1-30 所示。

选择保存路径，输入文件名，选择保存类型，单击"保存"按钮即可。若只保存部分变量，可单击对话框中的"变量"按钮，弹出"将数据另存为：变量"对话框，如图 1-31 所示，选择要保存的变量即可。

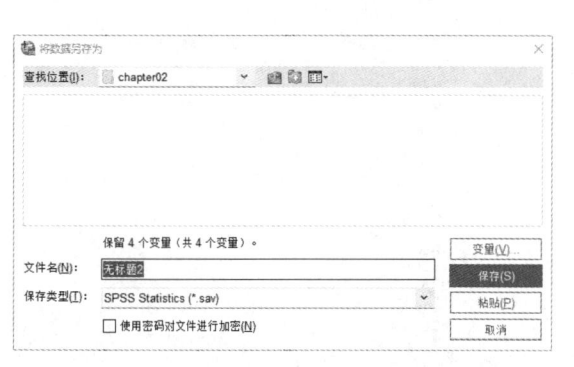

图 1-30 "将数据另存为"对话框　　　　图 1-31 "将数据另存为：变量"对话框

1.7 小结

本章主要介绍了数据类型、数据输入与输出。定义变量在变量视图中进行，包括变量名、变量类型、变量宽度、小数位数、变量标签、变量值标签和变量的格式等。获取数据的方法有直接输入数据、读取 Excel 文件、纯文本文件等。

1.8 习题

1．试将某高校一个班级的学生期末考试成绩导入 SPSS，并对变量类型进行定义。数据存储于"数据文件\Chapter01\data01-02.xlsx"文件中。

2．试将某调查的男女薪酬收入统计导入 SPSS，并对变量类型进行定义。数据存储于"数据文件\Chapter01\data01-03.xlsx"文件中。

3．试设计一份调查问卷，并将调查问卷获得的数据导入 SPSS。

第 2 章

描述统计分析

　　SPSS 中数据处理分析通常是从基本统计分析开始的，当得到原始数据后，通过基本统计分析，就可以分析数据的特征和分布形态，为数据的进一步分析打下基础。用少量的描述指标来概括大量的原始数据，对数据展开描述的统计分析方法称为描述统计分析。常用的描述统计分析有频数分析、描述性分析、探索性分析和列联表分析。

学习目标

(1) 理解各个基本统计分析的分析目的。
(2) 熟知各个对话框中选项的含义。
(3) 熟练掌握基本统计分析的操作步骤。
(4) 学会分析各项结果的含义。

2.1 频数分析

频数分析主要是对数据按照四分位数、百分位数、均值、中位数、标准差、方差、峰度、偏度等统计量进行整理,通过频数分布表和频数分布图来描述多种类型变量。

执行菜单栏中的"分析"→"描述统计"→"频率"命令,弹出如图 2-1 所示的"频率"对话框,进行相关参数的设置即可完成频数分析。下面通过具体案例讲解如何在 SPSS 中进行频率分析。

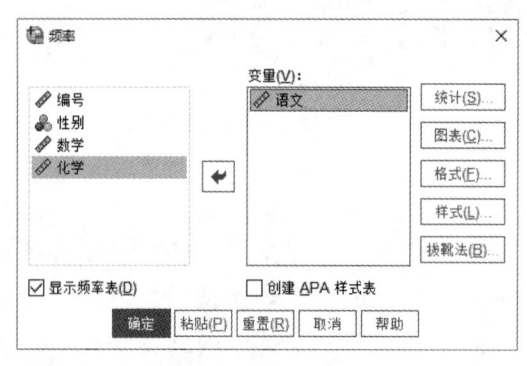

图 2-1 "频率"对话框

数据文件	数据文件\Chapter02\data02-01.sav
视频文件	视频文件\Chapter02\频数分析.avi

2.1.1 数据描述

本例的数据文件是某高校一个班级的学生期末考试语文、数学和化学三门课程的成绩,如图 2-2 所示,现要求利用频数分析对这个班级的语文成绩进行分析。

	编号	性别	语文	数学	化学
1	1	0	75	83	74
2	2	0	67	77	64
3	3	1	67	62	76
4	4	1	76	87	74
5	5	0	79	53	87
6	6	1	83	81	94
7	7	0	74	85	72

图 2-2 "data02-01.sav"数据

2.1.2 SPSS 实现

(1)打开"data02-01.sav"文件,执行菜单栏中的"分析"→"描述统计"→"频率"命令,弹出如图 2-1 所示的"频率"对话框。在左侧的变量列表中选中"语文"变量，单击 ➡ 按钮，如图 2-3 所示。

（2）单击"统计"按钮，弹出如图 2-4 所示的"频率：统计"对话框。在该对话框中进行统计量的选择。

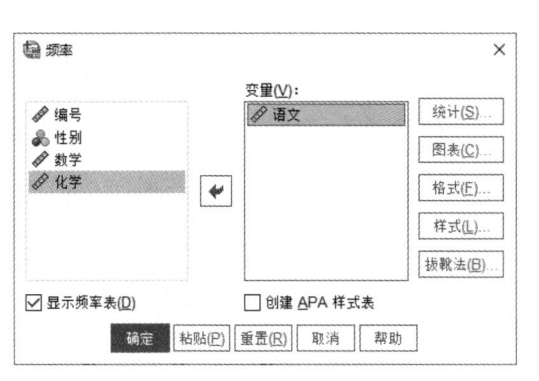

图 2-3 "频率"对话框

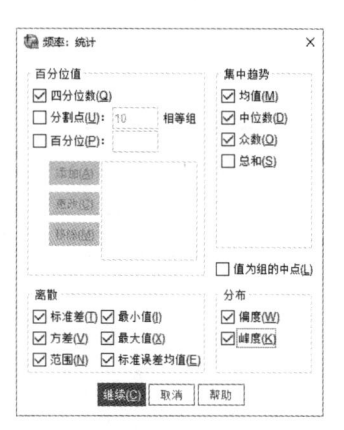

图 2-4 "频率：统计"对话框

本例欲研究该班级语文成绩的平均成绩、中位数、众数、最高及最低成绩，以及研究语文成绩的标准差、方差等，勾选"四分位数""均值""中位数""众数""标准差""方差""范围""最小值""最大值""标准误差均值""偏度""峰度"复选框，单击"继续"按钮。

（3）在图 2-3 所示对话框中单击"图表"按钮，弹出如图 2-5 所示的"频率：图表"对话框。研究语文成绩是否符合正态分布，选中"直方图"单选按钮及"在直方图中显示正态曲线"复选框，单击"继续"按钮。

（4）在图 2-3 所示对话框中单击"格式"按钮，弹出如图 2-6 所示的"频率：格式"对话框，选择"按值的升序排序"和"比较变量"单选按钮，单击"继续"按钮。

图 2-5 "频率：图表"对话框

图 2-6 "频率：格式"对话框

（5）完成所有设置后，单击"确定"按钮，此时会弹出描述统计表、频率分布表、直方图。

2.1.3 结果分析

表 2-1 为描述统计表，可以看出有效样本为 30 个，没有缺失值。语文的平均成绩为

75.23 分,中位数为 74.50,标准偏差为 11.258,最小值为 53,最大值为 97 等。

表 2-1 描述统计表

语文		
个案数	有效	30
	缺失	0
平均值		75.23
平均值标准误差		2.055
中位数		74.50
众数		74
标准偏差		11.258
方差		126.737
偏度		0.071
偏度标准误差		0.427
峰度		−0.544
峰度标准误差		0.833
范围		44
最小值		53
最大值		97
百分位数	25	67.00
	50	74.50
	75	83.25

表 2-2 为频数分布表,可以看出学生语文成绩的频数分布,从左至右依次是频率、百分比、有效百分比和累计百分比。例如,语文成绩是 72 分的有 2 人,占比为 6.7%。

表 2-2 频率分布表

语文					
		频率	百分比	有效百分比	累计百分比
有效	53	1	3.3	3.3	3.3
	58	1	3.3	3.3	6.7
	59	1	3.3	3.3	10.0
	61	1	3.3	3.3	13.3
	62	1	3.3	3.3	16.7
	65	1	3.3	3.3	20.0
	67	2	6.7	6.7	26.7
	68	1	3.3	3.3	30.0
	69	1	3.3	3.3	33.3
	72	2	6.7	6.7	40.0

续表

	语文			
		频率	百分比	有效百分比	累计百分比
有效	74	3	10.0	10.0	50.0
	75	1	3.3	3.3	53.3
	76	1	3.3	3.3	56.7
	77	1	3.3	3.3	60.0
	78	1	3.3	3.3	63.3
	79	2	6.7	6.7	70.0
	83	2	6.7	6.7	76.7
	84	1	3.3	3.3	80.0
	85	1	3.3	3.3	83.3
	88	1	3.3	3.3	86.7
	91	1	3.3	3.3	90.0
	93	1	3.3	3.3	93.3
	94	1	3.3	3.3	96.7
	97	1	3.3	3.3	100.0
	总计	30	100.0	100.0	

图 2-7 为语文成绩的直方图，从图中可以看出学生的语文成绩基本服从正态分布，其中以 70～75 分的学生居多。

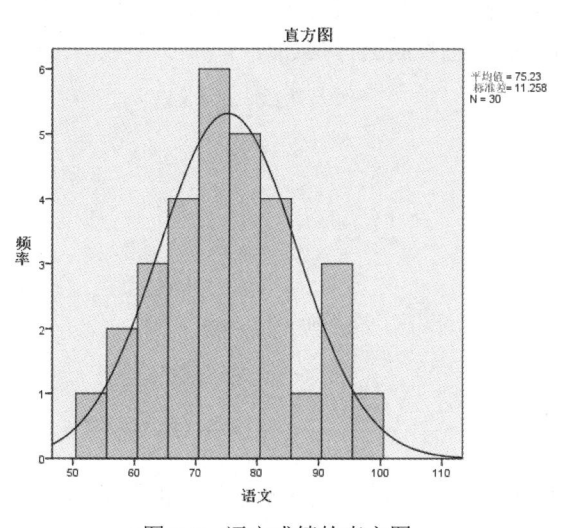

图 2-7 语文成绩的直方图

2.2 描述性分析

描述性分析是指通过均值、标准差、方差、最大值、最小值等统计量对变量进行描述。

执行菜单栏中的"分析"→"描述统计"→"描述"命令,弹出如图2-8所示的"描述"对话框,进行相关参数的设置即可完成描述性分析。下面通过具体案例讲解如何在SPSS中进行描述性分析。

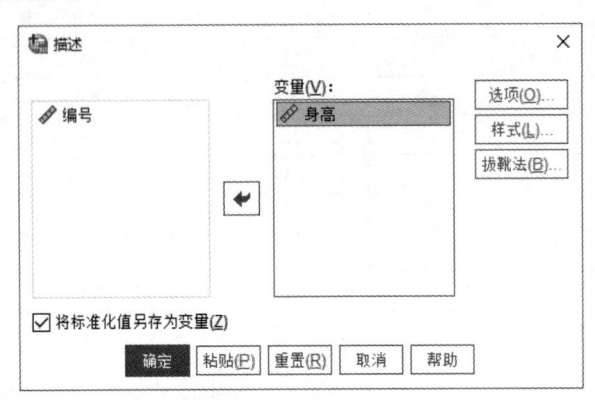

图2-8 描述性分析

数据文件	数据文件\Chapter02\data02-02.sav
视频文件	视频文件\Chapter02\描述性分析.avi

2.2.1 数据描述

本例的数据文件是某高校一个班级的男生的身高资料,如图2-9所示。现要求利用描述性分析对这个班级的男生身高进行描述。

	编号	身高
1	1	170
2	2	164
3	3	173
4	4	183
5	5	172
6	6	156
7	7	170

图2-9 "data02-02.sav"数据

2.2.2 SPSS实现

(1)打开"data02-02.sav"文件,执行菜单栏中的"分析"→"描述统计"→"描述"命令,弹出"描述"对话框。

(2)在左侧的变量列表中选中"身高"变量,单击 按钮,将其选入"变量"列表框,并勾选"将标准化值另存为变量"复选框,如图2-10所示。

(3)单击"选项"按钮,弹出如图2-11所示的"描述:选项"对话框,本例研究该班级男生身高的平均值、方差等,勾选"均值""标准差""方差""最小值""最大值""标准误差均值""峰度""偏度"复选框,在"显示顺序"选项区中单击"变量列表"单选按钮,单击"继续"按钮。

图 2-10 "描述"对话框

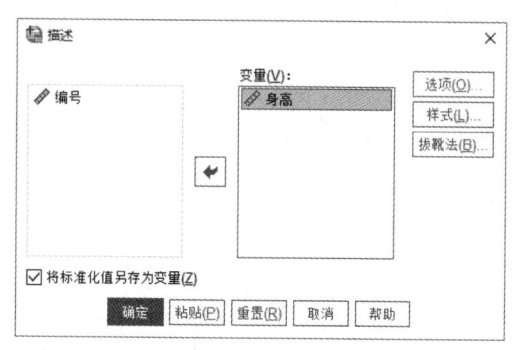

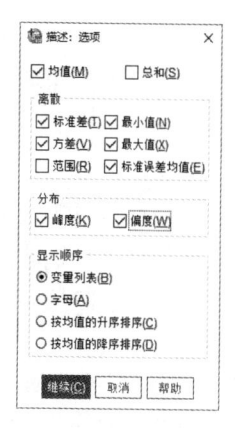

图 2-11 "描述：选项"对话框

（4）完成所有设置后，单击"确定"按钮执行命令，此时系统会弹出描述统计表和身高标准化后的数据。

2.2.3 结果分析

由表 2-3 可以看出样本个数为 25，有效的为 25 个，范围为 31，最小值为 156，最大值为 187，平均值为 172.28，平均值的标准错误为 1.398，标准偏差为 6.991，方差为 48.877，偏度为 0.084，峰度为 0.790，相对于正态分布，本例数据的观察值更多地向分布中心聚集。

表 2-3 描述统计表

	数字	范围	最小值(M)	最大值(X)	平均值(E)		标准偏差	方差	偏度		峰度	
	统计	统计	统计	统计	统计	标准错误	统计	统计	统计	标准错误	统计	标准错误
身高	25	31	156	187	172.28	1.398	6.991	48.877	0.084	0.464	0.790	0.902
有效 N（成列）	25											

从图 2-12 可以看出描述统计还可以把原始变量转换成标准化的变量，并以变量的形式在数据编辑窗口中呈现，即图 2-12 所示的"Z 身高"。

	编号	身高	Z 身高
1	1	170	-.32612
2	2	164	-1.18435
3	3	173	.10299
4	4	183	1.53336
5	5	172	-.04005
6	6	156	-2.32865
7	7	170	-.32612
8	8	168	-.61220
9	9	175	.38906
10	10	177	.67514
11	11	174	.24602

图 2-12 "Z 身高"变量

2.3 探索性分析

探索性分析可以生成汇总统计和图形,探索性分析主要有以下几个目的。

(1)对数据进行过滤和检查,能识别离群值、极端值、数据中的缺口或其他特性。

(2)验证数据的分布特征,如对数据正态分布和方差齐性进行检验,对不满足的数据提示转换方法。

(3)描述统计量,通过输出直方图、茎叶图、箱图等来描述个案组之间差异的特征。

执行菜单栏中的"分析"→"描述统计"→"探索"命令,弹出如图 2-13 所示的"探索"对话框,进行相关参数的设置即可完成探索性分析。下面通过具体案例讲解如何在 SPSS 中进行探索性分析。

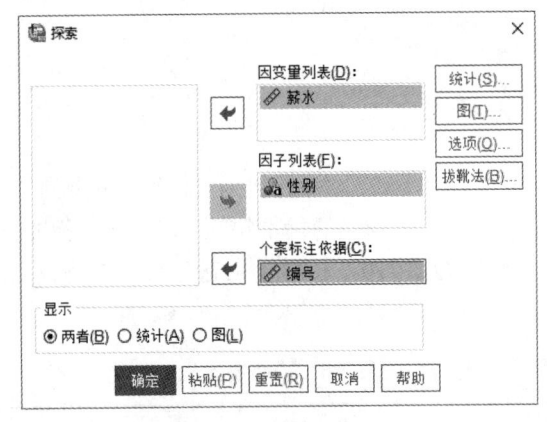

图 2-13 探索性分析

数据文件	数据文件\Chapter02\data02-03.sav
视频文件	视频文件\Chapter02\探索性分析.avi

2.3.1 数据描述

本例的数据文件是一个公司 474 名员工一年的薪水资料,如图 2-14 所示,现要求利用探索性分析对这个公司男女员工的薪水进行分析。

	编号	性别	薪水
1	1	m	57000
2	2	m	40200
3	3	f	21450
4	4	f	21900
5	5	m	45000
6	6	m	32100
7	7	m	36000

图 2-14 "data02-03.sav"数据

2.3.2 SPSS 实现

（1）打开"data02-03.sav"数据文件，执行菜单栏中的"分析"→"描述统计"→"探索"命令，弹出"探索"对话框。

（2）在左侧的变量列表中选中"薪水"变量，单击 ▶ 按钮，将其选入"因变量列表"；选中"性别"变量，单击 ▶ 按钮，将其选入"因子列表"；选中"编号"变量，单击 ▶ 按钮，将其选入"个案标注依据"，单击"两者"单选按钮，如图 2-15 所示。

（3）单击"统计"按钮，弹出如图 2-16 所示的"探索：统计"对话框，勾选"描述""M-估计量""离群值""百分位数"复选框，"描述"复选框后的"均值的置信区间"选择系统默认的 95，单击"继续"按钮。

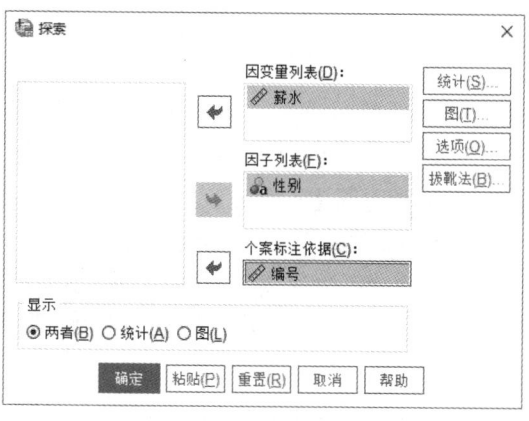

图 2-15 "探索"对话框

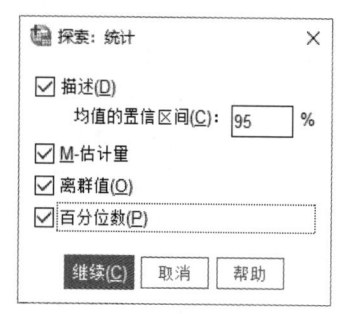

图 2-16 "探索：统计"对话框

（4）在图 2-15 所示对话框中单击"图"按钮，弹出如图 2-17 所示的"探索：图"对话框，单击"因子级别并置"单选按钮，选中"茎叶图""直方图""含检验的正态图"复选框，单击"未转换"单选按钮，单击"继续"按钮。

（5）在图 2-15 所示对话框中单击"选项"按钮，弹出如图 2-18 所示的"探索：选项"对话框，单击"成列排除个案"单选按钮，单击"继续"按钮。

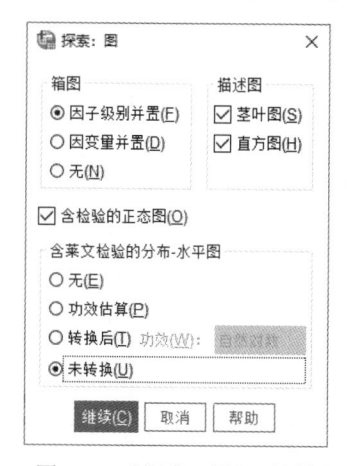

图 2-17 "探索：图"对话框

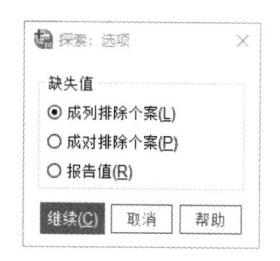

图 2-18 "探索：选项"对话框

（6）完成所有设置后，单击"确定"按钮执行命令，系统会完成描述统计、M 估计量、方差齐性检验等表格。

2.3.3 结果分析

由表 2-4 可以看出女员工共 216 个样本，男员工共 258 个样本，没有缺失值。

表 2-4 个案处理摘要

性别		个案					
		有效		缺失		总计	
		数字	百分比	数字	百分比	数字	百分比
薪水	女	216	100.0%	0	0.0%	216	100.0%
	男	258	100.0%	0	0.0%	258	100.0%

由表 2-5 可以看出女员工的平均薪水为 26031.92，标准错误为 512.258，平均值的 95%置信区间为（25018.29，27045.55），5%截尾平均值是排除掉数据首尾两端 5%的变量值后得出的平均值，本例为 25248.30，中位数为 24300.00，标准偏差为 7558.021，最小值为 15750，最大值为 58125，范围为 42375，四分位距是 25%的百分位数与 75%的百分位数之间的距离，本例为 7013，偏度为 1.863，峰度为 2.641，男员工的描述统计量同理。

表 2-5 描述统计表

	性别			统计	标准错误
薪水	女	平均值		26031.92	512.258
		平均值的95%置信区间	下限值	25018.29	
			上限	27045.55	
		5%截尾平均值		25248.30	
		中位数		24300.00	
		方差		57123688.268	
		标准偏差		7558.021	
		最小值		15750	
		最大值(X)		58125	
		范围		42375	
		四分位距		7013	
		偏度		1.863	0.166
		峰度		2.641	0.330
	男	平均值		41441.78	1213.968
		平均值的95%置信区间	下限值	39051.19	
			上限	43832.37	
		5%截尾平均值		39445.87	

续表

性别		统计	标准错误
薪水	男		
		中位数 32850.00	
		方差 380219336.303	
		标准偏差 19499.214	
		最小值 19650	
		最大值(X) 135000	
		范围 115350	
		四分位距 22675	
		偏度 1.639	0.152
		峰度 2.780	0.302

由表 2-6 可以看出 M-估计量中休伯 M 估计量、Tukey 双权、汉佩尔 M 估计量和安德鲁波的区别就是使用的权重不同，发现女员工和男员工的 4 个 M-估计量虽然离中位数较近，但是离平均值较远，说明数据中有异常值。

表 2-6 M-估计量

	性别	休伯 M 估计量 [a]	Tukey 双权 [b]	汉佩尔 M 估计量 [c]	安德鲁波 [d]
薪水	女	24606.10	24015.98	24419.25	24005.82
	男	34820.15	31779.76	34020.57	31732.27

a. 加权常量为 1.339。
b. 加权常量为 2.685。
c. 加权常量为 1.700、3.400 和 8.500。
d. 加权常量为 1.340*pi。

百分位数就是将数值分成两部分，例如百分位数 25 代表的值就表示有 25%的值比该值小，有 75%的值比该值大，从表 2-7 可以得出本例的百分位数。

表 2-7 百分位数

性别			百分位数（P）						
			5	10	25	50	75	90	95
加权平均（定义1）	薪水	女	16950.00	18660.00	21487.50	24300.00	28500.00	34890.00	40912.50
		男	23212.50	25500.00	28050.00	32850.00	50725.00	69325.00	81312.50
图基枢纽	薪水	女			21525.00	24300.00	28500.00		
		男			28050.00	32850.00	50550.00		

由表 2-8 可以看出分组后女员工和男员工薪水的 5 个极大值和 5 个极小值。

表 2-8 极值

	性别			个案编号	编号	值
薪水	女	最高	1	371	371	58125
			2	348	348	56750

续表

性别			个案编号	编号	值
薪水	女	最高	3	468	55750
			4	240	54375
			5	72	54000
		最低	1	378	15750
			2	338	15900
			3	411	16200
			4	224	16200
			5	90	16200
	男	最高	1	29	135000
			2	32	110625
			3	18	103750
			4	343	103500
			5	446	100000
		最低	1	192	19650
			2	372	21300
			3	258	21300
			4	22	21750
			5	65	21900

由表 2-9 可以看出柯尔莫戈洛夫-斯米诺夫方法和夏皮洛-威尔克方法检验的结果，显著性均小于 0.05，说明女员工和男员工的薪水分布均不符合正态分布的假设。

表 2-9 正态性检验

	性别	柯尔莫戈洛夫-斯米诺夫[a]			夏皮洛-威尔克		
		统计	自由度	显著性	统计	自由度	显著性
薪水	女	0.146	216	<0.001	0.842	216	<0.001
	男	0.208	258	<0.001	0.813	258	<0.001

a. 里利氏显著性修正

由表 2-10 可以看出男女间薪水不具有齐次性，因为显著性均小于 0.05。

表 2-10 方差齐性的检验

		莱文统计	df1	df2	显著性
薪水	基于平均值	119.669	1	472	<0.001
	基于中位数	51.603	1	472	<0.001
	基于中位数并带有调整的 df	51.603	1	310.594	<0.001
	基于截尾平均值	95.346	1	472	<0.001

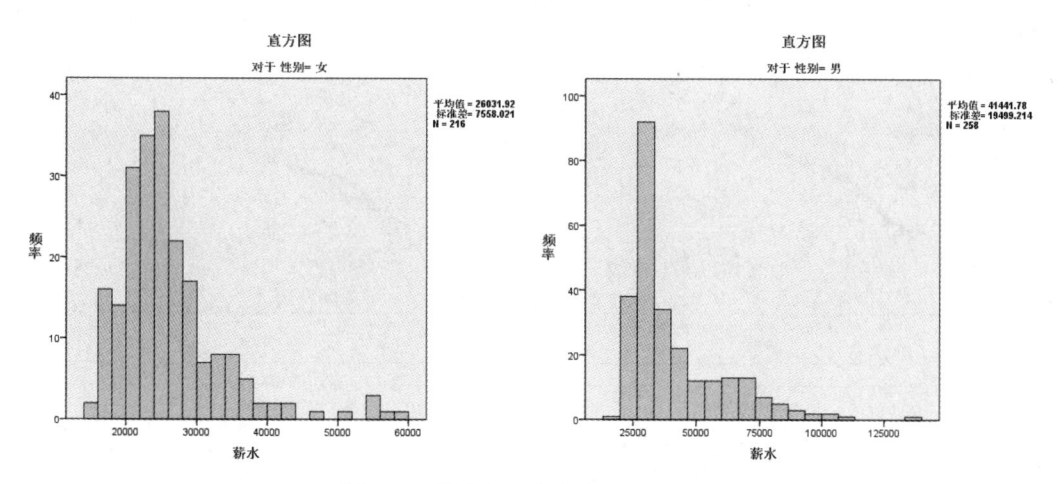

由图 2-19 可以得出女员工和男员工薪水的分布均呈正偏态。

图 2-19　男女员工薪水分布的直方图

图 2-20 是男女员工薪水茎叶图，图中"频率"表示变量值的频次，"Stem"表示变量值的整数部分，"叶"表示变量值的小数部分。变量值的具体计算方法是变量值=（茎+叶）×茎宽，如女员工薪水茎叶图第一行的变量值为 15500=（1+0.55）×10000，第 7 行叶部分第 13 个数字为 7，则变量值为 27000=（2+0.7）×10000，本例茎宽为 10000。

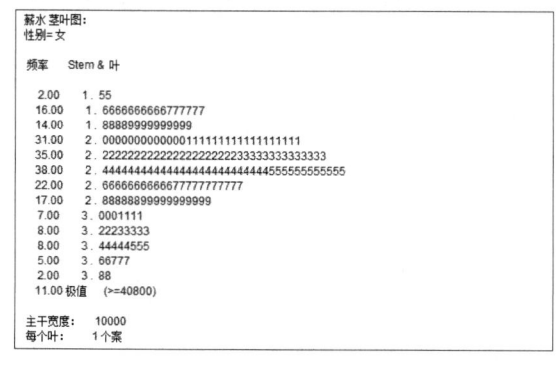

图 2-20　男女员工薪水的茎叶图

如图 2-21 所示，一种是标准的正态概率分布图，另一种是离散正态概率分布图。

标准的正态概率分布图使用变量的实际观测值作为横坐标，变量的期望值为纵坐标，变量值为落点。图中的斜线表示正态分布的标准线，点表示变量值，变量值越接近于斜线，则变量值的分布越接近正态分布，本例中男女员工的薪水分布不符合正态分布。

离散的正态概率分布图使用变量的实际观测值作为横坐标，以实际观测值与期望值的差作为纵坐标，如果数据符合正态分布，则图中的点应该分布于图中标准线的附近。

图 2-22 为箱图，箱子的上边线表示第 75 百分位数，下边线表示第 25 百分位数，中间的线表示中位数，箱子上下的两条细横线表示除离群值和极值以外的最大值和最小值。

图 2-21　男女员工薪水的正态图

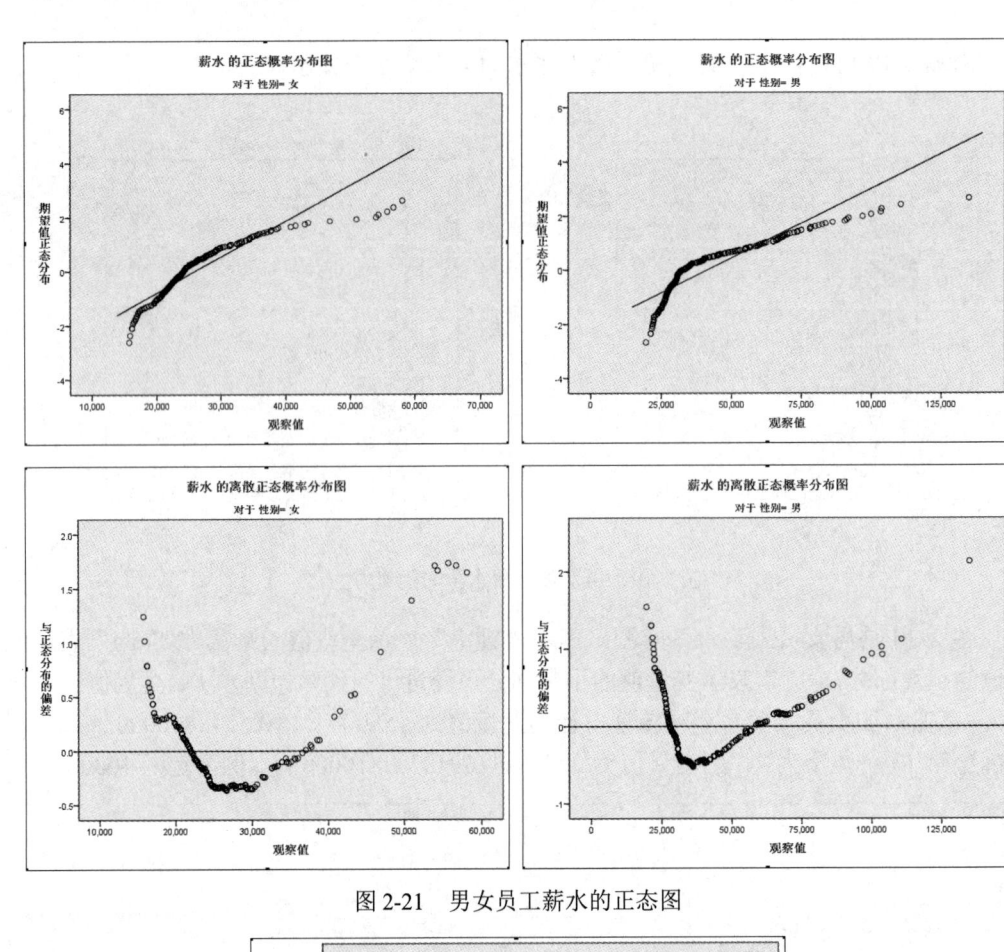

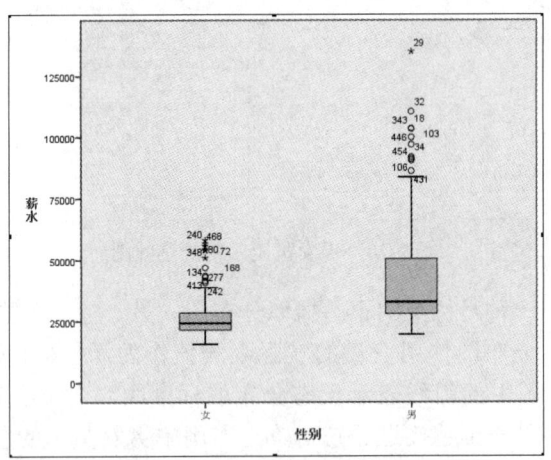

图 2-22　箱图

离群值是指离箱子的上下边线的距离为箱子高度的 1.5 倍至 3 倍的变量值，图中用"O"表示。极值是指离箱子的上下边线的距离为箱子高度的 3 倍以上的变量值，图中用"☆"表示。

由图 2-22 可以看出男女员工的薪水都有一些离群值和极值存在，表明有员工的薪水明显高于普通员工。

2.4 列联表分析

列联表分析通过频数交叉表来讨论两个或多个变量之间是否存在关联,并提供了各种双向表检验和相关性测量。

其基本思想与假设检验一致,先建立一个零假设,认为两个变量之间是没有关联的,然后进行 χ^2 检验,计算发生概率,通过概率是否达到显著性水平来判断接受或拒绝零假设。

$$\chi^2 = \sum \frac{(A-T)^2}{T}$$

式中,A 是实际频数,T 是期望频数。

执行菜单栏中的"分析"→"描述统计"→"交叉表"命令,弹出如图 2-23 所示的"交叉表"对话框,进行相关参数的设置即可完成列联表分析。下面通过具体案例讲解如何在 SPSS 中进行列联表分析。

图 2-23 交叉表分析

数据文件	数据文件\Chapter02\data02-04.sav
视频文件	视频文件\Chapter02\列联表分析.avi

2.4.1 数据描述

本例的数据文件是一份关于工作满意度的调查问卷的结果,如图 2-24 所示,现要求利用列联表分析对男女员工对工作满意度是否有差异进行分析。

图 2-24 "data02-04.sav"数据

2.4.2 SPSS 实现

（1）打开"data02-04.sav"文件，执行菜单栏中的"分析"→"描述统计"→"交叉表"命令，弹出"交叉表"对话框。

（2）在左侧的变量列表中选中"性别"变量，单击按钮，将其选入"行"；选中"工作满意度"变量，单击按钮，将其选入"列"，并勾选"显示簇状条形图"复选框，如图 2-25 所示的。

（3）单击"精确"按钮，弹出如图 2-26 所示的"精确检验"对话框，单击"仅渐进法"单选按钮，单击"继续"按钮。

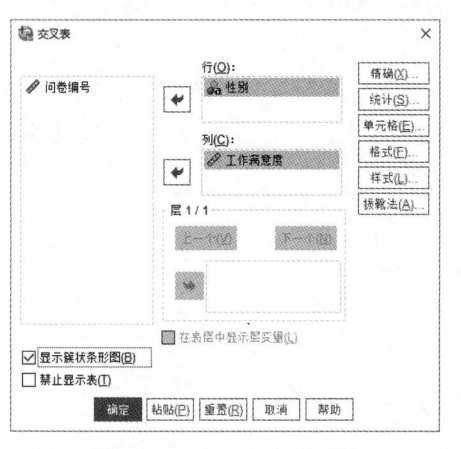

图 2-25 "交叉表"对话框

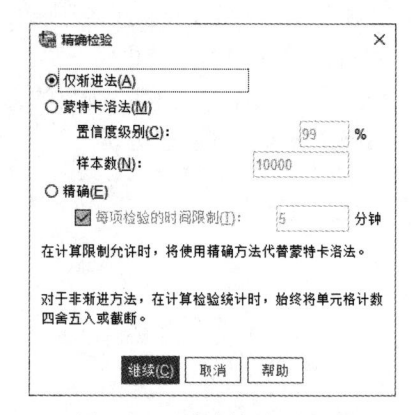

图 2-26 "精确检验"对话框

（4）在图 2-25 所示对话框中单击"统计"按钮，弹出如图 2-27 所示的"交叉表：统计"对话框，勾选"卡方"复选框，单击"继续"按钮。卡方检验用于对比不同性别的员工对工作满意度是否存在差异。

（5）在图 2-25 所示对话框中单击"单元格"按钮，弹出如图 2-28 所示的"交叉表：单元格显示"对话框，勾选"实测""期望""行""列"复选框，单击"单元格计数四舍五入"单选按钮，单击"继续"按钮。

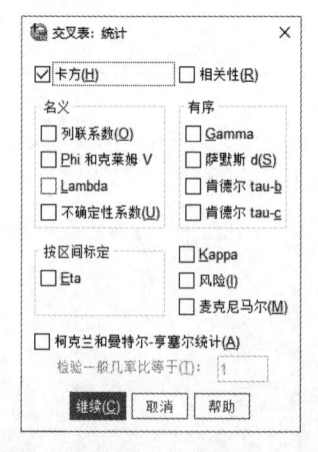

图 2-27 "交叉表：统计"对话框

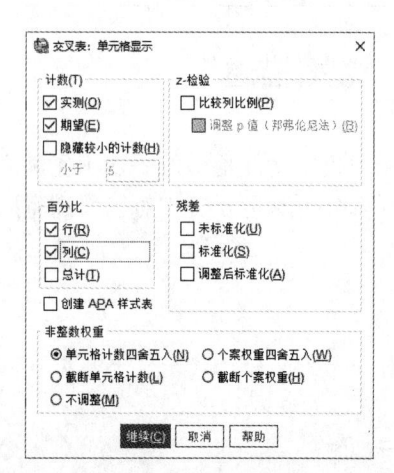

图 2-28 "交叉表：单元格显示"对话框

（6）在图 2-25 所示对话框中单击"格式"按钮，弹出如图 2-29 所示的"交叉表：表格式"对话框，单击"升序"单选按钮，单击"继续"按钮。

（7）完成所有设置后，单击"确定"按钮执行命令。

图 2-29 "交叉表：表格式"对话框

2.4.3 结果分析

由表 2-11 可以看出样本数为 448，没有缺失值。

表 2-11 个案处理摘要

	个案					
	有效		缺失		总计	
	数字	百分比	数字	百分比	数字	百分比
性别*工作满意度	448	100.0%	0	0.0%	448	100.0%

由表 2-12 可以看出每种组合的实际计数、期望计数、百分比在性别内、百分比在工作满意度内，例如女性对工作不满意的实际计数有 18 例，期望计数为 11.9，在所有女性的工作满意度中占 8.8%，在男和女总共的不满意计数中占 69.2%。

表 2-12 性别与工作满意度交叉表

			工作满意度				总计
			不满意	一般满意	比较满意	很满意	
性别	女	计数	18	149	30	8	205
		期望计数	11.9	103.9	52.0	35.2	205.0
		百分比在 性别 内	8.8%	72.7%	12.6%	3.9%	100.0%
		百分比在 工作满意度 内	69.2%	65.6%	25.3%	10.4%	45.8%
	男	计数	8	78	88	69	243
		期望计数	12.1	123.1	62.0	41.8	243.0
		百分比在 性别 内	3.3%	32.1%	36.2%	28.4%	100.0%
		百分比在 工作满意度 内	30.8%	32.4%	72.6%	89.6%	52.2%
总计		计数	26	227	118	77	448
		期望计数	26.0	227.0	118.0	77.0	448.0
		百分比在 性别 内	5.8%	50.7%	26.3%	17.2%	100.0%
		百分比在 工作满意度 内	100.0%	100.0%	100.0%	100.0%	100.0%

由表 2-13 可以看出卡方检验的结果。卡方检验的零假设是：男女之间对工作满意度没有差异。表中两种检验的双向显著性水平都小于 0.05，所以否认零假设，即男女之间对工作的满意度存在显著差异。

表 2-13　卡方检验

	值	自由度	渐近显著性（双侧）
皮尔逊卡方	100.385[a]	3	<0.001
似然比(L)	108.465	3	<0.001
有效个案数	448		

a. 0 个单元格（0.0%）具有的期望计数少于 5，最小期望计数为 11.90。

由图 2-30 可以看出男和女对工作的满意度存在差异。

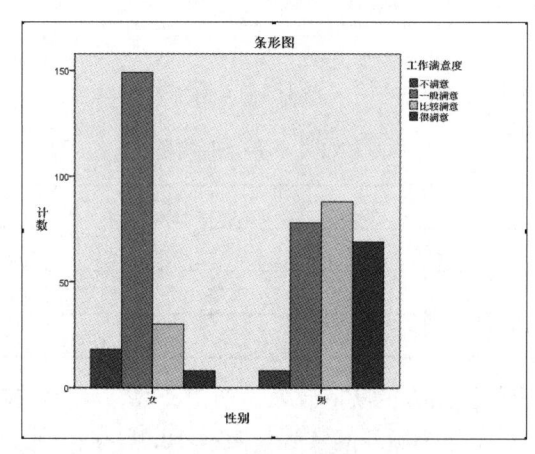

图 2-30　工作满意度条形图

2.5　小结

本章介绍了频数分析、描述性分析、探索性分析和列联表分析的参数设置、操作步骤和结果分析。描述性分析通过均值、标准差、方差、最大值、最小值等统计量对变量进行描述。探索性分析既可以为所有个案也可以分别为个案生成汇总统计和图形。列联表分析通过频数交叉表来讨论两个或多个变量之间是否存在关联，并提供了各种双向表检验和相关性测量。

2.6　习题

1. 试针对某高校一个班级的学生期末考试数学成绩进行频数分析。数据存储于"数据文件\Chapter02\data02-01.sav"文件中。

2．试针对某高校一个班级的学生期末考试化学成绩进行描述性分析。数据存储于"数据文件\Chapter02\data02-01.sav"文件中。

3．试针对某高校一个班级的学生期末考试男、女同学的语文成绩进行探索性分析。数据存储于"数据文件\Chapter02\data02-01.sav"文件中。

4．试针对某高校一个班级的学生期末考试男、女同学的数学成绩进行列联表分析。数据存储于"数据文件\Chapter02\data02-01.sav"文件中。

第 3 章

参数检验

参数检验是推断统计的重要组成部分，常常采用抽样研究的方法，从总体中随机抽取一定数量的样本进行研究，并以此推断总体。在总体分布已知的情况下，利用样本数据对总体包含的参数进行推断的问题就是参数检验问题，参数检验不仅能够对一个总体的参数进行推断，还能比较两个或多个总体的参数。本章主要介绍平均值检验、单样本 t 检验、两个独立样本 t 检验和成对样本 t 检验。

学习目标

(1) 理解参数检验的含义。
(2) 熟知相关对话框中选项的含义。
(3) 熟练掌握各种检验的操作步骤。
(4) 学会分析各项结果的含义。

3.1 平均值检验

平均值检验计算一个或多个自变量类别中因变量的子组平均值和相关的单变量统计，也可以通过比较两个样本的均值来判断两个总体的均值是否相等。零假设：两个样本的均值没有显著差异。

执行菜单栏中的"分析"→"比较均值"→"均值"命令，弹出如图3-1所示的"平均值"对话框，进行相关参数的设置即可完成平均值检验。下面通过具体案例讲解如何在SPSS中进行平均值检验。

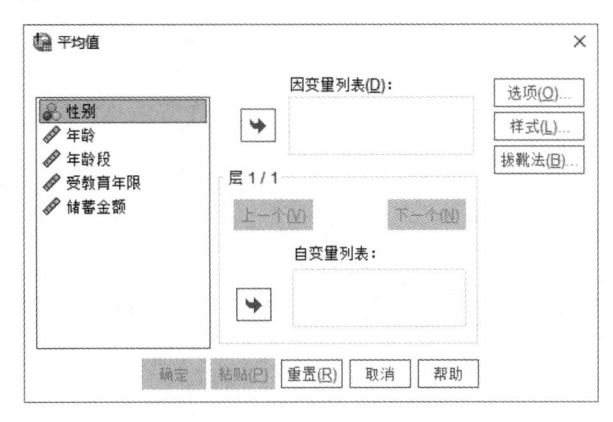

图3-1 "平均值"对话框

数据文件	数据文件\Chapter03\data03-01.sav
视频文件	视频文件\Chapter03\平均值检验.avi

3.1.1 数据描述

本例的数据文件是对社会上350名男女性的年龄、受教育年限、储蓄金额的调查结果，如图3-2所示。现要求利用平均值检验对男女性之间储蓄金额是否有差异进行检验。

	性别	年龄	年龄段	受教育年限	储蓄金额
1	1	25	1	12	903774
2	2	49	3	17	678000
3	1	38	2	17	593250
4	2	60	3	12	536637
5	1	42	2	13	508500
6	2	72	4	12	491550
7	1	37	2	14	480024
8	2	80	4	12	451887
9	2	41	2	14	423750
10	2	31	1	13	415275
11	1	52	3	17	409512
12	2	63	3	12	395613

图3-2 "data03-01.sav"数据

3.1.2 SPSS 实现

（1）打开"data03-01.sav"文件，执行菜单栏中的"分析"→"比较均值"→"均值"命令，弹出"平均值"对话框。

（2）在左侧的变量列表中选中"储蓄金额"变量，单击按钮，将其选入"因变量列表"；将"性别"变量选入"自变量列表"，如图3-3所示。

（3）单击"选项"按钮，弹出如图3-4所示的"平均值：选项"对话框，勾选"Anova 表和 Eta"和"线性相关度检验"复选框，单击"继续"按钮。

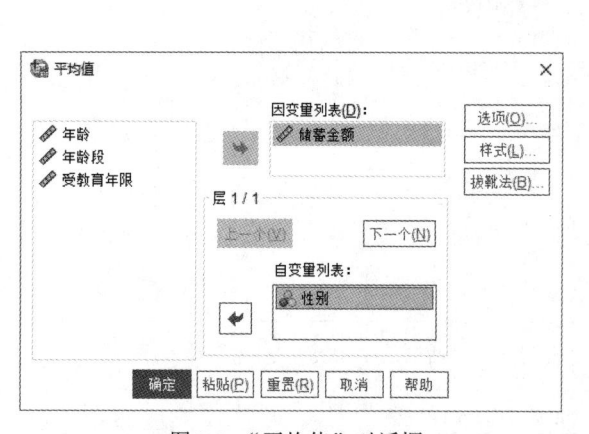

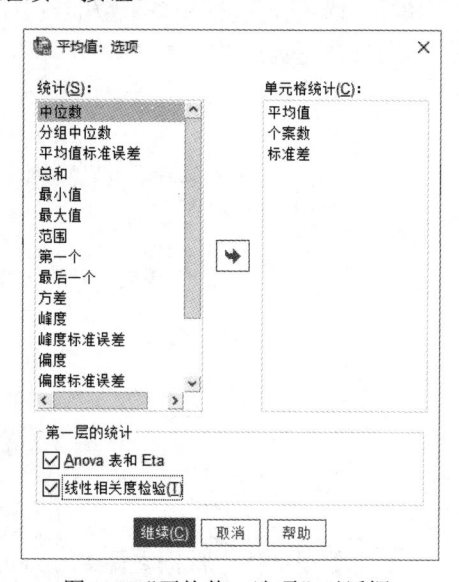

图 3-3 "平均值"对话框　　　　图 3-4 "平均值：选项"对话框

（4）完成所有设置后，单击"确定"按钮执行命令，系统弹出个案处理摘要、报告、ANOVA 表、相关性测量表。

3.1.3 结果分析

由表 3-1 和表 3-2 可以看出个案数为 350，其中男性的个案数为 145，储蓄金额的平均值为 200728.46，标准偏差为 102479.096，女性的个案数为 205，储蓄金额的平均值为 196125.34，标准偏差为 94030.501。

表 3-1 个案处理摘要

	个案					
	包括		排除		总计	
	个案数	百分比	个案数	百分比	个案数	百分比
储蓄金额*性别	350	100.0%	0	0.0%	350	100.0%

表 3-2　储蓄金额报告

性别	储蓄金额		
	平均值	个案数	标准偏差
男	200728.46	145	102479.096
女	196125.34	205	87774.308
总计	198032.41	350	94030.501

由表 3-3 和表 3-4 可以看出，显著性为 0.653，大于 0.05，说明男性与女性的储蓄金额之间没有显著差异，此外，相关性测量中 Eta 的平方为 0.001，也说明储蓄金额与性别之间的相关性很小。

表 3-3　ANOVA 表 [a]

			平方和	自由度	均方	F	显著性
储蓄金额*性别	组间	（组合）	1799442175.825	1	1799442175.825	0.203	0.653
	组内		3083966104360.566	348	8861971564.255		
	总计		3085765546536.392	349			

a. 由于不足 3 个组，因此无法计算储蓄金额*性别的线性度量

表 3-4　相关性测量

	Eta	Eta 平方
储蓄金额*性别	0.024	0.001

3.2　单样本 t 检验

单样本 t 检验的目的是推断样本数据的均值和指定的检验值之间的差异是否显著。零假设表示样本数据的均值与检验值之间不存在显著差异，即

$$H_0：\mu=\mu_0$$

式中，μ 为样本数据的均值，μ_0 为检验值。

执行菜单栏中的"分析"→"比较均值"→"单样本 t 检验"命令，弹出如图 3-5 所示的"单样本 t 检验"对话框，进行相关参数的设置即可完成单样本 t 检验。下面通过具体案例讲解如何在 SPSS 中进行单样本 t 检验。

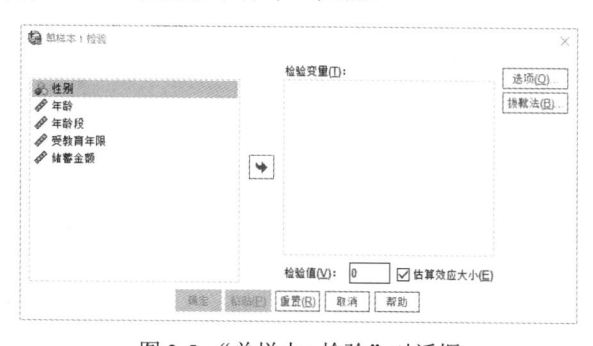

图 3-5　"单样本 t 检验"对话框

数据文件	数据文件\Chapter03\data03-01.sav
视频文件	视频文件\Chapter03\单样本 t 检验.avi

3.2.1 数据描述

本例仍然采用平均值检验中的"data03-01.sav"文件,如图 3-6 所示,数据文件中包含了社会上 350 名男女性的年龄。现要求对这 350 个人的平均年龄是否为 50 岁进行单样本 t 检验。

	性别	年龄	年龄段	受教育年限	储蓄金额
1	1	25	1	12	903774
2	2	49	3	17	678000
3	1	38	2	17	593250
4	2	60	3	12	536637
5	1	42	2	13	508500
6	2	72	4	12	491550
7	1	37	2	14	480024
8	2	80	4	12	451887
9	2	41	2	14	423750
10	2	31	1	13	415275
11	2	52	3	17	409512
12	2	63	3	12	395613

图 3-6 "data03-01.sav"数据

3.2.2 SPSS 实现

(1) 打开数据文件"data03-01.sav",执行菜单栏中的"分析"→"比较均值"→"单样本 t 检验"命令,弹出"单样本 t 检验"对话框。

(2) 选择"年龄"变量,单击 按钮,将其选入"检验变量",在"检验值"文本框中输入"50",即零假设:$\mu=50$,μ 为年龄平均值,如图 3-7 所示。

(3) 单击"选项"按钮,弹出如图 3-8 所示的"单样本 t 检验:选项"对话框,单击"继续"按钮。

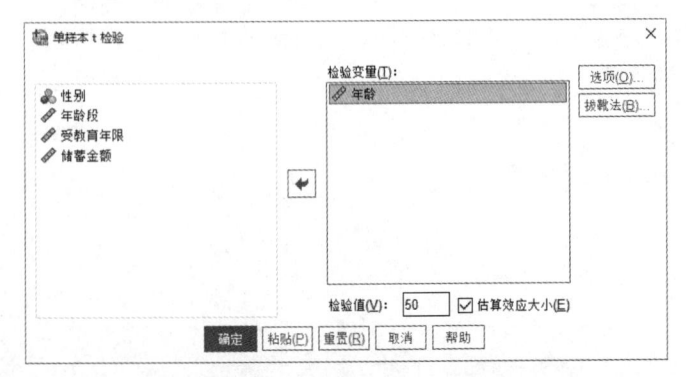

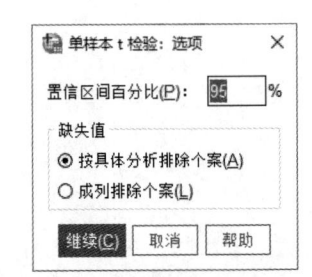

图 3-7 "单样本 t 检验"对话框   图 3-8 "单样本 t 检验:选项"对话框

（4）完成所有设置后，单击"确定"按钮执行命令，此时系统弹出单样本统计、单样本检验的分析结果。

3.2.3 结果分析

由表 3-5 可以看出统计样本为 350，平均值为 47.57，标准偏差为 16.185，标准误差平均值为 0.865。

表 3-5 单样本统计

	N	均值	标准差	标准误差平均值
年龄	350	47.57	16.185	0.865

由表 3-6 可以看出，显著性（双尾）为 0.005，小于 0.05，即拒绝零假设，认为样本数据的平均年龄不等于 50。

表 3-6 单样本检验

	检验值= 50						
	t	自由度	显著性		平均值差值	差值95%置信区间	
			单侧P	双侧P		下限	上限
年龄	-2.804	349	0.003	0.005	-2.426	-4.13	-0.72

3.3 两个独立样本 t 检验

两个独立样本 t 检验就是在两个样本相互独立的前提下，检验两个样本的总体均数是否存在显著差异。零假设：两个样本数据的均值不存在显著差异。

执行菜单栏中的"分析"→"比较均值"→"独立样本 t 检验"命令，弹出如图 3-9 所示的"独立样本 t 检验"对话框，进行相关参数的设置即可完成独立样本 t 检验。下面通过具体案例讲解如何在 SPSS 中进行独立样本 t 检验。

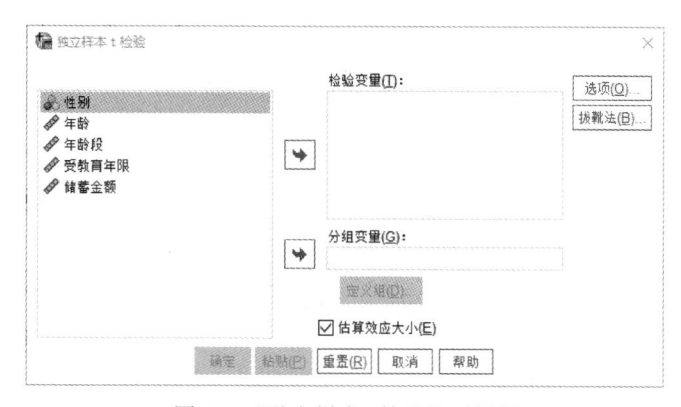

图 3-9 "独立样本 t 检验"对话框

数据文件	数据文件\Chapter03\data03-01.sav
视频文件	视频文件\Chapter03\独立样本t检验.avi

3.3.1 数据描述

本案例仍然采用平均值检验中的"data03-01.sav"文件，如图 3-10 所示。数据文件中包含了社会上 350 名男女性的受教育年限。现要求利用独立样本 t 检验对不同性别间受教育年限是否存在差异进行检验。

图 3-10 "data03-01.sav"数据

3.3.2 SPSS 实现

（1）打开数据文件"data03-01.sav"，执行菜单栏中的"分析"→"比较均值"→"独立样本 t 检验"命令，弹出"独立样本 t 检验"对话框。

（2）选择"受教育年限"变量，单击按钮，将其选入"检验变量"，选择"性别"变量，单击按钮，将其选入"分组变量"，如图 3-11 所示。

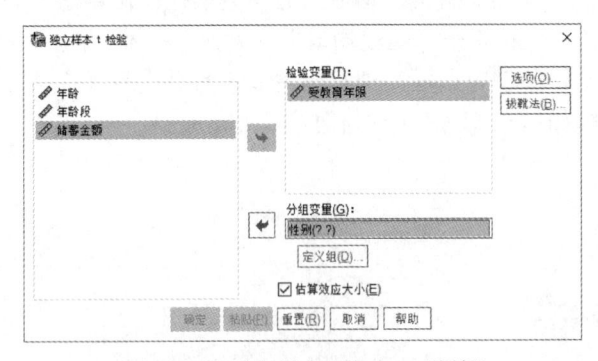

图 3-11 "独立样本 t 检验"对话框

（3）单击"定义组"按钮，弹出如图 3-12 所示的"定义组"对话框，分别在"组 1"和"组 2"文本框中输入"1"和"2"，单击"继续"按钮。"1"和"2"对应男和女。

（4）在图 3-11 所示对话框中单击"选项"按钮，弹出如图 3-13 所示的"独立样本 t 检验：选项"对话框，单击"继续"按钮。

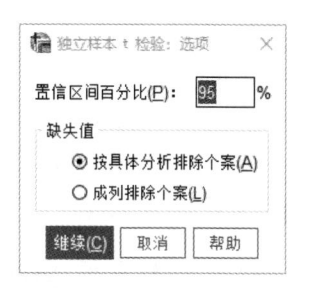

图 3-12 "定义组"对话框　　　　图 3-13 "独立样本t检验：选项"对话框

（5）完成所有设置后，单击"确定"按钮执行命令，系统弹出组统计、独立样本检验等分析结果。

3.3.3　结果分析

由表 3-7 可以看出，男性样本数为 145，受教育年限的均值为 14.41，标准差为 2.758，标准误差平均值为 0.229，女性样本数为 205，受教育年限的均值为 13.71，标准差为 2.964，标准误差平均值为 0.207。

表 3-7　组统计

	性别	N	均值	标准差	标准误差平均值
受教育年限	男	145	14.41	2.758	0.229
	女	205	13.71	2.964	0.207

由表 3-8 可知，莱文方差等同性检验的显著性为 0.263，大于 0.05，说明两组的总体方差齐性，选择"假定等方差"这一行的 t 检验结果。在"平均值等同性 t 检验"中显著性（双侧 P）为 0.027，小于 0.05，说明两组数据的均值存在显著差异。

表 3-8　独立样本检验

		莱文方差等同性检验		平均值等同性t检验							
		F	显著性	t	自由度	显著性		平均值差值	标准误差差值	差值95%置信区间	
						单侧 P	双侧 P			下限	上限
受教育年限	假定等方差	1.257	0.263	2.223	348	0.013	0.027	0.695	0.313	0.080	1.309
	不假定等方差			2.250	323.165	0.013	0.025	0.695	0.309	0.087	1.302

3.4　成对样本 t 检验

在数据分析中，有些数据是成对出现的，是两个样本的一种特殊状态，成对样本的 t 检验用于检验配对总体的均值是否存在显著差异。零假设：成对样本数据的均值不存在显著差异。

执行菜单栏中的"分析"→"比较均值"→"成对样本 t 检验"命令,弹出如图 3-14 所示的"成对样本 t 检验"对话框,进行相关参数的设置即可完成成对样本 t 检验。下面通过具体案例讲解如何在 SPSS 中进行成对样本 T 检验分析。

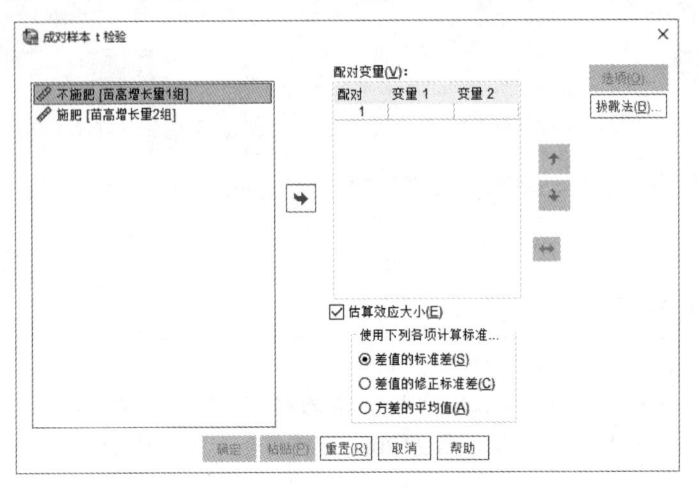

图 3-14 "成对样本 t 检验"对话框

数据文件	数据文件\Chapter03\data03-02.sav
视频文件	视频文件\Chapter03\成对样本 t 检验.avi

3.4.1 数据描述

本例的数据文件是实验过程中将苗子分成两组,一组施肥,另一组不施肥,一个月后两组苗高增长量的资料,如图 3-15 所示。现要求利用成对样本 t 检验来检验两组之间苗高增长量是否存在差异。

	苗高增长量1组	苗高增长量2组
1	2.50	3.50
2	2.40	3.00
3	3.20	3.90
4	2.70	2.00
5	2.50	3.40
6	1.90	3.80
7	1.80	3.70
8	3.30	2.90
9	2.80	3.10
10	2.60	3.50

图 3-15 "data03-02.sav"数据

3.4.2 SPSS 实现

(1) 打开数据文件"data03-02.sav",执行菜单栏中的"分析"→"比较均值"→"成对样本 t 检验"命令，弹出"成对样本 t 检验"对话框。

（2）在左侧变量列表中选中"不施肥［苗高增长量1组］"和"施肥［苗高增长量2组］"变量，单击 按钮，将其选入"配对变量"，如图 3-16 所示。

（3）单击"选项"按钮，弹出如图 3-17 所示的"成对样本 t 检验：选项"对话框，单击"继续"按钮。

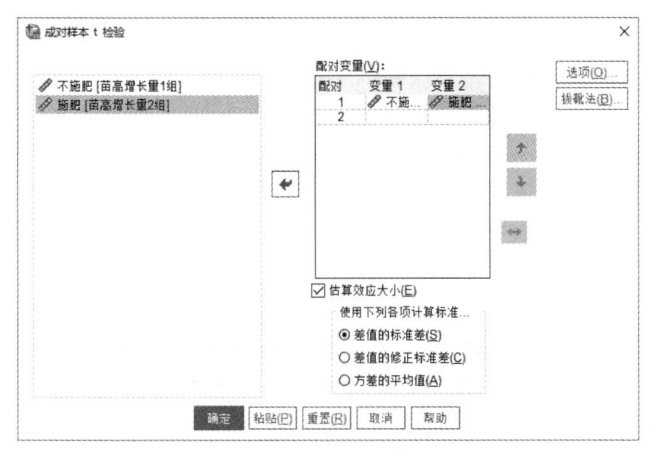

图 3-16 "成对样本 t 检验"对话框　　　　图 3-17 "成对样本 t 检验：选项"对话框

（4）完成所有设置后，单击"确定"按钮执行命令，此事系统弹出成对样本统计、成对样本相关性、成对样本检验等分析结果。

3.4.3　结果分析

由表 3-9 可以看出，不施肥组苗高增长量平均值为 2.57，标准差为 0.48086，标准误差平均值为 0.15206，而施肥组苗高增长量平均值为 3.28，标准差为 0.56135，标准误差平均值为 0.17751。

表 3-9　成对样本统计

		均值	N	标准差	标准误差平均值
配对 1	不施肥	2.5700	10	0.48086	0.15206
	施肥	3.2800	10	0.56135	0.17751

由表 3-10 可以看出，成对变量之间的相关性不显著，因为显著性（双侧 P）为 0.395，大于 0.05。

表 3-10　成对样本相关性

		N	相关性	显著性	
				单侧 P	双侧 P
配对 1	不施肥&施肥	10	-0.303	0.197	0.395

由表 3-11 可以看出，成对样本的均值存在显著差异，因为显著性（双侧 P）为 0.026，小于 0.05，说明给苗子施肥，对苗子的生长具有一定的作用。

表 3-11 成对样本检验

		配对差值					t	自由度	显著性	
		均值	标准差	标准误差平均值	差值的95%置信区间				单侧P	双侧P
					下限	上限				
配对 1	不施肥-施肥	-0.71000	0.84255	0.26644	-1.31272	-0.10728	-2.665	9	0.013	0.026

3.5 小结

本章详细介绍了平均值检验、单样本 t 检验、两个独立样本 t 检验和成对样本 t 检验。平均值检验一般通过比较两个样本的均值来判断两个总体的均值是否相等。单样本 t 检验常用于推断样本数据的平均值和指定的检验值之间的差异是否显著。两个独立样本 t 检验就是在两个样本相互独立的前提下检验两个样本的总体均数是否存在显著差异。成对样本 t 检验用于检验两个配对总体的均值是否存在显著差异。

3.6 习题

1. 数据文件 data03-03.sav 中为调查四种健身方式对体重及 BMI 影响的研究，请利用本章学习的方法完成以下分析：
（1）所选取的调查对象的体重及 BMI 在实验前后是否存在差异。
（2）所选取的调查对象的平均身高是否为 177cm。
数据存储于"数据文件\Chapter03\data03-03.sav"文件中。

2. 数据文件 data03-02.sav 包含了社会上 350 名男女性的薪酬，请利用本章所学内容判断这 350 个人的平均薪酬是否为 198000。数据存储于"数据文件\Chapter03\data03-02.sav"文件中。

3. 数据文件 data03-04.sav 包含了若干高血压患者经药物治疗前后舒张压的测量结果，请利用本章所学内容判断该药物是否有效。数据存储于"数据文件\Chapter03\data03-04.sav"文件中。

第 4 章

非参数检验

在总体分布形式未知的情况下,通过样本来检验总体分布的假设,这种检验方法称为非参数检验。非参数检验应用范围很广,是统计方法中的重要组成部分,相对于参数检验,非参数检验所需的假定前提比较少,不依赖总体的分布类型,即总体数据不符合正态分布或分布情况未知时,就可以检验数据是否来自同一个总体。本章分别介绍卡方检验、二项分布检验、游程检验、单样本 K-S 检验、两个独立样本的非参数检验、多个独立样本的非参数检验、两个配对样本检验和多个配对样本检验。

学习目标

(1) 了解非参数检验和参数检验的差异。
(2) 熟知相关对话框中选项的含义。
(3) 熟练掌握各个非参数检验的操作步骤。
(4) 深刻理解各项检验结果的含义。

4.1 卡方检验

卡方检验的目的就是通过样本数据的分布来检验总体分布与期望分布或某一理论分布是否一致,零假设是样本的总体分布与期望分布或某一理论分布无显著差异。

卡方检验的基本思想:如果从一个随机变量 X 中随机抽取若干观察样本,当这些样本落在 X 的 k 个互不相关的子集中的观察频数服从一个多项分布,当 k 趋于无穷时,这个多项分布服从卡方分布,根据这个思想,对变量 X 总体分布的检验可从各个观察频数的分析入手。

在零假设成立的前提下,如果变量值落在第 i 个子集中的概率为 p_i,相对应的期望频数为 $n\,p_i$,期望频数的分布代表了零假设成立时的理论分布,可以采用卡方统计量来检验实际分布与期望分布之间是否存在显著差异。典型的卡方统计量是 Pearson 统计量,定义为:

$$X^2 = \sum_{i=1}^{k} \frac{(观测频数 - 预测频数)^2}{预测频数}$$

X^2 服从 $k-1$ 个自由度的卡方分布。X^2 值越大,说明观测频数分布与期望分布差距越大。SPSS 会自动计算 X^2 值,并依据卡方分布表计算对应的概率 p 值。

如果 p 值小于显著性水平,拒绝零假设,认为总体分布与期望分布或某一理论分布有显著差异;反之,如果 p 值大于显著性水平,接受零假设,认为总体分布与期望分布或某一理论分布一致。

执行菜单栏中的"分析"→"非参数检验"→"旧对话框"→"卡方"命令,弹出如图 4-1 所示的"卡方检验"对话框,进行相关参数的设置即可完成卡方检验。下面通过具体案例讲解如何在 SPSS 中进行卡方检验。

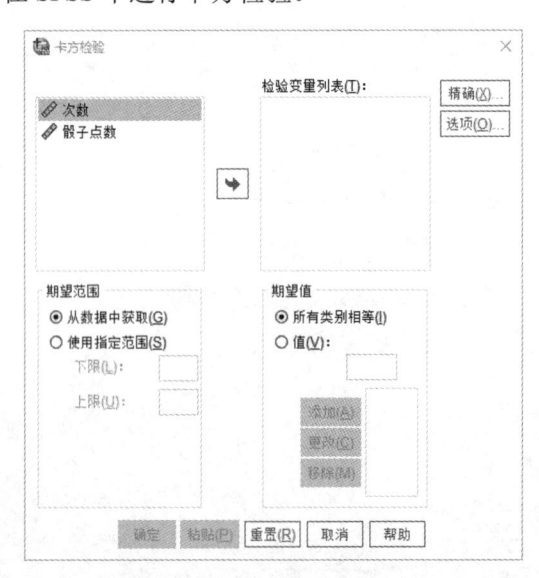

图 4-1 "卡方检验"对话框

数据文件	数据文件\Chapter04\data04-01.sav
视频文件	视频文件\Chapter04\卡方检验.avi

4.1.1 数据描述

本例的数据文件是把骰子掷 42 次后点数的统计数据,如图 4-2 所示。现要求利用卡方检验对骰子的点数是否均匀分布进行检验。

	次数	骰子点数
1	1	2
2	2	4
3	3	5
4	4	2
5	5	6
6	6	3
7	7	5

图 4-2 "data04-01.sav"数据

4.1.2 SPSS 实现

(1)打开"data04-01.sav"数据文件,执行菜单栏中的"分析"→"非参数检验"→"旧对话框"→"卡方"命令,弹出"卡方检验"对话框。

(2)在左侧的变量列表中选中"骰子点数"变量,单击 ⇨ 按钮,将其选入"检验变量列表",如图 4-3 所示。

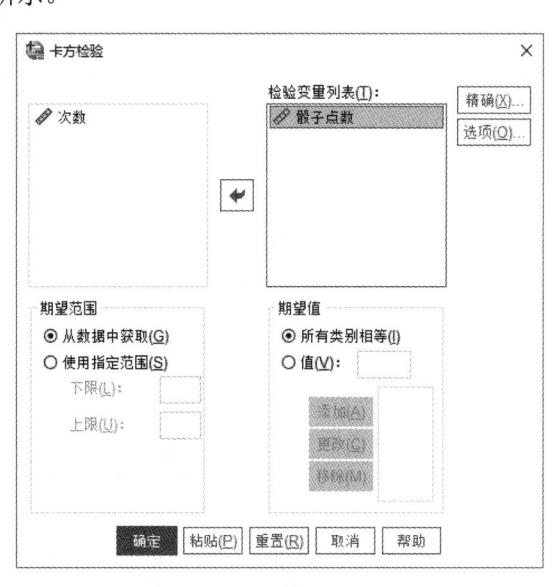

图 4-3 "卡方检验"对话框

(3)单击"精确"按钮,弹出如图 4-4 所示的"精确检验"对话框,单击"仅渐进法"单选按钮,单击"继续"按钮。此步骤为选择检验方法。

(4)在图 4-3 所示对话框中单击"选项"按钮,弹出如图 4-5 所示的"卡方检验:选项"对话框,勾选"描述"和"四分位数"复选框,单击"按检验排除个案"单选按钮,单击"继续"按钮。

图 4-4 "精确检验"对话框　　　　图 4-5 "卡方检验:选项"对话框

(5)完成所有设置后,单击"确定"按钮执行命令,此时系统会弹出描述统计、骰子点数、检验统计等分析结果。

4.1.3 结果分析

由表 4-1 和表 4-2 可以看出,样本共有 42 个数据,骰子点数从 1 到 6 的观测次数分别 7、6、7、6、8、8,期望次数均是 7,残差为 0、-1、0、-1、1、1。

表 4-1 描述统计

	N	平均值	标准差	最小值	最大值	百分位数		
						第 25 个	第 50 个(中位数)	第 75 个
骰子点数	42	3.62	1.766	1	6	2.00	4.00	5.00

表 4-2 骰子点数

	观测到的 N	预期的 N	残差
1	7	7.0	0.0
2	6	7.0	-1.0
3	7	7.0	0.0
4	6	7.0	-1.0
5	8	7.0	1.0
6	8	7.0	1.0
总计	42		

由表 4-3 可以看出,卡方值为 0.571,渐近显著性为 0.989,大于 0.05,所以不能拒绝零假设,可以认为样本的数据分布与期望分布没有显著差异,即骰子点数的次数均匀分布。

表4-3 检验统计

	骰子点数
卡方	0.571[a]
自由度	5
渐近显著性	0.989

a. 0个单元格（0.0%）的期望频率低于5。期望的最低单元格频率为7.0。

4.2 二项分布检验

在现实生活中，很多数据都是二值的，如男性和女性、合格和不合格、已婚和未婚等，通常用0和1来表示这类数据。如果进行n次相同的实验后，实验的结果只有两类（0和1），这两类出现的次数可以用离散型随机变量X来描述。

随机变量X为0的概率设为p，则随机变量X为1的概率设为q，即$1-p$，这样就形成了二项分布，而二项分布检验就是来检验样本中这两个类别的观察频率是否等于给定的检验比例，零假设是样本来自的总体分布与指定的二项分布无显著差异。

二项分布检验在小样本中采用精确检验方法，对于大样本采用近似检验方法。精确检验方法计算n次试验中成功的次数小于或等于x次的概率，即$P\{X \leq x\} = \sum_{i=0}^{x} C_n^i p^i q^{n-i}$。对于大样本采用$Z$检验统计量，在零假设成立下$Z$检验统计量近似服从正态分布，定义为

$$Z = \frac{x \pm 0.5 - np}{\sqrt{np(1-p)}}$$

上式进行了连续性校正，当x小于$n/2$时加0.5，当x大于$n/2$时减0.5。

SPSS将自动计算上述精确概率和近似概率，如果概率值小于显著性水平，拒绝零假设，认为样本来自的总体与指定的二项分布存在显著差异；如果概率值大于显著性水平，接受零假设，认为样本来自的总体与指定的二项分布无显著差异。

执行菜单栏中的"分析"→"非参数检验"→"旧对话框"→"二项检验"命令，弹出如图4-6所示的"二项检验"对话框，进行相关参数的设置即可完成二项分布检验。下面通过具体案例讲解如何在SPSS中进行二项分布检验。

图4-6 "二项检验"对话框

数据文件	数据文件\Chapter04\data04-02.sav
视频文件	视频文件\Chapter04\二项分布检验.avi

4.2.1 数据描述

本例的数据文件是抽查一批灯泡合格率的资料，如图 4-7 所示。现要求利用二项分布检验来检验这批灯泡的合格率是否达到 95%。

	样本编号	合格率
1	1	1
2	2	1
3	3	1
4	4	1
5	5	1
6	6	1
7	7	0

图 4-7 "data04-02.sav" 数据

4.2.2 SPSS 实现

（1）打开"data04-02.sav"文件，执行菜单栏中的"分析"→"非参数检验"→"旧对话框"→"二项检验"命令，弹出"二项检验"对话框。

（2）在左侧的变量列表中选中"合格率"变量，单击 按钮，将其选入"检验变量列表"，在"定义二分法"选项区中单击"从数据中获取"单选按钮，在"检验比例"文本框中输入"0.95"，如图 4-8 所示。

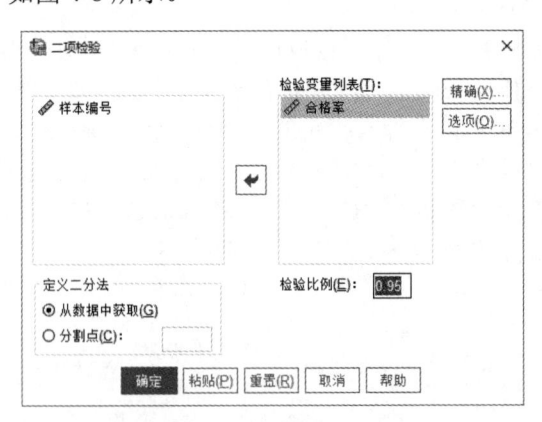

图 4-8 "二项检验"对话框

（3）单击"精确"按钮，弹出如图 4-9 所示的"精确检验"对话框，单击"仅渐进法"单选按钮，单击"继续"按钮。

（4）在图 4-8 所示对话框中单击"选项"按钮，弹出如图 4-10 所示的"二项检验：选项"对话框，在"统计"选项区中勾选"描述"和"四分位数"复选框，在"缺失值"选项区中单击"按检验排除个案"单选按钮，单击"继续"按钮。

图 4-9 "精确检验"对话框　　　　图 4-10 "二项检验：选项"对话框

（5）完成所有设置后，单击"确定"按钮执行命令，此时会弹出二项检验等分析结果。

4.2.3 结果分析

由表 4-4 可以看出，一共抽取了 200 个灯泡，其中合格的为 186 个，不合格的为 14 个，精确显著性水平为 0.130，大于 0.05，不能拒绝零假设，认为该批灯泡的合格率达到 95%。

表 4-4 二项检验

	类别	数字	观测到的比例	检验比例	精确显著性水平（单尾）
合格率	组 1　合格	186	0.93	0.95	0.130[a]
	组 2　不合格	14	0.07		
	总计	200	1.00		

a. 备用假设声明第一组中的个案比例小于 0.95。

4.3 游程检验

一个游程就是一个具有相同符号的连续串，在它前后相接的是不同的符号或完全无符号，例如抛硬币，用数字 0 表示硬币的正面，用数字 1 表示硬币的反面，连续抛了 30 次，得到下列结果：001110000110100100111011100101，将连续出现 0 或者连续出现 1 的一组数称为 0 的游程或 1 的游程，则上述这组数据，即一个 0 游程（两个 0），接着是一个 1 游程（3 个 1），一个 0 游程（4 个 0）……有 8 个 0 游程、8 个 1 游程，共 16 个游程。游程太多或太少的样本不是随机样本。

游程检验就是通过游程数来检验样本的随机性，零假设就是序列具有随机性。单样本游程检验用来检验样本序列的随机性，而两个独立样本的游程检验用来检验两个样本来自的总体的分布是否相同，零假设就是两个独立样本来自的总体的分布无显著差异。

SPSS 会自动计算出检验统计量的概率 p 值,当 p 值小于显著性水平时,拒绝零假设;当 p 值大于显著性水平时,接受零假设。

执行菜单栏中的"分析"→"非参数检验"→"旧对话框"→"游程"命令,弹出如图 4-11 所示的"游程检验"对话框,进行相关参数的设置即可完成游程检验。下面通过具体案例讲解如何在 SPSS 中进行游程检验。

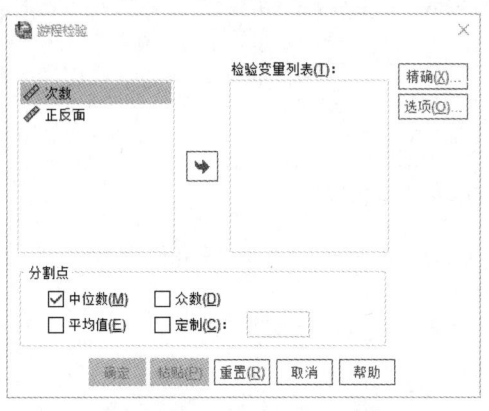

图 4-11 "游程检验"对话框

数据文件	数据文件\Chapter04\data04-03.sav
视频文件	视频文件\Chapter04\游程检验.avi

4.3.1 数据描述

本例的数据文件是把硬币掷 30 次后正反面次数的统计,如图 4-12 所示。现要求利用游程检验对硬币的正反面是否随机进行检验。

图 4-12 "data04-03.sav"数据

4.3.2 SPSS 实现

(1) 打开"data04-03.sav"文件,执行菜单栏中的"分析"→"非参数检验"→"旧对话框"→"游程"命令,弹出"游程检验"对话框。

(2) 在左侧的变量列表中选中"正反面",单击 ▶ 按钮,将其选入"检验变量列表",在"分割点"选项区中勾选"定制"复选框,在其后的文本框中输入"1",如图 4-13 所示。本步骤为选择游程检验的分割点。

（3）单击"精确"按钮，弹出如图4-14所示的"精确检验"对话框，单击"仅渐进法"单选按钮，单击"继续"按钮。

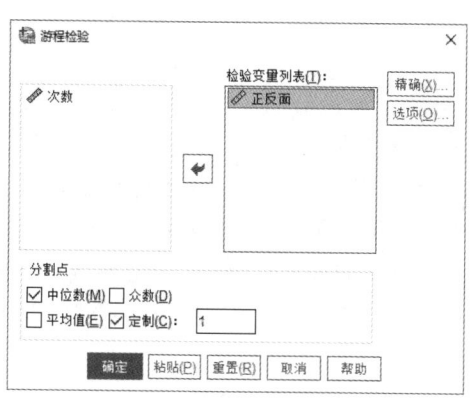

图4-13 "游程检验"对话框

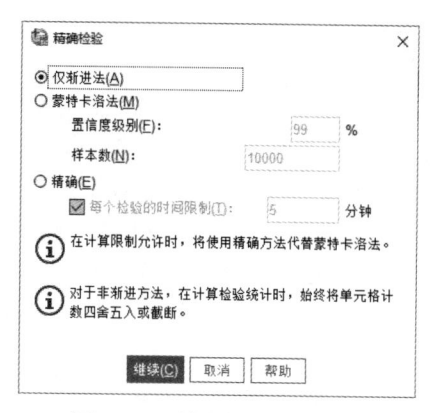

图4-14 "精确检验"对话框

（4）在图4-13所示对话框中单击"选项"按钮，弹出如图4-15所示的"游程检验：选项"对话框，在"统计"选项区中勾选"描述"和"四分位数"复选框，在"缺失值"选项区中单击"按检验排除个案"单选按钮，单击"继续"按钮。

（5）完成所有设置后，单击"确定"按钮执行命令，此时会弹出游程检验等分析结果。

图4-15 "游程检验：选项"对话框

4.3.3 结果分析

由表4-5可以看出硬币一共投了30次，游程数为21，渐近显著性为0.088，大于0.05，不能拒绝零假设，认为抛硬币的正反面是随机分布的。

表4-5 游程检验

	正反面
检验值[a]	1.00
总个案数	30
游程数	21
Z	1.705
渐近显著性（双尾）	0.088

a. 由用户指定

4.4 单样本 K-S 检验

K-S 检验是以俄罗斯数学家柯尔莫哥洛夫和斯米诺夫（Kolmogorov-Smirnov）命名

的一个非参数检验方法，该方法是一种拟合优度检验方法，将变量的观察累积分布函数与指定的理论分布进行比较，主要有正态分布、均匀分布和泊松分布等。

单样本 K-S 检验的零假设就是样本来自的总体的分布与指定的理论分布无显著差异。

基本思路如下：

在零假设成立的前提下，计算各样本观测值在理论分布中出现的理论累计概率值 $F(X)$，计算各样本观测值实际累计概率值 $S(X)$，计算实际概率值和理论概率值的差 $D(X)$，最后计算差值序列中的最大绝对差值 $D=\max(|S(X_i)-F(X_i)|)$，因为实际累计概率为离散值，所以要对 D 进行修正，$D=\max((|S(X_i)-F(X_i)|),(|S(X_{i-1})-F(X_i)|))$，$D$ 统计量也称 K-S 统计量。

在小样本下，零假设成立时，D 统计量服从 Kolmogorov 分布，在大样本下，零假设成立时，$\sqrt{n}D$ 统计量近似服从 Kolmogorov 分布。当 D 小于 0 时，$K(X)$ 为 0；当 D 大于 0 时，$K(x)=\sum_{j=-\infty}^{\infty}(-1)^j\exp(-2j^2x^2)$。

SPSS 会自动计算出检验统计量的概率 p 值，当 p 值小于显著性水平时，拒绝零假设；当 p 值大于显著性水平时，接受零假设。

执行菜单栏中的"分析"→"非参数检验"→"旧对话框"→"单样本 K-S"命令，弹出如图 4-16 所示的"单样本柯尔莫戈洛夫-斯米诺夫检验"对话框，进行相关参数的设置即可完成单样本 K-S 检验。下面通过具体案例讲解如何在 SPSS 中进行单样本 K-S 检验。

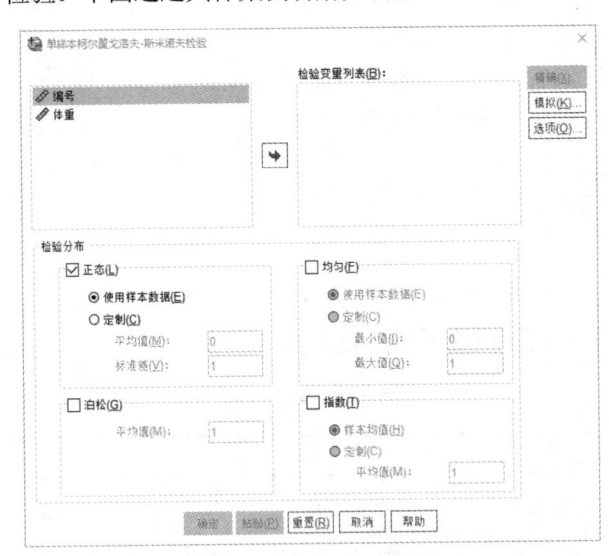

图 4-16 "单样本柯尔莫戈洛夫-斯米诺夫检验"对话框

数据文件	数据文件\Chapter06\data04-04.sav
视频文件	视频文件\Chapter06\单样本 K-S 检验.avi

4.4.1 数据描述

本例的数据文件是一个班级学生体重的资料，如图 4-17 所示。现要求利用单样本 K-S 检验来检验体重是否符合正态分布。

	编号	体重
1	1	52
2	2	54
3	3	56
4	4	57
5	5	59
6	6	60
7	7	61

图 4-17 "data04-04.sav"数据

4.4.2　SPSS 实现

（1）打开"data04-04.sav"文件，执行菜单栏中的"分析"→"非参数检验"→"旧对话框"→"单样本 K-S"命令，弹出"单样本柯尔莫戈洛夫-斯米诺夫检验"对话框。

（2）在左侧的变量列表中选中"体重"变量，单击 按钮，将其选入"检验变量列表"，在"检验分布"选项区中勾选"正态"复选框，如图 4-18 所示的。

（3）单击"选项"按钮，弹出如图 4-19 所示的"单样本 K-S：选项"对话框，在"统计"选项区中勾选"描述"和"四分位数"复选框，在"缺失值"选项区中单击"按检验排除个案"单选按钮，单击"继续"按钮。

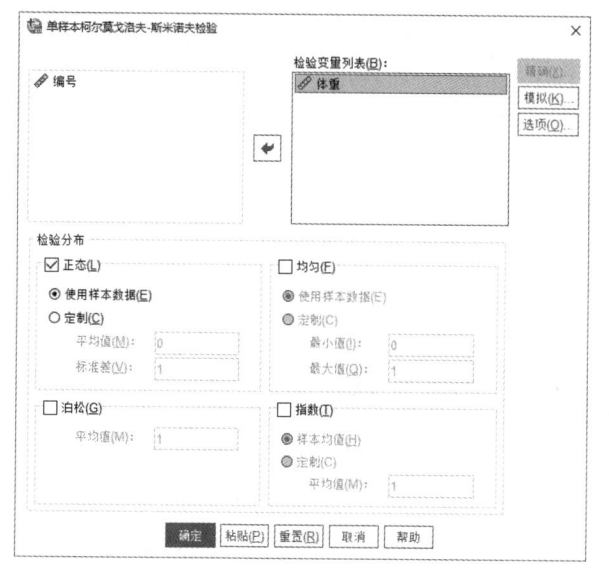

图 4-18 "单样本柯尔莫戈洛夫-斯米诺夫检验"对话框　　图 4-19 "单样本 K-S：选项"对话框

（4）完成所有设置后，单击"确定"按钮执行命令，此时会弹出描述统计、单样本柯尔莫戈洛夫-斯米诺夫检验等分析结果。

4.4.3　结果分析

由表 4-6 和表 4-7 可以看出，一共有 25 个男生，体重平均值为 69.32，标准差为 11.639，检验统计量为 0.145，渐近显著性为 0.185，大于 0.05，不能拒绝零假设，认为班上男生的体重服从正态分布。

表4-6 描述统计

	N	平均值	标准差	最小值	最大值	百分位数		
						第25个	第50个（中位数）	第75个
体重	25	69.32	11.639	52	96	60.50	67.00	76.50

表4-7 单样本柯尔莫戈洛夫-斯米诺夫检验

			体重
N			25
正态参数[a,b]	平均值		69.32
	标准差		11.639
最极端差值	绝对		0.145
	正		0.145
	负		−0.080
检验统计			0.145
渐近显著性（双尾）[c]			0.185
蒙特卡洛显著性（双尾）[d]	显著性		0.186
	99%置信区间	下限	0.176
		上限	0.196

a. 检验分布为正态分布
b. 根据数据计算
c. 里利氏显著性修正
d. 基于10000蒙特卡洛样本且起始种子为2000000的里利氏法

4.5 两个独立样本的非参数检验

对于两个总体分布未知的样本，如果要检验这两个独立样本之间是否具有相同的分布，就要用到两个独立样本的非参数检验，两个独立样本的非参数检验用于检验从不同总体中抽取的两个独立样本之间是否存在显著差异，零假设是两个独立样本来自的总体的分布无显著差异。

两个独立样本 K-S 检验的基本思想与单样本 K-S 检验大致相同，主要差别在于两个独立样本 K-S 检验以变量值的秩作为分析对象，而非变量本身。

首先，将两个样本混合并按升序排序，然后分别计算两个样本秩的累计频数，最后计算两组累计频率的差值，得到秩的差值序列及 D 统计量，计算得到概率 p 值，如果 p 小于显著性水平，则拒绝零假设，认为两总体分布有显著差异，反之两总体分布无显著差异。

常用的检验类型如下。

1. Mann-Whitney U（曼-惠特尼U）

该检验是最常用的两个独立样本检验，主要检验两个样本总体上的位置是否相等，等同于对两个样本进行 Wilcoxon 等级和 Kruskal-Wallis 检验。Mann-Whitney U 检验对来自两个样本的观察值进行组合和等级排序，并分配平均等级。

如果两个总体的位置相同，那么随机混合两个样本，然后计算组 1 分数领先于组 2 分数的次数，以及组 2 分数领先于组 1 分数的次数。Mann-Whitney U 统计这两个数字中较小的一个，同时显示 Wilcoxon W 统计量，即具有较小等级平均值的组的等级之和。

2. Kolmogorov-Smirnov Z（柯尔莫戈洛夫-斯米诺夫Z）

该方法的计算是建立在两个样本的累积分布最大绝对差值的基础上的，当这个差值很大时，就将这两个分布视为不同的分布，同时检测两个样本在位置和形状上是否存在差异。

3. Moses极端反应（莫斯极端反应）

假定实验变量在一个方向上影响某些主体，而在相反方向上影响其他主体。该方法可减少极值的影响，控制样本数据的跨度，是对实验组中的极值对该跨度的影响程度的测量。因为意外的离群值可能轻易使跨度范围变形，所以在剔除各 5%的最大和最小值后，比较两个样本的极差是否相等。

4．Wald-Wolfowitz（瓦尔德-沃尔福威茨）游程

该方法是对两个样本数据进行组合和排秩后的游程检验，如果两个样本来自同一总体，那么两个样本应随机散布在整个等级中。

执行菜单栏中的"分析"→"非参数检验"→"旧对话框"→"2 个独立样本"命令，弹出如图 4-20 所示的"两个独立样本检验"对话框，进行相关参数的设置即可完成两个独立样本的非参数检验。下面通过具体案例讲解如何在 SPSS 中进行两个独立样本的非参数检验分析。

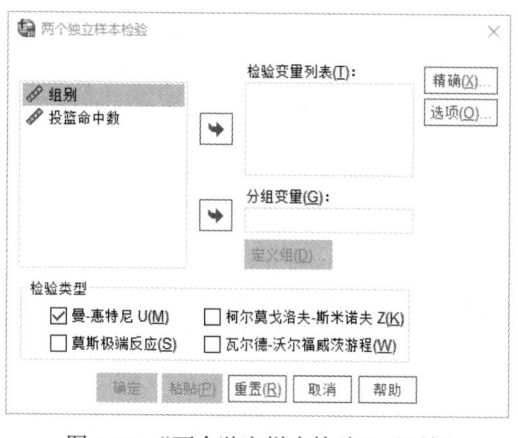

图 4-20 "两个独立样本检验"对话框

数据文件	数据文件\Chapter04\data04-05.sav
视频文件	视频文件\Chapter04\两个独立样本的非参数检验.avi

4.5.1 数据描述

本例的数据文件是两组投篮命中数的统计，如图 4-21 所示。现要求利用两个独立样本的非参数检验来检验两组投篮命中数之间是否存在差异。

	组别	投篮命中数
1	1	6
2	1	5
3	1	7
4	1	4
5	1	6
6	1	2
7	1	7
8	1	5
9	1	6
10	1	4
11	2	7
12	2	3

图 4-21 "data04-05.sav" 数据

4.5.2 SPSS 实现

（1）打开 "data04-05.sav" 文件，执行菜单栏中的 "分析" → "非参数检验" → "旧对话框" → "2 个独立样本" 命令，弹出 "两个独立样本检验" 对话框。

（2）在左侧的变量列表中选中 "投篮命中数" 变量，单击 按钮，将其选入 "检验变量列表"，在左侧的变量列表中选中 "组别" 变量，单击 按钮，将其选入 "分组变量"，如图 4-22 所示。

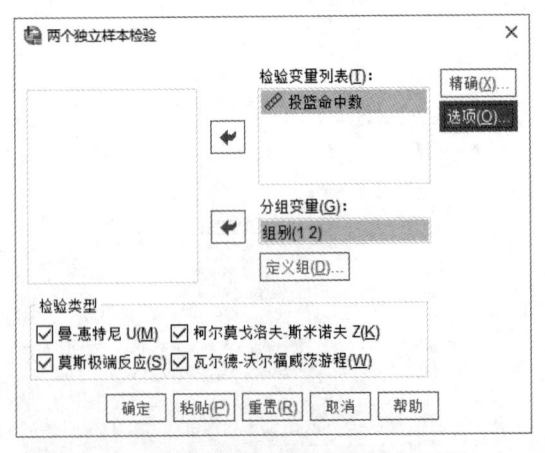

图 4-22 "两个独立样本检验" 对话框

（3）在"检验类型"选项区中勾选"曼-惠特尼U""柯尔莫戈洛夫-斯米诺夫Z""莫斯极端反应""瓦尔德-沃尔福威茨游程"复选框。

（4）单击"定义组"按钮，弹出如图4-23所示的"双独立样本：定义组"对话框。在"组1""组2"两个文本框中分别输入"1"和"2"，单击"继续"按钮。

（5）在图4-22所示对话框中单击"精确"按钮，弹出如图4-24所示的"精确检验"对话框，单击"仅渐进法"单选按钮，单击"继续"按钮。

图 4-23　"双独立样本：定义组"对话框

图 4-24　"精确检验"对话框

（6）完成所有设置后，单击"确定"按钮执行命令，此时会弹出曼-惠特尼U检验、柯尔莫戈洛夫-斯米诺夫检验、莫斯极端反应检验、瓦尔德-沃尔福威茨游程检验的分析结果。

4.5.3　结果分析

1. 曼-惠特尼U检验

由表4-8和表4-9可以看出，1组的秩平均值为9.95，2组的秩平均值为11.05，U值为44.500，W值为99.500，Z统计量为-0.420，渐近显著性（双尾）为0.675，大于0.05，不能拒绝零假设，认为两组的投篮命中数不存在显著差异。

表 4-8　秩

	组别	数字	秩平均值	秩的总和
投篮命中数	1	10	9.95	99.50
	2	10	11.05	110.50
	总计	20		

表 4-9　检验统计[a]

	投篮命中数
曼-惠特尼U	44.500
威尔科克森W	99.500

续表

	投篮命中数
Z	-0.420
渐近显著性（双尾）	0.675
精确显著性[2*(单尾显著性)]	0.684[b]

a. 分组变量：组别

b. 未针对绑定值进行修正

2. 莫斯极端反应检验

由表 4-10 和表 4-11 可以看出，1 组和 2 组的人数都是 10 个，观测到的控制组范围（跨度）为 20，显著性为 1.000；剪除后控制组跨度为 11，显著性为 0.089。两个显著性都大于 0.05，故不能拒绝零假设，认为 1 组和 2 组的投篮命中数不存在显著差异。

表 4-10 频率

	组别	数字
投篮命中数	1（控制）	10
	2（实验）	10
	总计	20

表 4-11 检验统计[a,b]

		投篮命中数
实测控制组范围		20
	显著性（单尾）	1.000
剪除后控制组跨度		11
	显著性（单尾）	0.089
在两端剪除了离群值		1

a. 莫斯极端反应检验

b. 分组变量：组别

3. 柯尔莫戈洛夫-斯米诺夫检验

由表 4-12 和表 4-13 可以看出，1 组和 2 组的人数都是 10 个，最极端绝对差值为 0.200，最极端正差值为 0.200，最极端负差值为-0.100，Z 统计量为 0.447，渐近显著性为 0.988，大于 0.05，故不能拒绝零假设，认为两组的投篮命中数不存在显著差异。

表 4-12 频率

	组别	N
投篮命中数	1	10
	2	10
	总计	20

表 4-13　检验统计 [a]

		投篮命中数
最极端差值	绝对	0.200
	正	0.200
	负	-0.100
柯尔莫戈洛夫-斯米诺夫 Z		0.447
渐近显著性（双尾）		0.988

a. 分组变量：组别

4．瓦尔德-沃尔福威茨游程检验

由表 4-14 和表 4-15 可知，1 组和 2 组的人数都是 10 个，最小游程数为 7，Z 值为-1.608，精确显著性为 0.051；最大游程数为 16，Z 值为 2.527，精确显著性为 0.996。两个显著性均大于 0.05，故不能拒绝零假设，认为 1 组和 2 组的投篮命中数不存在显著差异。

表 4-14　频率

	组别	数字
投篮命中数	1	10
	2	10
	总计	20

表 4-15　检验统计 [a,b]

		游程数	Z	精确显著性（单尾）
投篮命中数	最小可能值	7[c]	-1.608	0.051
	最大可能值	16[c]	2.527	0.996

a. 瓦尔德-沃尔福威茨游程检验
b. 分组变量：组别
c. 存在 5 个组内绑定值，涉及 15 个个案

4.6 多个独立样本的非参数检验

上一节提到的两个独立样本的非参数检验是多个独立样本的非参数检验中最基础的一种，本节将要介绍的多个独立样本的非参数检验用来检验多个独立样本之间是否具有相同的分布，零假设是多个独立样本来自的总体的分布无显著差异。

执行菜单栏中的"分析"→"非参数检验"→"旧对话框"→"K 独立样本"命令，弹出如图 4-25 所示的"针对多个独立样本的检验"对话框，进行相关参数的设置即可完成多个独立样本的非参数检验。下面通过具体案例讲解如何在 SPSS 中进行多个独立样本的非参数检验。

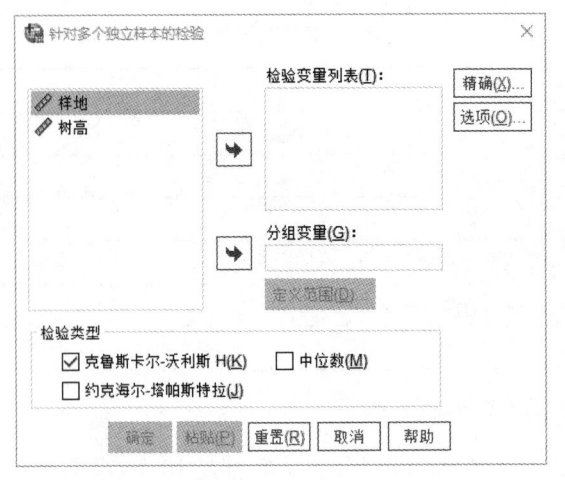

图 4-25 "针对多个独立样本的检验"对话框

数据文件	数据文件\Chapter04\data04-06.sav
视频文件	视频文件\Chapter04\多个独立样本的非参数检验.avi

4.6.1 数据描述

本例的数据文件是 3 块样地中的树木高度资料，如图 4-26 所示。现要求利用多个独立样本的非参数检验来检验 3 块样地之间树木的高度是否存在差异。

	样地	树高
1	1	14.1
2	1	14.6
3	1	15.2
4	1	16.5
5	1	15.6
6	1	17.2
7	1	16.9

图 4-26 "data04-06.sav"数据

4.6.2 SPSS 实现

（1）打开"data04-06.sav"文件，执行菜单栏中的"分析"→"非参数检验"→"旧对话框"→"K 独立样本"命令，弹出"针对多个独立样本的检验"对话框。

（2）在左侧的变量列表中选中"树高"变量，单击➡按钮，将其选入"检验变量列表"，在左侧的变量列表中选中"样地"变量，单击➡按钮，将其选入"分组变量"，如图 4-27 所示。勾选"克鲁斯卡尔-沃利斯 H""中位数""约克海尔-塔帕斯特拉"复选框。

（3）单击"定义范围"按钮，弹出如图 4-28 所示的"多个独立样本：定义范围"对话框，在"最小值""最大值"两个文本框中分别输入"1"和"3"，单击"继续"按钮。

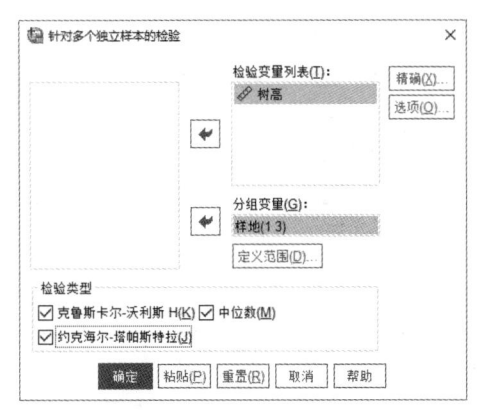

图 4-27 "针对多个独立样本的检验"对话框

（4）在图 4-27 所示对话框中单击"精确"按钮，弹出如图 4-29 所示的"精确检验"对话框，单击"仅渐进法"单选按钮，单击"继续"按钮。

图 4-28 "多个独立样本：定义范围"对话框　　　图 4-29 "精确检验"对话框

（5）完成所有设置后，单击"确定"按钮执行命令，此时会弹出克鲁斯卡尔-沃利斯检验、中位数检验和约克海尔-塔帕斯特拉检验的分析结果。

4.6.3　结果分析

1．克鲁斯卡尔-沃利斯检验

从表 4-16 和表 4-17 可知，每个样地都有 10 个数据，样地平均值分别为 7.20、15.15 和 24.15，卡方统计量为 18.576，渐近显著性为 0.000，小于 0.05，则拒绝零假设，认为 3 块样地的树高存在显著差异。

表 4-16　秩

	样地	数字	秩平均值
树高	1	10	7.20
	2	10	15.15
	3	10	24.15
	总计	30	

表 4-17　检验统计 [a,b]

	树高
克鲁斯卡尔-沃利斯 H	18.576
自由度	2
渐近显著性	0.000

a. 克鲁斯卡尔-沃利斯检验

b. 分组变量：样地

2. 中位数检验

由表 4-18 可以看出，样地 1 大于中位数的样本为 0 个，小于或等于中位数的样本为 10 个；样地 2 大于中位数的样本为 6 个，小于或等于中位数的样本为 4 个；样地 3 大于中位数的样本为 9 个，小于或等于中位数的样本为 1 个。

表 4-18　频率

		样地		
		1	2	3
树高	>中位数	0	6	9
	<=中位数	10	4	1

由表 4-19 可以看出中位数为 17.250，卡方统计量为 16.800，渐近显著性为 0.000，小于 0.05，则拒绝零假设，认为 3 块样地的树高存在显著差异。

表 4-19　检验统计 [a]

	树高
N	30
中位数	17.250
卡方	16.800[b]
自由度	2
渐近显著性	0.000

a. 分组变量：样地

b. 0 个单元格（0.0%）的期望频率低于 5。期望的最低单元格频率为 5.0。

3. 约克海尔-塔帕斯特拉检验

由表 4-20 可以看出，样地共 3 块，实测 J-T 统计为 273.500，平均值 J-T 统计为 150.000，J-T 统计的标准差为 26.286，标准 J-T 统计为 4.698，渐近显著性为 0.000，小于 0.05，则拒绝零假设，认为 3 块样地的树高存在显著差异。

三种检验得出的结果一致，认为 3 块样地的树高存在显著差异。

表 4-20　约克海尔-塔帕斯特拉检验[a]

	树高
样地中的级别数	3
N	30
实测 J-T 统计	273.500
平均值 J-T 统计	150.000
J-T 统计的标准差	26.286
标准 J-T 统计	4.698
渐近显著性（双尾）	0.000

a. 分组变量：样地

4.7　两个相关样本检验

在社会研究时，经常会遇到在同一个测试对象上测试得到多组数据，这样数据之间不再是独立的，而是彼此相关的，这样的两个样本就是相关样本或配对样本，两个相关样本检验用于检验两个配对样本之间是否具有相同的分布，零假设是两个相关样本来自的总体的分布无显著差异。

执行菜单栏中的"分析"→"非参数检验"→"旧对话框"→"2 个相关样本"命令，弹出如图 4-30 所示的"两个相关样本检验"对话框，进行相关参数的设置即可完成两个相关样本检验。下面通过具体案例讲解如何在 SPSS 中进行两个相关样本检验。

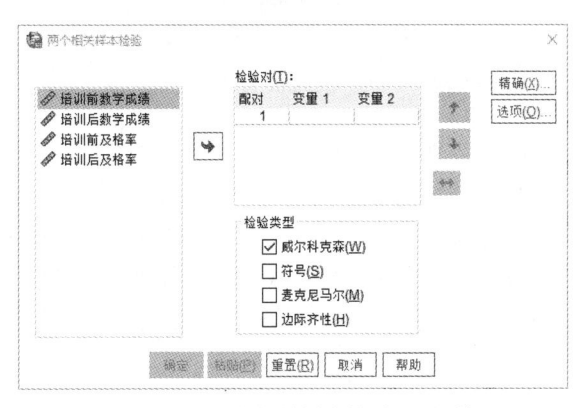

图 4-30　"两个相关样本检验"对话框

数据文件	数据文件\Chapter04\data04-07.sav
视频文件	视频文件\Chapter04\两个相关样本检验.avi

4.7.1　参数设置

本例的数据文件是数学培训班 20 名学生培训前后成绩及及格率的资料，如图 4-31 所示。现要求利用两个相关样本检验来检验培训前后成绩是否存在差异。

	培训前数学成绩	培训后数学成绩	培训前及格率	培训后及格率
1	55	70	0	1
2	46	63	0	1
3	61	75	1	1
4	63	74	1	1
5	57	68	0	1
6	53	71	0	1
7	52	70	0	1

图 4-31 "data04-07.sav" 数据

4.7.2 SPSS 实现

（1）打开"data04-07.sav"文件，执行菜单栏中的"分析"→"非参数检验"→"旧对话框"→"2 个相关样本"命令，弹出"两个相关样本检验"对话框。

（2）在左侧的变量列表中选中"培训前数学成绩"变量和"培训后数学成绩"变量，单击按钮，将其选入"检验对"，在"检验类型"选项区中勾选"威尔科克森"和"符号"复选框，如图 4-32 所示。

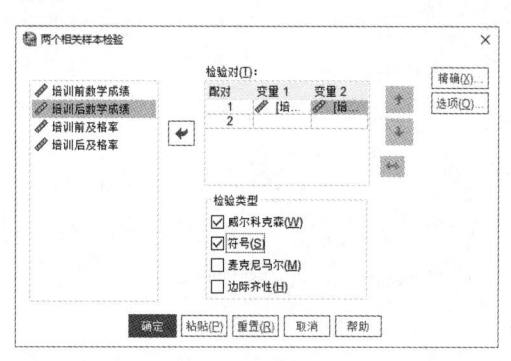

图 4-32 "两个相关样本检验"对话框

（3）单击"精确"按钮，弹出如图 4-33 所示的"精确检验"对话框，单击"仅渐进法"单选按钮，单击"继续"按钮。

（4）在图 4-32 所示对话框中单击"选项"按钮，弹出如图 4-34 所示的"双关联样本：选项"对话框，在"统计"选项区中勾选"描述"和"四分位数"复选框，在"缺失值"选项区中单击"按检验排除个案"单选按钮，单击"继续"按钮。

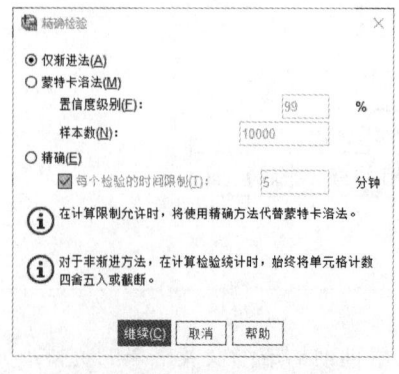

图 4-33 "精确检验"对话框

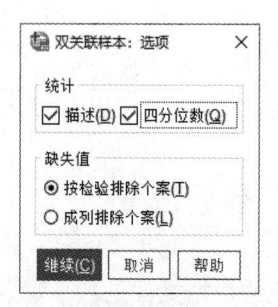

图 4-34 "双关联样本：选项"对话框

（5）完成所有设置后，单击"确定"按钮执行命令，此时会弹出描述统计、威尔科克森符号秩检验和符号检验的结果。

4.7.3 结果分析

由表 4-21 可以看出，培训前数学成绩的平均值为 53.20，标准差为 7.938；培训后数学成绩的平均值为 68.80，标准差为 4.670。

表 4-21　描述统计

	N	平均值	标准差	最小值	最大值	百分位数		
						第 25 个	第 50 个（中位数）	第 75 个
培训前数学成绩	20	53.20	7.938	34	64	49.75	53.50	57.75
培训后数学成绩	20	68.80	4.670	56	80	63.50	69.00	74.00

威尔科克森符号秩检验：由表 4-22 可以看出负秩为 0，正秩为 20，绑定值为 0，表示 20 个学生培训后成绩都上升，没有人成绩下降。

表 4-22　秩

		N	秩平均值	秩的总和
培训后数学成绩-培训前数学成绩	负秩	0[a]	0.00	0.00
	正秩	20[b]	10.50	210.00
	绑定值	0[c]		
	总计	20		

a. 培训后数学成绩<培训前数学成绩
b. 培训后数学成绩>培训前数学成绩
c. 培训后数学成绩=培训前数学成绩

由表 4-23 可以看出，Z 统计量为-3.926，渐近显著性为 0.000，小于 0.05，拒绝零假设，认为培训后学生的数学成绩显著提高。

表 4-23　检验统计[a]

	培训后数学成绩-培训前数学成绩
Z	-3.926[b]
渐近显著性（双尾）	0.000

a. 威尔科克森符号秩检验
b. 基于负秩

符号检验：由表 4-24 可以看出，结果与上述结果一致。

表 4-24 频率

		N
培训后数学成绩-培训前数学成绩	负差值 [a]	0
	正差值 [b]	20
	绑定值 [c]	0
	总计	20

a. 培训后数学成绩<培训前数学成绩
b. 培训后数学成绩>培训前数学成绩
c. 培训后数学成绩=培训前数学成绩

由表 4-25 可以看出，精确显著性为 0.000，小于 0.05，拒绝零假设，认为培训前后学生的数学成绩存在显著差异。

表 4-25 检验统计 [a]

	培训后数学成绩-培训前数学成绩
精确显著性（双尾）	0.000[b]

a. 符号检验
b. 使用了二项分布

4.8 多个相关样本检验

多个相关样本检验用来检验多个相关样本之间是否具有相同分布。SPSS 会自动计算出检验统计量的概率 p 值，当 p 值小于显著性水平，拒绝零假设；当 p 值大于显著性水平，接受零假设。

执行菜单栏中的"分析"→"非参数检验"→"旧对话框"→"K 个相关样本"命令，弹出如图 4-35 所示的"针对多个相关样本的检验"对话框，进行相关参数的设置即可完成多个相关样本检验。下面通过具体案例讲解如何在 SPSS 中进行多个相关样本检验。

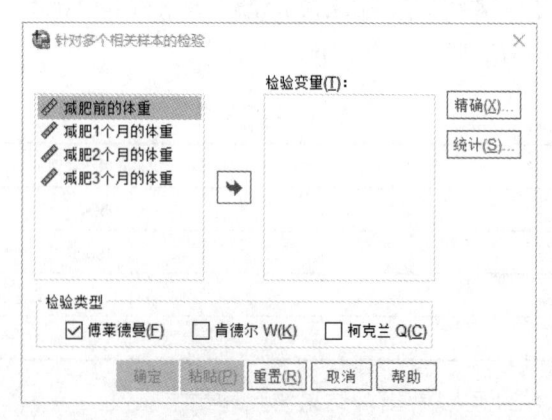

图 4-35 "针对多个相关样本的检验"对话框

数据文件	数据文件\Chapter04\data04-08.sav
视频文件	视频文件\Chapter04\多个相关样本检验.avi

4.8.1 数据描述

本例的数据文件是减肥班 20 位女性减肥过程中体重的资料，如图 4-36 所示。现要求利用多个相关样本检验中的傅莱德曼检验来检验减肥各阶段体重之间是否存在差异。

	减肥前的体重	减肥1个月的体重	减肥2个月的体重	减肥3个月的体重
1	64	62	60	57
2	67	66	63	62
3	65	64	62	61
4	73	72	71	68
5	76	74	73	70
6	75	73	71	69
7	77	75	73	71

图 4-36 "data04-08.sav" 数据

4.8.2 SPSS 实现

（1）打开"data04-08.sav"文件，执行菜单栏中的"分析"→"非参数检验"→"旧对话框"→"K 个相关样本"命令，弹出"针对多个相关样本的检验"对话框。

（2）在左侧的变量列表中选中"减肥前的体重""减肥 1 个月的体重""减肥 2 个月的体重""减肥 3 个月的体重"变量，单击 按钮，将其选入"检验变量"，在"检验类型"选项区中勾选"傅莱德曼"复选框，如图 4-37 所示。

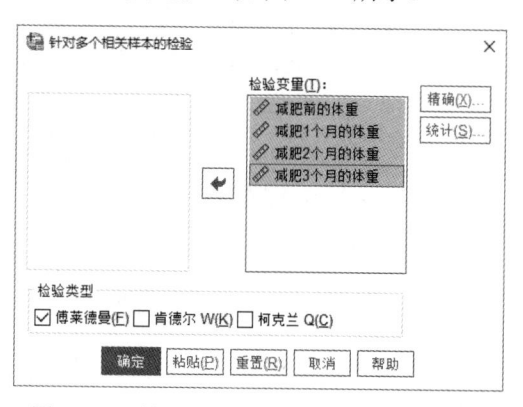

图 4-37 "针对多个相关样本的检验"对话框

（3）单击"精确"按钮，弹出如图 4-38 所示的"精确检验"对话框，单击"仅渐进法"单选按钮，单击"继续"按钮。

（4）在图 4-37 所示对话框中单击"统计"按钮，弹出如图 4-39 所示的"多个相关样本：统计"对话框，勾选"描述""四分位数"复选框，单击"继续"按钮。

（5）完成所有设置后，单击"确定"按钮执行命令，此时会弹出描述统计、傅莱德曼检验的结果。

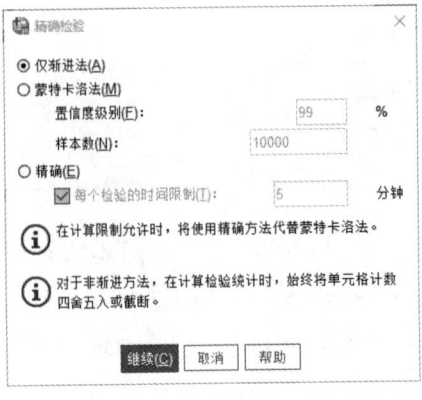

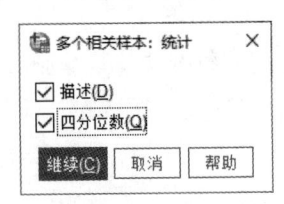

图 4-38 "精确检验"对话框　　　　图 4-39 "多个相关样本：统计"对话框

4.8.3　结果分析

由表 4-26 可以看出，减肥前的体重的平均值为 78.75，标准差为 8.757；减肥 1 个月的体重的平均值为 77.16，标准差为 8.444；减肥 2 个月的体重的平均值为 75.23，标准差为 8.301；减肥 3 个月的体重的平均值为 73.09，标准偏差为 8.293。

表 4-26　描述统计

	数字	平均值	标准差	最小值	最大值	百分位数		
						第 25 个	第 50 个（中位数）	第 75 个
减肥前的体重	20	78.75	8.757	64	93	73.00	78.90	85.03
减肥 1 个月的体重	20	77.16	8.444	62	91	71.98	77.45	83.70
减肥 2 个月的体重	20	75.23	8.301	60	88	70.83	75.35	81.78
减肥 3 个月的体重	20	73.09	8.293	57	86	68.38	73.45	79.23

由表 4-27 可看出秩平均值分别为 4.00、3.00、2.00 和 1.00。

表 4-27　秩

	秩平均值
减肥前的体重	4.00
减肥 1 个月的体重	3.00
减肥 2 个月的体重	2.00
减肥 3 个月的体重	1.00

由表 4-28 可以看出，卡方统计量为 60.000，渐近显著性为 0.000，小于 0.05，故拒绝零假设，认为女性减肥后体重显著下降。

表 4-28　检验统计[a]

N	20
卡方	60.000

续表

自由度	3
渐近显著性	0.000

a. 傅莱德曼检验

4.9 小结

本章主要介绍了卡方检验、二项分布检验、游程检验、单样本 K-S 检验、两个独立样本的非参数检验、多个独立样本的非参数检验、两个相关样本检验和多个相关样本检验。卡方检验是通过样本数据的分布来检验总体分布与期望分布或某一理论分布是否一致。二项分布检验用来检验样本中两个类别的观察频率是否等于给定的检验比例。游程检验通过游程数来检验样本的随机性。单样本 K-S 检验是非参数检验,是将变量的观察累积分布函数与指定的理论分布进行比较的一种检验。两个独立样本的非参数检验用于检验从不同总体中抽取的两个独立样本之间是否存在显著差异。两个相关样本检验用于检验两个相关样本是否具有相同的分布。多个相关样本检验用来检验多个相关样本是否具有相同分布。

4.10 习题

1. 数据文件 data04-07.sav 是数学培训班 20 名学生培训前后成绩及及格率的资料,现要求利用本章介绍的内容分析培训前后的及格率是否存在差异。数据存储于"数据文件\Chapter04\data04-07.sav"文件中。

2. 数据文件 data04-09.sav 是跳水决赛中 8 个评委对 12 名选手一个动作的打分情况,现要求利用多个相关样本检验中的肯德尔 W 检验来检验评委打分标准是否存在差异。数据存储于"数据文件\Chapter04\data04-09.sav"文件中。

3. 数据文件 data04-10.sav 是 10 名观众对 4 个节目是否喜欢的统计,现要求利用多个相关样本检验中的柯克兰检验来检验这 4 个节目是否存在差异。数据存储于"数据文件\Chapter04\data04-10.sav"文件中。

4. 数据文件 data04-11.sav 是随机抽取的 200 名男女性资料,现要求利用卡方检验分析性别是否符合 1∶1 分布或 0.4∶0.6 分布。数据存储于"数据文件\Chapter04\data04-11.sav"文件中。

5. 数据文件 data04-11.sav 是随机抽取的 200 名男女性资料,现要求利用二项分布检验分析性别是否符合二项分布。数据存储于"数据文件\Chapter04\data04-11.sav"文件中。

6. 数据文件 data04-12.sav 是随机抽取的某工件的尺寸,现要求利用游程检验分析工件尺寸是不是由随机因素引起的。数据存储于"数据文件\Chapter04\data04-12.sav"文件中。

第 5 章

方差分析

在实际工作中，常常需要对多个总体的均值进行比较，并分析它们的差异，这可以利用方差分析实现。方差分析被广泛应用于教育学、农学、医学等领域。前面两章重点介绍了参数检验和非参数检验，本章主要介绍单因素方差分析、多因素方差分析、协方差分析、多元方差分析和重复测量方差分析。

学习目标

(1) 了解方差分析的方法。
(2) 熟知相关对话框中选项的含义。
(3) 熟练掌握方差分析的操作步骤。
(4) 深刻理解各项分析结果的含义。

5.1 单因素方差分析

单因素方差分析用于检验单因素水平下的一个或多个独立因变量均值是否存在显著差异，即检验单因素各个水平的值是否来自同一个总体。由此可以看出，用于分析的数据包括一个因素（自变量）、一个或多个相互独立的因变量。注意，因变量必须是连续型变量。

执行菜单栏中的"分析"→"比较平均值"→"单因素 ANOVA"命令，弹出如图 5-1 所示的"单因素 ANOVA 检验"对话框，进行相关参数的设置即可完成单因素方差分析。下面通过具体案例讲解如何在 SPSS 中进行单因素方差分析。

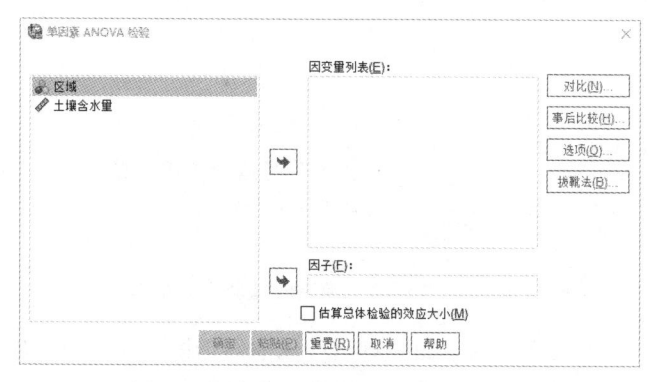

图 5-1 "单因素 ANOVA 检验"对话框

数据文件	数据文件\Chapter05\data05-01.sav
视频文件	视频文件\Chapter05\单因素方差分析.avi

5.1.1 数据描述

本例的数据文件是某高校学生在某公园的 4 个区域进行土壤含水量调查的数据，每个区域包括 3 个样点，如图 5-2 所示。现要求利用单因素方差分析对各个区域的含水量进行差异性检验。

区域	土壤含水量
1	19.92
1	21.39
1	17.69
2	16.72
2	14.87
2	14.55
3	17.33
3	19.41
3	21.47
4	23.04
4	21.91
4	20.92

图 5-2 "data05-01.sav"数据

5.1.2 SPSS 实现

（1）打开"data05-01.sav"文件，执行菜单栏中的"分析"→"比较平均值"→"单因素 ANOVA"命令，弹出"单因素 ANOVA 检验"对话框。

（2）在左侧的变量列表中选中"土壤含水量"变量，单击按钮，将其选入"因变量列表"，在左侧的变量列表中选中"区域"变量，单击按钮，将其选入"因子"，如图 5-3 所示的。

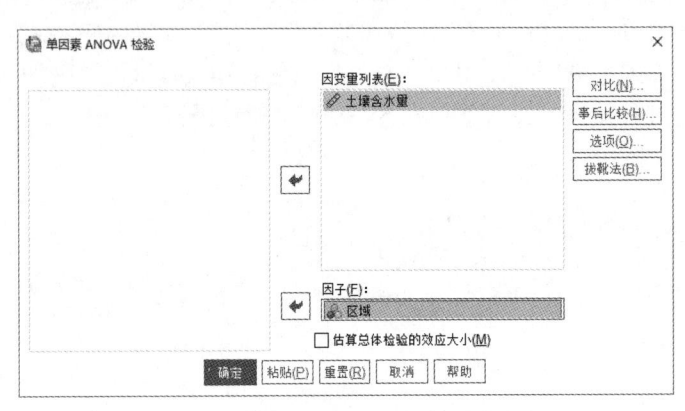

图 5-3 "单因素 ANOVA 检验"对话框

（3）单击"对比"按钮，弹出如图 5-4 所示的对话框。勾选"多项式"复选框，在"等级"下拉列表框中选择"线性"，单击"继续"按钮。

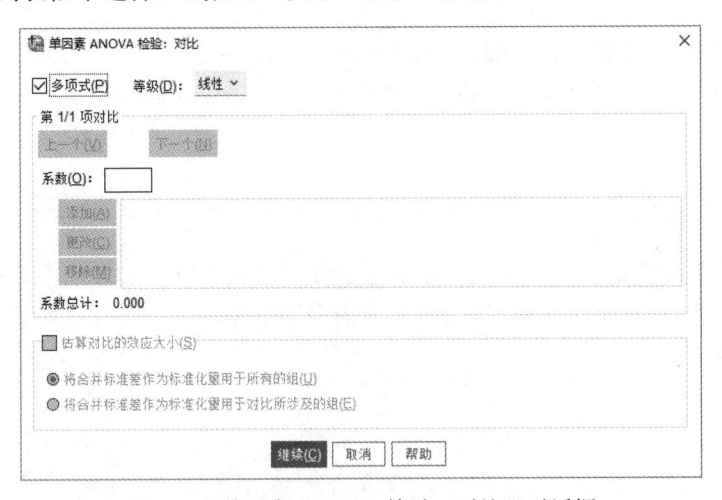

图 5-4 "单因素 ANOVA 检验：对比"对话框

（4）在图 5-3 所示对话框中单击"事后比较"按钮，弹出如图 5-5 所示的"单因素 ANOVA 检验：事后多重比较"对话框。勾选"LSD"复选框，单击"继续"按钮。

事后多重比较是对每两个水平下因素变量的均值做比较。当确定因素对因变量产生了显著影响，则可利用事后多重比较进一步确定该因素的不同水平对因变量的影响程度，即其中哪些水平的作用显著，哪些水平的作用不显著。SPSS 提供了很多多重比较的检验方法，主要差异表现在检验统计量的构造上，下面简要介绍各个检验方法。

- 假定等方差：该选项区中的方法适用于因素变量在各水平下方差齐性的情况。由于方差分析必须满足方差齐性这一前提条件，所以实际应用中多采用假定等方差中的方法。
- 不假定等方差：该选项区中的方法适用于因素变量在各水平下方差不齐性的情况。
- 原假设检验：有"使用与选项中的设置相同的显著性水平"和"指定用于事后检验的显著性水平"两种选择，"指定用于事后检验的显著性水平"中，SPSS 默认的显著性水平为 0.05，用户可根据需要来输入。

（5）在图 5-3 所示对话框中单击"选项"按钮，弹出如图 5-6 所示的"单因素 ANOVA 检验：选项"对话框。勾选"描述""方差齐性检验""均值图"复选框；"缺失值"采用默认设置，单击"继续"按钮。因为方差齐性是方差分析的前提条件，所以必须对方差齐性进行检验。SPSS 单因素方差分析中，方差齐性检验采用了方差同质性检验的方法。

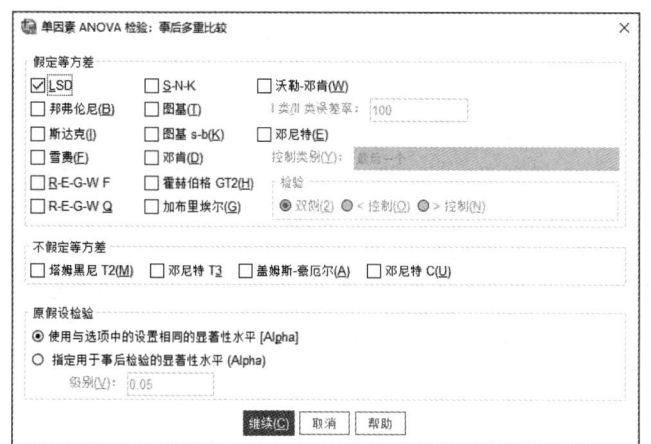

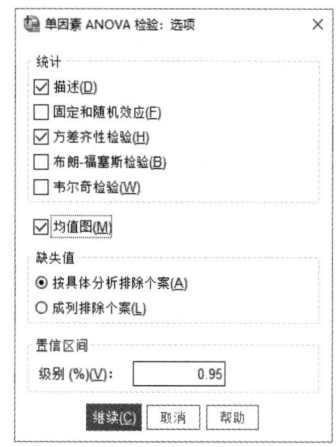

图 5-5 "单因素 ANOVA 检验：事后多重比较"对话框   图 5-6 "单因素 ANOVA 检验：选项"对话框

（6）完成所有设置后，单击"确定"按钮执行命令，此时会弹出描述、方差齐性检验、ANOVA、多重比较等分析结果。

5.1.3 结果分析

由表 5-1 可以看出，每个区域均有 3 个样本，总样本数为 12，总平均值为 19.1017。

表 5-1 描述性

土壤含水量								
	N	平均值	标准差	标准误差	平均值的 95%置信区间		最小值	最大值
					下限	上限		
公园 A 区	3	19.6667	1.86296	1.07558	15.0388	24.2945	17.69	21.39
公园 B 区	3	15.3800	1.17145	0.67634	12.4700	18.2900	14.55	16.72
公园 C 区	3	19.4033	2.07001	1.19512	14.2611	24.5455	17.33	21.47
公园 D 区	3	21.9567	1.06077	0.61244	19.3216	24.5918	20.92	23.04
总计	12	19.1017	2.82428	0.81530	17.3072	20.8961	14.55	23.04

由表 5-2 可以看出，显著性为 0.728，远大于 0.05，因此，认为各组的总体方差相等，即满足方差齐性这一前提条件，只有满足方差齐性才适合进行单因素方差分析。

表 5-2 方差齐性检验

		莱文统计	自由度 1	自由度 2	显著性
土壤含水量	基于平均值	0.443	3	8	0.728
	基于中位数	0.355	3	8	0.787
	基于中位数并具有调整后自由度	0.355	3	6.916	0.788
	基于剪除后平均值	0.439	3	8	0.732

由表 5-3 可以看出，总计平方和为 87.742，组间离差平方和为 67.236，组内离差平方和为 20.506，组间平方和可以被线性解释的部分为 17.800；方差检验 F=8.744，对应的显著性为 0.007，小于显著性水平 0.05，因此，认为 4 组中至少有一组与另外一组存在显著差异。

表 5-3 ANOVA

土壤含水量			平方和	自由度	均方	F	显著性
组间	（组合）		67.236	3	22.412	8.744	0.007
	线性项	对比	17.800	1	17.800	6.944	0.030
		偏差	49.436	2	24.718	9.643	0.007
组内			20.506	8	2.563		
总计			87.742	11			

由表 5-4 可以看出，公园 A 区与公园 C、D 区，及公园 C 区与公园 D 区的显著性水平高于 0.05，说明这几组之间的差异不显著，而其他各组之间差异显著。表中标有 "*" 的表示两者之间存在显著差异。

表 5-4 多重比较

因变量：土壤含水量						
LSD						
(I) 区域	(J) 区域	平均值差值 (I-J)	标准误差	显著性	95%置信区间	
					下限	上限
公园 A 区	公园 B 区	4.28667*	1.30723	0.011	1.2722	7.3011
	公园 C 区	0.26333	1.30723	0.845	-2.7511	3.2778
	公园 D 区	-2.29000	1.30723	0.118	-5.3045	0.7245
公园 B 区	公园 A 区	-4.28667*	1.30723	0.011	-7.3011	-1.2722
	公园 C 区	-4.02333*	1.30723	0.015	-7.0378	-1.0089
	公园 D 区	-6.57667*	1.30723	0.001	-9.5911	-3.5622

续表

(I) 区域	(J) 区域	因变量：土壤含水量			
		LSD				
		平均值差值 (I-J)	标准误差	显著性	95%置信区间	
					下限	上限
公园 C 区	公园 A 区	-0.26333	1.30723	0.845	-3.2778	2.7511
	公园 B 区	4.02333*	1.30723	0.015	1.0089	7.0378
	公园 D 区	-2.55333	1.30723	0.087	-5.5678	0.4611
公园 D 区	公园 A 区	2.29000	1.30723	0.118	-0.7245	5.3045
	公园 B 区	6.57667*	1.30723	0.001	3.5622	9.5911
	公园 C 区	2.55333	1.30723	0.087	-0.4611	5.5678

*. 平均值差值的显著性水平为 0.05

由图 5-7 可以看出，公园 B 区的均值相对较小，土壤含水量均值小于其他各区。

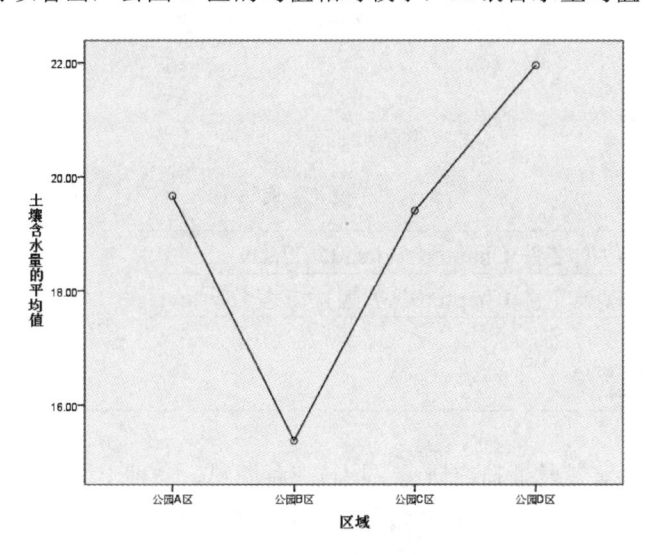

图 5-7　均值折线图

综上所述，公园 4 个区域的土壤含水量不相同。

5.2　多因素方差分析

多因素方差分析的基本思想等同于单因素方差分析，但其研究的是两个或两个以上因素对因变量的作用和影响，以及这些因素共同作用的影响。例如，研究肥料和施肥量对苗木生长的影响是否显著，则是双因素方差分析；若还研究土壤种类因素对苗木生长的影响，则是三因素方差分析。

假设研究员只研究肥料和施肥量对苗木生长的影响，那么两个因素可能相互独立地影响苗木生长，也可能相互作用一起影响苗木生长。由此可知，在多因素方差分析中，存在两种类型：有交互作用和无交互作用。有交互作用表示因素不是独立的，其共同作用对因变量产生一个新的效应，而非因素分别作用的简单相加。无交互作用则表示因素是独立的，其单独对因变量产生作用。

多因素方差分析可以进行如下分析：单个因素的主效应作用、因素之间的交互效应、协方差分析、因素变量与协变量之间的交互效应。

执行菜单栏中的"分析"→"一般线性模型"→"单变量"命令，弹出如图5-8所示的"单变量"对话框，进行相关参数的设置即可完成多因素方差分析。下面通过具体案例讲解如何在SPSS中进行多因素方差分析。

图 5-8 "单变量"对话框

数据文件	数据文件\Chapter05\data05-02.sav
视频文件	视频文件\Chapter05\多因素方差分析.avi

5.2.1 数据描述

本例的数据文件是某林业研究所为了比较三种肥料、三种土壤对某一苗木高度的影响，选取了条件基本相同的27株苗木进行的试验，如图5-9所示。试验中有肥料、土壤两个因素，肥料有肥料A、肥料B、肥料C，土壤有土类A、土类B、土类C，将两个因素组合成9个组合，且每个组合共3个观测值，所以，试验共有27个观测值。现要求利用多因素方差分析来分析3种肥料和3种土壤对苗高的影响是否显著。

图 5-9 "data05-02.sav"数据

5.2.2 SPSS实现

（1）打开"data05-02.sav"文件，执行菜单栏中的"分析"→"一般线性模型"→

"单变量"命令，弹出"单变量"对话框。

（2）选中左侧变量列表中的"苗高"变量，单击➡按钮，将其选入"因变量"；选中"肥料"和"土壤种类"变量，单击➡按钮，将其选入"固定因子"，如图5-10所示。

- 因变量：定量变量。
- 固定因子：分类变量。
- 随机因子：用于指定总体的随机样本。
- 协变量：与因变量相关的定量变量。
- WLS权重：用于加权的最小平方分析。

其中WLS权重可为加权最小二乘分析指定权重变量，也可用于给不同的测量精度以适当补偿。如果权重变量的值为0、负数或缺失，那么将该个案从分析中排除。已用在模型中的变量不能用作权重变量。

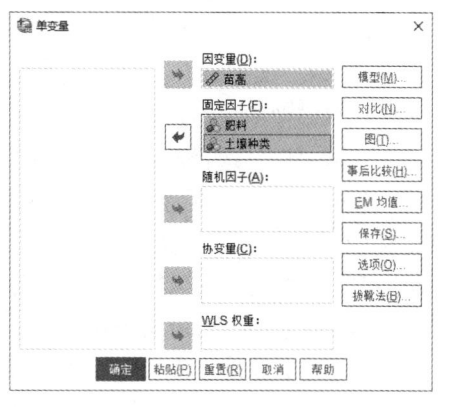

图5-10 "单变量"对话框

（3）单击"模型"按钮，打开"单变量：模型"对话框，如图5-11所示，本例选择"全因子"模型。

图5-11 "单变量：模型"对话框

- 指定模型：包括三个选项，"全因子""构建项""构建定制项"。
  ➢ 全因子：表示建立全因素模型，包括所有因素主效应、所有协变量主效应及所有因素之间的交互效应，不包括协变量与其他因素的交互效应。
  ➢ 构建项：在"类型"下拉列表框中，有"交互""主效应""所有二阶""所有三阶""所有四阶""所有五阶"选项。
  ➢ 构建定制项：需要用户指定一部分交互效应，单击该选项后，激活下面的"因子与协变量""构建项"和"模型"选项,从"因子与协变量"列表框中把相关效应选入模型,在中间的"类型"下拉列表框里指定交互的类型。

- 平方和:用于指定平方和的分解方法,在其后面的下拉列表框中,有"Ⅰ类""Ⅱ类"、"Ⅲ类""Ⅳ类"选项,其中"Ⅲ类"最常用。
- 在模型中包括截距:该选项可将截距包括在模型中。如果能假设数据通过原点,则可以不选择此项,即在模型中不包括截距。

(4)在图 5-10 所示对话框中单击"图"按钮,弹出如图 5-12 所示"单变量:轮廓图"对话框。在该对话框中可以绘制一个或多个因素变量为参考的因变量边际均值图,即以某个因素变量为横轴、因变量边际均值的估计值为纵轴所作的图;若指定了协变量,这里的均值就是经过协变量调整后的均值。

在单因素方差分析中,轮廓图用来表现指定因素各水平的因变量均值;在多因素边际均值图中,相互平行的线表明在相应因素之间无交互效应,反之亦然。

- 水平轴:用于指定某个因素变量。
- 单独的线条:用于指定因变量,对因素变量的每个取值水平作一条曲线。
- 单独的图:用于指定因变量,对因素变量的每个取值水平分别作一个图形。
- 图:用于显示添加的变量。

本例中,选中"肥料"变量,单击 按钮,将其选入"水平轴";选中"土壤种类"变量,单击 按钮,将其选入"单独的线条"。然后单击"添加"按钮,将两者送入"图"中,单击"继续"按钮。

(5)在图 5-10 所示对话框中单击"事后比较"按钮,弹出如图 5-13 所示的"单变量:实测平均值的事后多重比较"对话框。在左侧的列表框中选中"肥料""土壤种类"变量,单击 按钮,将其选入"下列各项的事后检验"列表框;勾选"假定等方差"选项区中的"LSD"复选框,单击"继续"按钮。

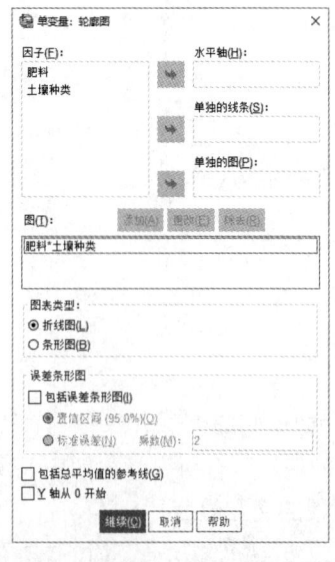

图 5-12 "单变量:轮廓图"对话框   图 5-13 "单变量:实测平均值的事后多重比较"对话框

（6）在图 5-10 所示对话框中单击"EM 均值"按钮，弹出如图 5-14 所示的"单变量：估算边际平均值"对话框。在"因子与因子交互"列表框中选中"（OVERALL）"，并单击按钮，将其选入"显示下列各项的平均值"列表框，单击"继续"按钮。

（7）在图 5-10 所示对话框中单击"选项"按钮，弹出如图 5-15 所示的"单变量：选项"对话框，勾选"描述统计""齐性检验"复选框，单击"继续"按钮返回"单变量"对话框。

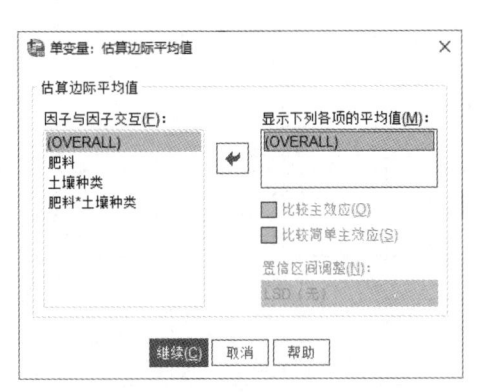

图 5-14 "单变量：估算边际平均值"对话框　　图 5-15 "单变量：选项"对话框

（8）完成所有设置后，单击"确定"按钮执行命令，此时会弹出主体间因子、描述统计、主体间效应的检验等分析结果。

5.2.3　结果分析

由表 5-5 中可以看出，有肥料、土壤种类两个因素。肥料有 3 个水平，即肥料 A、B、C，每个水平有 9 个观测量；土壤种类有 3 个水平，即土类 A、B、C，每个水平有 9 个观测值。

表 5-5　主体间因子

		值标签	N
肥料	1	肥料 A	9
	2	肥料 B	9
	3	肥料 C	9
土壤种类	1	土类 A	9
	2	土类 B	9
	3	土类 C	9

由表 5-6 可以看出各项组合的平均值、标准偏差及观测值个数。

表 5-6 描述统计

因变量：苗高				
肥料	土壤种类	平均值	标准差	N
肥料 A	土类 A	12.100	0.2000	3
	土类 B	13.100	1.0149	3
	土类 C	13.900	0.6000	3
	总计	13.033	0.9836	9
肥料 B	土类 A	13.133	0.3512	3
	土类 B	13.867	0.4726	3
	土类 C	14.467	0.4163	3
	总计	13.822	0.6815	9
肥料 C	土类 A	20.900	0.7000	3
	土类 B	18.767	0.8505	3
	土类 C	17.133	0.6351	3
	总计	18.933	1.7550	9
总计	土类 A	15.378	4.1853	9
	土类 B	15.244	2.7537	9
	土类 C	15.167	1.5716	9
	总计	15.263	2.9139	27

由表 5-7 可以看出，显著性为 0.371，大于 0.05，因此认为各组样本来自的总体的方差相等。

表 5-7 误差方差的莱文同性检验 [a,b]

		莱文统计	自由度 1	自由度 2	显著性
苗高	基于平均值	1.164	8	18	0.371
	基于中位数	0.413	8	18	0.898
	基于中位数并具有调整后自由度	0.413	8	11.722	0.892
	基于剪除后平均值	1.099	8	18	0.408
检验"各个组中的因变量误差方差相等"这一原假设					
a. 因变量：苗高					
b. 设计：截距+肥料+土壤种类+肥料*土壤种类					

由表 5-8 可以看出，肥料的显著性为 0.000，小于显著性水平 0.05；土壤种类的显著性为 0.775，大于显著性水平 0.05。由此可知肥料对苗木高度有显著影响，而土壤种类对苗木高度的影响不显著。两因素交互作用的显著性为 0.000，小于显著性水平 0.05，所以，两因素交互作用对苗木高度有显著影响。

表 5-8 主体间效应的检验

因变量：苗高					
源	III类平方和	自由度	均方	F	显著性
修正模型	213.630ª	8	26.704	67.383	0.000
截距	6289.867	1	6289.867	15871.627	0.000
肥料	184.667	2	92.334	232.992	0.000
土壤种类	0.205	2	0.103	0.259	0.775
肥料*土壤种类	28.757	4	7.189	18.141	0.000
误差	7.133	18	0.396		
总计	6510.630	27			
修正后总计	220.763	26			

a．R 方=0.968（调整后 R 方=0.953）

由表 5-9 可以看出，三种肥料之间存在显著差异。

表 5-9 多重比较

因变量：苗高						
LSD						
（I）肥料	（J）肥料	平均值差值（I-J）	标准误差	显著性	95%置信区间	
					下限	上限
肥料 A	肥料 B	-0.789*	0.2968	0.016	-1.412	-0.165
	肥料 C	-5.900*	0.2968	0.000	-6.523	-5.277
肥料 B	肥料 A	0.789*	0.2968	0.016	0.165	1.412
	肥料 C	-5.111*	0.2968	0.000	-5.735	-4.488
肥料 C	肥料 A	5.900*	0.2968	0.000	5.277	6.523
	肥料 B	5.111*	0.2968	0.000	4.488	5.735

基于实测平均值
误差项是均方（误差）=0.396
*．平均值差值的显著性水平为 0.05

由表 5-10 可以看出，三种土壤之间的差异均不显著。

表 5-10 多重比较

因变量：苗高						
LSD						
（I）土壤种类	（J）土壤种类	平均值差值（I-J）	标准误差	显著性	95%置信区间	
					下限	上限
土类 A	土类 B	0.133	0.2968	0.659	-0.490	0.757
	土类 C	0.211	0.2968	0.486	-0.412	0.835

续表

因变量：苗高					
LSD					
(I) 土壤种类	(J) 土壤种类	平均值差值（I-J）	标准误差	显著性	95%置信区间	
					下限	上限
土类 B	土类 A	-0.133	0.2968	0.659	-0.757	0.490
	土类 C	0.078	0.2968	0.796	-0.546	0.701
土类 C	土类 A	-0.211	0.2968	0.486	-0.835	0.412
	土类 B	-0.078	0.2968	0.796	-0.701	0.546
基于实测平均值					
误差项是均方（误差）=0.396					

由图 5-16 可以看出，图中三条折线在一个点相交，说明三者之间有交互效应。

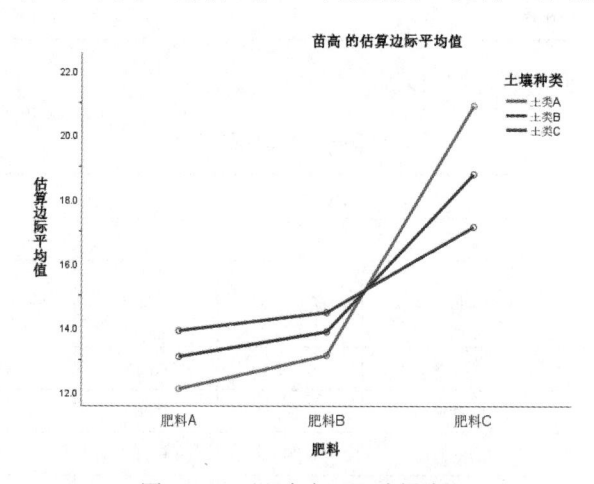

图 5-16　两因素交互影响折线图

5.3　协方差分析

协方差是关于如何调节协变量对因变量的影响效应，从而更加有效地分析实验处理效应的一种统计技术，也是对实验进行统计控制的一种综合方差分析和回归分析的方法。

协方差分析是利用线性回归的方法，消除混杂因素的影响后进行的方差分析。简单来说，就是消除不可控制的因素，比较各因素不同水平的差异以及分析各因素之间是否存在交互作用。

例如：研究不同的生根粉对树木根系数量的影响，但由于各株树木在试验前的根系数量不一致，对试验结果又有一定的影响，要消除这一因素带来的影响，就需要将各株树木在试验前的根系数量这一因素作为协变量进行方差分析，才能得到正确的试验结果。

执行菜单栏中的"分析"→"一般线性模型"→"单变量"命令，弹出如图 5-17 所示的"单变量"对话框，进行相关参数的设置即可完成协方差分析。下面通过具体案例讲解如何在 SPSS 中进行协方差分析。

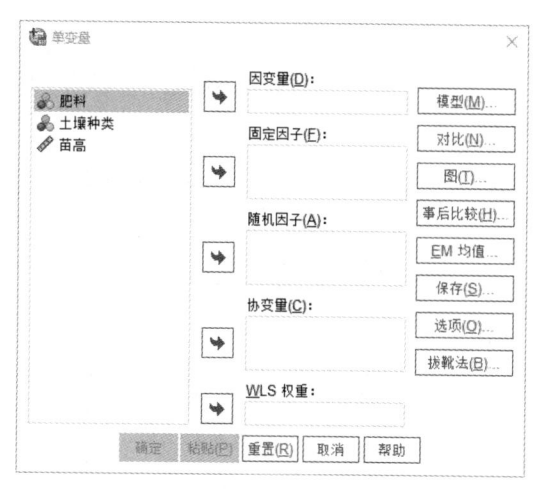

图 5-17 "单变量"对话框

数据文件	数据文件\Chapter05\data05-03.sav
视频文件	视频文件\Chapter05\协方差分析.avi

5.3.1 数据描述

本例是某公司针对公司成员进行的语言能力培训，为了检验培训成效，在培训前后均进行了语言能力测试，如图 5-18 所示。培训对象为公司 A、B，成员包括员工、主管和经理。现要求剔除培训前的语言能力测试成绩的影响，分析公司成员在培训后的语言能力是否存在显著差异。

	公司	职称	培训前语言测试成绩	培训后语言测试成绩
1	1	1	77	83
2	1	1	70	87
3	1	1	76	89
4	1	2	81	95
5	1	2	89	93
6	1	2	91	90
7	1	3	94	89

图 5-18 "data05-03.sav"数据

5.3.2 SPSS 实现

（1）打开"data05-03.sav"文件，执行菜单栏中的"分析"→"一般线性模型"→"单变量"命令，弹出"单变量"对话框。

（2）选中左侧变量列表中的"培训后语言测试成绩"变量，单击 ▶ 按钮，将其选入"因变量"；选中"职称"和"公司"变量，单击 ▶ 按钮，将其选入"固定因子"；选中"培训前语言测试成绩"变量，单击 ▶ 按钮，将其选入"协变量"，如图 5-19 所示。

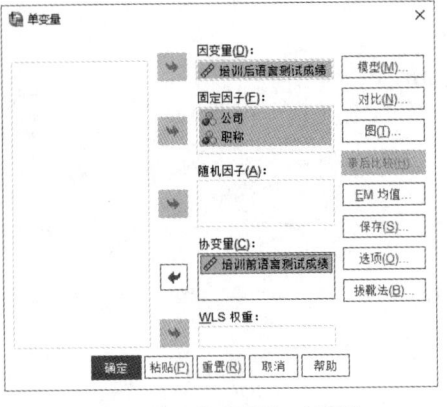

图 5-19 "单变量"对话框

（3）单击"EM 均值"按钮，弹出如图 5-20 所示的"单变量：估算边际平均值"对话框，在"因子与因子交互"列表框中选中"(OVERALL)"，并单击 按钮，将其选入"显示下列各项的平均值"列表框，单击"继续"按钮。

（4）在图 5-19 所示对话框中单击"选项"按钮，弹出如图 5-21 所示的"单变量：选项"对话框。在"显示"选项区中，勾选"描述统计""齐性检验"复选框，单击"继续"按钮。

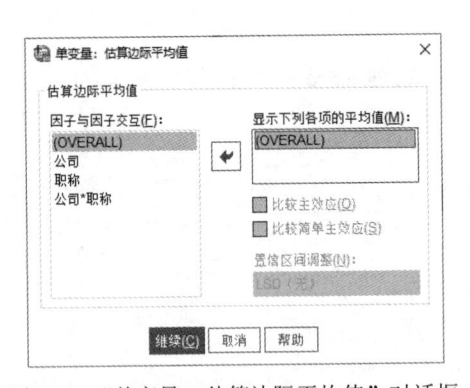

图 5-20 "单变量：估算边际平均值"对话框　　图 5-21 "单变量：选项"对话框

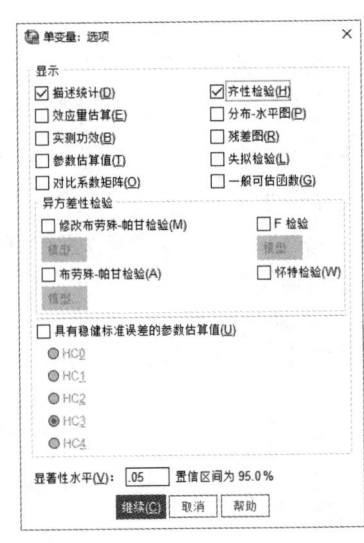

（5）完成所有设置后，单击"确定"按钮执行命令，此时弹出主体间因子、描述统计、主体间效应的检验等分析结果。

5.3.3　结果分析

从表 5-11 中可以看出，有职称、公司两个因素。职称有 3 个水平，即员工、主管和经理，每个水平有 6 个观测量；公司有两个水平，即公司 A、公司 B，每个水平有 9 个观测量。

表 5-11 主体间因子

		值标签	N
职称	1	员工	6
	2	主管	6
	3	经理	6
公司	1	公司 A	9
	2	公司 B	9

由表 5-12 可以看到各项组合的平均值、标准差及观测值个数。

表 5-12 描述统计

		因变量：培训后语言测试成绩		
公司	职称	平均值	标准差	N
公司 A	员工	86.33	3.055	3
	主管	92.67	2.517	3
	经理	91.00	2.000	3
	总计	90.00	3.606	9
公司 B	员工	85.67	3.215	3
	主管	93.33	4.041	3
	经理	92.67	3.055	3
	总计	90.56	4.746	9
总计	员工	86.00	2.828	6
	主管	93.00	3.033	6
	经理	91.83	2.483	6
	总计	90.28	4.099	18

由表 5-13 可以看出，显著性为 0.237，大于 0.05，因此认为各组样本来自的总体的方差相等。

表 5-13 误差方差的莱文等同性检验[a]

因变量：培训后语言测试成绩			
F	自由度 1	自由度 2	显著性
1.585	5	12	0.237
检验"各个组中的因变量误差方差相等"这一原假设			
a. 设计：截距+培训前语言测试成绩+公司+职称+公司*职称			

由表 5-14 可以看出，在组间效应的修正模型中，F 为 4.384，显著性为 0.017，小于显著性水平 0.05，所以可以认为培训前语言能力与培训后语言能力存在线性回归关系；职称和公司的显著性分别为 0.003、0.462，分别小于和大于显著性水平 0.05，所以可以认为职称对语言能力有显著影响，而公司对语言能力没有显著影响；"公司*职称"的显

著性为 0.689，大于 0.05，说明交互效果不显著，可以不予考虑。

表 5-14 主体间效应的检验

因变量：培训后语言测试成绩					
源	III类平方和	自由度	均方	F	显著性
修正模型	201.390a	6	33.565	4.384	0.017
截距	349.431	1	349.431	45.639	0.000
培训前语言测试成绩	27.112	1	27.112	3.541	0.087
公司	4.455	1	4.455	0.582	0.462
职称	152.816	2	76.408	9.980	0.003
公司*职称	5.902	2	2.951	0.385	0.689
误差	84.221	11	7.656		
总计	146987.000	18			
修正后总计	285.611	17			

a. R 方=0.705（调整后 R 方=0.544）

5.4 多元方差分析

前面几节介绍的方差分析针对的是单个因变量，即一元方差分析，当因变量扩展到多个时，则称为多元方差分析，这就是本节介绍的重点内容。

在方差分析中，要求样本必须满足独立、正态、等方差，而对于多元方差分析而言，由于涉及多个因变量，除要求每个因变量满足以上条件外，还必须满足以下条件：

- 各因变量之间具有相关性；
- 每一组都有相同的方差-协方差阵；
- 各因变量为多元正态分布。

多元方差分析的目的在于检验影响因素或处理因素如何同时影响一组因变量。SPSS 中用于多元方差分析假设检验的统计量有 Pillai`s 轨迹、Wilks`λ（又称广义方差比）、Hotelling 轨迹和 Roy 最大根。

执行菜单栏中的"分析"→"一般线性模型"→"多变量"命令，弹出如图 5-22 所示的"多变量"对话框，进行相关参数的设置即可完成多元方差分析。下面通过具体案例讲解如何在 SPSS 中进行多元方差分析。

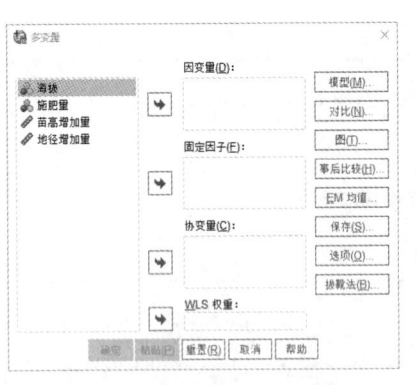

图 5-22 "多变量"对话框

数据文件	数据文件\Chapter05\data05-04.sav
视频文件	视频文件\Chapter05\多元方差分析.avi

5.4.1 数据描述

本例的数据文件是某科研单位研究某树种在不同海拔、不同施肥量情况下的苗高增加量和地径增加量的差别,将海拔设为 3 个水平,将施肥量也设为 3 个水平,将两个因素组合成 9 个组合,每个组合重复 3 次,如图 5-23 所示。现要求分析海拔和施肥量对苗高增加量和地径增加量的影响,并分析海拔与施肥量是否存在交互作用。

	海拔	施肥量	苗高增加量	地径增加量
1	1	1	11.8	2.48
2	1	1	12.9	2.70
3	1	1	10.9	2.84
4	1	2	9.6	2.07
5	1	2	9.4	1.88
6	1	2	9.1	1.72
7	1	3	8.2	1.19

图 5-23 "data05-04.sav"数据

5.4.2 SPSS 实现

(1)打开"data05-04.sav"文件,执行菜单栏中的"分析"→"一般线性模型"→"多变量"命令,弹出"多变量"对话框。

(2)选中左侧变量列表中的"苗高增加量"和"地径增加量"变量,单击 按钮,将其选入"因变量";选中"海拔"和"施肥量"变量,单击 按钮,将其选入"固定因子",如图 5-24 所示。

(3)单击"事后比较"按钮,弹出"多变量:实测平均值的事后多重比较"对话框,如图 5-25 所示。在左侧的列表框中选中"海拔""施肥量",单击 按钮,将其选入"下列各项的事后检验"列表框;勾选"假定等方差"选项区中的"LSD"复选框,单击"继续"按钮。

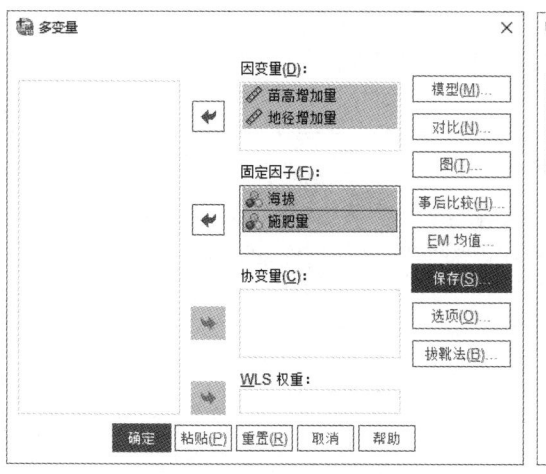

图 5-24 "多变量"对话框   图 5-25 "多变量:实测平均值的事后多重比较"对话框

（4）在图 5-24 所示对话框中单击"选项"按钮，弹出如图 5-26 所示的"多变量：选项"对话框。在"显示"选项区中，勾选"齐性检验"复选框，单击"继续"按钮。

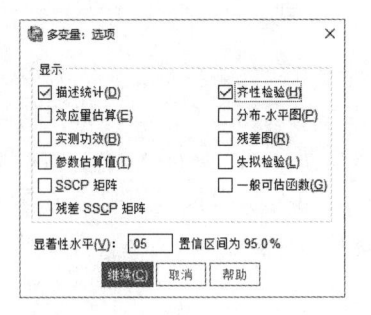

图 5-26 "多变量：选项"对话框

（5）完成所有设置后，单击"确定"按钮执行命令，弹出误差方差的莱文同性检验、多变量检验等分析结果。

5.4.3 结果分析

由表 5-15 可以看出，苗高增加量和地径增加量的显著性分别为 0.344、0.166，都大于显著性水平 0.05，说明两者在各组总体方差都相等，满足方差分析的前提条件。

表 5-15 误差方差的莱文同性检验[a]

		莱文统计	自由度 1	自由度 2	显著性
苗高增加量	基于平均值	1.216	8	18	0.344
	基于中位数	0.666	8	18	0.714
	基于中位数并具有调整后自由度	0.666	8	9.672	0.711
	基于剪除后平均值	1.178	8	18	0.364
地径增加量	基于平均值	1.703	8	18	0.166
	基于中位数	0.373	8	18	0.921
	基于中位数并具有调整后自由度	0.373	8	5.378	0.906
	基于剪除后平均值	1.561	8	18	0.206
检验"各个组中的因变量误差方差相等"这一原假设					
a. 设计：截距+海拔+施肥量+海拔*施肥量					

由表 5-16 可以看出，海拔与施肥量两个主效应的 4 种检验统计量都小于显著性水平 0.05，说明海拔与施肥量对苗高增加量和地径增加量有显著影响；而"海拔*施肥量"的 4 种检验统计量都大于显著性水平 0.05，说明两者共同对苗高增加量和地径增加量的影响不存在协同作用。

表 5-16 多变量检验[a]

效应		值	F	假设自由度	误差自由度	显著性
截距	比莱轨迹	0.998	4789.516b	2.000	17.000	0.000

续表

效应		值	F	假设自由度	误差自由度	显著性
	威尔克 Lambda	0.002	4789.516[b]	2.000	17.000	0.000
	霍特林轨迹	563.472	4789.516[b]	2.000	17.000	0.000
	罗伊最大根	563.472	4789.516[b]	2.000	17.000	0.000
海拔	比莱轨迹	0.580	3.673	4.000	36.000	0.013
	威尔克 Lambda	0.443	4.278[b]	4.000	34.000	0.007
	霍特林轨迹	1.210	4.839	4.000	32.000	0.004
	罗伊最大根	1.167	10.503[c]	2.000	18.000	0.001
施肥量	比莱轨迹	0.902	7.395	4.000	36.000	0.000
	威尔克 Lambda	0.106	17.666[b]	4.000	34.000	0.000
	霍特林轨迹	8.404	33.616	4.000	32.000	0.000
	罗伊最大根	8.396	75.560[c]	2.000	18.000	0.000
海拔 * 施肥量	比莱轨迹	0.586	1.864	8.000	36.000	0.097
	威尔克 Lambda	0.491	1.814[b]	8.000	34.000	0.109
	霍特林轨迹	0.880	1.759	8.000	32.000	0.123
	罗伊最大根	0.632	2.843[c]	4.000	18.000	0.055

a. 设计：截距+海拔+施肥量+海拔*施肥量

b. 精确统计

c. 此统计是生成显著性水平下限的 F 的上限

由表 5-17 可以看出，苗高增加量在海拔和施肥量上的显著性分别为 0.002、0.000，说明苗高增加量在海拔和施肥量上都存在显著差异；地径增加量在海拔和施肥量上的显著性分别为 0.018、0.000，说明地径增加量在海拔和施肥量上都存在显著差异；而苗高增加量与地径增加量在"海拔*施肥量"上的显著性分别为 0.237、0.058，都大于显著性水平 0.05，所以，海拔与施肥量的交互作用在苗高增加量与地径增加量上没有显著差异。

表 5-17 主体间效应的检验

源	因变量	III类平方和	自由度	均方	F	显著性
修正模型	苗高增加量	43.447[a]	8	5.431	21.098	0.000
	地径增加量	2.687[b]	8	0.336	7.293	0.000
截距	苗高增加量	2540.430	1	2540.430	9869.296	0.000
	地径增加量	100.688	1	100.688	2186.056	0.000
海拔	苗高增加量	4.509	2	2.254	8.758	0.002
	地径增加量	0.465	2	0.232	5.047	0.018
施肥量	苗高增加量	37.369	2	18.684	72.587	0.000
	地径增加量	1.710	2	0.855	18.563	0.000
海拔*施肥量	苗高增加量	1.569	4	0.392	1.524	0.237
	地径增加量	0.512	4	0.128	2.781	0.058

续表

源	因变量	III类平方和	自由度	均方	F	显著性
误差	苗高增加量	4.633	18	0.257		
	地径增加量	0.829	18	0.046		
总计	苗高增加量	2588.510	27			
	地径增加量	104.205	27			
修正后总计	苗高增加量	48.080	26			
	地径增加量	3.516	26			

a. R方=0.904（调整后R方=0.861）
b. R方=0.764（调整后R方=0.659）

由表5-18可以看出，苗高增加量在海拔1与2、1与3、2与3上的显著性分别为0.927、0.002、0.002，说明苗高增加量在海拔1与3、2与3上存在显著差异，在1与2上没有显著差异；同时，可以看出地径增加量在海拔1与2上没有显著差异，在2与3、1与3上有显著差异。

表5-18 多重比较

因变量	(I) 海拔	(J) 海拔	平均值差值（I-J）	标准误差	显著性	95%置信区间	
						下限	上限
				LSD			
苗高增加量	1	2	−0.022	0.2392	0.927	−0.525	0.480
		3	0.856*	0.2392	0.002	0.353	1.358
	2	1	0.022	0.2392	0.927	−0.480	0.525
		3	0.878*	0.2392	0.002	0.375	1.380
	3	1	−0.856*	0.2392	0.002	−1.358	−0.353
		2	−0.878*	0.2392	0.002	−1.380	−0.375
地径增加量	1	2	0.0856	0.10117	0.409	−0.1270	0.2981
		3	0.3111*	0.10117	0.007	0.0986	0.5237
	2	1	−0.0856	0.10117	0.409	−0.2981	0.1270
		3	0.2256*	0.10117	0.039	0.0130	0.4381
	3	1	−0.3111*	0.10117	0.007	−0.5237	−0.0986
		2	−0.2256*	0.10117	0.039	−0.4381	−0.0130

基于实测平均值
误差项是均方（误差）=0.046
*. 平均值差值的显著性水平为0.05

由表5-19可以看出，苗高增加量在施肥量1与2、1与3、2与3上均有显著差异，而地径增加量在施肥量1与2、1与3上有显著差异，在2与3上没有显著差异。

表 5-19 多重比较

因变量	(I) 施肥量	(J) 施肥量	平均值差值 (I-J)	标准误差	显著性	95%置信区间	
						下限	上限
苗高增加量	1	2	1.822*	0.2392	0.000	1.320	2.325
		3	2.844*	0.2392	0.000	2.342	3.347
	2	1	-1.822*	0.2392	0.000	-2.325	-1.320
		3	1.022*	0.2392	0.000	0.520	1.525
	3	1	-2.844*	0.2392	0.000	-3.347	-2.342
		2	-1.022*	0.2392	0.000	-1.525	-0.520
地径增加量	1	2	0.4189*	0.10117	0.001	0.2063	0.6314
		3	0.6011*	0.10117	0.000	0.3886	0.8137
	2	1	-0.4189*	0.10117	0.001	-0.6314	-0.2063
		3	0.1822	0.10117	0.088	-0.0303	0.3948
	3	1	-0.6011*	0.10117	0.000	-0.8137	-0.3886
		2	-0.1822	0.10117	0.088	-0.3948	0.0303

基于实测平均值

误差项是均方（误差）=0.046

*. 平均值差值的显著性水平为 0.05

5.5 重复测量方差分析

在研究中，若对一个观察对象进行多次观察，则获得的数据称为重复测量数据，针对这类数据进行的方差分析需要采用重复测量方差分析。重复测量方差分析最大的特点是可以考察测量指标是否会随着测量次数的增加而变化，以及是否会受时间的影响。

重复测量方差分析把单个个体作为自身的对照，克服了个体之间的变异，分析时能更好地集中于研究效应；同时，把自身当作对照，研究所需的个体就相对较少了。但是它也引起了 3 种研究效应：滞留效应，即前面处理的效应有可能滞留到下一次的处理；潜隐效应，即前面处理的效应有可能激活原本不活跃的效应；学习效应，由于逐步熟悉了实验方式，研究对象的反应能力在后面的处理中也可能会逐步提高。

重复测量方差分析须考虑两个因素的影响，一个因素是处理分组，可通过施加干预和随机分组来实现；另一个因素是测量时间，由研究者根据专业知识和要求确定。因此，重复测量数据的变异可以分解为处理因素、时间因素、处理和时间的交互作用、受试对象之间的随机误差和重复测量的随机误差 5 部分。

重复测量方差分析与一般方差分析最大的不同在于将若干次重复测量结果作为不同因变量出现。此外，重复测量方差分析还要求定义一个组内因素，其取值水平个数与重复测量的次数相同，如调查某超市连续 3 个月的销量，则组内因素的取值水平为 3。

重复测量方差分析有如下几个模型假设：
（1）每个处理条件内的观察都是独立的。
（2）不同处理水平下的个体取自相互独立的随机样本，其总体均数服从正态分布。
（3）不同处理水平下的总体方差是相等的。
（4）因变量的方差-协方差矩阵满足球形假设，即两个对象的协方差应该等于它们方差的均值减去一个常数。如果不能满足球形假设，则相关的 F 统计量是有偏的，会造成过多地拒绝本来为真的假设；此时在计算 F 统计量时会对分子、分母进行一定的调整。

执行菜单栏中的"分析"→"一般线性模型"→"重复测量"命令，弹出如图 5-27 所示的"重复测量定义因子"对话框，进行相关参数的设置即可完成重复测量方差分析。下面通过具体案例讲解如何在 SPSS 中进行重复测量方差分析。

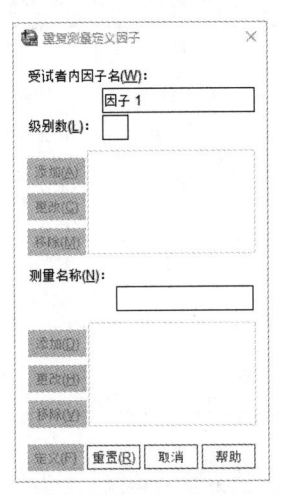

图 5-27 "重复测量定义因子"对话框

数据文件	数据文件\Chapter05\data05-05.sav
视频文件	视频文件\Chapter05\重复测量方差分析.avi

5.5.1 数据描述

本例的数据文件是某电器公司对两种营销方案的对比，如图 5-28 所示。为了提高电水壶的销售量，该公司提出两种方案，随机选择了 18 个超市作为方案实施对象；将 18 个超市随机分成两组，分别实施这两种方案；同时，统计方案实施前一个月和实施后两个月的销售量，现要求分析哪种方案更好。

超市编号	方案	销售量1	销售量2	销售量3
1	1	27	40	45
2	1	24	41	47
3	2	27	43	48
4	2	29	44	53
5	2	36	43	50
6	1	23	36	47
7	2	33	49	49

图 5-28 "data05-05.sav"数据

5.5.2 SPSS 实现

（1）打开"data05-05.sav"文件，执行菜单"分析"→"一般线性模型"→"重复测量"命令，弹出如图 5-29 所示对话框。在"受试者内因子名"文本框中输入"月份"，在"级别数"文本框中输入"3"，单击被激活的"添加"按钮，将"月份(3)"添加至右侧的列表框中；在"测量名称"文本框中输入"销售量"，单击"添加"按钮，将其添加至右侧的列表框中。

（2）单击"定义"按钮完成因素定义，进入如图 5-30 所示的"重复测量"对话框。将"销售量 1（1，销售量）""销售量 2（2，销售量）""销售量 3（3，销售量）"依次选入"受试者内变量"列表框中，将"方案"选入"受试者间因子"列表框中。

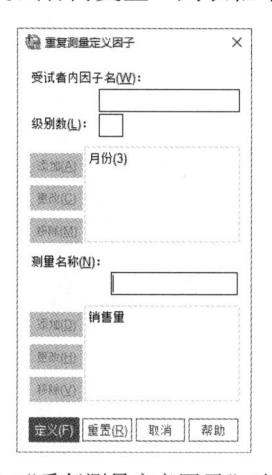

图 5-29 "重复测量定义因子"对话框

图 5-30 "重复测量"对话框

（3）单击"模型"按钮，弹出"重复测量：模型"对话框，如图 5-31 所示。本例选择"全因子"单选按钮，单击"继续"按钮。

图 5-31 "重复测量：模型"对话框

（4）在图 5-30 所示对话框中单击"图"按钮，弹出如图 5-32 所示的"重复测量：轮廓图"对话框。将"月份"选入"水平轴"，将"方案"选入"单独的线条"，单击"添加"按钮,将"月份*方案"选入"图",单击"继续"按钮。

(5)在图 5-30 所示对话框中单击"选项"按钮,弹出如图 5-33 所示的"重复测量:选项"对话框。选中"显示"选项区中的"描述统计"和"齐性检验"复选框,单击"继续"按钮。

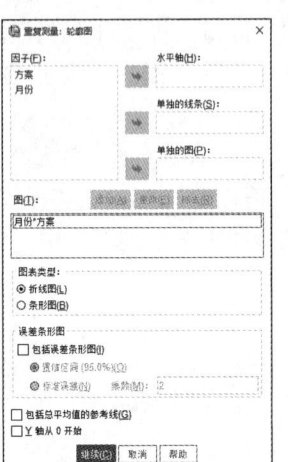

图 5-32 "重复测量:轮廓图"对话框

图 5-33 "重复测量:选项"对话框

(6)完成所有设置后,单击"确定"按钮执行命令,此时弹出主体内因子、主体间因子、描述统计、多变量检验等分析结果。

5.5.3 结果分析

由表 5-20 和表 5-21 可以看出各因素不同取值水平下的样本个数统计信息;由表 5-22 可以看出各个分组的观察样本的基本统计特征,包括平均值、标准差等。

表 5-20 主体内因子

测量:销售量	
月份	因变量
1	销售量 1
2	销售量 2
3	销售量 3

表 5-21 主体间因子

		N
方案	1	9
	2	9

表 5-22 描述统计

	方案	平均值	标准差	数字
销售量 1	1	24.33	2.345	9

续表

方案		平均值	标准差	数字
销售量 1	2	30.78	3.270	9
	总计	25.56	4.314	18
销售量 2	1	39.67	2.693	9
	2	44.00	3.279	9
	总计	41.83	3.666	18
销售量 3	1	48.22	2.438	9
	2	52.67	3.391	9
	总计	50.44	3.666	18

由表 5-23 可知，显著性为 0.675，大于显著性水平 0.05，所以因变量在各组中的协方差矩阵没有显著差异。

表 5-23 协方差矩阵的博克斯等同性检验[a]

博克斯 M	5.053
F	0.668
自由度 1	6
自由度 2	1854.792
显著性	0.675
检验"各个组的因变量实测协方差矩阵相等"这一原假设	
a．设计：截距+方案 主体内设计：月份	

由表 5-24 可知，多变量检验包括对组内因素（月份）和交互效应（月份*方案）的检验，都采用了 4 种检验算法。"月份"的显著性都小于 0.05，而"月份*方案"的显著性都大于 0.05，所以，月份之间的销售量存在显著差异，而"月份*方案"的交互作用对销售量的差异不显著。

表 5-24 多变量检验[a]

效应		值	F	假设自由度	误差自由度	显著性
月份	比莱轨迹	0.968	223.841[b]	2.000	15.000	0.000
	威尔克 Lambda	0.032	223.841[b]	2.000	15.000	0.000
	霍特林轨迹	29.846	223.841[b]	2.000	15.000	0.000
	罗伊最大根	29.846	223.841[b]	2.000	15.000	0.000
月份*方案	比莱轨迹	0.092	0.759[b]	2.000	15.000	0.485
	威尔克 Lambda	0.908	0.759[b]	2.000	15.000	0.485
	霍特林轨迹	0.101	0.759[b]	2.000	15.000	0.485
	罗伊最大根	0.101	0.759[b]	2.000	15.000	0.485
a．设计：截距+方案 主体内设计：月份						
b．精确统计						

由表 5-25 可知，显著性为 0.510，大于显著性水平 0.05，所以不能否定球形假设。

表 5-25　Mauchly 球形度检验[a]

主体内效应	Mauchly W	近似卡方	自由度	显著性	Epsilon[b]		
					格林豪斯-盖斯勒	辛-费德特	下限
月份	0.914	1.347	2	0.510	0.921	1.000	0.500

检验"正交化转换后因变量的误差协方差矩阵与恒等矩阵成比例"这一原假设

a. 设计：截距+方案
主体内设计：月份

b. 可用于调整平均显著性检验的自由度。修正检验将显示在"主体内效应的检验"表中

由表 5-26 可以看出每个效应检验的第一行是在满足球形假设条件下的统计结果；而后面的三行是在不满足球形假设时，对 F 统计量的分子、分母做了不同调整后的检验结果。

表 5-26　主体内效应的检验

测量：销售量						
源		III类平方和	自由度	均方	F	显著性
月份	假设球形度	4811.444	2	2405.722	257.309	0.000
	格林豪斯-盖斯勒	4811.444	1.842	2612.283	257.309	0.000
	辛-费德特	4811.444	2.000	2405.722	257.309	0.000
	下限	4811.444	1.000	4811.444	257.309	0.000
月份*方案	假设球形度	12.704	2	6.352	0.679	0.514
	格林豪斯-盖斯勒	12.704	1.842	6.897	0.679	0.503
	辛-费德特	12.704	2.000	6.352	0.679	0.514
	下限	12.704	1.000	12.704	0.679	0.422
误差（月份）	假设球形度	299.185	32	9.350		
	格林豪斯-盖斯勒	299.185	29.470	10.152		
	辛-费德特	299.185	32.000	9.350		
	下限	299.185	16.000	18.699		

由本例中的"Mauchly 球形度检验"结果可知，该实例满足球形假设，所以参考第一行的显著性检验结果。"月份"和"月份*方案"的显著性分别为 0.000、0.514，分别小于和大于显著性水平 0.05，所以"月份"对销售量存在显著影响，而"月份*方案"对销售量的影响不显著。

由表 5-27 可知，三次销售量的显著性都大于 0.05，所以，三次销售量的误差方差都无显著差异。

表 5-27　误差方差的莱文等同性检验 [a]

		莱文统计	自由度 1	自由度 2	显著性
销售量 1	基于平均值	1.404	1	16	0.253
	基于中位数	1.089	1	16	0.312
	基于中位数并具有调整后自由度	1.089	1	15.169	0.313
	基于剪除后平均值	1.443	1	16	0.247
销售量 2	基于平均值	0.130	1	16	0.723
	基于中位数	0.157	1	16	0.698
	基于中位数并具有调整后自由度	0.157	1	14.981	0.698
	基于剪除后平均值	0.127	1	16	0.727
销售量 3	基于平均值	0.820	1	16	0.379
	基于中位数	0.810	1	16	0.381
	基于中位数并具有调整后自由度	0.810	1	14.892	0.382
	基于剪除后平均值	0.879	1	16	0.362

检验"各个组中的因变量误差方差相等"这一原假设

a. 设计：截距+方案

主体内设计：月份

由表 5-28 可以看出，方案的显著性为 0.000，小于 0.05，所以，不同方案对销售量存在显著差异。

表 5-28　主体间效应检验

测量：销售量					
转换后变量：平均					
源	III 类平方和	自由度	均方	F	显著性
截距	86160.167	1	86160.167	12100.518	0.000
方案	347.574	1	347.574	48.814	0.000
误差	113.926	16	7.120		

图 5-34 是两因素交互折线图，可以看出，方案 2 的效果好，且"月份*方案"的交互作用不显著。

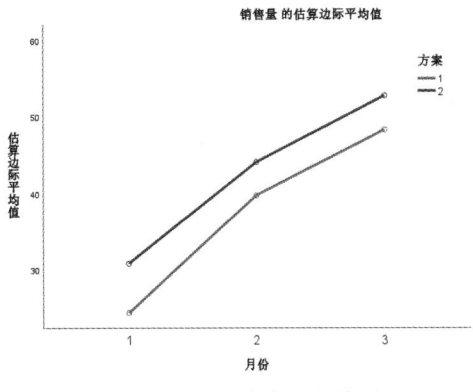

图 5-34　两因素交互折线图

5.6 小结

本章介绍了单因素方差分析、多因素方差分析、协方差分析、多元方差分析和重复测量方差分析。方差分析是用于研究自变量与因变量是否有关系及关系强度的。方差分析需要满足各个总体服从正态分布、各个总体的方差相等和观测值独立这3个基本假设。单因素方差分析用于检验单因素各个水平的值是否来自同一个总体。多因素方差分析的基本思想等同于单因素方差分析，但其研究的是两个或两个以上因素对因变量的作用和影响，以及这些因素共同作用的影响。协方差分析消除不可控制的因素，比较各因素不同水平的差异以及分析各因素间是否存在交互作用。多元方差分析相对于单因素方差分析而言，因变量个数增多。重复测量方差分析是针对重复测量的数据进行的方差分析。

5.7 习题

1. 数据文件 data03-03.sav 为调查四种健身方式对体重及 BMI 的影响研究，请利用本章介绍的方法完成以下分析：

（1）在健身之前，所选取的调查对象的体重（实验前）及 BMI（实验前）是否存在差异。

（2）在健身之后，所选取的调查对象的体重（实验后）及 BMI（实验后）是否存在差异。

（3）所选取的调查对象的身高是否存在差异。

数据存储于"数据文件\Chapter03\data03-03.sav"文件中。

2. 数据文件 data05-06.sav 是对四组人群按不同方式进行锻炼的研究，需要分析四组人群在实验前的身高及 BMI 是否存在差异。数据存储于"数据文件\Chapter05\data05-06.sav"文件中。

3. 数据文件 data05-07.sav 是 7 种方法去除杂草的效果，并在 1 天、10 天、14 天对杂草量进行统计，请利用本章内容分析这 7 种方法是否存在差异。数据存储于"数据文件\Chapter05\data05-07.sav"文件中。

4. 数据文件 data05-08.sav 是随机抽取的 20 名男女性的身体测量指标，包括身高、体重，请利用本章内容分析男女性之间身体测量指标有无差异。数据存储于"数据文件\Chapter05\data05-08.sav"文件中。

第 6 章

相关分析

相关分析是研究事物之间是否具有相关性及相关性强弱的一种统计方法。线性相关分析是研究两个变量之间的相关性强弱及方向的一种方法。除去一些变量之间的特定性关系，很多变量之间的关系都是不确定的，即设定一个自变量值以后，因变量值并不是唯一的，而是在一定的范围内变化，例如相同体重的人，有着不一样的肺活量；相同身高的人，有着不一样的体重。如果要研究这些关系不确定的变量之间的相关系数，就需要借助相关分析的统计方法。本章主要介绍双变量相关分析、偏相关分析和距离分析。

如果因变量值随着自变量值的增大而增大，或者随着自变量值的减小而减小，称其为正相关，相关系数大于 0。但是，如果因变量值随着自变量值的增大而减小，或者随着自变量值的减少而增大，称其为负相关，相关系数小于 0。相关系数是描述线性关系强弱和方向的统计量，取值范围为 -1~1。

学习目标

(1) 了解相关分析的分析目的。
(2) 熟知各个对话框中选项的含义。
(3) 熟练掌握各个相关分析的操作步骤。
(4) 深刻理解各项结果的含义。

6.1 双变量相关分析

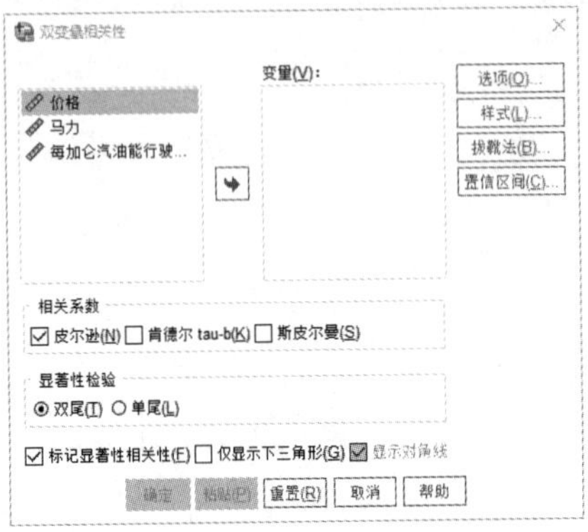

双变量相关分析可以选择不同的相关系数，对正态分布的数据可以选择皮尔逊相关系数来进行分析；对于其他类型的，如有序的或非正态分布的数据可以选择斯皮尔曼等级相关系数和肯德尔 tau-b 等级相关系数。

执行菜单栏中的"分析"→"相关"→"双变量"命令，弹出如图 6-1 所示的"双变量相关性"对话框，进行相关参数的设置即可完成双变量相关分析。下面通过具体案例讲解如何在 SPSS 中进行双变量相关分析。

图 6-1 "双变量相关性"对话框

数据文件	数据文件\Chapter06\data06-01.sav
视频文件	视频文件\Chapter06\双变量相关分析.avi

6.1.1 数据描述

本例的数据文件是一组汽车价格、马力和燃料效率的统计，如图 6-2 所示。现要求利用双变量相关分析对价格和马力之间是否存在相关性进行分析。

	价格	马力	燃料效率
1	21500	140	28
2	28400	225	25
3	42000	210	22
4	23990	150	27
5	33950	200	22
6	62000	310	21
7	26990	170	26

图 6-2 "data06-01.sav"数据

6.1.2 SPSS 实现

打开数据文件"data06-01.sav"，执行菜单栏中的"图形"→"图表构建器"命令，弹出"图表构建器"对话框，如图 6-3 所示，在"选择范围"列表框中选中"散点图/点图"选项，然后从"变量"列表框中分别把"马力""价格"拖入图形预览区的 X 轴和 Y 轴，单击"确定"按钮，输出散点图，如图 6-4 所示。观察价格对马力的散点图，可以初步判断两者之间存在一定的正相关性，所以有必要进行下一步的相关分析。

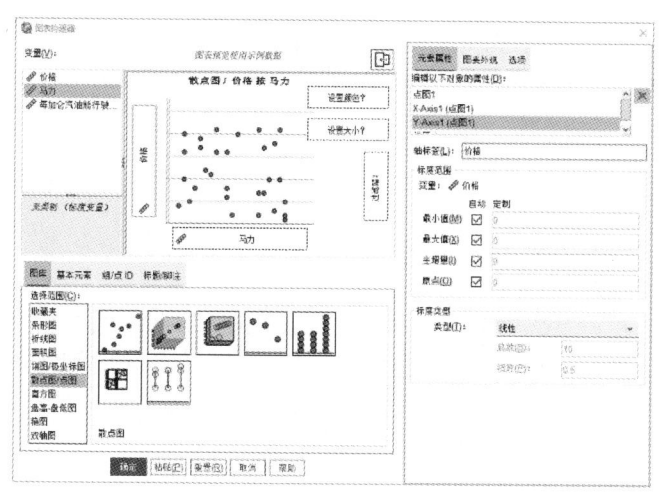

图 6-3 "图表构建器"对话框

执行菜单栏中的"分析"→"相关"→"双变量"命令，弹出如图 6-5 所示的"双变量相关性"对话框。在左侧的变量列表中选中"价格"和"马力"变量，单击➡按钮，将其选入"变量"列表框中。勾选"皮尔逊""斯皮尔曼""肯德尔 tau-b"复选框，在"显著性检验"选项区中单击"双尾"单选按钮，勾选"标记显著性相关性"复选框。

图 6-4 价格对马力的散点图　　　图 6-5 "双变量相关性"对话框

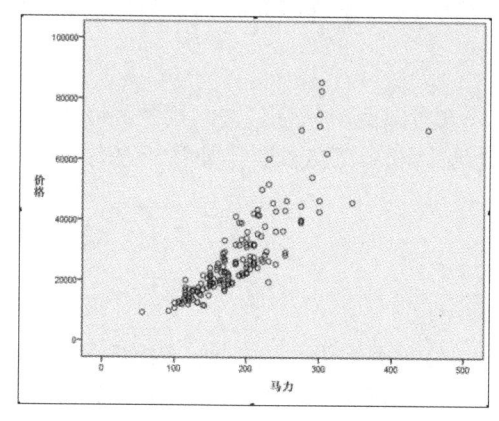

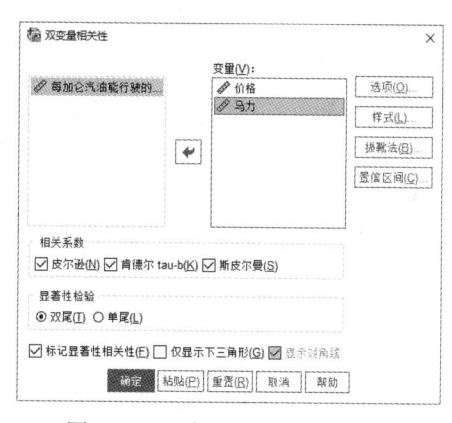

根据数据的特点的不同，通常采用不一样的相关系数，下面着重介绍 3 种相关系数，分别是皮尔逊相关系数、斯皮尔曼等级相关系数和肯德尔 tau-b 等级相关系数。

1. 皮尔逊相关系数

线性相关用来度量具有线性关系的两个变量之间相关关系的密切程度及相关方向，适用于满足正态分布的数据。线性相关系数又称皮尔逊相关系数，有时也称积差相关系数。

皮尔逊相关系数的计算公式为：

$$r = \frac{\sum_{i=1}^{n}(x_i - \overline{x})(y_i - \overline{y})}{\sqrt{\sum_{i=1}^{n}(x_i - \overline{x})^2 (y_i - \overline{y})^2}}$$

式中，n 为样本容量，x_i 和 y_i 为两个变量对应的样本值。

皮尔逊相关系数的 t 统计量定义为：

$$t = \frac{\sqrt{n-2}}{\sqrt{1-r^2}}$$

其中，t 统计量服从自由度为 $n-2$ 的 t 分布。

2．斯皮尔曼等级相关系数

斯皮尔曼等级相关系数相当于皮尔逊相关系数的非参数形式，它根据数据的秩而不是数据的实际值计算，适用于有序数据和不满足正态分布假设的等间隔数据。取值范围也是（-1,1），绝对值越大相关性越强，取值符号表示相关的方向。

斯皮尔曼等级相关系数的计算公式为：

$$r = 1 - \frac{6\sum_{i=1}^{n} d_i^2}{n(n^2-1)}$$

式中，d_i 表示每对观察值（x，y）的秩之差，n 为观察对的个数。

斯皮尔曼等级相关系数检验零假设就是相关系数为 0，在小样本的情况下，斯皮尔曼等级相关系数就是检验统计量，在大样本的情况下，采用正态检验统计量：$Z = r\sqrt{n-1}$，当零假设成立时，小样本统计量服从斯皮尔曼分布，大样本统计量近似服从标准正态分布。

3．肯德尔tau-b等级相关系数

肯德尔 tau-b 等级相关系数是对两个有序变量或两个秩变量之间相关程度的测度，属于非参数统计，统计时考虑了秩相同点的影响。利用变量秩数据计算一致对数目（U）和不一致对数目（V）来构造统计量。

肯德尔 tau-b 等级相关系数计算公式：

$$r = \frac{2(U-V)}{n(n-1)}$$

肯德尔 tau-b 等级相关系数检验零假设就是相关系数为 0，在小样本的情况下，肯德尔 tau-b 等级相关系数就是检验统计量，在大样本的情况下，采用正态检验统计量：

$$Z = r\sqrt{\frac{9n(n-1)}{2n(2n+5)}}$$

当零假设成立时，小样本统计量服从肯德尔 tau-b 分布，大样本统计量近似服从标准正态分布。

在图 6-5 所示对话框中单击"选项"按钮，弹出如图 6-6 所示的"双变量相关性：选项"对话框。在"统计"选项区中勾选"均值和标准差"和"叉积偏差和协方差"复选框，在"缺失值"选项区中单击"成对排除个案"单选按钮。单击"继续"按钮。

完成所有设置后，单击"确定"按钮执行命令，此时会弹出描述统计、相关性等分析结果。

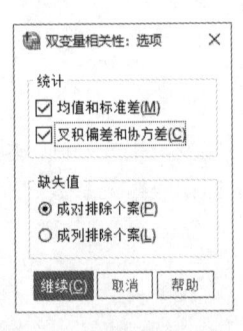

图 6-6 "双变量相关性：选项"对话框

6.1.3 结果分析

由表 6-1 可以看出,价格的平均值为 27443.87,标准差为 14437.836,马力的平均值为 185.40,标准差为 57.103。

表 6-1 描述统计

	平均值	标准差	个案数
价格	27443.87	14437.836	153
马力	185.40	57.103	153

由表 6-2 可以看出,价格和马力的皮尔逊相关系数为 0.843,右上角标示"**",相伴概率小于 0.01,表示在 0.01 的显著性水平上极显著,说明价格和马力呈显著正相关,即马力高的汽车,价格也高。

表 6-2 相关性

		价格	马力
价格	皮尔逊相关性	1	0.843**
	显著性(双尾)		0.000
	平方和与叉积	31684567459.386	105589218.974
	协方差	208451101.706	694665.914
	个案数	153	153
马力	皮尔逊相关性	0.843**	1
	显著性(双尾)	0.000	
	平方和与叉积	105589218.974	495640.680
	协方差	694665.914	3260.794
	个案数	153	153

**. 在 0.01 级别(双尾),相关性显著

由表 6-3 可以看出非参数相关性的结果,斯皮尔曼等级相关系数和肯德尔 tau-b 等级相关系数得出的结论与皮尔逊相关系数一致。

表 6-3 相关性

			价格	马力
肯德尔 tau-b	价格	相关系数	1.000	0.721**
		显著性(双尾)	.	0.000
		N	153	153

续表

			价格	马力
斯皮尔曼	马力	相关系数	0.721**	1.000
		显著性（双尾）	0.000	.
		N	153	153
	价格	相关系数	1.000	0.891**
		显著性（双尾）	.	0.000
		N	153	153
	马力	相关系数	0.891**	1.000
		显著性（双尾）	0.000	.
		N	153	153

**. 在0.01级别（双尾），相关性显著。

6.2 偏相关分析

线性相关分析计算的是两个变量间的相关系数，它分析两个变量之间线性相关的程度，但是在实际应用中，往往因为第三个变量，使相关系数不能真正反映两个指定变量之间的线性相关程度，如价格、马力和燃料效率之间的关系，如果使用皮尔逊相关系数可以得出价格与马力和燃料效率分别存在较强的线性关系，但是对于相同马力的汽车，是否燃油效率越低，价格就越高呢？答案是不一定。因为价格和马力有线性关系，马力和燃料效率又有线性关系，由此得出的价格和燃料效率之间存在线性关系的结论是不可信的。

偏相关分析能够在研究两个变量的线性关系时，计算偏相关系数，该系数在控制一个或多个附加变量的效应的同时描述两个变量之间的线性关系，如控制马力，研究价格和燃料效率之间的相关关系。

执行菜单栏中的"分析"→"相关"→"偏相关"命令，弹出的"偏相关性"对话框，进行相关参数的设置即可完成偏相关分析。下面通过具体案例讲解如何在 SPSS 中进行偏相关分析。

数据文件	数据文件\Chapter06\data06-01.sav
视频文件	视频文件\Chapter06\偏相关分析.avi

6.2.1 数据描述

本例的数据文件仍然使用"data06-01.sav"，如图 6-7 所示，现要求利用偏相关分析对在控制变量"马力"存在的情况下，价格和燃料效率之间是否存在相关性进行分析。

	价格	马力	燃料效率
1	21500	140	28
2	28400	225	25
3	42000	210	22
4	23990	150	27
5	33950	200	22
6	62000	310	21
7	26990	170	26

图 6-7 "data06-01.sav"数据

6.2.2 SPSS 实现

（1）打开"data06-01.sav"文件，执行菜单栏中的"分析"→"相关"→"偏相关"命令，弹出如图 6-8 所示的"偏相关性"对话框。在左侧的变量列表中选中"价格"和"燃料效率"变量，单击按钮，将其选入"变量"列表框，将"马力"变量选入"控制"列表框，在"显著性检验"选项区中勾选"双尾"复选框，同时勾选"显示实际显著性水平"复选框。

（2）单击"选项"按钮，弹出如图 6-9 所示的"偏相关性：选项"对话框。在"统计"选项区中勾选"均值和标准差"和"零阶相关性"复选框，在"缺失值"选项区中单击"成列排除个案"单选按钮，单击"继续"按钮。

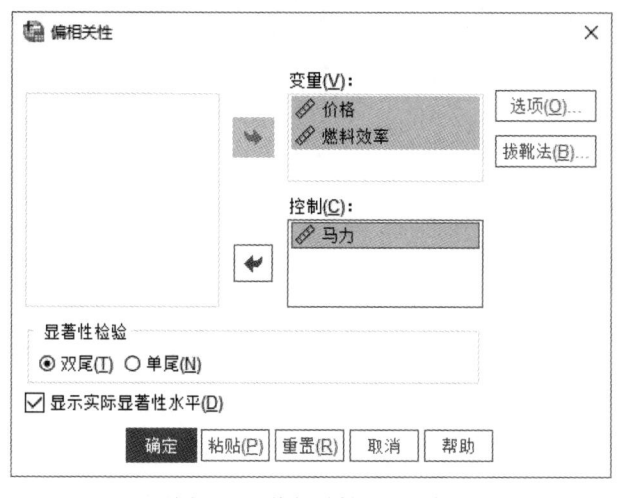

图 6-8 "偏相关性"对话框　　图 6-9 "偏相关性：选项"对话框

（3）完成所有设置后，单击"确定"按钮执行命令，此时会弹出描述统计、相关性等分析结果。

6.2.3 结果分析

由表 6-4 可以看出，价格、燃料效率和马力的平均值和标准差。

表 6-4 描述统计

	平均值	标准差	个案数
价格	27443.87	14437.836	153
燃料效率	23.83	4.293	153
马力	185.40	57.103	153

由表 6-5 可以看出，在不控制马力变量时，价格和燃料效率是显著负相关的，但是控制马力变量后，价格和燃料效率的相关性变得不显著（0.455>0.05），所以不能简单地判断汽车价格与燃料效率之间是否存在相关关系，结论应该为在马力不变的前提下，汽车价格和燃料效率之间不存在显著的相关关系。

表 6-5 相关性

控制变量			价格	燃料效率	马力
-无-a	价格	相关性	1.000	-0.492	0.843
		显著性（双尾）	.	0.000	0.000
		自由度	0	151	151
	燃料效率	相关性	-0.492	1.000	-0.615
		显著性（双尾）	0.000	.	0.000
		自由度	151	0	151
	马力	相关性	0.843	-0.615	1.000
		显著性（双尾）	0.000	0.000	.
		自由度	151	151	0
马力	价格	相关性	1.000	0.061	
		显著性（双尾）	.	0.455	
		自由度	0	150	
	燃料效率	相关性	0.061	1.000	
		显著性（双尾）	0.455	.	
		自由度	150	0	

a. 单元格包含零阶（皮尔逊）相关性

6.3 距离分析

距离分析是对变量对之间和个案对之间相似或不相似的一种测度，这种相似性或距离测度可以用于其他分析过程，例如聚类分析、因子分析等。距离分析是按照指定的统计量计算不同个案（或变量）之间的相似性和不相似性，但是不会给出常用的用于比较显著性水平的概率，而是给出不同个案（或变量）之间的距离，由用户自己判断其相似或不相似的程度。

执行菜单栏中的"分析"→"相关"→"距离"命令,弹出如图6-10所示的"距离"对话框,进行相关参数的设置即可完成距离分析。下面通过具体案例讲解如何在 SPSS 中进行距离分析。

图 6-10 "距离"对话框

数据文件	数据文件\Chapter06\data06-02.sav、data06-03.sav
视频文件	视频文件\Chapter06\距离分析.avi

6.3.1 数据描述

例 1 的数据文件是 5 个学生百米成绩、跳远成绩和实心球成绩,如图 6-11 所示。现要求利用距离分析来分析学生体育成绩之间的相关性。

例 2 的数据文件是分别用三种仪器测试了一批树的高度,如图 6-12 所示。现要求利用距离分析来分析三种仪器之间的相关性。

图 6-11 "data06-02.sav"数据

图 6-12 "data06-03.sav"数据

6.3.2 SPSS 实现

例 1 的 SPSS 实现:个案间的非相似性测量。

(1)打开"data06-02.sav"文件,执行菜单栏中的"分析"→"相关"→"距离"命令,弹出如图6-13所示的"距离"对话框,在左侧的变量列表中选中"百米成绩""跳远成绩""实心球成绩"三个变量,单击➡按钮,将其选入"变量"列表框,将"编号"变量选入"个案标注依据"列表框。"计算距离"选择"个案间","测量"选择"非相似性"。

(2)单击"测量"按钮,弹出如图6-14所示的"距离:非相似性测量"对话框,在"测量"选项区中选择默认的"欧式距离",因为变量间的单位不同,所以要对变量进行标准化,在"转换值"选项区中选择"Z得分",单击"按个案"单选按钮,单击"继续"按钮。

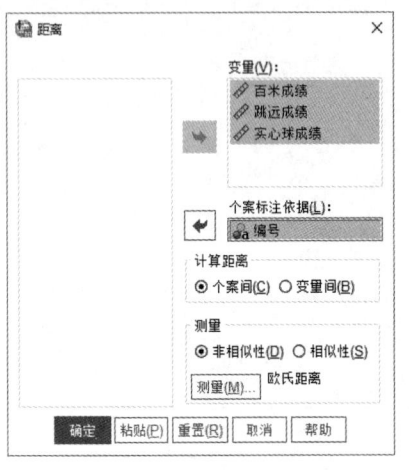

图6-13 "距离"对话框

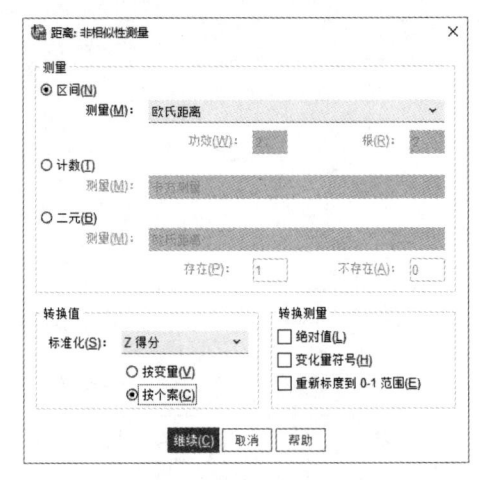

图6-14 "距离:非相似性测量"对话框

(3)完成所有设置后,单击"确定"按钮执行命令,此时会弹出个案处理摘要、近似值矩阵等分析结果。

例2的SPSS实现:变量间的非相似性测量。

(1)打开"data06-03.sav"文件,执行菜单栏中的"分析"→"相关"→"距离"命令,弹出如图6-15所示的"距离"对话框。在左侧的变量列表中选中"第一次""第二次""第三次"三个变量,单击➡按钮,将其选入"变量"列表框。"计算距离"选择"变量间","测量"选择"非相似性"。

(2)单击"测量"按钮,弹出如图6-16所示的"距离:非相似性测量"对话框,在"测量"选项区中选择默认的"欧式距离",单击"继续"按钮。

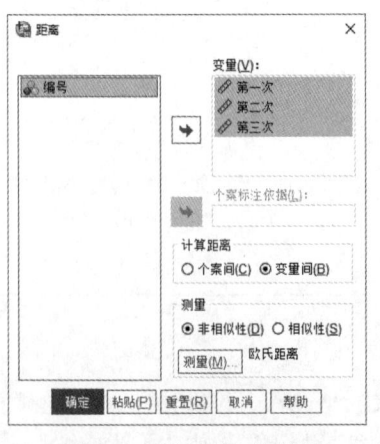

图6-15 "距离"对话框

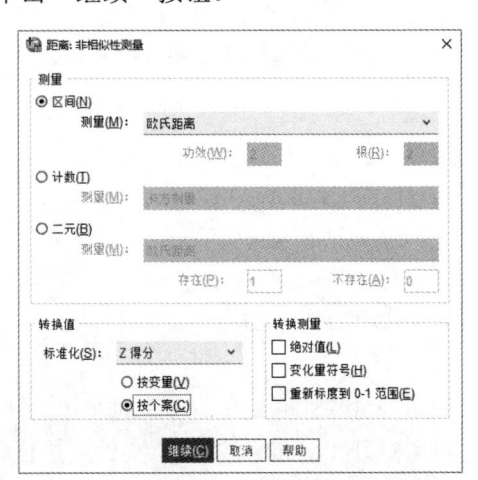

图6-16 "距离:非相似性测量"对话框

(3)完成所有设置后,单击"确定"按钮执行命令,此时会弹出个案处理摘要、近似值矩阵等分析结果。

6.3.3 结果分析

1.案例1的结果分析

从表 6-6 可以看出,个案数全部有效,无缺失值。

表 6-6 个案处理摘要

个案					
有效		缺失		总计	
个案数	百分比	数字	百分比	数字	百分比
5	100.0%	0	0.0%	5	100.0%

由表 6-7 可以看出,非相似性矩阵形式给出了个案之间的欧氏距离,非相似性测度值越大说明不相似性越强。结合表 6-6 可以看出编号为 1 和 5 的两名学生的体育成绩最不相似,其欧氏距离最大,为 0.546。

表 6-7 近似值矩阵

		欧氏距离				
		1: 1	2: 2	3: 3	4: 4	5: 5
1:	1	0.000	0.066	0.308	0.224	0.546
2:	2	0.066	0.000	0.242	0.158	0.480
3:	3	0.308	0.242	0.000	0.084	0.240
4:	4	0.224	0.158	0.084	0.000	0.324
5:	5	0.546	0.480	0.240	0.324	0.000
这是非相似性矩阵						

2.案例2的结果分析

由表 6-8 可以看出,数据全部有效,无缺失值。

表 6-8 个案处理摘要

个案					
有效		缺失		总计	
个案数	百分比	数字	百分比	数字	百分比
10	100.0%	0	0.0%	10	100.0%

由表 6-9 可以看出,非相似性矩阵形式给出了变量之间的欧氏距离,非相似性测度值越大说明不相似性越强。可以看出第一次和第二次两种仪器测出的数据最不相似,其欧氏距离最大,为 0.775。

表 6-9 近似值矩阵

	欧氏距离		
	第一次	第二次	第三次
第一次	0.000	0.775	0.520
第二次	0.775	0.000	0.539
第三次	0.520	0.539	0.000

这是非相似性矩阵

6.4 小结

本章主要介绍了双变量相关分析、偏相关分析和距离分析。相关分析主要研究变量之间关系的密切程度，在统计分析中，常利用相关系数定量地描述两个变量之间线性关系的密切程度。双变量相关分析需要根据数据的特点选择不同的相关系数，如对正态分布的数据可以选择皮尔逊相关系数来进行分析。偏相关分析能够在研究两个变量的线性关系时，计算偏相关系数，在该系数控制一个或多个附加变量效应的同时描述两个变量之间的线性关系。距离分析是对变量对之间和个案对之间相似或不相似的一种测度，这种相似性或距离测度可以用于其他分析过程，例如聚类分析、因子分析等。

6.5 习题

1. 数据文件 data03-03.sav 中为调查四种健身方式对体重及 BMI 的影响研究，请利用本章介绍的方法对身高、体重、BMI 是否存在相关性进行分析。数据存储于"数据文件\Chapter03\data03-03.sav"文件中。

2. 分别利用数据文件 data06-02.sav 和 data06-03.sav 进行个案间、变量间的相似性测量，并综合分析学生体育成绩之间的相关性及三种仪器之间的相关性。数据存储于"数据文件\Chapter06\data06-02、data-03.sav"文件中。

3. 数据文件 data06-04.sav 中是山东省某年的人均 GDP、居民可支配收入、工资性收入、社会参保人数、社会消费品零售总额、固定资产筹资额的数据，请利用相关分析来分析人均 GDP、居民可支配收入、工资性收入、社会参保人数、社会消费品零售总额、固定资产筹资额之间的相关性。数据存储于"数据文件\Chapter06\data06-04.sav"文件中。

4. 数据文件 data08-07.sav 为某省的关于物流发展水平的相关数据，包括货物周转量、货运量、城区生产总值、进出口贸易总值等 8 项指标，请利用相关分析来分析此 8 项指标之间的相关性。数据存储于"数据文件\Chapter08\data08-07.sav"文件中。

第 7 章

回归分析

回归分析是确定两种或两种以上变量之间的因果关系,建立回归模型,并根据实测数据来求解模型的各个参数,然后评价回归模型是否能够很好地拟合实测数据;如果能够很好地拟合,则可以根据自变量进行进一步预测。其与相关分析一样,是研究现象之间存在的相互关联关系的方法,但两者之间存在以下三点区别:回归分析研究的变量要区分自变量和因变量,相关分析研究的变量具有对等的关系;回归分析中因变量是随机变量,自变量是非随机变量,相关分析研究的变量都是随机变量;回归分析可以通过一个数学模型来表现现象之间相关的具体形式,相关分析只表明现象是否相关、相关方向和密切程度,不能指出变量之间相互关系的具体形式。本章主要介绍线性回归、曲线回归、非线性回归、二元 Logistic 回归、多元 Logistic 回归、有序回归、概率单位回归和加权回归。

学习目标

(1) 深刻理解回归分析的实质。
(2) 熟知相关对话框中选项的含义。
(3) 熟练掌握各个回归分析的操作步骤。
(4) 深刻理解各项结果的含义。

7.1 线性回归

线性回归是利用数理统计中的回归分析,来确定两种或两种以上变量之间相互依赖的定量关系的一种统计分析方法,运用十分广泛。

如果自变量和因变量之间呈线性关系,这时进行的回归分析就是线性回归,线性回归是分析因变量和自变量之间依存变化的数量关系的统计方法,估计包含一个或多个自变量的线性方程的系数,这些系数能最佳地预测因变量的值,它是回归分析中最基本、最简单的分析。

根据自变量个数的多少,分为一元线性回归和多元线性回归。在线性回归中,若只包括一个自变量和一个因变量,且两者的关系可用一条直线近似表示,这种回归分析称为一元线性回归;若包括两个或两个以上的自变量,且因变量和自变量之间具有线性关系,则称为多元线性回归。

执行菜单栏中的"分析"→"回归"→"线性"命令,弹出如图 7-1 所示的"线性回归"对话框,进行相关参数的设置即可完成线性回归分析。下面通过具体案例讲解如何在 SPSS 中进行线性回归分析。

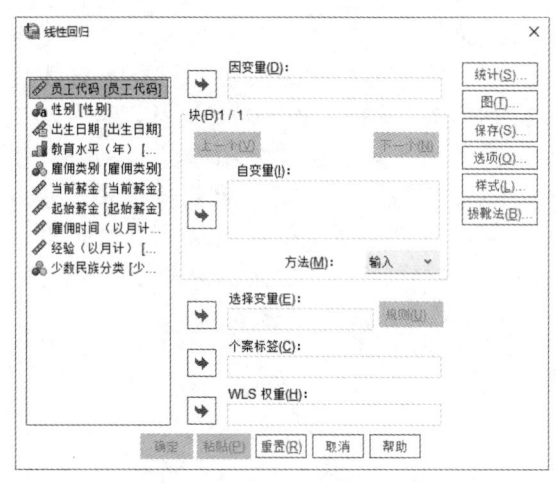

图 7-1 "线性回归"对话框

数据文件	数据文件\Chapter07\data07-01.sav
视频文件	视频文件\Chapter07\线性回归.avi

7.1.1 数据描述

本例的数据文件是一个公司员工的基本情况,如图 7-2 所示。现要求利用公司员工的一些基本情况来拟合多元线性回归方程。

	员工代码	性别	出生日期	教育水平	雇佣类别	当前薪金	起始薪金	雇佣时间	经验	少数民族
1	1	m	02/03/1952	15	3	$57,000	$27,000	98	144	0
2	2	m	05/23/1958	16	1	$40,200	$18,750	98	36	0
3	3	f	07/26/1929	12	1	$21,450	$12,000	98	381	0
4	4	f	04/15/1947	8	1	$21,900	$13,200	98	190	0
5	5	m	02/09/1955	15	1	$45,000	$21,000	98	138	0
6	6	m	08/22/1958	15	1	$32,100	$13,500	98	67	0
7	7	m	04/26/1956	15	1	$36,000	$18,750	98	114	0

图 7-2 "data07-01.sav"数据

7.1.2 SPSS 实现

（1）打开"data07-01.sav"文件，执行菜单栏中的"分析"→"回归"→"线性"命令，弹出如图 7-3 所示的"线性回归"对话框。在左侧的变量列表中选中"教育水平""起始薪金""雇佣时间""经验"变量，单击 按钮，将其选入"自变量"列表框，将"当前薪金"变量进入右边的"因变量"列表框。"方法"选择"步进"。

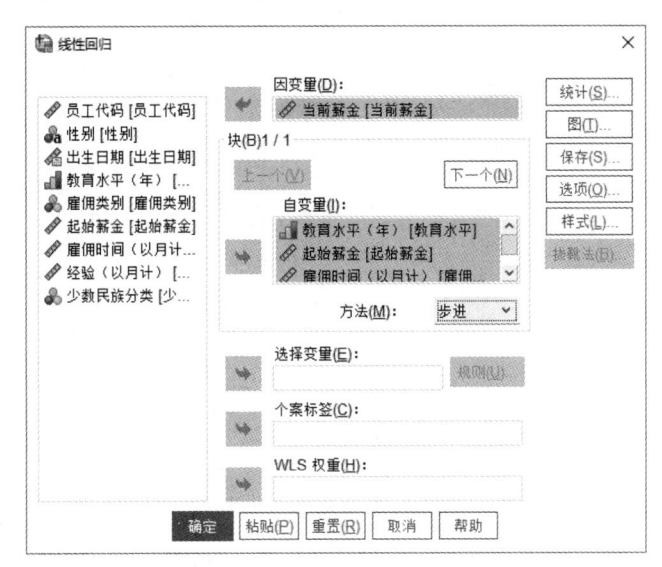

图 7-3 "线性回归"对话框

5 种方法的含义如下。
- 输入：将"自变量"列表框中的自变量全部选入回归模型，系统默认选项。
- 步进：先选择对因变量贡献最大，并满足判断条件的自变量引入回归方程，然后将模型中符合剔除数据的变量移出模型，重复进行直到没有变量被引入或移出，得到回归方程。
- 除去：先建立全模型，然后根据设定的条件移出部分自变量。
- 后退：先建立全模型，根据设定的判定条件，每次将一个不符合条件的变量从模型中移出，重复进行直到没有变量被移出，得到回归方程。
- 前进：模型从无自变量开始，根据设定的判定条件，每次将一个最符合条件的变量引入模型，直到所有符合判定条件的变量都引入模型，第一个引入模型的变量应该是与因变量最为相关的。

(2)单击"统计"按钮,弹出如图 7-4 所示的"线性回归:统计"对话框。在"回归系数"选项区中勾选"估算值"和"协方差矩阵"复选框,在"残差"选项区中勾选"个案诊断"复选框,在"离群值"文本框中输入"3",勾选"模型拟合"和"共线性诊断"复选框,单击"继续"按钮。

共线性诊断用于判断自变量之间是否存在共线性,多元回归方程中不允许出现共线性问题。勾选此项,输出方差膨胀因子和容差。个案诊断可以得到异常值,在实际运用过程中可以将异常值删除并重新进行回归。

(3)在图 7-3 所示对话框中单击"图"按钮,弹出如图 7-5 所示的"线性回归:图"对话框。将变量"*SDRESID"和"*ZPRED"分别选入 Y 轴和 X 轴,单击"下一个"按钮,将变量"*ZRESID"和"*ZPRED"分别选入 Y 轴和 X 轴,单击"继续"按钮。本步骤用于生成残差图。

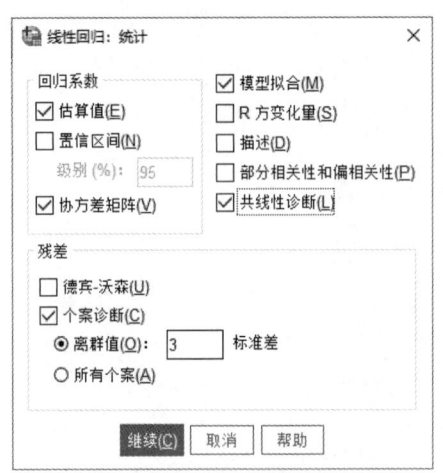

图 7-4 "线性回归:统计"对话框   图 7-5 "线性回归:图"对话框

(4)在图 7-3 所示对话框中单击"保存"按钮,弹出如图 7-6 所示的"线性回归:保存"对话框,在"距离"选项区中勾选"马氏距离""库克距离""杠杆值"复选框,在"预测区间"选项区中勾选"平均值"和"单值"复选框,"置信区间"默认为 95,在"影响统计"选项区中勾选"标准化 DfBeta""标准化 DfFit""协方差比率"复选框,勾选"包括协方差矩阵"复选框,单击"继续"按钮。

- 预测值:回归模型对每个个案预测的值。
- 距离:标识个案的测量,自变量的值具有异常组合的个案,以及可能对回归模型产生很大影响的个案。
- 预测区间:设置显示的预测区间。
- 残差:因变量的实际值减去按回归方程预测的值。
- 影响统计:由于排除了特定个案而导致的回归系数(DfBeta)和预测值(DfFit)的变化。

(5)在图 7-3 所示对话框中单击"选项"按钮,弹出如图 7-7 所示的"线性回归:选项"对话框,采用系统默认设置,单击"继续"按钮。

(6)完成所有设置后,单击"确定"按钮执行命令,此时会弹出分析结果。

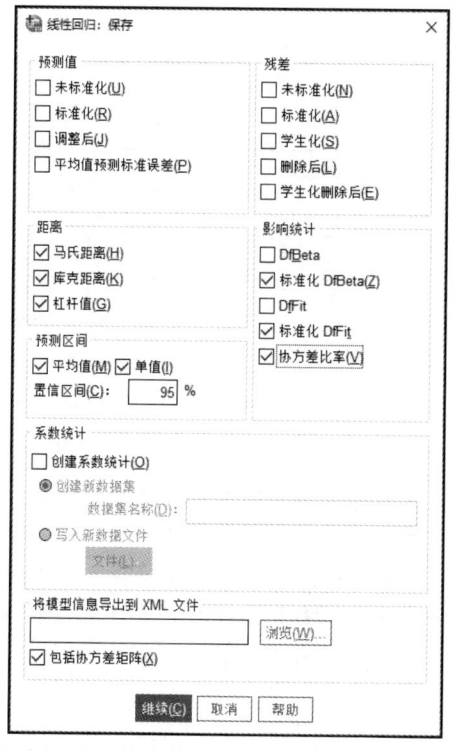

图 7-6 "线性回归：保存"对话框　　　　图 7-7 "线性回归：选项"对话框

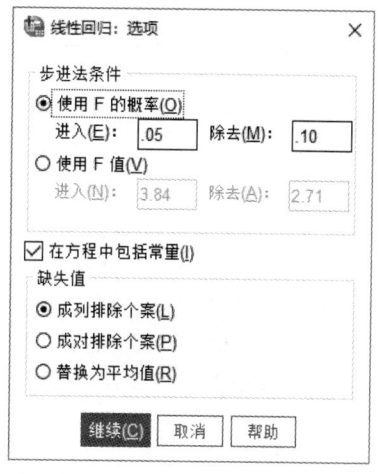

7.1.3 结果分析

表 7-1 给出了逐步回归过程中变量的引入和移出过程，可以看出，最先引入起始薪金变量，建立模型 1；接着引入经验变量，建立模型 2，依次类推，模型 4 包括所有变量，没有变量移出。

表 7-1 输入/移出变量 [a]

模型	输入的变量	移出的变量	方法
1	起始薪金	.	步进（条件：要输入的 F 的概率<=0.050，要除去的 F 的概率>=0.100）
2	经验（以月计）	.	步进（条件：要输入的 F 的概率<=0.050，要除去的 F 的概率>=0.100）
3	雇佣时间（以月计）	.	步进（条件：要输入的 F 的概率<=0.050，要除去的 F 的概率>=0.100）
4	教育水平（年）	.	步进（条件：要输入的 F 的概率<=0.050，要除去的 F 的概率>=0.100）

a. 因变量：当前薪金

表 7-2 给出了模型摘要，给出了模型编号、复相关系数 R、R 方、调整后的 R 方、标准估算的错误，可见从模型 1 到模型 4，R 方随之增长，说明模型可解释的变异占总变异的比例越来越大，引入回归方程的变量是显著的，从 R 方、调整后的 R 方可以看出模型 4 建立的回归方程较好。

表 7-2 模型摘要[e]

模型	R	R方	调整后R方	标准估算的错误
1	0.880[a]	0.775	0.774	$8,115.356
2	0.891[b]	0.793	0.793	$7,776.652
3	0.897[c]	0.804	0.803	$7,586.187
4	0.900[d]	0.810	0.809	$7,465.139

a. 预测变量：(常量)，起始薪金

b. 预测变量：(常量)，起始薪金，经验（以月计）

c. 预测变量：(常量)，起始薪金，经验（以月计），雇佣时间（以月计）

d. 预测变量：(常量)，起始薪金，经验（以月计），雇佣时间（以月计），教育水平（年）

e. 因变量：当前薪金

表 7-3 给出了回归拟合过程中每一步的方差分析结果。可见从模型 1 到模型 4，显著性均小于 0.05，拒绝回归系数都为 0 的原假设。从模型 4 可知，回归平方和为 1.118E+11，残差平方和为 2.614E+10，总计为 1.379E+11，可见回归平方和占了总计平方和的绝大部分，说明线性模型解释了总平方和的绝大部分，模型拟合效果较好。

表 7-3 ANOVA[a]

模型		平方和	自由度	均方	F	显著性
1	回归	106831048750.124	1	106831048750.124	1622.118	0.000[b]
	残差	31085446686.216	472	65858997.217		
	总计	137916495436.340	473			
2	回归	109432147156.685	2	54716073578.343	904.752	0.000[c]
	残差	28484348279.654	471	60476323.311		
	总计	137916495436.340	473			
3	回归	110867882865.426	3	36955960955.142	642.151	0.000[d]
	残差	27048612570.913	470	57550239.513		
	总计	137916495436.340	473			
4	回归	111779919524.266	4	27944979881.067	501.450	0.000[e]
	残差	26136575912.073	469	55728306.849		
	总计	137916495436.340	473			

a. 因变量：当前薪金

b. 预测变量：(常量)，起始薪金

c. 预测变量：(常量)，起始薪金，经验（以月计）

d. 预测变量：(常量)，起始薪金，经验（以月计），雇佣时间（以月计）

e. 预测变量：(常量)，起始薪金，经验（以月计），雇佣时间（以月计），教育水平（年）

表 7-4 给出所有模型的回归系数估计值，包括非标准化系数、标准化系数、t、显著性、容差和 VIF。

Beta 是标准化系数，是所有的变量按统一方法标准化后拟合的回归方程中各标准化变量的系数，具有可比性，由表 7-4 可见起始薪金的标准化系数是 4 个变量中最大的。

表中 4 个模型的所有变量和常数项的显著性均小于 0.05，均通过显著性检验。

表中各解释变量的 VIF 都较小，说明解释变量基本不存在多重共线性问题。一般认为 VIF>10 或容差越接近于 0 说明存在共线性的问题。

表 7-4　系数 [a]

模型		未标准化系数		标准化系数	t	显著性	共线性统计	
		B	标准错误	Beta			容差	VIF
1	（常量）	1928.206	888.680		2.170	0.031		
	起始薪金	1.909	0.047	0.880	40.276	0.000	1.000	1.000
2	（常量）	3850.718	900.633		4.276	0.000		
	起始薪金	1.923	0.045	0.886	42.283	0.000	0.998	1.002
	经验（以月计）	−22.445	3.422	−0.137	−6.558	0.000	0.998	1.002
3	（常量）	−10266.629	2959.838		−3.469	0.001		
	起始薪金	1.927	0.044	0.888	43.435	0.000	0.998	1.002
	经验（以月计）	−22.509	3.339	−0.138	−6.742	0.000	0.998	1.002
	雇佣时间（以月计）	173.203	34.677	0.102	4.995	0.000	1.000	1.000
4	（常量）	−16149.671	3255.470		−4.961	0.000		
	起始薪金	1.768	0.059	0.815	30.111	0.000	0.551	1.814
	经验（以月计）	−17.303	3.528	−0.106	−4.904	0.000	0.865	1.156
	雇佣时间（以月计）	161.486	34.246	0.095	4.715	0.000	0.992	1.008
	教育水平（年）	669.914	165.596	0.113	4.045	0.000	0.516	1.937

a. 因变量：当前薪金

表 7-5 给出了各个模型中移出变量的统计信息，模型 1 中已经引入起始薪金变量，移出了 3 个变量，从偏相关这一列可以看出除起始薪金外，与当前薪金相关性最高的是经验，因为其偏相关绝对值最大，将其引入回归模型，t 检验的显著性小于 0.05，拒绝回归系数为 0 的假设。共线性统计中可以看出经验变量的容许度值接近 1，说明与第一个进入模型的起始薪金变量不具有共线性，所以将经验变量作为第二个变量引入模型，依次类推。

表 7-5　移出的变量 [a]

模型		输入 Beta	t	显著性	偏相关	共线性统计		
						容差	VIF	最小容差
1	教育水平（年）	0.172[b]	6.356	0.000	0.281	0.599	1.669	0.599
	雇佣时间（以月计）	0.102[b]	4.750	0.000	0.214	1.000	1.000	1.000
	经验（以月计）	−0.137[b]	−6.558	0.000	−0.289	0.998	1.002	0.998

续表

模型		输入 Beta	t	显著性	偏相关	共线性统计		
						容差	VIF	最小容差
2	教育水平（年）	0.124[c]	4.363	0.000	0.197	0.520	1.923	0.520
	雇佣时间（以月计）	0.102[c]	4.995	0.000	0.225	1.000	1.000	0.998
3	教育水平（年）	0.113[d]	4.045	0.000	0.184	0.516	1.937	0.516

a. 因变量：当前薪金
b. 模型中的预测变量：（常量），起始薪金
c. 模型中的预测变量：（常量），起始薪金，经验（以月计）
d. 模型中的预测变量：（常量），起始薪金，经验（以月计），雇佣时间（以月计）

表 7-6 给出了各变量之间的系数相关矩阵，表中除起始薪金和教育水平的相关性大于 0.5 外，其余各解释变量之间的相关性都较小，可以采用相关分析，如果两个解释变量之间存在相关性，可以考虑将教育水平变量从模型中移出。

表 7-6 系数相关矩阵[a]

模型			起始薪金	经验（以月计）	雇佣时间（以月计）	教育水平（年）
1	相关性	起始薪金	1.000			
	协方差	起始薪金	0.002			
2	相关性	起始薪金	1.000	−0.045		
		经验（以月计）	−0.045	1.000		
	协方差	起始薪金	0.002	−0.007		
		经验（以月计）	−0.007	11.713		
3	相关性	起始薪金	1.000	−0.045	0.020	
		经验（以月计）	−0.045	1.000	−0.004	
		雇佣时间（以月计）	0.020	−0.004	1.000	
	协方差	起始薪金	0.002	−0.007	0.031	
		经验（以月计）	−0.007	11.146	−0.449	
		雇佣时间（以月计）	0.031	−0.449	1202.498	
4	相关性	起始薪金	1.000	−0.275	0.071	−0.669
		经验（以月计）	−0.275	1.000	−0.034	0.365
		雇佣时间（以月计）	0.071	−0.034	1.000	−0.085
		教育水平（年）	−0.669	0.365	−0.085	1.000
	协方差	起始薪金	0.003	−0.057	0.143	−6.504
		经验（以月计）	−0.057	12.450	−4.162	213.109
		雇佣时间（以月计）	0.143	−4.162	1172.819	−479.645
		教育水平（年）	−6.504	213.109	−479.645	27422.125

a. 因变量：当前薪金

表 7-7 给出了共线性诊断。

表 7-7 共线性诊断 [a]

模型	维	特征值	条件指标	方差比例				
				（常量）	起始薪金	经验（以月计）	雇佣时间（以月计）	教育水平（年）
1	1	1.908	1.000	0.05	0.05			
	2	0.092	4.548	0.95	0.95			
2	1	2.482	1.000	0.02	0.03	0.06		
	2	0.429	2.406	0.04	0.08	0.90		
	3	0.090	5.263	0.94	0.90	0.04		
3	1	3.408	1.000	0.00	0.01	0.03	0.00	
	2	0.461	2.720	0.00	0.03	0.96	0.00	
	3	0.124	5.237	0.02	0.93	0.01	0.02	
	4	0.007	21.476	0.98	0.03	0.00	0.97	
4	1	4.351	1.000	0.00	0.00	0.01	0.00	0.00
	2	0.500	2.948	0.00	0.01	0.81	0.00	0.00
	3	0.124	5.915	0.01	0.53	0.01	0.02	0.00
	4	0.018	15.749	0.01	0.45	0.14	0.18	0.87
	5	0.007	25.232	0.97	0.02	0.03	0.79	0.12

a. 因变量：当前薪金

由表 7-8 可以看出个案诊断的结果，其中编号为 18、103、…、454 的个案被怀疑是异常值，因其标准残差绝对值大于 3 倍残差。

表 7-8 个案诊断 [a]

个案号	标准残差	当前薪金	预测值	残差
18	6.173	$103,750	$57,671.26	$46,078.744
103	3.348	$97,000	$72,009.89	$24,990.108
106	3.781	$91,250	$63,026.82	$28,223.179
160	−3.194	$66,000	$89,843.83	−$23,843.827
205	−3.965	$66,750	$96,350.44	−$29,600.439
218	6.108	$80,000	$34,405.27	$45,594.728
274	5.113	$83,750	$45,581.96	$38,168.038
449	3.590	$70,000	$43,200.04	$26,799.959
454	3.831	$90,625	$62,027.14	$28,597.858

a. 因变量：当前薪金

表 7-9 给出了残差统计，包括预测值、标准预测值、残差、标准残差、学生化残差、马氏距离、库克距离、居中杠杆值等，主要用于查找影响点，结合新保存的变量 MAH_1、COO_1、LEV_1 等，如图 7-8 所示，来判断是否有影响点，如马氏距离（MAH_1）越大，越可能含有影响点。

表 7-9 残差统计 [a]

	最小值	最大值	平均值	标准偏差	个案数
预测值	$13,354.82	$150,076.77	$34,419.57	$15,372.742	474
标准预测值	−1.370	7.524	0.000	1.000	474
预测值的标准误差	391.071	3191.216	721.093	260.806	474
调整后预测值	$13,290.94	$153,447.97	$34,425.45	$15,451.094	474
残差	−$29,600.439	$46,078.746	$0.000	$7,433.507	474
标准残差	−3.965	6.173	0.000	0.996	474
学生化残差	−4.089	6.209	0.000	1.004	474
剔除残差	−$31,485.213	$46,621.117	−$5.882	$7,553.608	474
学生化剔除残差	−4.160	6.474	0.002	1.016	474
马氏距离	0.300	85.439	3.992	5.306	474
库克距离	0.000	0.223	0.003	0.016	474
居中杠杆值	0.001	0.181	0.008	0.011	474

a. 因变量：当前薪金

MAH_1	COO_1	LEV_1	COV_1	SDF_1	SDB0_1	SDB1_1	SDB2_1	SDB3_1	SDB4_1
4.81279	.00018	.01018	1.02249	.03033	−.01894	−.00474	.01517	.02175	.00292
3.64582	.00027	.00771	1.01928	−.03656	.02753	−.01094	.00379	−.02757	.00532
11.36409	.00008	.02403	1.03769	−.01985	.00989	−.00441	.00600	−.00894	−.01607
7.87140	.00071	.01664	1.02800	−.05960	.00786	.04007	−.01947	−.03661	−.00246
3.33172	.00001	.00704	1.02001	−.00680	−.00527	.00094	.00064	.00542	.00148
3.83163	.00000	.00810	1.02113	−.00463	.00335	−.00185	.00187	−.00335	−.00016
3.11417	.00077	.00658	1.01486	−.06183	.04879	−.01387	.00369	−.04995	−.00952
4.54131	.00040	.00960	1.02086	−.04480	.01630	.00743	.00706	−.03220	.01835
4.42921	.00024	.00936	1.02455	−.03455	.02559	−.01698	.01706	−.02320	−.00897
5.04810	.00053	.01067	1.02157	−.05160	.02901	−.00201	.00880	−.03464	−.02871
4.71874	.00205	.00998	1.01397	−.10134	.08194	−.05524	.03860	−.06611	−.03782
9.75070	.00055	.02061	1.03292	.05251	−.00020	−.03972	.01972	.02999	−.02412
3.70786	.00158	.00784	1.01236	−.08887	.06123	−.02744	.02723	−.06603	.01222
3.55328	.00014	.00781	1.01979	−.02603	.02070	−.00932	.00634	−.01960	−.00781
3.05837	.00028	.00647	1.01772	−.03732	.01596	.01044	−.00143	−.02990	.00849
3.80709	.00189	.00805	1.01109	.09732	−.03227	−.03962	.02010	.07313	−.04266
3.33205	.00487	.00704	.99171	.15636	−.10681	.05491	−.05347	.11325	−.01134
4.50483	.09075	.00952	.66600	.70237	−.43303	−.06638	.35104	.48513	−.11175
2.86371	.00382	.00605	.99407	.13844	−.06604	−.03596	.00710	.11343	−.00799
3.28811	.00003	.00695	1.01981	−.01155	.00478	.00227	.00115	−.00890	.00308

图 7-8 新保存的变量

图 7-9 和图 7-10 是当前薪金与其回归学生化的删除后残差的散点图，以及当前薪金与其回归标准化残差的散点图，可以看出绝大多数的观测量在−2 与+2 之间，但是也存在个别奇异点。

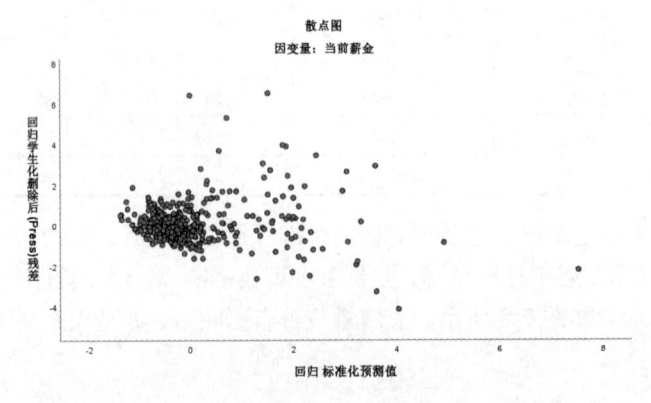

图 7-9 当前薪金与其回归学生化的删除后残差的散点图

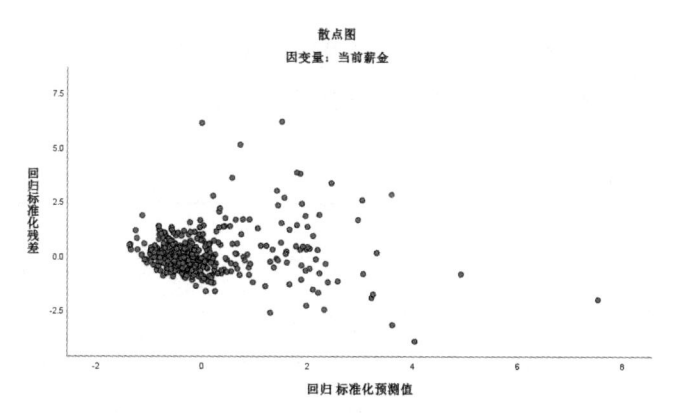

图 7-10 当前薪金与其回归标准化残差的散点图

7.2 曲线回归

曲线回归是指两个变量之间呈现曲线关系的回归，是以最小二乘法分析曲线关系资料在数量变化上的特征和规律的方法。

线性回归能进行大部分数据的回归分析，但是不能解决所有的问题，尽管有可能通过一些函数的转换，在一定的范围内将因变量和自变量的关系转换成线性关系，但是这种转换有可能导致更为复杂的计算或数据失真，所以如果在研究时不能马上确定一种最佳模型，可以利用曲线估算的方法建立一个简单且适合的模型。

曲线回归要求自变量与因变量都是数值型的连续变量，如果自变量是以时间间隔测度的变量，曲线估算过程将自动生成一个时间变量，同时要求因变量也是以时间间隔测度的变量，而且自变量和因变量的时间间隔和单位应该是完全相同的。

执行菜单栏中的"分析"→"回归"→"曲线估算"命令，弹出如图 7-11 所示的"曲线估算"对话框，进行相关参数的设置即可完成曲线回归分析。下面通过具体案例讲解如何在 SPSS 中进行曲线回归分析。

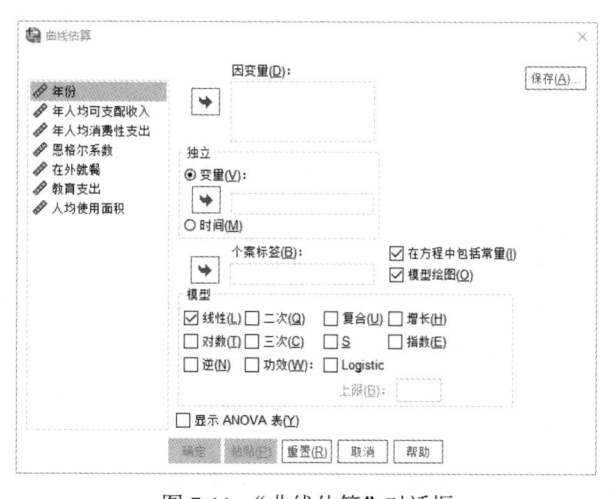

图 7-11 "曲线估算"对话框

数据文件	数据文件\Chapter07\data07-02.sav
视频文件	视频文件\Chapter07\曲线回归.avi

7.2.1 数据描述

本例的数据文件是 1978—2005 年人均消费及收入的数据统计，如图 7-12 所示。现要求分析年人均可支配收入和教育支出之间的关系。

	年份	年人均可支配收入	年人均消费性支出	恩格尔系数	在外就餐	教育支出	人均使用面积
1	1978	306.00	299.00	.00	.00	.00	.00
2	1979	340.00	332.00	.00	.00	.00	.00
3	1980	429.00	419.00	.00	.00	.00	.00
4	1981	482.05	491.07	55.20	35.99	.00	.00
5	1982	508.54	491.62	57.40	40.74	.00	.00
6	1983	530.45	501.89	58.30	39.57	.00	9.47
7	1984	642.87	561.37	58.00	39.51	.00	9.63

图 7-12 "data07-02.sav" 数据

7.2.2 SPSS 实现

（1）打开"data07-02.sav"文件，执行菜单栏中的"分析"→"回归"→"曲线估算"命令，弹出如图 7-13 所示的"曲线估算"对话框。

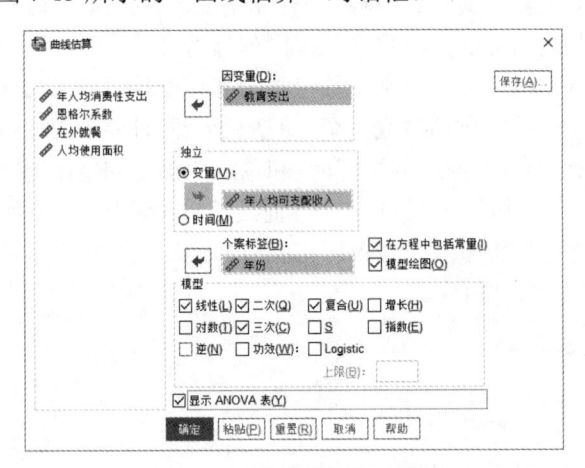

图 7-13 "曲线估算"对话框

（2）在左侧的变量列表中选中"教育支出"变量，单击➡按钮，将其选入"因变量"列表框，将"年人均可支配收入"变量选入右边的"变量"列表框，将"年份"变量选入右边的"个案标签"列表框，在"模型"选项区中勾选"线性""二次""复合""三次"复选框，勾选"显示 ANOVA 表"复选框。

- 模型：可以选择一个或多个曲线估算回归模型。如果要确定使用哪种模型，可以通过绘图来观察数据分布。如果变量显示为线性相关，那么使用简单线性回归模型。当变量不显示为线性相关时，先尝试转换数据。当转换后仍不能显示为线性相关时，就需要更复杂的模型，见表 7-10。

表 7-10　曲线估算模型

模型	回归方程	变量变换后的线性方程
线性	$y = \beta_0 + \beta_1 x$	
二次项	$y = \beta_0 + \beta_1 x + \beta_2 x^2$	
复合	$y = \beta_0(\beta_1^x)$	$\ln(y) = \ln(\beta_0) + \ln(\beta_1)x$
增长	$y = e^{(\beta_0 + \beta_1 x)}$	$\ln(y) = \beta_0 + \beta_1 x$
对数	$y = \beta_0 + \beta_1 \ln(x)$	
三次	$y = \beta_0 + \beta_1 x + \beta_2 x^2 + \beta_3 x^3$	
S 曲线	$y = e^{(\beta_0 + \beta_1/x)}$	$\ln(y) = \beta_0 + \beta_1/x$
指数分布	$y = \beta_0 e^{\beta_1 x}$	$\ln(y) = \ln(\beta_0) + \beta_1 x$
逆模型	$y = \beta_0 + \beta_1/x$	
幂	$y = \beta_0 + x^{\beta_1}$	$\ln(y) = \ln(\beta_0) + \beta_1 \ln(x)$
Logistic	$y = 1/(1/u + \beta_0 \beta_1^x)$	$\ln(1/y - 1/u) = \ln(\beta_0 + \ln(\beta_1)x)$

- 显示 ANOVA 表：为每个选定的模型输出方差分析表。
- 在方程中包括常量：勾选此项，即在回归方程中包含常量。
- 模型绘图：输出模型图，包括散点图和曲线图。

（3）完成所有设置后，单击"确定"按钮执行命令，此时会弹出模型描述、个案处理摘要、变量处理摘要等分析结果。

7.2.3　结果分析

由表 7-11 可以看出模型的一些描述性信息，包括模型名称、因变量等。

表 7-11　模型描述

模型名称		MOD_1
因变量	1	教育支出
方程	1	线性
	2	二次
	3	三次
	4	复合 [a]
自变量		年人均可支配收入
常量		包括
值用于在图中标注观测值的变量		年份
有关在方程中输入项的容差		0.0001

a. 此模型要求所有非缺失值均为正。

由表 7-12 和表 7-13 可以看出共 28 个个案，排除的为 12 个，从数据中可以看出 1978—1989 年教育支出数据缺失。

表 7-12　个案处理摘要

	个案数
总个案数	28
排除个案数 a	12
预测的个案	0
新创建的个案	0

a. 在分析中，将排除那些在任何变量中具有缺失值的个案

表 7-13　变量处理摘要

		变量	
		因变量	自变量
		教育支出	年人均可支配收入
正值的数目		16	28
零的数目		0	0
负值的数目		0	0
缺失值的数目	用户缺失值	12	0
	系统缺失值	0	0

表 7-14 至表 7-17 为线性、二次、三次、复合模型的系数检验，通过系数检验可以判断回归模型系数是否显著，可以看出线性、三次、复合模型的回归系数都是显著的。

表 7-14　线性模型的系数检验

	未标准化系数		标准化系数	t	显著性
	B	标准错误	Beta		
年人均可支配收入	0.112	0.010	0.949	11.298	0.000
（常量）	−390.323	97.317		−4.011	0.001

表 7-15　二次模型的系数检验

	未标准化系数		标准化系数	t	显著性
	B	标准错误	Beta		
年人均可支配收入	−0.030	0.018	−0.253	−1.644	0.124
年人均可支配收入**2	8.247E-6	0.000	1.236	8.043	0.000
（常量）	56.858	69.269		0.821	0.427

表 7-16　三次模型的系数检验

	未标准化系数		标准化系数	t	显著性
	B	标准错误	Beta		
年人均可支配收入	−0.144	0.061	−1.223	−2.363	0.036
年人均可支配收入**2	2.355E-5	0.000	3.529	2.975	0.012
年人均可支配收入**3	−5.772E-10	0.000	−1.369	.	.
（常量）	264.520	123.806		2.137	0.054

表 7-17 复合模型的系数检验

	未标准化系数		标准化系数	t	显著性
	B	标准错误	Beta		
年人均可支配收入	1.000	0.000	2.678	76682.076	0.000
（常量）	28.026	3.596		7.794	0.000
因变量为 ln（教育支出）					

图 7-14 为各模型的拟合回归线，从中可以看出线性相对于其他 3 种模型，拟合优度较差。

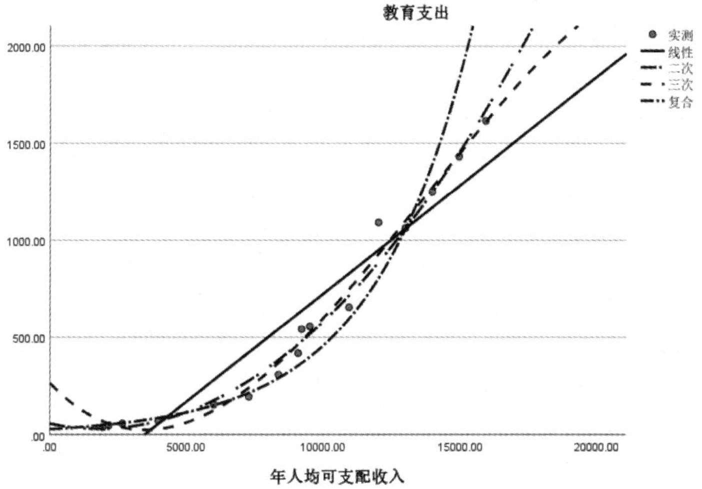

图 7-14 各模型的拟合回归线

7.3 非线性回归

按照自变量和因变量之间的关系类型，回归分析可分为线性回归和非线性回归。非线性回归的回归参数不是线性的，也不能通过转换的方法将其变为线性。

非线性回归用来建立因变量与一系列自变量之间的非线性关系，与估计线性模型的线性回归不同，通过使用迭代估计算法，非线性回归可估计自变量和因变量之间具有任意关系的模型。

对于看起来是非线性的模型，但是可以通过变量转换成线性的模型，称为本质线性模型，例如：

$$y = e^{(\beta_0 + \beta_1 x_1 + \beta_2 x_2 + \cdots + \beta_n x_n + \varepsilon)}$$

只要两边取自然对数，方程就可以写成

$$\ln(y) = \beta_0 + \beta_1 x_1 + \beta_2 x_2 + \cdots + \beta_n x_n + \varepsilon$$

有的非线性模型不能通过简单的变量转换成线性模型，称为本质非线性模型，例如

$$y = \beta_0 + e^{\beta_1 x_1} + e^{\beta_2 x_2} + \cdots + e^{\beta_n x_n} + \varepsilon$$

对于可以通过定义和转换变成线性关系的本质线性模型，可以采用线性回归来估计这一模型，对于不能转换成线性模型的本质非线性模型，就要采用非线性模型（见表7-18）进行分析。

表 7-18 非线性模型

模 型	回 归 方 程
渐近回归	$b_1 + b_2 \exp(b_3 x)$
渐近回归	$b_1 - (b_2(b_3 x))$
密度	$(b_1 + b_2 x)^{(-1/b_3)}$
Gauss	$b_1(1 - b_3 \exp(-b_2 x^2))$
Gompertz	$b_1 \exp(-b_2 \exp(-b_3 x))$
Johnson-SchuMCAher	$b_1 \exp(-b_2/(x + b_3))$
对数修改	$(b_1 + b_3 x)^{b_2}$
对数 Logistic	$b_1 - \ln(1 + b_2 \exp(-b_3 x))$
Metcherlich Law of Diminishing Returns	$b_1 + b_2 \exp(-b_3 x)$
Michaelis Menten	$b_1 x / (x + b_2)$
Morgan-Mercer-Florin	$(b_1 b_2 + b_3 x^{b_4}) / (b_2 + x^{b_4})$
Peal-Reed	$b_1 / (1 + b_2 \exp(-(b_3 x + b_4 x^2 + b_5 x^3)))$
三次比	$(b_1 + b_2 x + b_3 x^2 + b_4 x^3) / (b_5 x^3)$
Richards	$b_1 / (1 + b_3 \exp(-b_2 x)^{(1/b_4)})$
Verhulst	$b_1 / (1 + b_3 \exp(-b_2 x))$
Von Bertalanffy	$(b_1^{(1-b_4)} - b_2 \exp(-b_3 x))^{(1/(1-b_4))}$
韦伯	$b_1 - b_2 \exp(-b_3 x b^4)$
产量密度	$(b_1 + b_2 x + b_3 x^2)^{-1}$

执行菜单栏中的"分析"→"回归"→"非线性"命令，弹出如图 7-15 所示的"非线性回归"对话框，进行相关参数的设置即可完成非线性回归分析。下面通过具体案例讲解如何在 SPSS 中进行非线性回归分析。

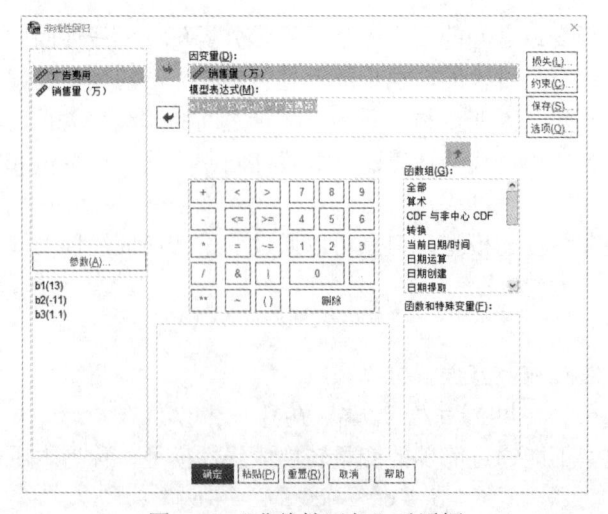

图 7-15 "非线性回归"对话框

数据文件	数据文件\Chapter07\data07-03.sav
视频文件	视频文件\Chapter07\非线性回归.avi

7.3.1 数据描述

本例的数据文件是多个公司广告费用和销售量的一些资料,如图 7-16 所示。现要求利用广告费用对销售量拟合非线性回归方程。

	广告费用	销售量(万)
1	2.29	8.71
2	2.15	8.75
3	1.24	6.71
4	1.30	5.80
5	.30	3.10
6	6.52	12.02
7	6.24	11.93

图 7-16 "data07-03.sav" 数据

7.3.2 SPSS 实现

(1)数据的初步分析,执行菜单栏中的"图形"→"图形构建器"命令,弹出"图表构建器"对话框,在左下角"选择范围"列表框中选择"散点图/点图",将"广告费用"拖入 X 轴,将"销售量(万)"拖入 Y 轴,如图 7-17 所示,单击"确定"按钮,散点图如图 7-18 所示,可见当 x 值刚开始增加时,y 值迅速增加,当 x 值持续增加时,y 值增速减弱,并最终趋于平稳,故选择 Metcherlich Law of Diminishing Returns 模型,即 $y = b_1 + b_2 e^{(-b_3 x)}$,$b_1 > 0, b_2 < 0, b_3 > 0$,此模型符合效益递减规律。

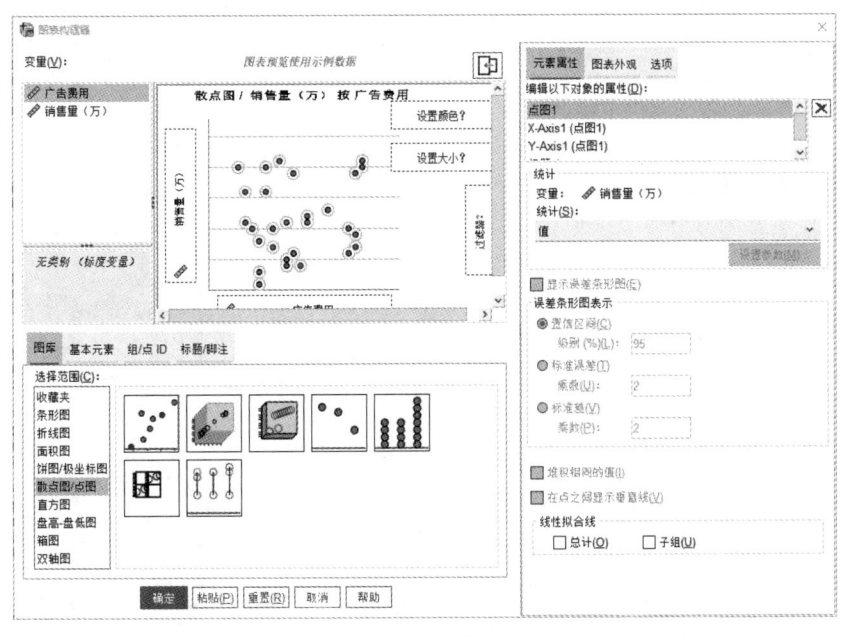

图 7-17 "图表构建器"对话框

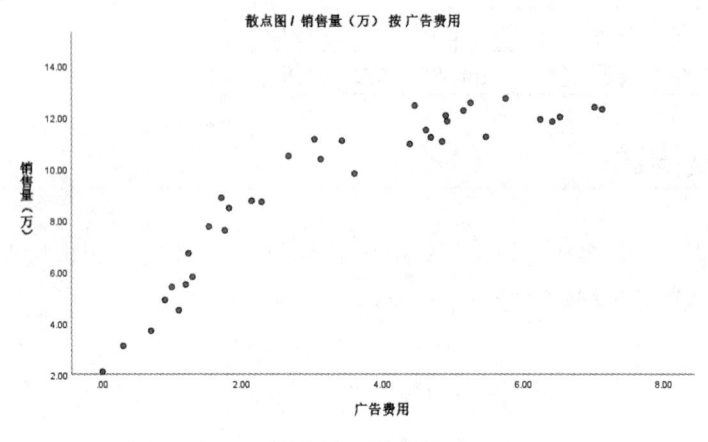

图 7-18 散点图

参数初始值的选择如下。

b_1 代表了销售量上升的最大值，结合图和数据发现最大值接近 13，因此设定 b_1 的初始值为 13。

b_2 是当 $x=0$ 时，y 值减去 b_1 得到的值，有数据可知，当 $x=0$ 时，y 值为 2，故 b_2 的初始值为-11。

b_3 的初始值可以用图中两个点的斜率来表示，取两个点（2.15,8.75）、（5.75,12.74），得到斜率为 1.1，故 b_3 的初始值为 1.1。

（2）打开"data07-03.sav"文件，执行菜单栏中的"分析"→"回归"→"非线性"命令，弹出如图 7-19 所示的"非线性回归"对话框。在左侧的变量列表中选中"销售量（万）"变量，单击按钮，将其选入"因变量"列表框，在"模型表达式"文本框中编辑模型表达式：b1+b2*EXP(-b3*广告费用)。

（3）单击"参数"按钮，弹出如图 7-20 所示的"非线性回归：参数"对话框，对 b1、b2、b3 三个参数进行设定，分别为：b1=13，b2=-11，b3=1.1，单击"继续"按钮返回主对话框。

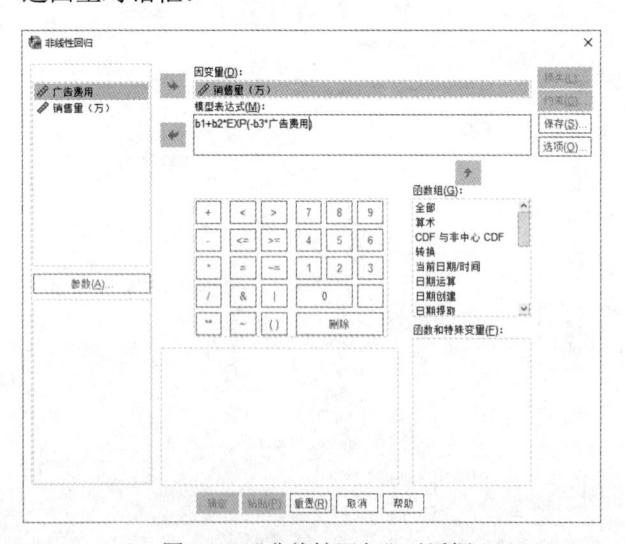

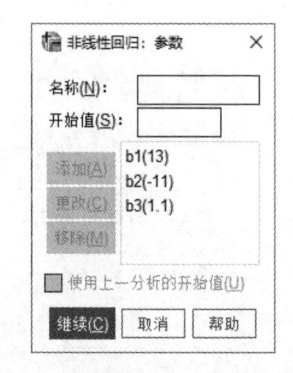

图 7-19 "非线性回归"对话框   图 7-20 "非线性回归：参数"对话框

（4）在图 7-19 所示对话框中单击"损失"按钮，弹出如图 7-21 所示的"非线性回归：损失函数"对话框，使用系统默认设置，单击"继续"按钮。

（5）在图 7-19 所示对话框中单击"约束"按钮，弹出如图 7-22 所示的"非线性回归：参数约束"对话框，在参数列表中选择 b1(13) 进入表达式编辑区，选择逻辑符号">="，然后在右边的文本框中输入"0"，单击"添加"按钮，将"b1>=0"加入约束条件列表，同理加入"b2<=0""b3>=0"，单击"继续"按钮。

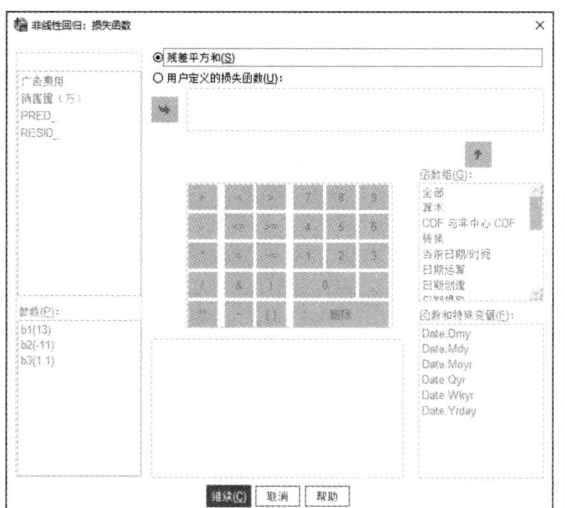

图 7-21 "非线性回归：损失函数"对话框 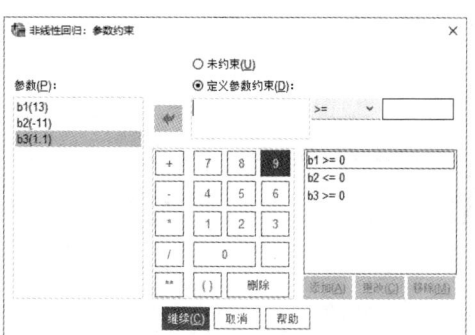　　图 7-22 "非线性回归：参数约束"对话框

（6）在图 7-19 所示对话框中单击"保存"按钮，弹出如图 7-23 所示的"非线性回归：保存新变量"对话框，勾选"预测值"和"残差"复选框，单击"继续"按钮。

（7）在图 7-19 所示对话框中单击"选项"按钮，弹出如图 7-24 所示的"非线性回归：选项"对话框，选择系统默认设置，单击"继续"按钮。

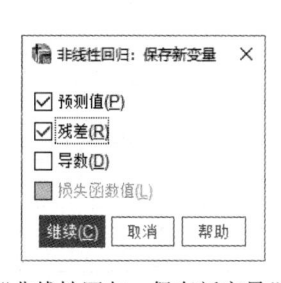

图 7-23 "非线性回归：保存新变量"对话框 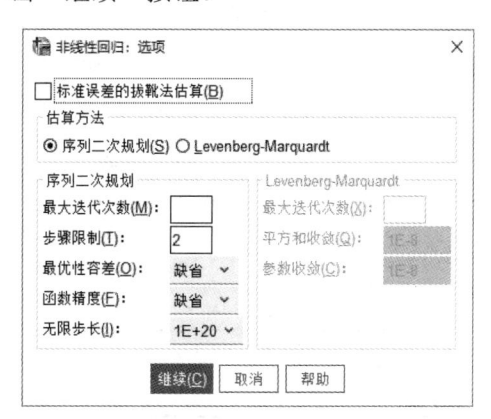　　图 7-24 "非线性回归：选项"对话框

（8）完成所有设置后，单击"确定"按钮执行命令，此时会弹出迭代历史记录、参数估计值等分析结果。

7.3.3 结果分析

由表 7-19 可以看出模型共经过 11 次迭代得到最优解。

表 7-19 迭代历史记录[b]

迭代编号[a]	残差平方和	参数		
		b1	b2	b3
0.3	241.574	13.000	−11.000	1.100
1.4	79.813	11.014	−15.194	0.932
2.2	55.715	10.830	−10.413	0.639
3.3	52.740	10.734	−10.032	0.696
4.2	19.083	12.188	−12.130	0.642
5.1	15.013	12.461	−11.317	0.514
6.1	14.326	12.648	−11.603	0.500
7.1	14.100	12.818	−11.684	0.486
8.1	14.091	12.881	−11.690	0.473
9.1	14.084	12.864	−11.690	0.478
10.1	14.084	12.866	−11.690	0.477
11.1	14.084	12.866	−11.690	0.477

将通过数字计算来确定导数

a. 主迭代号在小数点左侧显示，次迭代号在小数点右侧显示

b. 在 11 次迭代后停止运行。已找到最优解

由表 7-20 可以得到参数 b1，b2，b3 的值，分别为 12.866，−11.690，0.477，得到非线性模型

$$y = 12.866 - 11.690 \times e^{(-0.477x)}$$

表 7-20 参数估计值

参数	估算	标准错误	95%置信区间	
			下限值	上限
b1	12.866	0.336	12.181	13.550
b2	−11.690	0.425	−12.555	−10.825
b3	0.477	0.049	0.377	0.578

从标准错误列中发现 b1、b2、b3 的标准错误都很小，所以 3 个参数的估计值都是可信的。

由表 7-21 可以看出 3 个参数估计值之间的相关性。

表 7-21　参数估计值相关性

	b1	b2	b3
b1	1.000	-0.264	-0.866
b2	-0.264	1.000	-0.131
b3	-866	-0.131	1.000

由表 7-22 可以得到方差分析的结果，R 方=0.959，可见模型能解释 95.9%的变异，说明模型的拟合效果很好。

表 7-22　ANOVA[a]

源	平方和	自由度	均方
回归	3451.623	3	1150.541
残差	14.084	33	0.427
修正前总计	3465.706	36	
修正后总计	342.387	35	

因变量：销售量（万）

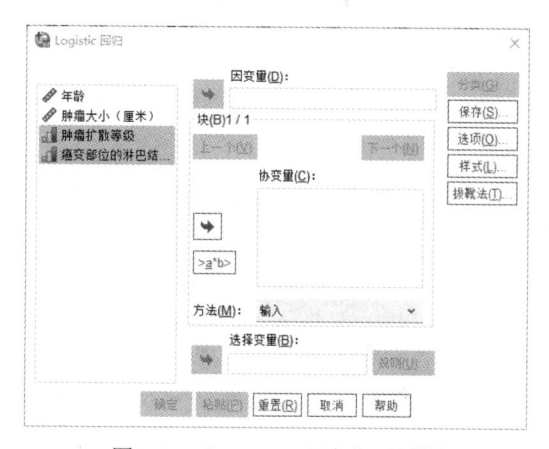

a．R 方=1-（残差平方和）/（修正平方和）=0.959

7.4　二元 Logistic 回归

Logistic 回归的因变量可以是二分类（二元）的，也可以是多分类（多元）的。因变量是二分类变量的即二元 Logistic 回归。

在社会科学研究中，经常会遇到二元变量的情况，例如死亡或未死亡、购买或未购买等，对于二元变量，无法直接采用一般的多元线性模型进行回归分析，因为残差不满足正态性、无偏性、共方差性等假设，同时解释变量的取值范围不再是-∞~+∞。如果希望根据一系列预测变量的值来预测某种特征或结果是否存在，且因变量为二元变量，通常采用二元 Logistic 回归。

执行菜单栏中的"分析"→"回归"→"二元 Logistic 回归"命令，弹出如图 7-25 示的"Logistic 回归"对话框，进行相关参数的设置即可完成二元 Logistic 回归分析。下面通过具体案例讲解如何在 SPSS 中进行二元 Logistic 回归分析。

图 7-25　"Logistic 回归"对话框

数据文件	数据文件\Chapter07\data07-04.sav
视频文件	视频文件\Chapter07\二元 Logistic 回归.avi

7.4.1 数据描述

本例的数据文件是一些肿瘤患者的基本资料，如图 7-26 所示。现要求通过年龄、肿瘤大小（厘米）和肿瘤扩散等级来拟合癌变部位的淋巴结是否含有癌细胞的二元 Logistic 回归方程。

	年龄	肿瘤大小（厘米）	肿瘤扩散等级	癌变部位的淋巴结是否含有癌细胞
1	44	.10	1	0
2	60	.15	1	0
3	49	.20	1	0
4	41	.20	1	0
5	39	.26	1	0
6	65	.30	1	0
7	45	.30	1	0

图 7-26 "data07-04.sav"数据

7.4.2 SPSS 实现

（1）打开"data07-04.sav"文件，执行菜单栏中的"分析"→"回归"→"二元 Logistic"命令，弹出如图 7-27 所示的"Logistic 回归"对话框，在左侧的变量列表中选中"癌变部位的淋巴结是否含有癌细胞"，将其选入"因变量"列表框，将"年龄""肿瘤大小（厘米）""肿瘤扩散等级"变量选入右边的"协变量"列表框，"方法"选择系统默认的"输入"。

（2）单击"分类"按钮，弹出如图 7-28 所示的"Logistic 回归：定义分类变量"对话框，将"肿瘤扩散等级"选入"分类协变量"列表框，"对比"选择系统默认的"指示符"，单击"继续"按钮。

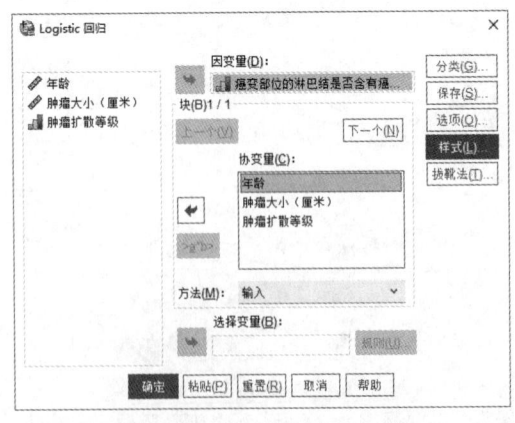

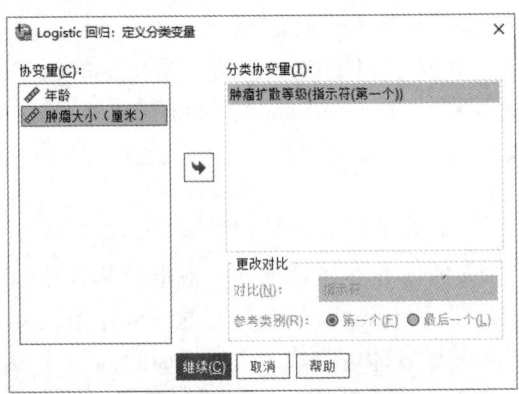

图 7-27 "Logistic 回归"对话框　　图 7-28 "Logistic 回归：定义分类变量"对话框

（3）在图 7-27 所示对话框中单击"保存"按钮，弹出如图 7-29 所示的"Logistic 回归：保存"对话框。在"预测值"选项区中勾选"概率"和"组成员"复选框，在"影响"选项区中勾选"杠杆值"复选框，在"残差"选项区中勾选"标准化"复选框，勾选"包括协方差矩阵"复选框，单击"继续"按钮。

（4）在图 7-27 所示对话框中单击"选项"按钮，弹出如图 7-30 所示的"Logistic 回归：选项"对话框。在"统计和图"选项区中勾选"分类图""霍斯默-莱梅肖拟合优度""Exp(B)的置信区间"复选框，单击"继续"按钮。

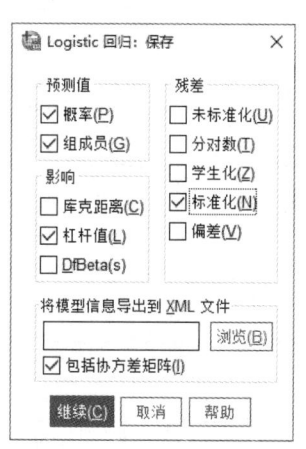

图 7-29 "Logistic 回归：保存"对话框

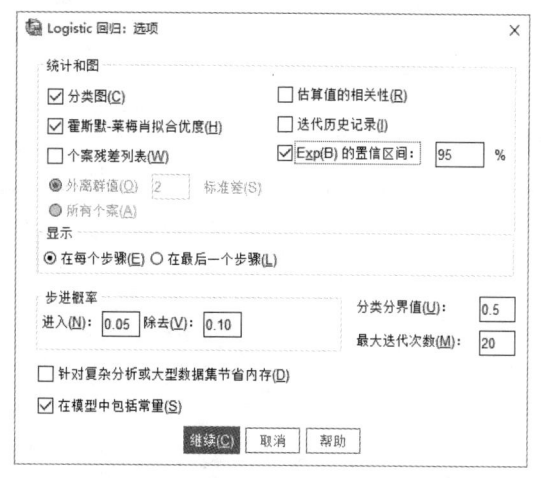

图 7-30 "Logistic 回归：选项"对话框

（5）完成所有设置后，单击"确定"按钮执行命令，此时会弹出个案处理摘要等分析结果。

7.4.3 结果分析

由表 7-23 可以看出参与分析的个案数为 978，无缺失值。

表 7-23 个案处理摘要

未加权个案数 [a]		个案数	百分比
选定的个案	包括在分析中的个案数	978	100.0
	缺失个案数	0	0.0
	总计	978	100.0
未选定的个案		0	0.0
总计		978	100.0
a. 如果权重为生效状态，请参阅分类表以了解个案总数			

表 7-24 为因变量编码。表 7-25 为分类变量编码，新生成的变量名称为肿瘤扩散等级（1）和肿瘤扩散等级（2）。

表 7-24　因变量编码

原值	内部值
否	0
是	1

表 7-25　分类变量编码

		频率	参数编码	
			（1）	（2）
肿瘤扩散等级	<=2 厘米	739	0.000	0.000
	2-5 厘米	229	1.000	0.000
	>5 厘米	10	0.000	1.000

由表 7-26 可以看出所有变量的显著性均小于 0.05，整体的显著性也小于 0.05，所以所有变量进入模型都是有意义的。

表 7-26　未包括在方程式中的变量

			得分	自由度	显著性
步骤 0	变量	年龄	10.293	1	0.001
		肿瘤大小（厘米）	84.145	1	0.000
		肿瘤扩散等级	35.023	2	0.000
		肿瘤扩散等级（1）	32.370	1	0.000
		肿瘤扩散等级（2）	26.534	1	0.000
	整体统计信息		94.902	4	0.000

由表 7-27 可以看出，拟合方法选择的是输入，所以一步就完成了模型的拟合，所以步长、块和模型的卡方值都相同，显著性小于 0.05，说明解释变量的全体与 Logit P 之间的线性关系显著，采用此模型是合理的。

表 7-27　模型系数的 Omnibus 检验

		卡方	自由度	显著性
步骤 1	步长（T）	89.050	4	0.000
	块	89.050	4	0.000
	模型	89.050	4	0.000

由表 7-28 可以看出，-2 对数似然值为 838.913，该值较大，说明模型拟合效果不是很好，考克斯-斯奈尔 R 方和内戈尔科 R 方值分别为 0.087 和 0.142，值较小，说明模型方程能解释的回归变异很小，模型拟合不理想。

表 7-28　模型摘要

步骤	-2 对数似然	考克斯-斯奈尔 R 方	内戈尔科 R 方
1	838.913[a]	0.087	0.142

a. 由于参数估算值的变化不足 0.001，因此估算在第 5 次迭代时终止

表 7-29 给出了霍斯默-莱梅肖检验的统计量,显著性小于 0.05,所以拒绝零假设,表示方程拟合效果不理想。

表 7-29 霍斯默-莱梅肖检验

步骤	卡方	自由度	显著性
1	67.838	8	0.000

表 7-30 是霍斯默-莱梅肖检验的列联表,根据预测概率,将数据分为 10 组,第 3 和第 4 列是"癌变部位的淋巴结是否含有癌细胞=无"的实测值和期望值,第 5 和第 6 列是"癌变部位的淋巴结是否含有癌细胞=有"的实测值和期望值,可见实测值和期望值存在一定的差异,说明模型拟合效果不理想。

表 7-30 霍斯默-莱梅肖检验的列联表

		癌变部位的淋巴结是否含有癌细胞=无		癌变部位的淋巴结是否含有癌细胞=有		总计
		实测	期望	实测	期望	
步骤 1	1	99	93.389	0	5.611	99
	2	98	91.363	1	7.637	99
	3	98	88.445	0	7.555	98
	4	91	87.059	8	11.941	99
	5	69	83.584	29	14.416	98
	6	67	81.368	31	16.632	98
	7	68	77.062	30	18.938	98
	8	79	75.457	19	22.543	98
	9	71	70.637	26	26.363	97
	10	60	47.635	34	44.365	94

表 7-31 是分类表,从表中可以看出 783 名癌变部位的淋巴结没有癌细胞的患者被准确预测,正确率为 97.9%,但是只有 16 名癌变部位的淋巴结含有癌细胞的患者被准确预测,正确率只有 9.0%,总的正确率为 81.7%,说明预测效果不理想。

表 7-31 分类表 [a]

			预测		
	实测		癌变部位的淋巴结是否含有癌细胞		正确百分比
			无	有	
步骤 1	癌变部位的淋巴结是否含有癌细胞	无	783	17	97.9
		有	162	16	9.0
	总体百分比				81.7

a. 分界值为 0.500。

表 7-32 给出了各变量的系数(B),可以写出方程:

$$Z = -0.010 \times 年龄 + 1.116 \times 肿瘤大小 - 0.927 \times 肿瘤扩散等级(1) - 2.953 \times 肿瘤扩散等级(2) - 2.761$$

表 7-32　方程式中的变量

		B	标准误差	瓦尔德	自由度	显著性	Exp(B)	Exp(B)的95%置信区间	
								下限	上限
步骤 1[a]	年龄	-0.010	0.007	1.885	1	0.170	0.991	0.977	1.004
	肿瘤大小（厘米）	1.116	0.164	46.145	1	0.000	3.052	2.212	4.212
	肿瘤扩散等级			11.412	2	0.003			
	肿瘤扩散等级（1）	-0.927	0.318	8.514	1	0.004	0.396	0.212	0.738
	肿瘤扩散等级（2）	-2.953	0.942	9.829	1	0.002	0.052	0.008	0.331
	常量	-2.761	0.493	31.413	1	0.000	0.063		

a. 在步骤1输入的变量：年龄，肿瘤大小（厘米），肿瘤扩散等级。

7.5　多元 Logistic 回归

多元 Logistic 回归是指因变量是多元变量的回归。在现实生活中，因变量除了前面介绍的二元变量，还有很多的多元变量，比如多种类型的商品，厂家为了提高商品的销售量，就希望预测顾客们喜欢何种类型的商品，可以通过年龄、性别、薪水以及社会活动等进行多元 Logistic 回归分析，确定各变量对选择不同的商品类型的影响程度，从而有侧重点地提供一些类型的商品。

多元 Logistic 回归其实就是用多个二元 Logistic 回归模型来描述各个类别与参考类别相比较时的作用大小。

执行菜单栏中的"分析"→"回归"→"多元 Logistic 回归"命令，弹出如图 7-31 所示的"多元 Logistic 回归"对话框，进行相关参数的设置即可完成多元 Logistic 回归分析。下面通过具体案例讲解如何在 SPSS 中进行多元 Logistic 回归分析。

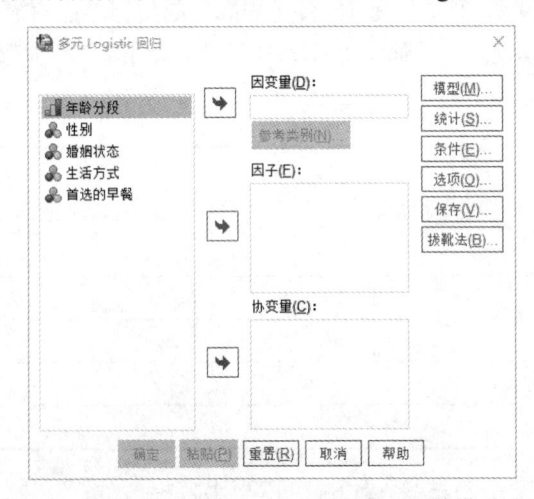

图 7-31　"多元 Logistic 回归"对话框

第 7 章 回归分析

数据文件	数据文件\Chapter07\data07-05.sav
视频文件	视频文件\Chapter07\多元 Logistic 回归.avi

7.5.1 数据描述

本例的数据文件是一些人的早餐选择的资料，如图 7-32 所示。现要求通过年龄分段、性别、婚姻状态、生活方式来对首选的早餐进行多元 Logistic 回归分析。

	年龄分段	性别	婚姻状态	生活方式	首选的早餐
1	1	0	1	1	3
2	3	0	1	0	1
3	4	0	1	0	2
4	2	1	1	1	2
5	3	0	1	0	2
6	4	0	0	0	3
7	2	1	1	0	1

图 7-32 "data07-05.sav"数据

7.5.2 SPSS 实现

（1）打开"data07-05.sav"文件，执行菜单栏中的"分析"→"回归"→"多元 Logistic 回归"命令，弹出如图 7-33 所示的"多元 Logistic 回归"对话框。在左侧的变量列表中选中"首选的早餐"变量，单击 按钮，将其选入"因变量"列表框，将"年龄分段""性别""婚姻状态""生活方式"变量选入右边的"因子"列表框。

（2）单击"模型"按钮，弹出如图 7-34 所示的"多元 Logistic 回归：模型"对话框。在"指定模型"选项区中单击"主效应"单选按钮，单击"继续"按钮。

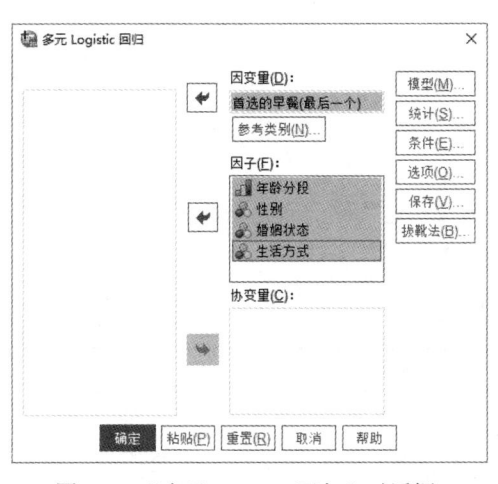

图 7-33 "多元 Logistic 回归"对话框 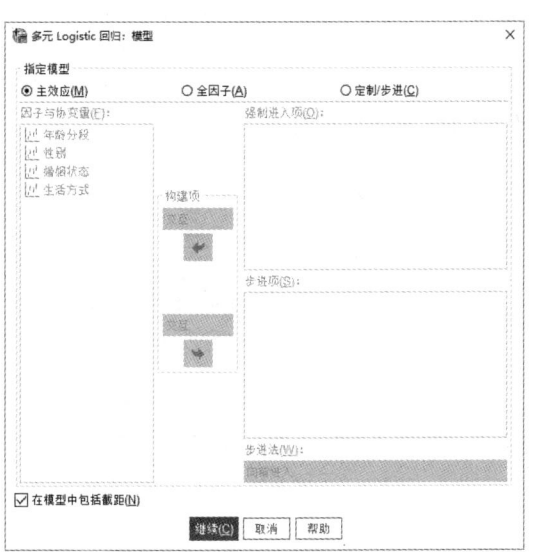　　图 7-34 "多元 Logistic 回归：模型"对话框

(3) 在图 7-33 所示对话框中单击"统计"按钮,弹出如图 7-35 所示的"多元 Logistic 回归:统计"对话框。勾选"个案处理摘要"复选框,在"模型"选项区中勾选"伪 R 方""步骤摘要""模型拟合信息""单元格概率""分类表""拟合优度"复选框,在"参数"选项区中勾选"估算值"和"似然比检验"复选框,在"定义子总体"选项区中单击"由因子和协变量定义的协变量模式"单选按钮,单击"继续"按钮。

(4) 在图 7-3 所示对话框中单击"保存"按钮,弹出如图 7-36 所示的"多元 Logistic 回归:保存"对话框。在"保存的变量"选项区中勾选"估算响应概率""预测类别""预测类别概率""实际类别概率"复选框,勾选"包括协方差矩阵"复选框,单击"继续"按钮。

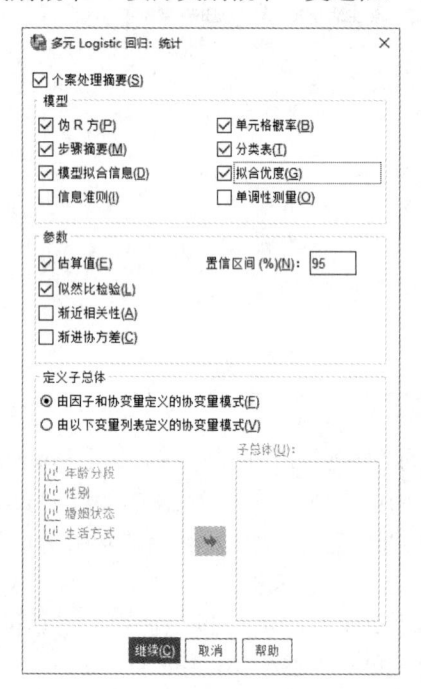

图 7-35 "多元 Logistic 回归:统计"对话框   图 7-36 "多元 Logistic 回归:保存"对话框

(5) 完成所有设置后,单击"确定"按钮执行命令,此时会弹出个案处理摘要、模型拟合信息等分析结果。

7.5.3 结果分析

由表 7-33 可以看出分类变量各水平下的个案数和边缘百分比,以及有效个案数和缺失个案数的统计量。本例共有 880 个个案,无缺失值。

表 7-33 个案处理摘要

		个案数	边缘百分比
首选的早餐	早餐吧	231	26.3%
	燕麦	310	35.2%
	谷类	339	38.5%

续表

		个案数	边缘百分比
年龄分段	小于31	181	20.6%
	31~45	206	23.4%
	46~60	231	26.3%
	大于60	262	27.8%
婚姻状态	未婚	303	34.4%
	已婚	577	65.6%
生活方式	不积极的	474	53.9%
	积极的	406	46.1%
有效		880	100.0%
缺失		0	
总计		880	
子群体		16	

由表 7-34 可以看出最终模型和模型中仅有截距项时的似然比检验结果，可以看到显著性小于 0.01，说明最终模型要优于仅有截距的模型，说明最终模型成立。

表 7-34　模型拟合信息

模型	模型拟合条件	似然比检验		
	-2 对数似然	卡方	自由度	显著性
仅截距	525.071			
最终	123.322	401.749	10	0.000

由表 7-35 可以看到皮尔逊统计量和偏差统计量，显著性都大于 0.05，说明不能拒绝零假设，零假设为模型能很好地拟合数据。表 7-36 为伪 R 方。

表 7-35　拟合优度

	卡方	自由度	显著性
皮尔逊	10.781	20	0.952
偏差	11.638	20	0.928

表 7-36　伪 R 方

考克斯-斯奈尔	0.367
内戈尔科	0.414
麦克法登	0.210

由表 7-37 可以看出年龄分段、婚姻状态和生活方式在最终模型中的似然比检验结果。零假设是某因素变量从模型中剔除后系数没有变化。因为显著性都小于 0.05，所以拒绝零假设，认为年龄分段、婚姻状态和生活方式对系数的影响都是显著的。

表 7-37 似然比检验

效应	模型拟合条件	似然比检验		
	简化模型的-2 对数似然	卡方	自由度	显著性
截距	212.813[a]	0.000	0	.
年龄分段	533.697	320.885	6	0.000
性别	213.408	0.595	2	0.743
婚姻状态	238.520	25.707	2	0.000
生活方式	237.568	24.755	2	0.000

卡方统计是最终模型与简化模型之间的-2 对数似然之差。简化模型通过在最终模型中省略某个效应而形成。原假设是：该效应的所有参数均为 0

a. 因为省略此效应并不会增加自由度，所以此简化模型相当于最终模型

由表 7-38 可以看出各参数及其检验结果，参考类的早餐为谷类。

表 7-38 参数估计值

首选的早餐[a]		B	标准错误	瓦尔德	自由度	显著性	Exp(B)	Exp(B)的 95%置信区间	
								下限	上限
早餐吧	截距	-1.167	0.322	13.105	1	0.000			
	[年龄分段=1]	0.993	0.318	9.747	1	0.002	2.699	1.447	5.034
	[年龄分段=2]	1.316	0.322	16.671	1	0.000	3.730	1.983	7.018
	[年龄分段=3]	0.552	0.342	2.602	1	0.107	1.736	0.888	3.393
	[年龄分段=4]	0[b]	.	.	0	.	.	.	.
	[性别=0]	-0.135	0.180	0.561	1	0.454	0.874	0.614	1.244
	[性别=1]	0[b]	.	.	0	.	.	.	.
	[婚姻状态=0]	0.840	0.194	18.808	1	0.000	2.315	1.584	3.383
	[婚姻状态=1]	0[b]	.	.	0	.	.	.	.
	[生活方式=0]	-0.793	0.183	18.693	1	0.000	0.452	0.316	0.648
	[生活方式=1]	0[b]	.	.	0	.	.	.	.
燕麦	截距	1.136	0.238	22.790	1	0.000			
	[年龄分段=1]	-4.272	0.534	64.121	1	0.000	0.014	0.005	0.040
	[年龄分段=2]	-2.531	0.282	80.424	1	0.000	0.080	0.046	0.138
	[年龄分段=3]	-1.191	0.218	29.713	1	0.000	0.304	0.198	0.466
	[年龄分段=4]	0[b]	.	.	0	.	.	.	.
	[性别=0]	-0.006	0.183	0.001	1	0.973	0.994	0.695	1.422
	[性别=1]	0[b]	.	.	0	.	.	.	.
	[婚姻状态=0]	-0.260	0.214	1.477	1	0.224	0.771	0.507	1.173
	[婚姻状态=1]	0[b]	.	.	0	.	.	.	.
	[生活方式=0]	0.185	0.188	0.972	1	0.324	1.204	0.833	1.740
	[生活方式=1]	0[b]	.	.	0	.	.	.	.

a. 参考类别为：^1

b. 此参数冗余，因此设置为零

表中第 2 列（B）为系数估计，如果系数估计显著为正，说明在其他因素不变的情况下，取此因素水平的观测者，属于当前类别的概率要比属于参考类别的概率要大，如早餐吧类中，年龄分段=2，系数估计值为 1.316，说明年龄分段=2 的人选择早餐吧要比年龄分段=4 的人选择早餐吧的概率大。

表中第 6 列是瓦尔德检验的显著性水平，若值小于 0.05，即对应因素的系数估计显著地不为 0，即对模型的贡献具有显著意义。如早餐吧栏中年龄分段=3 的瓦尔德检验的显著性水平都大于 0.05，说明这个因素对模型的贡献无显著意义。

表中倒数第 3 列为 Exp(B)，例如早餐吧这一栏，年龄分段=1 的 Exp(B) 为 2.699，说明相对于年龄分段=4 而言，年龄分段=1 的人选择早餐吧的概率是年龄分段=4 选择早餐吧的概率的 2.699 倍。

表 7-39 是根据观测值和预测值得到的，例如早餐吧这一行，初始观测有 231 人选择早餐吧，经过预测有 116 人被分为早餐吧，正确百分比为 50.2%，其他行同理。模型总体正确百分比为 57.4%，可见模型的正确率还需要提高。

表 7-39 分类

实测值	预测			
	早餐吧	燕麦	谷类	正确百分比
早餐吧	116	30	85	50.2%
燕麦	19	239	52	77.1%
谷类	81	108	150	44.2%
总体百分比	24.5%	42.8%	32.6%	57.4%

由表 7-40 可以看出实测值和预测值的频率和百分比，以生活方式不积极的男性未婚的小于 31 岁这一行为例，实际观测值为 7 人，预测到的为 7.650 人，实测值和预测值的百分比分别为 38.9%和 42.5%。

表 7-40 实测频率和预测频率

生活方式	婚姻状态	性别	年龄分段	首选的早餐	频率			百分比	
					实测	预测	皮尔逊残差	实测	预测
不积极的	未婚	男	小于 31	早餐吧	7	7.650	-0.310	38.9%	42.5%
				燕麦	0	0.399	-0.639	0.0%	2.2%
				谷类	11	9.951	0.497	61.1%	55.3%
			31～45	早餐吧	6	4.637	0.864	60.0%	46.4%
				燕麦	0	0.998	-1.053	0.0%	10.0%
				谷类	4	4.365	-0.232	40.0%	43.6%
			46～60	早餐吧	0	1.044	-1.149	0.0%	20.9%
				燕麦	2	1.844	0.144	40.0%	36.9%
				谷类	3	2.112	0.804	60.0%	42.2%

续表

生活方式	婚姻状态	性别	年龄分段	首选的早餐	频率			百分比	
					实测	预测	皮尔逊残差	实测	预测
不积极的	未婚	男	大于60	早餐吧	1	2.124	-0.799	3.2%	6.9%
				燕麦	21	21.421	-0.164	67.7%	69.1%
				谷类	9	7.456	0.649	29.0%	24.1%
		女	小于31	早餐吧	7	6.873	0.066	46.7%	45.8%
				燕麦	0	0.315	-0.567	0.0%	2.1%
				谷类	8	7.812	0.097	53.3%	52.1%
			31~45	早餐吧	4	5.965	-1.135	33.3%	49.7%
				燕麦	1	1.129	-0.127	8.3%	9.4%
				谷类	7	4.906	1.229	58.3%	40.9%
			46~60	早餐吧	4	4.398	-0.216	21.1%	23.1%
				燕麦	10	6.830	1.516	52.6%	35.9%
				谷类	5	7.772	-1.294	26.3%	40.9%
			大于60	早餐吧	4	3.788	0.114	8.2%	7.7%
				燕麦	33	33.591	-0.182	67.3%	68.6%
				谷类	12	11.621	0.127	24.5%	23.7%
	已婚	男	小于31	早餐吧	5	3.359	1.027	35.7%	24.0%
				燕麦	0	0.526	-0.739	0.0%	3.8%
				谷类	9	10.116	-0.666	64.3%	72.3%
			31~45	早餐吧	10	8.627	0.544	30.3%	26.1%
				燕麦	6	5.574	0.198	18.2%	16.9%
				谷类	17	18.798	-0.632	51.5%	57.0%
			46~60	早餐吧	8	5.462	1.139	13.3%	9.1%
				燕麦	26	28.966	-0.766	43.3%	48.3%
				谷类	26	25.572	0.112	43.3%	42.6%
			大于60	早餐吧	0	1.649	-1.301	0.0%	2.5%
				燕麦	50	49.946	0.016	76.9%	76.8%
				谷类	15	13.404	0.489	23.1%	20.6%
		女	小于31	早餐吧	7	6.102	0.424	30.4%	26.5%
				燕麦	2	0.840	1.290	8.7%	3.7%
				谷类	14	16.059	-0.935	60.9%	69.8%
			31~45	早餐吧	10	9.792	0.079	29.4%	28.8%
				燕麦	5	5.563	-0.261	14.7%	16.4%
				谷类	19	18.645	0.122	55.9%	54.8%
			46~60	早餐吧	4	5.638	-0.728	7.3%	10.3%
				燕麦	28	26.291	0.461	50.9%	47.8%
				谷类	23	23.070	-0.019	41.8%	41.9%

续表

生活方式	婚姻状态	性别	年龄分段	首选的早餐	频率			百分比	
					实测	预测	皮尔逊残差	实测	预测
不积极的	已婚	女	大于60	早餐吧	1	0.893	0.115	3.2%	2.9%
				燕麦	24	23.767	0.099	77.4%	76.7%
				谷类	6	6.340	-0.151	19.4%	20.5%
积极的	未婚	男	小于31	早餐吧	18	16.169	0.741	69.2%	62.2%
				燕麦	0	0.317	-0.566	0.0%	1.2%
				谷类	8	9.515	-0.617	30.8%	36.6%
			31~45	早餐吧	7	9.292	-1.297	50.0%	66.4%
				燕麦	2	0.752	1.480	14.3%	5.4%
				谷类	5	3.956	0.620	35.7%	28.3%
			46~60	早餐吧	5	5.041	-0.023	38.5%	38.8%
				燕麦	5	3.347	1.049	38.5%	25.7%
				谷类	3	4.612	-0.934	23.1%	35.5%
			大于60	早餐吧	3	1.567	1.246	30.0%	15.7%
				燕麦	6	5.943	0.037	60.0%	59.4%
				谷类	1	2.489	-1.089	10.0%	24.9%
		女	小于31	早餐吧	20	21.548	-0.566	60.6%	65.3%
				燕麦	1	0.371	1.038	3.0%	1.1%
				谷类	12	11.081	0.339	36.4%	33.6%
			31~45	早餐吧	13	11.087	1.037	81.3%	69.3%
				燕麦	0	0.788	-0.911	0.0%	4.9%
				谷类	3	4.125	-0.643	18.8%	25.8%
			46~60	早餐吧	3	2.098	0.817	60.0%	42.0%
				燕麦	0	1.225	-1.274	0.0%	24.5%
				谷类	2	1.677	0.306	40.0%	33.5%
			大于60	早餐吧	6	4.719	0.649	22.2%	17.5%
				燕麦	14	15.731	-0.676	51.9%	58.3%
				谷类	7	6.550	0.202	25.9%	24.3%
	已婚	男	小于31	早餐吧	10	11.151	-0.450	37.0%	41.3%
				燕麦	0	0.656	-0.820	0.0%	2.4%
				谷类	17	15.193	0.701	63.0%	56.3%
			31~45	早餐吧	16	17.948	-0.619	40.0%	44.9%
				燕麦	6	4.359	0.833	15.0%	10.9%
				谷类	18	17.692	0.098	45.0%	44.2%
			46~60	早餐吧	8	6.847	0.491	22.9%	19.6%
				燕麦	11	13.650	-0.918	31.4%	39.0%
				谷类	16	14.503	0.514	45.7%	41.4%

续表

生活方式	婚姻状态	性别	年龄分段	首选的早餐	频率			百分比	
					实测	预测	皮尔逊残差	实测	预测
积极的	已婚	男	大于60	早餐吧	0	1.432	-1.236	0.0%	6.2%
				燕麦	20	16.302	1.697	87.0%	70.9%
				谷类	3	5.266	-1.124	13.0%	22.9%
		女	小于31	早餐吧	10	11.149	-0.462	40.0%	44.6%
				燕麦	1	0.577	0.564	4.0%	2.3%
				谷类	14	13.274	0.291	56.0%	53.1%
			31~45	早餐吧	24	22.651	0.394	51.1%	48.2%
				燕麦	4	4.837	-0.402	8.5%	10.3%
				谷类	19	19.512	-0.152	40.4%	41.5%
			46~60	早餐吧	7	8.472	-0.571	17.9%	21.7%
				燕麦	15	14.848	0.050	38.5%	38.1%
				谷类	17	15.681	0.431	43.6%	40.2%
			大于60	早餐吧	3	1.828	0.899	11.5%	7.0%
				燕麦	17	18.298	-0.557	65.4%	70.4%
				谷类	6	5.874	0.059	23.1%	22.6%

这些百分比基于每个子群体中的总实测频率

7.6 有序回归

有序回归可以在一组预测变量上对多歧分序数响应的依赖性进行建模，序数回归的设计基于 McCullagh 的方法论，例如研究患者对药物剂量的反应，可能的反应可以分为无、轻微、适度和剧烈。

轻微反应和适度反应之间的差别很难或不可能量化，并且这种差别是取决于感觉的，不像数值型变量之间的差别是可以定量化的。另外，轻微反应和适度反应之间的差别可能比适度反应和剧烈反应之间的差别更大或更小。所以如果要对因变量是有序的分类变量进行回归分析，就需要有序回归。

执行菜单栏中的"分析"→"回归"→"有序回归"命令，弹出如图7-37所示的"有序回归"对话框，进行相关参数的设置即可完成有序回归分析。下面通过具体案例讲解如何在 SPSS 中进行有序回归分析。

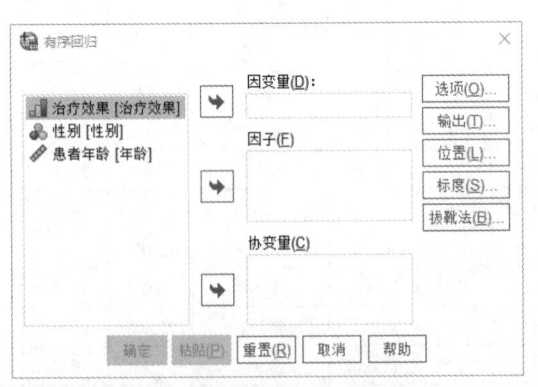

图 7-37 "有序回归"对话框

数据文件	数据文件\Chapter07\data07-06.sav
视频文件	视频文件\Chapter07\有序回归.avi

7.6.1 数据描述

本例的数据文件是一种药物对不同患者的治疗效果，如图 7-38 所示。现要求利用有序回归来分析年龄、性别和治疗效果之间的关系。

图 7-38 "data07-06.sav" 数据

7.6.2 SPSS 实现

（1）打开 "data07-06.sav" 文件，执行菜单栏中的 "分析" → "回归" → "有序回归" 命令，弹出如图 7-39 所示的 "有序回归" 对话框。在左侧的变量列表中选中 "治疗效果" 变量，单击按钮，将其选入 "因变量" 列表框，将 "性别" "患者年龄" 变量选入右边的 "因子" 列表框。

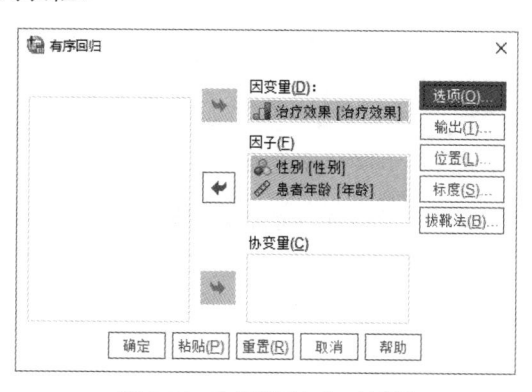

图 7-39 "有序回归" 对话框

（2）"选项" "输出" "位置" "标度" 的设置均采用默认选项。
（3）完成所有设置后，单击 "确定" 按钮执行命令，此时会弹出警告、个案处理摘要等分析结果。

7.6.3 结果分析

从表 7-41 可以看出提示用户频率为零的单元格有 1 个，可以进行统计量的计算，当频率为零的单元格很多时,会影响统计量的计算和有效性,在评价模型时要慎重使用卡方检验的拟合优度统计量。

表 7-41　警告

存在 1(2.5%)个频率为零的单元格(即,因变量级别*预测变量值的实测组合)

表 7-42 给出了分类变量各水平下的个案数及边际百分比,本例有效个案数为 400,无缺失值。

表 7-42　个案处理摘要(O)

		个案数	边际百分比
治疗效果	很好	76	19.0%
	较好	109	27.3%
	一般	149	37.3%
	较差	27	6.8%
	很差	39	9.8%
性别	男	202	50.5%
	女	198	49.5%
患者年龄	<25	78	19.5%
	25~35	152	38.0%
	35~45	95	23.8%
	>45	75	18.8%
有效		400	100.0%
缺失		0	
总计		400	

由表 7-43 可以看出最终模型和模型中仅有截距时的似然比检验结果,可以看到显著性小于 0.01,说明最终模型要优于仅有截距的模型。

表 7-43　模型拟合信息

模型	-2 对数似然	卡方	自由度	显著性
仅截距	293.240			
最终	129.504	163.736	4	0.000

关联函数:分对数

由表 7-44 可以看到皮尔逊统计量和偏差统计量,显著性都大于 0.05,说明不能拒绝零假设,零假设为模型能很好地拟合数据。

表 7-44　拟合优度

	卡方	自由度	显著性
皮尔逊	32.566	24	0.114
偏差	32.718	24	0.110

关联函数:分对数

由表 7-45 可以看出考克斯-斯奈尔统计量、内戈尔科统计量和麦克法登统计量的显著性均大于 0.05，说明不能拒绝零假设，零假设为模型能很好地拟合数据。

表 7-45　伪 R 方

考克斯-斯奈尔	0.336
内戈尔科	0.356
麦克法登	0.141
关联函数：分对数	

由表 7-46 可以看到，第 4 列为瓦尔德统计量，第 6 列为其显著性，如果显著性小于 0.05，说明对应的系数估计显著地不为 0，本例中性别=1 的显著性大于 0.05，说明药物对男女患者之间的治疗效果差异不显著，而各年龄段与年龄=4 相比，差异都显著，可推断出随着患者年龄的增长，患者自身的抵抗力下降，治疗效果随之下降。

表 7-46　参数估算值

		估算	标准错误	瓦尔德	自由度	显著性	95%置信区间	
							下限	上限
阈值	[治疗效果=1]	-3.699	0.315	137.963	1	0.000	-4.316	-3.082
	[治疗效果=2]	-1.934	0.282	47.037	1	0.000	-2.487	-1.381
	[治疗效果=3]	0.456	0.248	3.377	1	0.066	-0.030	0.943
	[治疗效果=4]	1.140	0.262	18.992	1	0.000	0.627	1.653
位置	[性别=1]	0.240	0.188	1.627	1	0.202	-0.129	0.608
	[性别=2]	0[a]	.	.	0	.	.	.
	[年龄=1]	-3.780	0.354	113.918	1	0.000	-4.474	-3.086
	[年龄=2]	-2.435	0.298	66.952	1	0.000	-3.018	-1.852
	[年龄=3]	-0.793	0.294	7.273	1	0.007	-1.369	-0.217
	[年龄=4]	0=			0			
关联函数：分对数								
a. 此参数冗余，因此设置为零								

7.7　概率单位回归

概率单位回归主要用来分析刺激的强度与对刺激显示出特定响应的个案比例之间的关系，例如，给病人不一样的用药量与病人康复的百分比，给害虫不一样的杀虫剂量与害虫死亡数的百分比等，概率单位回归属于专业统计分析过程，尤其适合实验数据，使用此过程可以估计引致特定比例的响应所需的刺激强度，例如中位效应剂量。

执行菜单栏中的"分析"→"回归"→"概率"命令，弹出如图 7-40 所示的"概率分析"对话框，进行相关参数的设置即可完成概率单位回归分析。下面通过具体案例讲解如何在 SPSS 中进行概率单位回归分析。

图 7-40 "概率分析"对话框

数据文件	数据文件\Chapter07\data07-07.sav
视频文件	视频文件\Chapter07\概率单位回归.avi

7.7.1 数据描述

本例的数据文件是一组不同的杀虫剂和剂量与害虫死亡数的百分比的统计，如图 7-41 所示。现要求利用概率单位回归来估计引致特定比例的响应所需的刺激强度。

	编号	死亡数	害虫总数	药品类别	剂量
1	1	2	35	1	13
2	2	3	38	1	21
3	3	4	40	1	23
4	4	5	42	1	25
5	5	8	39	1	33
6	6	11	38	1	40
7	7	19	33	1	51

图 7-41 "data07-07.sav"数据

7.7.2 SPSS 实现

（1）打开"data07-07.sav"文件，执行菜单栏中的"分析"→"回归"→"概率"命令，弹出如图 7-42 所示的"概率分析"对话框。将"死亡数"变量选入"响应频率"列表框，将"害虫总数"变量选入"实测值总数"列表框，将"药品类别"变量选入"因子"列表框。将"剂量"变量选入"协变量"列表框。在"转换"下拉列表框中选择"以 10 为底的对数"。在"模型"选项区中单击"概率"单选按钮，用累计标准正态分布函数的反函数来转换响应比例。

（2）单击"定义范围"按钮，弹出如图 7-43 所示的"概率分析：定义范围"对话框。设置因素变量的最大值为 3，最小值为 1，单击"继续"按钮。

图 7-42 "概率分析"对话框

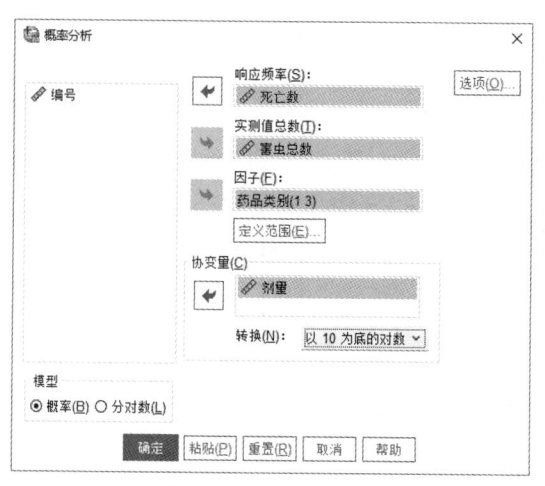

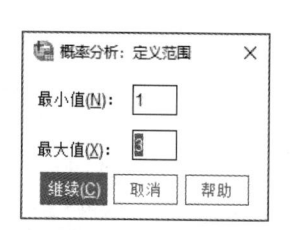

图 7-43 "概率分析：定义范围"对话框

（3）在图 7-42 所示对话框中单击"选项"按钮，弹出如图 7-44 所示的"概率分析：选项"对话框。在"统计"选项区中勾选"频率""相对中位数""平行检验""信仰置信区间"复选框，其他设置采用系统默认选项，单击"继续"按钮。

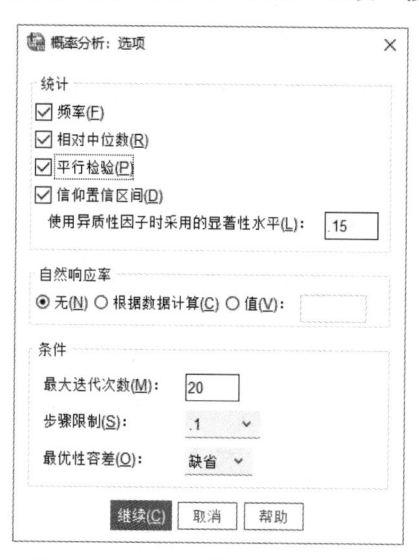

图 7-44 "概率分析：选项"对话框

（4）完成所有设置后，单击"确定"按钮执行命令，此时系统弹出数据信息、收敛信息、参数估算值等分析结果。

7.7.3 结果分析

由表 7-47 可以看出共 30 个有效个案，没有缺失值，三类药品每类 10 个观测。

表 7-47 数据信息

		个案数
有效		30
已拒绝	超出范围 [a]	0
	缺失	0
	无法执行对数转换	0
	响应数>主体数	0
控制组		0
药品类别	1	10
	2	10
	3	10

a. 由于组值超出范围，因此个案被拒绝

由表 7-48 可以看出进行 10 次迭代后找到了最佳结果。

表 7-48 收敛信息

	迭代次数	找到最佳解
PROBIT	10	是

表 7-49 给出了方程的参数估算值、标准错误、显著性等统计量。

- 药品 1 的方程：p=3.548×g（剂量）-5.948
- 药品 2 的方程：p=3.548×g（剂量）-6.227
- 药品 3 的方程：p=3.548×g（剂量）-6.416

表 7-49 参数估算值

参数			估算	标准错误	Z	显著性	95%置信区间	
							下限	上限
PROBIT [a]	剂量		3.548	0.209	17.000	0.000	3.139	3.957
	截距 [b]	1	-5.948	0.347	-17.136	0.000	-6.295	-5.601
		2	-6.227	0.350	-17.816	0.000	-6.577	-5.878
		3	-6.416	0.353	-18.190	0.000	-6.769	-6.063

a. PROBIT 模型：PROBIT(p)=截距+BX（协变量 X 使用底数为 10.000 的对数进行转换）
b. 对应于分组变量药品类别

表 7-50 显示皮尔逊拟合优度检验显著性为 0.555，大于 0.05，说明拟合良好。
平行检验的显著性为 0.155，大于 0.05，说明三种药品的方程式直线相互平行。

表 7-50 卡方检验

		卡方	自由度[b]	显著性
PROBIT	皮尔逊拟合优度检验	24.360	26	0.555[a]
	平行检验	3.731	2	0.155

a. 由于显著性大于 0.150，因此在置信限度的计算中未使用任何异质性因子
b. 基于单个个案的统计与基于汇总个案的统计不同

由表 7-51 可以看出因素变量分组所得的观测值和期望值的数据。

表 7-51 单元格计数和残差

	数字	药品类别	剂量	主体数	实测响应	期望响应	残差	概率
概率	1	1	1.114	35	2	0.804	1.196	0.023
	2	1	1.322	38	3	3.967	-0.967	0.104
	3	1	1.362	40	4	5.282	-1.282	0.132
	4	1	1.398	42	5	6.783	-1.783	0.162
	5	1	1.519	39	8	11.215	-3.215	0.288
	6	1	1.602	38	11	15.043	-4.043	0.396
	7	1	1.708	33	19	17.949	1.051	0.544
	8	1	1.806	46	32	31.155	0.845	0.677
	9	1	1.845	45	36	32.632	3.368	0.725
	10	1	1.875	48	41	36.453	4.547	0.759
	11	2	1.176	37	1	0.738	0.262	0.020
	12	2	1.322	44	3	2.738	0.262	0.062
	13	2	1.380	43	2	3.942	-1.942	0.092
	14	2	1.398	39	2	3.996	-1.996	0.102
	15	2	1.505	40	10	7.499	2.501	0.187
	16	2	1.591	42	15	11.766	3.234	0.280
	17	2	1.699	44	20	18.520	1.480	0.421
	18	2	1.820	33	17	17.479	-2.479	0.590
	19	2	1.851	36	20	22.801	-2.801	0.633
	20	2	1.875	38	27	25.257	1.743	0.665
	21	3	1.176	43	2	0.535	1.465	0.012
	22	3	1.342	37	3	1.819	1.181	0.049
	23	3	1.398	48	5	3.488	1.512	0.073
	24	3	1.431	45	5	4.073	0.927	0.091
	25	3	1.505	46	6	6.487	-0.487	0.141
	26	3	1.580	45	8	7.391	-1.391	0.209
	27	3	1.699	33	10	11.516	-1.516	0.349
	28	3	1.813	52	23	26.335	-3.335	0.506
	29	3	1.845	46	24	25.385	-1.385	0.552
	30	3	1.875	35	22	20.774	1.226	0.594

由表 7-52 可以看出三种药品各剂量致死概率及在 95%的置信区间的上下限值。例如，从表中查出三种药品的半数致死剂量分别为 47.477、56.914 和 64.323。

表 7-52 置信限度

药品类别		概率	剂量的95%置信限度			log（剂量）的95%置信限度 [a]		
			估算	下限	上限	估算	下限	上限
PROBIT	1	0.010	10.491	8.536	12.417	1.021	.931	1.094
		0.020	12.521	10.394	14.595	1.098	1.017	1.164
		0.030	14.008	11.773	16.178	1.146	1.071	1.209
		0.040	15.242	12.927	17.484	1.183	1.112	1.243
		0.050	16.326	13.946	18.627	1.213	1.144	1.270
		0.060	17.309	14.874	19.662	1.238	1.172	1.294
		0.070	18.219	15.737	20.619	1.261	1.197	1.314
		0.080	19.075	16.550	21.517	1.280	1.219	1.333
		0.090	19.888	17.325	22.371	1.299	1.239	1.350
		0.100	20.667	18.068	23.188	1.315	1.257	1.365
		0.150	24.231	21.477	26.929	1.384	1.332	1.430
		0.200	27.496	24.605	30.372	1.439	1.391	1.482
		0.250	30.646	27.614	33.716	1.486	1.441	1.528
		0.300	33.782	30.593	37.076	1.529	1.486	1.569
		0.350	36.973	33.603	40.532	1.568	1.526	1.608
		0.400	40.279	36.693	44.156	1.605	1.565	1.645
		0.450	43.759	39.912	48.020	1.641	1.601	1.681
		0.500	47.477	43.313	52.203	1.676	1.637	1.718
		0.550	51.512	46.958	56.805	1.712	1.672	1.754
		0.600	55.962	50.931	61.954	1.748	1.707	1.792
		0.650	60.967	55.340	67.827	1.785	1.743	1.831
		0.700	66.726	60.349	74.686	1.824	1.781	1.873
		0.750	73.552	66.205	82.940	1.867	1.821	1.919
		0.800	81.979	73.330	93.293	1.914	1.865	1.970
		0.850	93.027	82.528	107.109	1.969	1.917	2.030
		0.900	109.068	95.646	127.585	2.038	1.981	2.106
		0.910	113.340	99.099	133.113	2.054	1.996	2.124
		0.920	118.171	102.985	139.398	2.073	2.013	2.144
		0.930	123.721	107.428	146.662	2.092	2.031	2.166
		0.940	130.229	112.608	155.235	2.115	2.052	2.191
		0.950	138.069	118.810	165.641	2.140	2.075	2.219
		0.960	147.885	126.521	178.780	2.170	2.102	2.252

续表

药品类别		概率	剂量的95%置信限度			log（剂量）的95%置信限度[a]		
			估算	下限	上限	估算	下限	上限
PROBIT	1	0.970	160.915	136.670	196.399	2.207	2.136	2.293
		0.980	180.030	151.400	222.585	2.255	2.180	2.347
		0.990	214.871	177.834	271.234	2.332	2.250	2.433
	2	0.010	12.576	10.401	14.707	1.100	1.017	1.168
		0.020	15.009	12.655	17.301	1.176	1.102	1.238
		0.030	16.792	14.324	19.190	1.225	1.156	1.283
		0.040	18.272	15.719	20.752	1.262	1.196	1.317
		0.050	19.571	16.948	22.122	1.292	1.229	1.345
		0.060	20.749	18.067	23.363	1.317	1.257	1.369
		0.070	21.841	19.105	24.512	1.339	1.281	1.389
		0.080	22.866	20.082	25.593	1.359	1.303	1.408
		0.090	23.841	21.011	26.621	1.377	1.322	1.425
		0.100	24.775	21.902	27.606	1.394	1.340	1.441
		0.150	29.047	25.976	32.134	1.463	1.415	1.507
		0.200	32.961	29.692	36.324	1.518	1.473	1.560
		0.250	36.738	33.250	40.413	1.565	1.522	1.607
		0.300	40.496	36.758	44.536	1.607	1.565	1.649
		0.350	44.322	40.290	48.789	1.647	1.605	1.688
		0.400	48.285	43.908	53.257	1.684	1.643	1.726
		0.450	52.457	47.670	58.024	1.720	1.678	1.764
		0.500	56.914	51.643	63.189	1.755	1.713	1.801
		0.550	61.750	55.901	68.868	1.791	1.747	1.838
		0.600	67.085	60.542	75.219	1.827	1.782	1.876
		0.650	73.084	65.699	82.457	1.864	1.818	1.916
		0.700	79.988	71.560	90.901	1.903	1.855	1.959
		0.750	88.171	78.421	101.054	1.945	1.894	2.005
		0.800	98.273	86.779	113.777	1.992	1.938	2.056
		0.850	111.517	97.580	130.739	2.047	1.989	2.116
		0.900	130.747	112.999	155.858	2.116	2.053	2.193
		0.910	135.868	117.060	162.636	2.133	2.068	2.211
		0.920	141.659	121.632	170.342	2.151	2.085	2.231
		0.930	148.312	126.858	179.247	2.171	2.103	2.253
		0.940	156.113	132.954	189.755	2.193	2.124	2.278
		0.950	165.512	140.254	202.508	2.219	2.147	2.306
		0.960	177.279	149.331	218.609	2.249	2.174	2.340
		0.970	192.898	161.281	240.196	2.285	2.208	2.381
		0.980	215.813	178.629	272.275	2.334	2.252	2.435
		0.990	257.579	209.767	331.863	2.411	2.322	2.521

续表

药品类别	概率	剂量的95%置信限度			log（剂量）的95%置信限度 [a]		
		估算	下限	上限	估算	下限	上限
3	0.010	14.213	11.877	16.487	1.153	1.075	1.217
	0.020	16.963	14.446	19.402	1.230	1.160	1.288
	0.030	18.978	16.348	21.525	1.278	1.213	1.333
	0.040	20.650	17.935	23.283	1.315	1.254	1.367
	0.050	22.119	19.333	24.825	1.345	1.286	1.395
	0.060	23.450	20.604	26.224	1.370	1.314	1.419
	0.070	24.684	21.783	27.521	1.392	1.338	1.440
	0.080	25.843	22.892	28.741	1.412	1.360	1.458
	0.090	26.944	23.946	29.901	1.430	1.379	1.476
	0.100	28.000	24.956	31.016	1.447	1.397	1.492
	0.150	32.828	29.563	36.143	1.516	1.471	1.558
	0.200	37.252	33.755	40.902	1.571	1.528	1.612
	0.250	41.520	37.756	45.559	1.618	1.577	1.659
	0.300	45.768	41.693	50.263	1.661	1.620	1.701
	0.350	50.091	45.650	55.122	1.700	1.659	1.741
	0.400	54.570	49.699	60.231	1.737	1.696	1.780
	0.450	59.285	53.906	65.685	1.773	1.732	1.817
	0.500	64.323	58.347	71.595	1.808	1.766	1.855
	0.550	69.788	63.106	78.094	1.844	1.800	1.893
	0.600	75.818	68.295	85.360	1.880	1.834	1.931
	0.650	82.598	74.060	93.638	1.917	1.870	1.971
	0.700	90.400	80.615	103.294	1.956	1.906	2.014
	0.750	99.649	88.292	114.899	1.998	1.946	2.060
	0.800	111.065	97.647	129.438	2.046	1.990	2.112
	0.850	126.034	109.741	148.815	2.100	2.040	2.173
	0.900	147.766	127.011	177.505	2.170	2.104	2.249
	0.910	153.554	131.561	185.245	2.186	2.119	2.268
	0.920	160.099	136.684	194.045	2.204	2.136	2.288
	0.930	167.618	142.541	204.213	2.224	2.154	2.310
	0.940	176.434	149.371	216.211	2.247	2.174	2.335
	0.950	187.056	157.552	230.772	2.272	2.197	2.363
	0.960	200.355	167.726	249.155	2.302	2.225	2.396
	0.970	218.008	181.119	273.801	2.338	2.258	2.437
	0.980	243.905	200.565	310.424	2.387	2.302	2.492
	0.990	291.108	235.470	378.451	2.464	2.372	2.578

a. 对数底数=10

由表 7-53 可以看出各组相对中位数强度估计值，药品 1 对药品 2 的比值为 47.477/56.914=0.834，药品 1 对药品 3 的比值为 47.477/64.323=0.738，依次类推。

表 7-53 相对中位数强度估算值

	(I) 药品类别	(J) 药品类别	95%置信限度			进行对数转换情况下的95%置信限度[a]		
			估算	下限	上限	估算	下限	上限
PROBIT	1	2	0.834	0.727	0.952	−0.079	−0.139	−0.021
		3	0.738	0.640	0.843	−0.132	−0.194	−0.074
	2	1	1.199	1.050	1.376	0.079	0.021	0.139
		3	0.885	0.771	1.011	−0.053	−0.113	0.005
	3	2	1.130	0.990	1.296	0.053	−0.005	0.113
		1	1.355	1.186	1.563	0.132	0.074	0.194

a. 对数底数=10

如图 7-45 所示，概率与剂量的对数呈明显的线性关系，说明对药品剂量进行以 10 为底的对数转换是比较合适的，如果散点图没有呈现明显的线性趋势，可以采取其他的转换方法，确保转换后的数据呈线性关系。

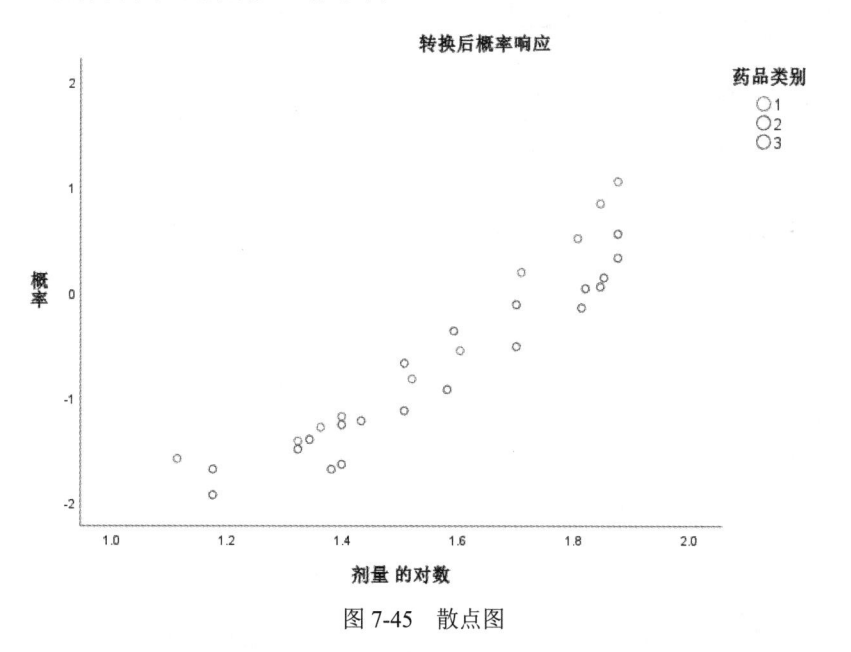

图 7-45 散点图

7.8 加权回归

加权回归是指如果回归线上的各点的精度不同，对各点赋以不同的权值，用加权最小二乘法确定回归系数，拟合回归方程。

执行菜单栏中的"分析"→"回归"→"权重估算"命令，弹出如图 7-46 所示的"权重估算"对话框,进行相关参数的设置即可完成加权回归分析。下面通过具体案例讲解如何在 SPSS 中进行加权回归分析。

图 7-46 "权重估算"对话框

数据文件	数据文件\Chapter07\data07-08.sav
视频文件	视频文件\Chapter07\加权回归.avi

7.8.1 数据描述

本例的数据文件是一些商业街建筑方面的基本资料,如图 7-47 所示。现要求通过面积、商业街种类和建筑师从业年数来拟合建筑成本的加权回归方程。

	面积	商业街种类	建筑师从业年数	建筑成本
1	.73	1.00	17.00	72.70
2	1.92	.00	20.00	440.48
3	.77	1.00	9.00	109.77
4	.65	.00	15.00	134.47
5	.80	.00	15.00	123.39
6	1.03	1.00	11.00	187.34
7	.94	.00	22.00	91.43

图 7-47 "data07-08.sav"数据

7.8.2 SPSS 实现

1. 第一步:初步残差分析

(1)打开"data07-08.sav"文件,执行菜单栏中的"分析"→"回归"→"线性"命令,弹出如图 7-48 所示的"线性回归"对话框。将"建筑成本"变量选入"因变量"列表框,将"面积""商业街种类""建筑师从业年数"三个变量选入"自变量"列表框。

(2)单击"图"按钮,弹出"线性回归:图"对话框,如图 7-49 所示。将标准化残差（*ZRESID）选入 Y 轴，将标准化预测值（*ZPRED）选入 X 轴，单击"继续"按钮。

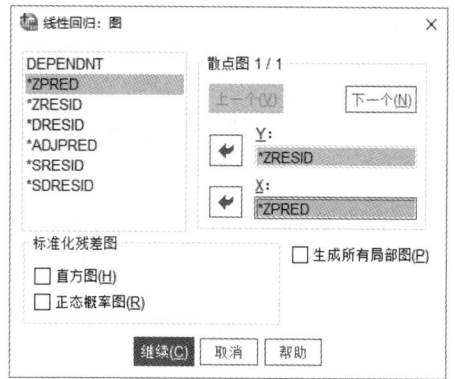

图 7-48 "线性回归"对话框　　　　图 7-49 "线性回归：图"对话框

（3）完成所有设置后，单击"确定"按钮执行命令，输出的散点图如图 7-50 所示，可见随着预测值的增大，残差也有增大的趋势，说明因变量的变异性或分布随着自变量的增加而增加，说明普通最小二乘法不再是最佳解决方案了，建议采用加权最小二乘法。

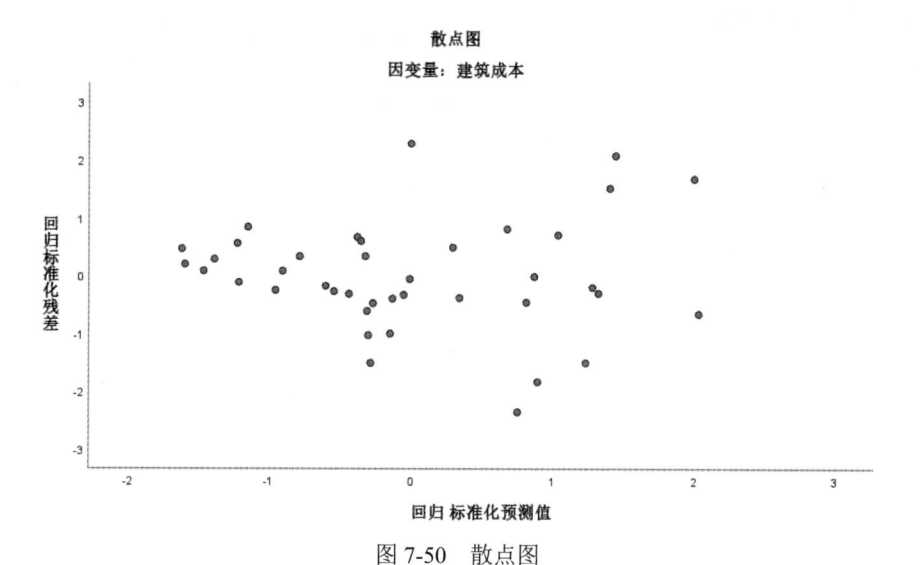

图 7-50　散点图

2. 第二步：加权回归分析

（1）执行菜单栏中的"分析"→"回归"→"权重估算"命令，弹出如图 7-51 所示的"权重估算"对话框。将"建筑成本"变量选入"因变量"列表框，将"面积""商业街种类""建筑师从业年数"变量选入"自变量"列表框，将"面积"变量选入"权重变量"列表框，作为权重变量。在"功效范围"栏指定计算权重过程中指数值的范围，输入起始值 0 和终止值 4，指定步长为 0.5，并勾选"在方程中包括常量"复选框。

（2）单击"选项"按钮，弹出如图 7-52 所示的"权重估算：选项"对话框。勾选"将最佳权重保存为新变量"复选框，变量名为 WGT_n，n 是生成这个变量的序号。在"显示 ANOVA 和估算值"选项区中单击"对于最佳功效"单选按钮，单击"继续"按钮。

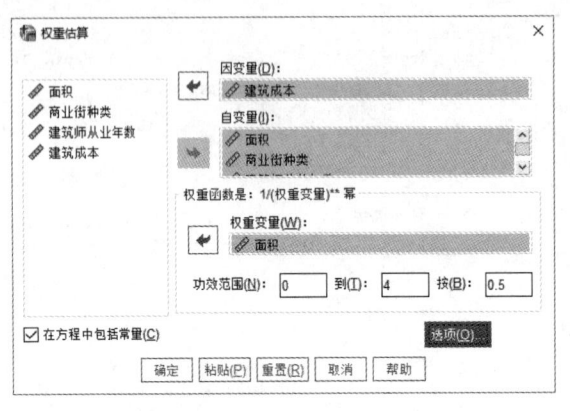

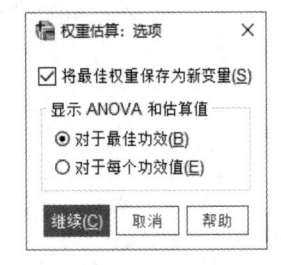

图 7-51 "权重估算"对话框　　　图 7-52 "权重估算：选项"对话框

（3）完成所有设置后，单击"确定"按钮执行命令，此时会弹出对数似然值等分析结果。

7.8.3　结果分析

由表 7-54 可以看出按照 0.5 步长的权值计算出的对数似然比结果，结果中，似然比数值最大的指数就是最佳指数，本例最大值为-205.143，对应的最佳指数为 3.500。

表 7-54　对数似然值 [b]

幂	0.000	-218.675
	0.500	-215.628
	1.000	-212.836
	1.500	-210.356
	2.000	-208.251
	2.500	-206.606
	3.000	-205.529
	3.500	-205.143 [a]
	4.000	-205.563

a. 选择了相应的幂进行进一步分析，这是因为它使对数似然函数最大化。
b. 因变量：建筑成本；源变量：面积。

由表 7-55 可以看出加权模型的信息，包括因变量、自变量和幂值（最佳指数）。

表 7-55　模型描述

因变量		建筑成本
自变量	1	面积
	2	商业街种类
	3	建筑师从业年数
权重	源	面积
	幂值	3.500
模型：MOD_3		

由表 7-56 可以看出采用最佳指数建立的加权回归模型的拟合优度检验结果，可见 R 方和调整后的 R 方都较大，说明模型拟合效果不错。

表 7-56　模型摘要

复 R	0.863
R 方	0.745
调整后的 R 方	0.724
标准估算的错误	46.730
对数似然函数值	-205.143

由表 7-57 可见 F 值为 35.022，显著性小于 0.001，说明由回归解释的变异远远大于残差可解释的变异，说明回归效果是比较好的。

表 7-57　ANOVA

	平方和	自由度	均方	F	显著性
回归	229428.003	3	76476.001	35.022	0.000
残差	78612.250	36	2183.674		
总计	308040.252	39			

由表 7-58 可以看出各自变量和常数项的 t 检验显著性均小于 0.05，说明它们模型的构建作用都是显著的，回归效果很好。最终得到的回归方程为：

建筑成本=53.438+147.273×面积-26.533×商业街种类-2.209×建筑师从业年数

表 7-58　系数

	非标准化系数		标准系数		t	显著性
	B	标准错误	Beta	标准错误		
（常量）	53.438	16.988			3.146	0.003
面积	147.273	15.425	0.864	0.089	7.678	0.000
商业街种类	-26.533	11.086	-0.218	0.091	-2.393	0.022
建筑师从业年数	-2.209	.941	-0.205	0.087	-2.348	0.024

7.9 小结

回归分析可以确定两种或两种以上变量间的因果关系，本章介绍了线性回归、曲线回归、非线性回归、二元 Logistic 回归、多元 Logistic 回归、有序回归、概率单位回归和加权回归。线性回归是指自变量和因变量之间呈线性关系时的回归分析。

曲线回归由曲线估算的方法建立模型。非线性回归用来建立因变量与一系列自变量之间的非线性关系，与估计线性模型的线性回归不同，通过使用迭代估计算法，非线性回归可估计自变量和因变量之间具有任意关系的模型。

二元 Logistic 回归在因变量为二元变量的情况下，根据一系列预测变量的值来预测某种特征或结果是否存在。当因变量是多元变量时，则可采用多元 Logistic 回归，其实质就是用多个二元 Logistic 回归分析模型来描述各个类别与参考类别相比较时的作用大小。

有序回归常应用于因变量是有序的分类变量的回归分析。概率单位回归用来分析刺激的强度与对刺激显示出特定响应的个案比例之间的关系。加权回归使用加权最小二乘法来建立线性回归模型，其要求自变量和因变量是数值型变量。

7.10 习题

1. 数据文件 data07-09.sav 中含有部分上市企业的盈利率、第一大股东持股比例、前五大股东持股比例、总资产、资产负债率、主营业务利润的数据，请利用本章介绍的方法完成以下分析。

（1）第一大股东持股比例、总资产、资产负债率、主营业务利润拟合盈利率的多元线性回归方程。

（2）前五大股东持股比例、总资产、资产负债率、主营业务利润拟合盈利率的多元线性回归方程。

数据存储于"数据文件\Chapter07\data07-09.sav"文件中。

2. 数据文件 data07-10.sav 为某城市 PM2.5 与咽炎发病率的数据，尝试利用本章介绍的方法研究这两者适合哪种回归模型。数据存储于"数据文件\Chapter07\data07-10.sav"文件中。

3. 数据文件 data07-11.sav 为三种治疗方法对某疾病是否复发的统计数据，尝试利用本章介绍的方法完成三种治疗方法对疾病是否复发进行拟合分析。数据存储于"数据文件\Chapter07\data07-11.sav"文件中。

4. 数据文件 data07-12.sav 含有年龄分段、性别、治疗方法、疾病严重程度的统计数据，尝试利用本章介绍的方法完成年龄分段、性别、治疗方法对疾病严重程度的拟合分析。数据存储于"数据文件\Chapter07\data07-12.sav"文件中。

第8章

聚类与判别分析

聚类分析是统计学中研究"物以类聚"问题的多元统计分析方法,在管理学、医学等各个领域中得到广泛的应用。聚类分析是对样本或变量进行分析的一种统计方法,目的是根据事物本身的特性将相似的事物归类。被归为一类的事物具有较高的相似性,而不同类的事物有着很大的差异。根据分类过程的不同,它可以分为快速聚类、系统聚类和两步聚类三种方法。

判别分析也是研究分类的重要方法。当已知分类数目时,可以根据一定的指标对未知类别的数据进行归类。聚类分析针对的样本数据的类别是未知的,需要通过聚类分析来确定类别;而判别分析针对的样本数据的类别是已知的,判别分析通常有一般判别分析和逐步判别分析两种方法。

学习目标

(1)了解聚类与判别分析的原理。
(2)掌握聚类与判别分析的方法。
(3)熟练掌握聚类与判别分析的操作步骤。
(4)深刻理解各项结果的含义。

8.1 快速聚类

当要聚成的类数确定时，使用快速聚类可以快速地将观测记录分到各类中，特点是处理速度快、占用内存少，适用于大样本的聚类分析，能够保存每个对象与聚类中心之间的距离，能够从外部文件中读取初始聚类中心，并将最终的聚类中心保存到该文件中。

SPSS 中，快速聚类使用 K-均值聚类法对观测记录进行聚类，可以完全使用系统默认值进行聚类，也可以对聚类过程设置各种参数进行人为的干预，如事先指定聚类个数，指定使聚类过程中止的收敛判据，如迭代次数等。

进行快速聚类首先要选择聚类分析的变量和类数，参与聚类分析的变量必须是数值型变量，且至少要有 1 个。为了清楚地表明各观测量最后聚到哪一类，还应该指定一个表明观测量特征的变量作为标示变量，如姓名、编号等。聚类个数须大于或等于 2，但不能大于数据集中的观测记录个数。

如果选择了 n 个数值型变量进行快速聚类，则这 n 个变量组成 n 维空间，每个观测量在 n 维空间中是一个点，设最后要求的聚类个数为 k，则 k 个事先选定的观测量就是 k 个聚类中心，也称初始类中心。然后把每个观测量都分派到与这 k 个中心距离最小的那个类中，构成第一个迭代形成的 k 类，根据组成每一类的观测量，计算各变量的均值，每一类的 n 个均值在 n 维空间中又形成 k 个点，构成第二次迭代的类中心。

按照这种方法依次迭代下去，直到达到指定的迭代次数或达到中止迭代的依据要求时，聚类过程结束。

执行菜单栏中的"分析"→"分类"→"K-均值聚类"命令，弹出如图 8-1 所示的"K-均值聚类分析"对话框，进行相关参数的设置即可完成快速聚类。下面通过具体案例讲解如何在 SPSS 中进行快速聚类。

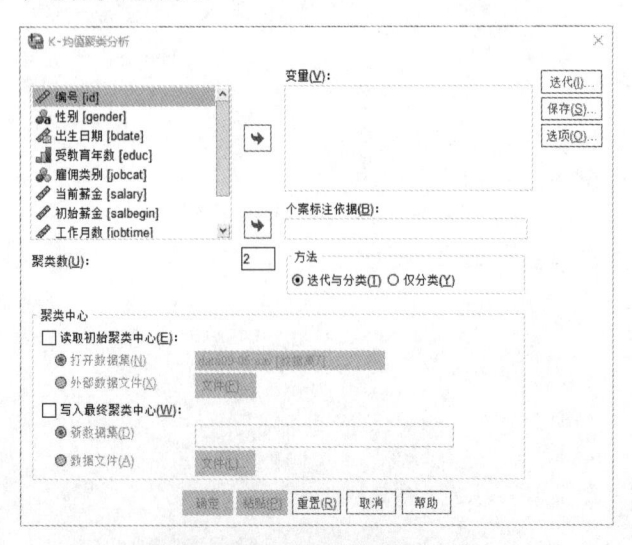

图 8-1 "K-均值聚类分析"对话框

数据文件	数据文件\Chapter08\data08-01.sav
视频文件	视频文件\Chapter08\快速聚类.avi

8.1.1 数据描述

本例的数据文件是一个公司员工的基本情况，如图 8-2 所示。现要求利用起始薪金和当前薪金对员工进行快速聚类。

	id	gender	bdate	educ	jobcat	salary	salbegin	jobtime	prevexp	minority
1	1	m	02/03/1952	15	3	$57,000	$27,000	98	144	0
2	2	m	05/23/1958	16	1	$40,200	$18,750	98	36	0
3	3	f	07/26/1929	12	1	$21,450	$12,000	98	381	0
4	4	f	04/15/1947	8	1	$21,900	$13,200	98	190	0
5	5	m	02/09/1955	15	1	$45,000	$21,000	98	138	0
6	6	m	08/22/1958	15	1	$32,100	$13,500	98	67	0
7	7	m	04/26/1956	15	1	$36,000	$18,750	98	114	0
8	8	f	05/06/1966	12	1	$21,900	$9,750	98	0	0

图 8-2 "data08-01.sav"数据

8.1.2 SPSS 实现

（1）打开"data08-01.sav"文件，执行菜单栏中的"分析"→"分类"→"K-均值聚类"命令，弹出如图 8-3 所示的"K-均值聚类分析"对话框。在左侧的变量列表中选中"当前薪金"和"初始薪金"变量，单击 按钮，将其选入"变量"列表框，将"受教育年数"变量选入"个案标注依据"列表框。在"聚类数"文本框中输入"3"，在"方法"选项区中选中"迭代与分类"单选按钮。

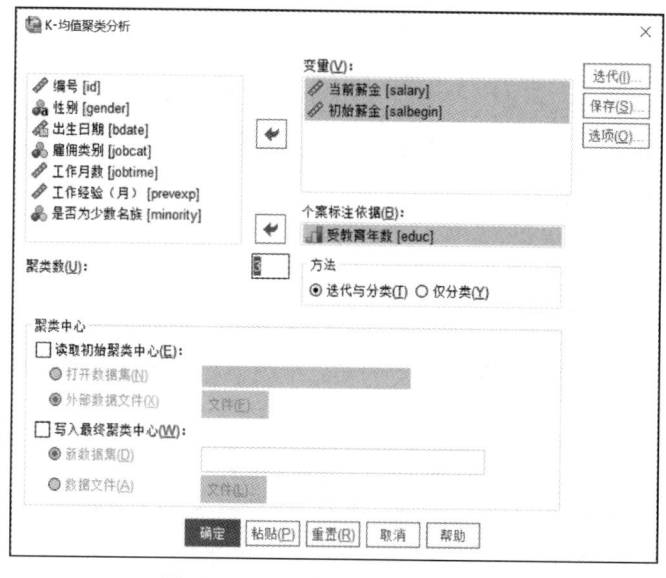

图 8-3 "K-均值聚类分析"对话框

（2）单击"迭代"按钮，弹出如图 8-4 所示的"K-均值聚类分析：迭代"对话框，保持系统默认设置，单击"继续"按钮。

（3）在图 8-3 所示对话框中单击"保存"按钮，弹出如图 8-5 所示的"K-均值聚类：保存新变量"对话框，勾选"聚类成员"和"与聚类中心的距离"复选框，单击"继续"按钮。

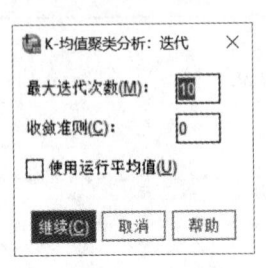

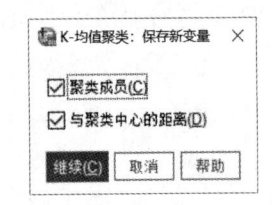

图 8-4 "K-均值聚类分析：迭代"对话框　　　　图 8-5 "K-均值聚类：保存新变量"对话框

（4）在图 8-3 所示对话框中单击"选项"按钮，弹出如图 8-6 所示的"K-均值聚类分析：选项"对话框。在"统计"选项区中选择"初始聚类中心""ANOVA 表""每个个案的聚类信息"复选框，在"缺失值"选项区中选中"成列排除个案"单选按钮，单击"继续"按钮。

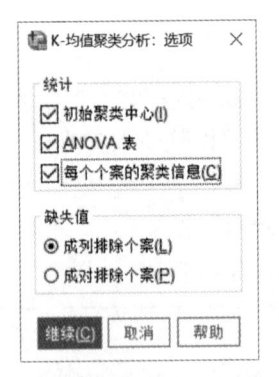

图 8-6 "K-均值聚类分析：选项"对话框

（5）完成所有设置后，单击"确定"按钮执行命令，此时会弹出初始聚类中心、迭代历史记录等分析结果。

8.1.3 结果分析

由表 8-1 可知，由于没有指定聚类的初始聚类中心，此表中所列的作为类中心的观测量是系统确定的。

表 8-1 初始聚类中心

	聚类		
	1	2	3
当前薪金	$135,000	$82,500	$15,750
初始薪金	$79,980	$34,980	$10,200

从表 8-2 中可以看出，经过 9 次迭代后，聚类中心的变动为 0，迭代停止，表中所列的为每次迭代后聚类中心的变化量。

表 8-2　迭代历史记录[a]

迭代	聚类中心的变动		
	1	2	3
1	0.000	15534.146	13154.544
2	26124.950	1834.406	109.129
3	11857.359	1295.991	53.305
4	8237.016	1540.051	51.357
5	4181.983	1329.004	98.643
6	1860.563	828.827	95.845
7	0.000	733.979	141.593
8	0.000	247.090	48.679
9	0.000	0.000	0.000

a. 由于聚类中心不存在变动或者仅有小幅变动，因此实现了收敛。任何中心的最大绝对坐标变动为 0.000。当前迭代为 9。初始中心之间的最小距离为 69146.583。

从表 8-3 中可以看出个案的最终所属类别和与类中心的距离，本例只截取了前 35 个个案，如个案 1 被分到第 2 类，与类中心的距离为 3462.323。

表 8-3　聚类成员

个案号	受教育年数	聚类	距离
1	15	2	3462.323
2	16	3	13344.644
3	12	3	6584.291
4	8	3	5852.021
5	15	2	16867.211
6	15	3	4471.351
7	15	3	9513.791
8	12	3	7257.046
9	15	3	1412.343
10	12	3	3731.378
11	16	3	3526.754
12	8	3	2247.990
13	15	3	129.373
14	15	3	7885.321
15	12	3	745.696
16	12	3	13152.540

续表

个案号	受教育年数	聚类	距离
17	15	3	18324.983
18	16	1	16051.223
19	12	3	14625.060
20	12	3	2960.107
21	16	3	11207.389
22	12	3	6087.172
23	15	3	4772.431
24	12	3	11895.248
25	15	3	8309.286
26	15	3	378.266
27	19	2	793.167
28	15	3	4875.823
29	19	1	51433.022
30	15	3	3526.261
31	12	3	8475.337
32	19	1	11493.432
33	15	3	14350.211
34	19	1	7889.373
35	17	2	21096.630

从表 8-4 中可以看出最终 3 类的聚类中心的两个变量的值。

表 8-4　最终聚类中心

	聚类		
	1	2	3
当前薪金	$99,318	$60,225	$27,675
初始薪金	$42,937	$28,259	$14,144

从表 8-5 中可以看出 3 个聚类中心之间的距离，如聚类中心 1 和 2 之间的距离为 41757.688。

表 8-5　最终聚类中心之间的距离

聚类	1	2	3
1		41757.688	77212.249
2	41757.688		35478.506
3	77212.249	35478.506	

从表 8-6 中可以看出两个变量的聚类均方值都远远大于误差均方值，并且显著性均

小于 0.05，说明拒绝两个变量使各类之间无差异的假设，表明参与聚类分析的两个变量能很好地区分各类，类间的差异足够大。

表 8-6 ANOVA

	聚类		误差		F	显著性
	均方	自由度	均方	自由度		
当前薪金	56651568285.658	2	52257662.134	471	1084.082	<0.001
初始薪金	9976348947.213	2	19847573.399	471	502.648	<0.001
由于已选择聚类以使不同聚类中个案之间的差异最大化，因此 F 检验只应该用于描述目的。实测显著性并未因此进行修正，所以无法解释为针对"聚类平均值相等"这一假设的检验						

从表 8-7 中可以看出每类的观测数，有效的观测数为 474，无缺失值。

表 8-7 每个聚类中的个案数量

	1	11.000
聚类	2	74.000
	3	389.000
有效		474.000
缺失		0.000

8.2　系统聚类

聚类方法有很多种，常用的除了上节介绍的快速聚类，就是系统聚类了。系统聚类只限于较小的数据文件，但是能够对个案或变量进行聚类，计算可能解的范围，并为其中的每一个解保存聚类成员。此外，只要所有变量的类型相同，系统聚类就可以分析区间、计数或二元变量。

根据聚类过程可以将系统聚类分成分解法和凝聚法两种。

分解法：聚类开始前先将所有个体视为属于一个大类，然后根据距离和相似性原则逐层分解，直到参与聚类的每个个体自成一类为止。

凝聚法：聚类开始前先将每个个体都视为一类，然后根据距离和相似性原则逐层合并，直到参与聚类的所有个体合并成一个大类为止。

系统聚类可以实现样本聚类（Q 型）和变量聚类（R 型）。通常情况下，在进行聚类分析之前，先用距离过程对原始变量进行预处理，利用标准化方法对原始数据进行一次转换，并计算相似性测度或距离测度，然后用聚类过程对转换后的数据进行聚类分析。SPSS 的系统聚类包含了距离过程和聚类过程，输出的统计量能帮助用户确定最好的分类结果。

执行菜单栏中的"分析"→"分类"→"系统聚类"命令，弹出如图 8-7 所示的"系统聚类分析"对话框,进行相关参数的设置即可完成系统聚类。下面通过具体案例讲解如何在 SPSS 中进行系统聚类。

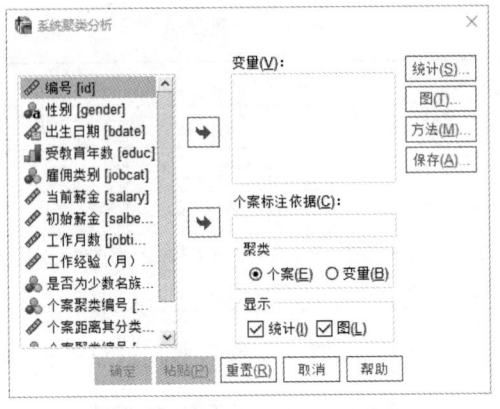

图 8-7 "系统聚类分析"对话框

数据文件	数据文件\Chapter08\data08-02.sav
视频文件	视频文件\Chapter08\系统聚类.avi

8.2.1 数据描述

本例的数据文件是一些省市高校教职工的资料,如图 8-8 所示。现要求利用系统聚类对各地区的高校进行聚类。

	省份	正高级	副高级	中级	初级	无职称
1	北京	10816	18275	20198	4424	2196
2	内蒙古	1545	6106	6637	4967	1691
3	黑龙江	5461	12162	12653	9330	2007
4	上海	5699	10675	14612	4157	1711
5	江苏	8981	25976	35814	21135	4361
6	浙江	5238	13566	18548	7754	2689
7	河南	4718	16767	22849	16950	3805

图 8-8 "data08-02.sav"数据

8.2.2 SPSS 实现

(1) 打开 "data08-02.sav" 文件,执行菜单栏中的 "分析"→"分类"→"系统聚类"命令,弹出如图 8-9 所示的 "系统聚类分析" 对话框。在左侧的变量列表中选中 "正高级" "副高级" "中级" "初级" "无职称" 5 个数值型变量,单击 按钮,将其选入 "变量" 列表框,将 "省份" 变量选入 "个案标注依据" 列表框。在 "聚类" 选项区中选中 "个案" 单选按钮,在 "显示" 选项区中勾选 "统计" 和 "图" 复选框。

(2) 单击 "统计" 按钮,弹出如图 8-10 所示的 "系统聚类分析:统计" 对话框。勾选 "集中计划" 复选框,在 "聚类成员" 选项区中选中 "解的范围" 单选按钮,在 "最小聚类数" 文本框中输入 "2",在 "最大聚类数" 文本框中输入 "5",单击 "继续" 按钮。

第8章 聚类与判别分析

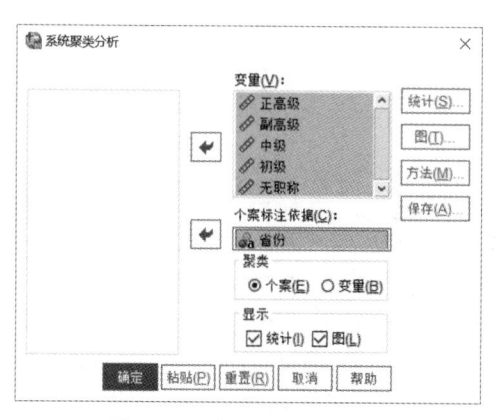

图 8-9 "系统聚类分析"对话框

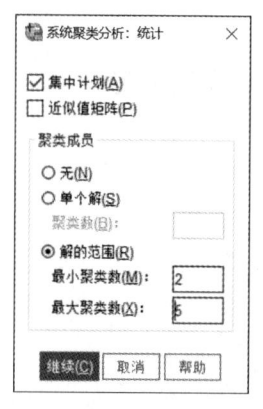

图 8-10 "系统聚类分析：统计"对话框

（3）在图 8-9 所示对话框中单击"方法"按钮，弹出如图 8-11 所示的"系统聚类分析：方法"对话框，选择系统默认选项，单击"继续"按钮。

（4）在图 8-9 所示对话框中单击"图"按钮，弹出如图 8-12 所示的"系统聚类分析：图"对话框。勾选"谱系图"复选框，在"冰柱图"选项区中选中"全部聚类"单选按钮，在"方向"选项区中选中"垂直"单选按钮，单击"继续"按钮。

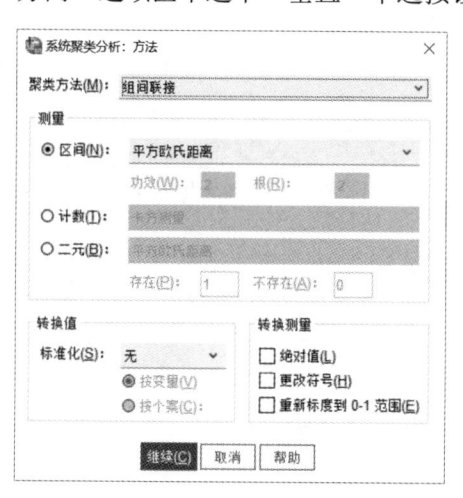

图 8-11 "系统聚类分析：方法"对话框

图 8-12 "系统聚类分析：图"对话框

（5）在图 8-9 所示对话框中单击"保存"按钮，弹出如图 8-13 所示的"系统聚类分析：保存"对话框。在"聚类成员"选项区中选择"解的范围"单选按钮，在"最小聚类数"文本框中输入"2"，在"最大聚类数"文本框中输入"5"，单击"继续"按钮。

（6）完成所有设置后，单击"确定"按钮执行命令，此时会弹出个案处理摘要、集中计划、聚类成员等分析结果。

图 8-13 "系统聚类分析：保存"对话框

173

8.2.3 结果分析

从表 8-8 中可以看出，一共有 18 个个案参与聚类，无缺失值。

表 8-8 个案处理摘要 [a,b]

个案					
有效		缺失		总计	
个案数	百分比	个案数	百分比	个案数	百分比
18	100.0	0	0.0	18	100.0

a. 平方欧氏距离使用中
b. 平均连接（组间）

由表 8-9 可以看出整个聚类过程，"阶段"一列表示聚类的步数，以第 4 行为例，此步将第 2 类和第 18 类合并为一类，其中第 2 类在第 3 步首次出现，而第 18 类在第 4 步首次出现，所以第 4 步中的第 2 类其实包含了第 2 个个案和第 15 个个案，所以第 4 步是将第 2 个、第 15 个和第 18 个个案归为了第 2 类，而第 2 类在第 7 步进行下一次合并。最后，所有类经过 17 步聚为一类。

表 8-9 集中计划

阶段	组合聚类		系数	首次出现聚类的阶段		下一个阶段
	集群 1	集群 2		集群 1	集群 2	
1	16	17	762771.000	0	0	2
2	14	16	1732508.500	0	1	13
3	2	15	2046991.000	0	0	4
4	2	18	5704197.500	3	0	7
5	10	13	5795349.000	0	0	8
6	3	8	21534587.000	0	0	9
7	2	12	22107359.667	4	0	13
8	7	10	22341914.500	0	5	10
9	3	6	32051626.500	6	0	12
10	7	11	33026385.000	8	0	15
11	5	9	38959613.000	0	0	17
12	3	4	40502164.667	9	0	14
13	2	14	84359414.750	7	2	16
14	1	3	124050564.500	0	12	15
15	1	7	130899401.850	14	10	16
16	1	2	473965145.159	15	13	17
17	1	5	1006632931.813	16	11	0

从表 8-10 中可以看出聚类个数为 2～5 的个案的最终归属类别。

表 8-10 聚类成员

个案	5 个聚类	4 个聚类	3 个聚类	2 个聚类
1:北　京	1	1	1	1
2:内蒙古	2	2	2	1
3:黑龙江	3	1	1	1
4:上　海	3	1	1	1
5:江　苏	4	3	3	2
6:浙　江	3	1	1	1
7:河　南	5	4	1	1
8:安　徽	3	1	1	1
9:山　东	4	3	3	2
10:湖　南	5	4	1	1
11:广　东	5	4	1	1
12:广　西	2	2	2	1
13:四　川	5	4	1	1
14:西　藏	2	2	2	1
15:甘　肃	2	2	2	1
16:青　海	2	2	2	1
17:宁　夏	2	2	2	1
18:新　疆	2	2	2	1

图 8-14 是冰柱图，用柱状图的方式显示了最终聚成 2～5 类的过程。横轴为 18 个个案，纵轴为聚类个数，冰柱中最长的空格长度表示当前的聚类步数，画一条横线在纵轴 5 处，即把 18 个个案聚成 5 类，经过了 4 步，5 类分别是（9，5）、（17，16，14，12，18，15，2）、（11，13，10，7）、（4，6，8，3）、（1）。

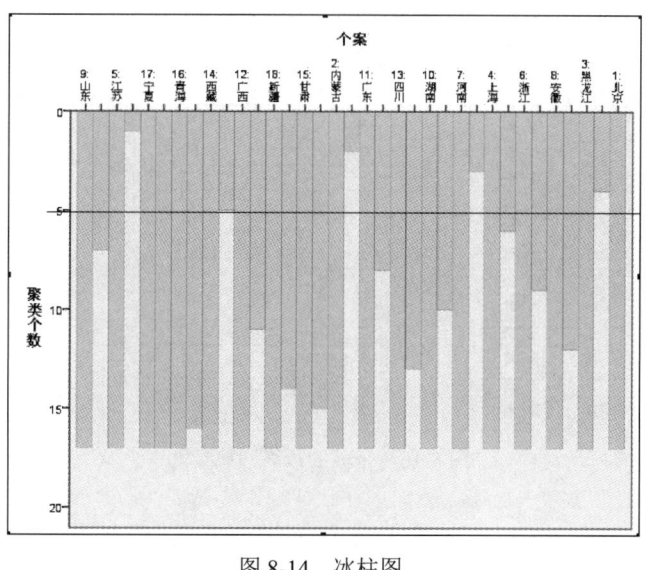

图 8-14 冰柱图

图 8-15 是谱系图（树状图），直观地显示了聚类的整个过程，也可以很方便地指定聚类个数的分类结果，如图中横轴 5 处的黑色线条，其与三条横线相交，表明将全部观测分为了 3 类，最终分类结果为（16，17，14，2，15，18，12）、（10，13，7，11，3，8，6，4，1）、（5，9）。

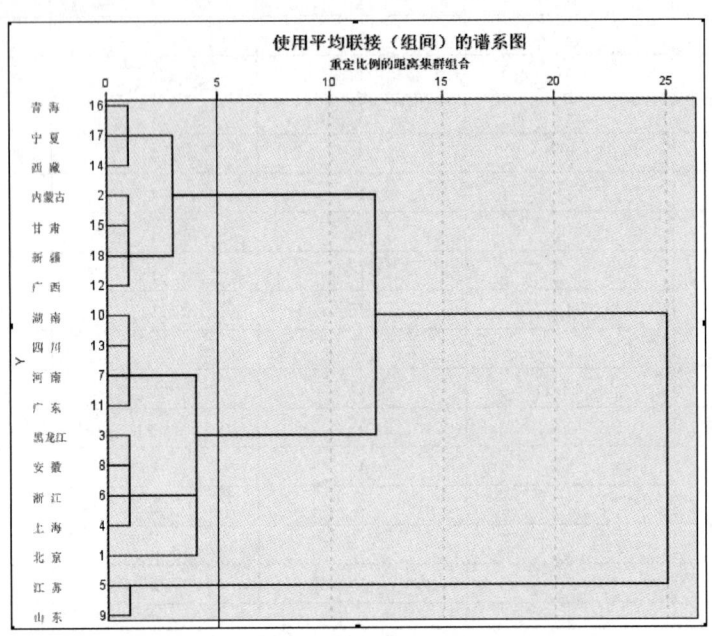

图 8-15 谱系图

在数据编辑窗口中，可以看到保存的"CLU5_1""CLU4_1""CLU3_1""CLU2_1"，如图 8-16 所示，表示的是聚类数为 2～5 的个案的最终归属类别，等同于表 8-10。

	省份	CLU5_1	CLU4_1	CLU3_1	CLU2_1
1	北京	1	1	1	1
2	内蒙古	2	2	2	1
3	黑龙江	3	1	1	1
4	上海	3	1	1	1
5	江苏	4	3	3	2
6	浙江	3	1	1	1
7	河南	5	4	1	1
8	安徽	3	1	1	1
9	山东	4	3	3	2
10	湖南	5	4	1	1
11	广东	5	4	1	1
12	广西	2	2	2	1
13	四川	5	4	1	1
14	西藏	2	2	2	1
15	甘肃	2	2	2	1
16	青海	2	2	2	1
17	宁夏	2	2	2	1
18	新疆	2	2	2	1

图 8-16 个案的最终归属类别

8.2.4 进一步分析

1. OLAP立方体数据集的SPSS实现

（1）在系统聚类后的数据编辑窗口中，执行菜单栏中的"分析"→"报告"→"OLAP立方体"命令，弹出"OLAP立方体"对话框，如图8-17所示，在左侧的变量列表中选中"正高级""副高级""中级""初级""无职称"5个数值型变量，单击按钮，选入右边的"摘要变量"列表框，将"Average Linkage（Between Groups）[CLU4_1]"变量选入右边的"分组变量"列表框。

（2）完成所有设置后，单击"确定"按钮执行命令，此时会弹出OLAP立方体等分析结果。

2. OLAP立方体数据集的结果分析

在结果中找到 OLAP 立方体数据集表格，双击弹出"透视表 OLAP 立方体"，右击并选择"透视托盘"命令，弹出"透视托盘"对话框，将"变量"放入列，将"Average Linkage（Between Groups）[CLU4_1]"和"统计"按序放入"行"，如图8-18所示，即可得到表8-11。

图8-17 "OLAP立方体"对话框

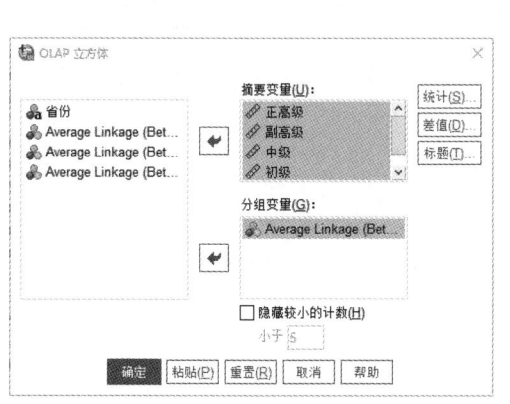

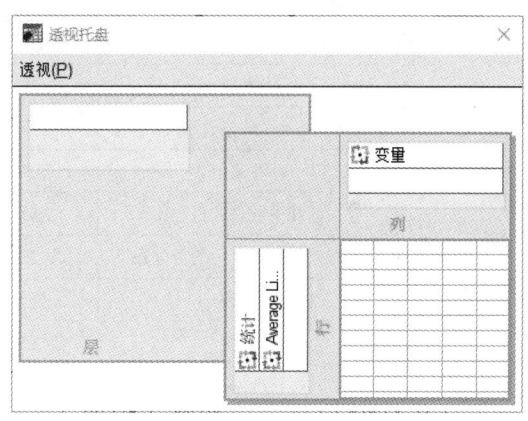

图8-18 "透视托盘"对话框

OLAP 立方体数据集显示了 4 类的各个变量的信息，结合聚类成员发现，其中第 3 类各变量的平均值都高于其他几类，说明山东和江苏普通高校的教育资源较丰富，第 1 类和第 4 类的教育资源相差不大，第 2 类的各变量的平均值相对较小，说明其中的 7 个个案（内蒙古、广西、西藏、甘肃、青海、宁夏和新疆）的教育资源较薄弱，需要加强。

表8-11 OLAP立方体

	Average Linkage (Between Groups)	正高级	副高级	中级	初级	无职称
1	总和	30252	65699	82154	36101	11589
	个案数	5	5	5	5	5
	平均值	6050.40	13139.80	16430.80	7220.20	2317.80

续表

Average Linkage (Between Groups)		正高级	副高级	中级	初级	无职称
1	标准偏差	2868.639	3085.149	3014.008	2840.752	515.732
	在总和中所占的百分比	38.7%	31.6%	30.4%	23.6%	26.2%
	在总个案数中所占的百分比	27.8%	27.8%	27.8%	27.8%	27.8%
2	总和	7134	25787	33242	19205	7619
	个案数	7	7	7	7	7
	平均值	1019.14	3683.86	4748.86	2743.57	1088.43
	标准偏差	741.082	2619.022	3622.239	2156.254	961.398
	在总和中所占的百分比	9.1%	12.4%	12.3%	12.6%	17.2%
	在总个案数中所占的百分比	38.9%	38.9%	38.9%	38.9%	38.9%
3	总和	17478	49790	65814	42381	8236
	个案数	2	2	2	2	2
	平均值	8739.00	24895.00	32907.00	21190.50	4118.00
	标准偏差	342.240	1528.765	418.119	78.489	343.654
	在总和中所占的百分比	22.4%	24.0%	24.3%	27.7%	18.6%
	在总个案数中所占的百分比	8.1%	8.1%	8.1%	8.1%	8.1%
4	总和	23302	66359	89381	55092	16803
	个案数	4	4	4	4	4
	平均值	5825.50	16589.75	22345.25	13773.00	4200.75
	标准偏差	1109.809	1372.663	1437.541	2080.625	1718.077
	在总和中所占的百分比	29.8%	32.0%	33.0%	36.1%	38.0%
	在总个案数中所占的百分比	22.2%	22.2%	22.2%	22.2%	22.2%
总计	个案数	18	18	18	18	18
	平均值	4342.56	11535.28	15032.83	8487.72	2458.17
	标准偏差	3248.319	7634.131	10120.194	6627.159	1653.363
	在总和中所占的百分比	100.0%	100.0%	100.0%	100.0%	100.0%
	在总个案数中所占的百分比	100.0%	100.0%	100.0%	100.0%	100.0%

8.3 两步聚类

两步聚类是一个探索性的分析工具,主要用来揭示原始数据的自然分类或分组。该方法能同时处理分类变量和连续变量,系统能自动选择最佳的聚类个数,能够根据分类和连续变量创建聚类模型,能够将聚类模型保存到外部 XML 文件,然后读取该文件并使用较新的数据来更新聚类模型,高效率地分析大数据集,用户可以自行设定内存空间。

第一步，构建一个分类的特征树（CF）。首先，将一个观测量放在树的叶节点根部，该节点含有该观测量的变量信息。然后使用指定的距离测度作为相似性的判据，使每个后续观测量根据它与已存在节点的相似性归到某一类中，如果相似，则将其放到最相似的节点上，如果不相似，则形成一个新的节点。第二步，使用凝聚算法对特征树的叶节点进行分组。以施瓦兹贝叶斯准则（BIC）或赤池信息准则（AIC）为依据来确定最佳的聚类个数。

执行菜单栏中的“分析”→“分类”→“二阶聚类”命令，弹出如图 8-19 所示的“二阶聚类分析”对话框，进行相关参数的设置即可完成两步聚类。下面通过具体案例讲解如何在 SPSS 中进行两步聚类。

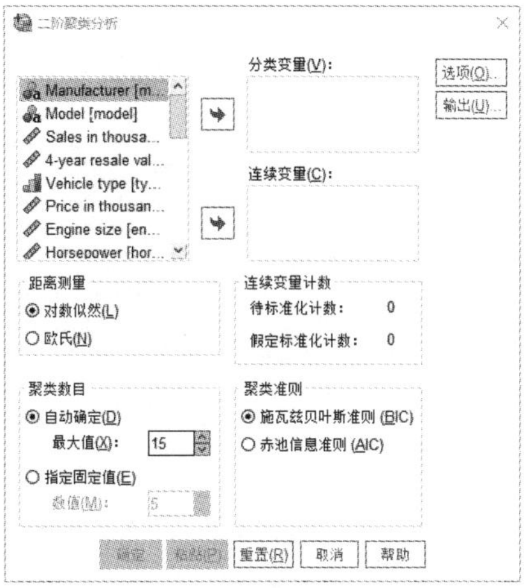

图 8-19　“二阶聚类分析”对话框

数据文件	数据文件\Chapter08\data08-03.sav
视频文件	视频文件\Chapter08\两步聚类.avi

8.3.1　数据描述

本例的数据文件是一些汽车的基本资料，如图 8-20 所示。要求利用汽车的一些基本资料对汽车进行两步聚类。

	manufact	model	sales	resale	type	price	engine_s
1	Acura	Integra	16.919	16.360	0	21.500	1.8
2	Acura	TL	39.384	19.875	0	28.400	3.2
3	Acura	CL	14.114	18.225	0	.	3.2
4	Acura	RL	8.588	29.725	0	42.000	3.5
5	Audi	A4	20.397	22.255	0	23.990	1.8
6	Audi	A6	18.780	23.555	0	33.950	2.8
7	Audi	A8	1.380	39.000	0	62.000	4.2

图 8-20　“data08-03.sav”数据

8.3.2　SPSS 实现

（1）打开“data08-03.sav”文件，执行菜单栏中的“分析”→“分类”→“二阶聚类”命令，弹出如图 8-21 所示的“二阶聚类分析”对话框。在左侧的变量列表中选中“价格×1000”“发动机型号”“马力”“轴距”“宽度”“长度”“底盘重量”“燃料容量”“燃料效率”9 个变量，单击➡按钮，选入右边的“连续变量”列表框，将“车辆类型”变量选入右边的“分类变量”列表框，其他选项采用系统默认设置。

（2）单击“选项”按钮，弹出如图 8-22 所示的“二阶聚类：选项”对话框，采用系统默认设置，单击“继续”按钮。

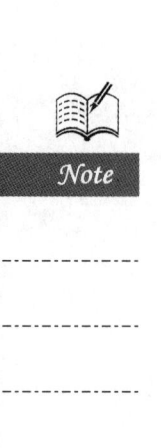

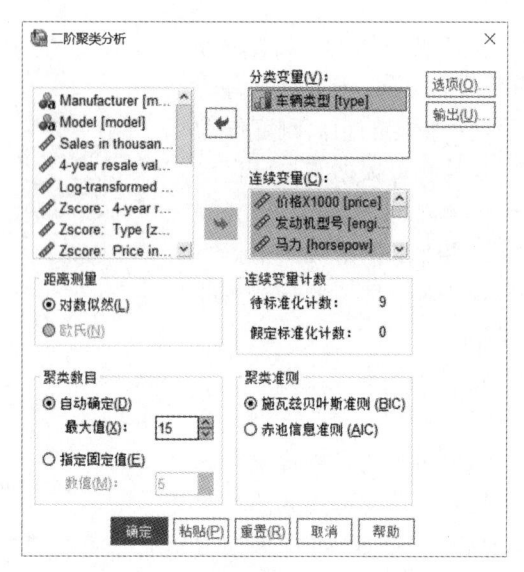

图 8-21 "二阶聚类分析"对话框

（3）在图 8-21 所示对话框中单击"输出"按钮，弹出如图 8-23 所示的"二阶聚类：输出"对话框。在"输出"选项区中勾选"透视表"和"图表和表（在模型查看器中）"复选框，在"工作数据文件"选项区中勾选"创建聚类成员变量"复选框，单击"继续"按钮。

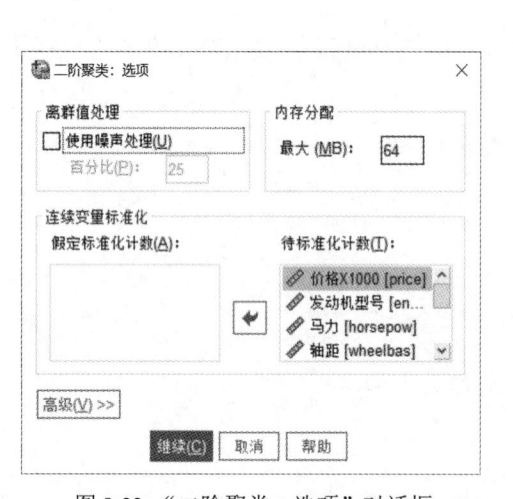

图 8-22 "二阶聚类：选项"对话框

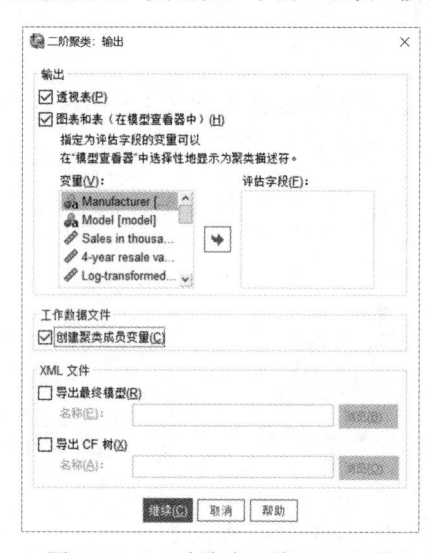

图 8-23 "二阶聚类：输出"对话框

（4）完成所有设置后，单击"确定"按钮执行命令，此时会弹出自动聚类、聚类分布等分析结果。

8.3.3 结果分析

由表 8-12 可以看出整个聚类的过程，第 1 列表示聚类的步骤数，第 2 列通过 BIC 准则对每个类数计算聚类判据，数值越小表示模型越好，同时还要考虑第 4 列 BIC 变化比率和第 5 列距离测量比率来最终确定最佳的聚类结果。第 3 列是 BIC 变化量,即当前的 BIC 值减去前一个 BIC 值的差。第 4 列 BIC 变化比率是当前的 BIC 变化值与前一个变化值的比率。一个好的模型应当有较小的 BIC 值、较大的 BIC 变化比率和较大的距离测量比率。本例选择最终聚类数为 3。

表 8-12 自动聚类

聚类数	施瓦兹贝叶斯准则（BIC）	BIC 变化量[a]	BIC 变化比率[b]	距离测量比率[c]
1	1214.377			
2	974.051	−240.326	1.000	1.829
3	885.924	−88.128	0.367	2.190
4	897.559	8.635	−0.048	1.368
5	931.760	34.201	−0.142	1.036
6	968.073	36.313	−0.151	1.576
7	1026.000	57.927	−0.241	1.083
8	1086.815	60.815	−0.253	1.687
9	1161.740	74.926	−0.312	1.020
10	1237.063	75.323	−0.313	1.239
11	1316.271	79.207	−0.330	1.046
12	1396.192	79.921	−0.333	1.075
13	1477.199	81.008	−0.337	1.076
14	1559.230	82.030	−0.341	1.301
15	1644.366	85.136	−0.354	1.044

a. 变化量基于表中的先前聚类数目
b. 变化比率相对于双聚类解的变化
c. 距离测量比率基于当前聚类数目,而不是先前聚类数目

由表 8-13 可以看出最终聚成 3 类的观测数,以及排除的异常观测数。本例观测总数为 157,异常观测数为 5。

表 8-13 聚类分布

		数字	占组合的百分比	占总数的百分比
聚类	1	62	40.8%	39.5%
	2	39	25.7%	24.8%
	3	51	33.6%	32.5%
	混合	152	100.0%	96.8%
排除的个案		5		3.2%
总计		157		100.0%

由表 8-14 可以看出每一类中连续变量的均值和标准偏差,可以看出第 1 类的车辆价格比较便宜,马力、轴距都较小,车型也偏小,燃料效率最高,属于低端车型;第 2 类

车辆价格居中,马力、轴距、车型、燃料容量相对于第 1 类都有提高,燃料效率降低,属于中端车型;第 3 类车辆价格最高,马力相对于前两类都有较大的提高,燃料效率居中,属于高端车型。

表 8-14 质心

		聚类			
		1	2	3	混合
平均值(E)	价格×1000	19.61671	26.56182	37.29980	27.33182
	发动机型号	2.194	3.559	3.700	3.049
	马力	143.24	187.92	232.96	184.81
	轴距	102.595	112.972	109.022	107.414
	宽度	68.539	72.744	72.924	71.089
	长度	178.235	191.110	194.688	187.059
	底盘重量	2.83742	3.96759	3.57890	3.37618
	燃料容量	14.979	22.064	18.443	17.959
	燃料效率	27.24	19.51	23.02	23.84
标准偏差	价格×1000	7.644070	8.185175	17.381187	14.418669
	发动机型号	0.4238	0.9358	0.9493	1.0498
	马力	30.259	39.049	54.408	56.823
	轴距	4.0799	9.6537	5.7644	7.7178
	宽度	1.9366	4.1781	2.1855	3.4647
	长度	9.6534	14.4415	8.3512	13.4712
	底盘重量	0.310867	0.671766	0.297204	0.636593
	燃料容量	1.8699	4.2894	2.0445	3.9376
	燃料效率	3.578	2.910	2.060	4.305

由表 8-15 可以看出第 1 类和第 3 类基本上都是小汽车,第 2 类全部是卡车。

表 8-15 车辆类型

		Automobile		Truck	
		频率	百分比	频率	百分比
聚类	1	61	54.5%	1	2.5%
	2	0	0.0%	39	97.5%
	3	51	45.5%	0	0.0%
	混合	112	100.0%	40	100.0%

由图 8-24 可以看出聚类方法为两步聚类,总共有 10 个变量,最佳聚类数为 3 类,聚类效果较好。

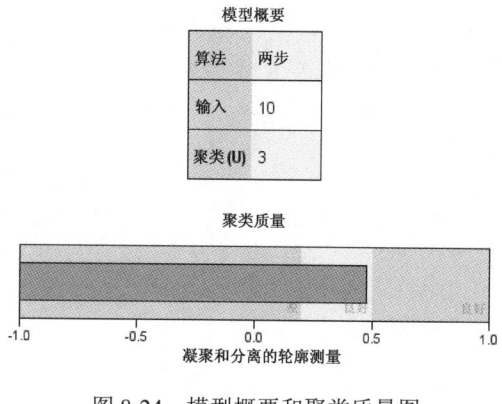

模型概要	
算法	两步
输入	10
聚类(U)	3

聚类质量

图 8-24 模型概要和聚类质量图

8.4 一般判别分析

一般判别分析是最基础的判别分析，包括距离判别法和 Bayes 判别法两种。

执行菜单栏中的"分析"→"分类"→"判别式"命令，弹出如图 8-25 所示的"判别分析"对话框，进行相关参数的设置即可完成一般判别分析。下面通过具体案例讲解如何在 SPSS 中进行一般判别分析。

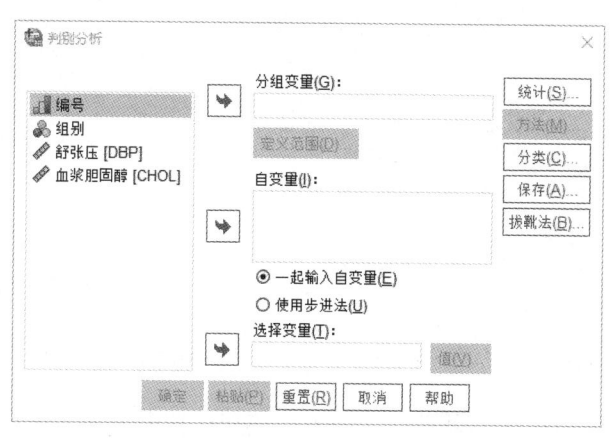

图 8-25 "判别分析"对话框

数据文件	数据文件\Chapter08\data08-04.sav
视频文件	视频文件\Chapter08\一般判别分析.avi

8.4.1 数据描述

本例的数据文件是某医院研究舒张压与血浆胆固醇对冠心病的影响情况，随机抽取并测定了 15 例冠心病患者、15 例正常人和 1 例未知个体,如图 8-26 所示。现要求利用一般判别分析判断未知个体属于冠心病患者还是正常人。

编号	组别	DBP	CHOL
1	1	9.86	5.18
2	1	13.33	3.73
3	1	14.66	3.89
4	1	9.33	7.10
5	1	12.80	5.49
6	1	10.66	4.09
7	1	10.66	4.45

图 8-26 "data08-04.sav"数据

8.4.2 SPSS 实现

(1) 打开"data08-04.sav"文件,执行菜单栏中的"分析"→"分类"→"判别式"命令,弹出如图 8-27 所示的"判别分析"对话框。选择"组别"变量,单击▶按钮,将其选入"分组变量"列表框;选中"舒张压""血浆胆固醇"变量,单击▶按钮,将其选入"自变量"列表框。

(2) 单击"定义范围"按钮,在弹出的如图 8-28 所示的"判别分析: 定义范围"对话框中分别输入"1"和"2",单击"继续"按钮。

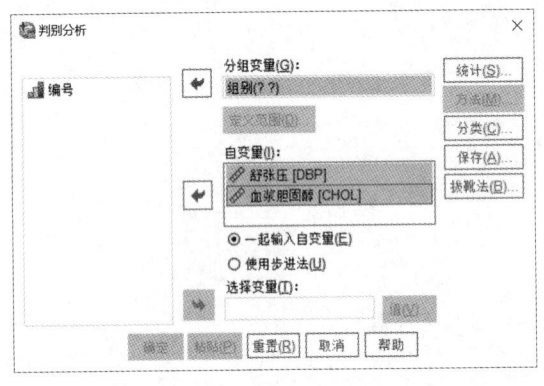

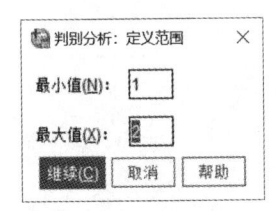

图 8-27 "判别分析"对话框   图 8-28 "判别分析: 定义范围"对话框

(3) 在图 8-27 所示对话框中单击"统计"按钮,弹出如图 8-29 所示的"判别分析: 统计"对话框。勾选"平均值""博克斯""费希尔""未标准化""组内协方差""分组协方差"复选框,单击"继续"按钮。

(4) 在图 8-27 所示对话框中单击"分类"按钮,弹出如图 8-30 所示的"判别分析: 分类"对话框,勾选"摘要表"复选框,单击"继续"按钮。

(5) 完成所有设置后,单击"确定"按钮执行命令,此时会弹出分析个案处理摘要、组统计等分析结果。

图 8-29 "判别分析：统计"对话框　　图 8-30 "判别分析：分类"对话框

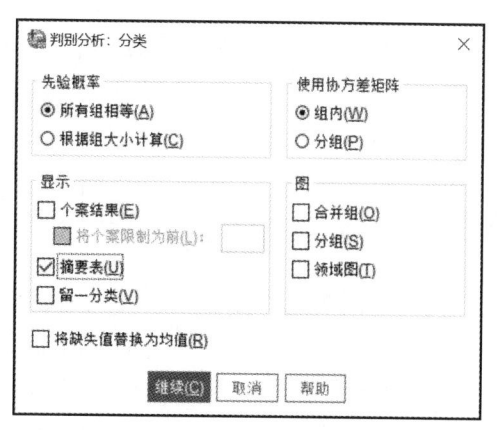

8.4.3 结果分析

由表 8-16 可以看出样本使用的信息，包括有效数据和缺失数据的统计信息，本例中有一个缺失数据，该缺失数据就是未分类的个案。

表 8-16 分析个案处理摘要

未加权的个案		数字	百分比
有效		30	96.8
排除	缺失或超出范围组代码	1	3.2
	至少一个缺失判别变量	0	0.0
	既包括缺失或超出范围组代码，也包括至少一个缺失判别变量	0	0.0
	总计	1	3.2
总计		31	100.0

表 8-17 给出了各个类别的平均值、标准偏差，以及加权与未加权的有效个案数，通过这些数据可以了解两种类别的人在这两个生理指标上的差异。

表 8-17 组统计

组别		平均值	标准偏差	有效个案数（成列）	
				未加权	加权
冠心病患者	舒张压	12.4940	1.64064	15	15.000
	血浆胆固醇	4.8680	1.12948	15	15.000
正常人	舒张压	8.7153	1.07722	15	15.000
	血浆胆固醇	3.6647	0.95708	15	15.000
总计	舒张压	8.6047	1.63641	30	30.000
	血浆胆固醇	4.2663	1.19689	30	30.000

表 8-18 和表 8-19 给出了两个类别和总样本的协方差矩阵。

表 8-18 汇聚组内矩阵[a]

		舒张压	血浆胆固醇
协方差	舒张压	1.926	-0.468
	血浆胆固醇	-0.468	1.096

a. 协方差矩阵的自由度为 28

表 8-19 协方差矩阵

组别		舒张压	血浆胆固醇
冠心病患者	舒张压	2.692	-0.764
	血浆胆固醇	-0.764	1.276
正常人	舒张压	1.160	-0.172
	血浆胆固醇	-0.172	0.916

表 8-20 给出了博克斯 M 检验的结果，即对各总体协方差矩阵是否相等的统计检验，可以看出在 0.05 的显著性水平下没有足够的理由拒绝原假设，即认为总体协方差矩阵相等，所以，建议使用共享的组内矩阵进行计算和分类。若否定了协方差矩阵相等的假设，则应使用分组协方差矩阵进行分析。

表 8-20 检验结果

博克斯 M		2.726
F	近似	0.838
	自由度 1	3
	自由度 2	141120.000
	显著性	0.473

由表 8-21 可以看出本例仅用一个函数就能解释所有的方差变异。

表 8-21 特征值

函数	特征值	方差百分比	累计百分比	典型相关性
1	1.169[a]	100.0	100.0	0.734

a. 在分析中使用了前 1 个典则判别函数

表 8-22 可用来检验判别函数在统计学上是否有显著意义。从显著性为 0.000 可知，该函数在 0.01 水平上极显著。所以，可以接受该函数建立的判别规则。

表 8-22 威尔克 Lambda

函数检验	威尔克 Lambda	卡方	自由度	显著性
1	0.461	20.908	2	0.000

表 8-23 列出了两个变量的标准化系数,所以,判别函数可以表示为

$$y = 0.882 \times 舒张压^* + 0.834 \times 血浆胆固醇^*$$

这里的舒张压*和血浆胆固醇*是标准化后的变量,标准化变量的系数就是判别权重。

表 8-24 是结构矩阵,由汇聚组内相关系数矩阵×标准化判别函数系数矩阵计算得到,通过结构系数可以看出两个解释变量对判别函数的贡献较大。

表 8-23 威尔克 Lambda

	函数
	1
舒张压	0.882
血浆胆固醇	0.834

表 8-24 结构矩阵

	函数
	1
舒张压	0.613
血浆胆固醇	0.550
判别变量与标准化判别函数之间的汇聚组内相关性变量按函数内相关性的绝对大小排序	

表 8-25 列出了判别函数中两个变量的未标准化系数。若未对原始数据进行标准化处理,则可以利用该表格中的系数。所以,判别函数可以表示为

$$y = 0.636 \times 舒张压^* + 0.797 \times 血浆胆固醇^* - 10.775$$

根据该判别函数可以计算每个个案的判别得分。

表 8-25 判别函数系数

	函数
	1
舒张压	0.636
血浆胆固醇	0.797
(常量)	-10.775
非标准系数	

由表 8-26 可以看出判别函数在冠心病患者这一组的重心为 1.045,在正常人这一组的重心为-1.045。只要根据判别函数计算出每个个案的平面位置,再计算它们和各类重心的距离,就可以判断每个个案属于哪个类别。

表 8-26 重心

组别	函数
	1
冠心病患者	1.045
正常人	-1.045

表 8-27 说明 31 个个案都参与分类。

表 8-27 分类处理摘要

已处理		31
除外	缺失或超出范围组代码	0
	至少一个缺失判别变量	0
	输出中使用的	31

表 8-28 列出了各组的先验概率,在此选择的是所有组的先验概率相等。

表 8-28 各组的先验概率

组别	先验	在分析中使用的个案	
		未加权	加权
冠心病患者	0.500	15	15.000
正常人	0.500	15	15.000
总计	1.000	30	30.000

由表 8-29 可以看出对个案进行判别时,费希尔线性判别函数简单得多,它直接计算每个个案属于各类的得分,个案在哪个类别中的得分高就属于哪个类别。

表 8-29 分类函数系数

	组别	
	冠心病患者	正常人
舒张压	8.441	7.113
血浆胆固醇	8.045	6.380
(常量)	−73.002	−50.491
费希尔线性判别函数		

表中结果可说明,冠心病患者这一组的分类函数是 $f_1 = 8.441 \times$ 舒张压 $+ 8.045 \times$ 血浆胆固醇 $- 73.002$,正常人这一组的分类函数是 $f_2 = 7.113 \times$ 舒张压 $+ 6.380 \times$ 血浆胆固醇 $- 50.491$。可以计算出每个观测在各组的分类函数值,然后将观测分类到较大的分类函数值中。

表 8-30 列出了用判别函数进行预测的统计信息。从表中可以看出,通过判别函数预测,有 24 个观测是分类正确的,其中冠心病患者这一组 15 个观测中有 12 个观测分类正确,正常人这一组 15 个观测中也有 12 个观测分类正确,从而有 24/30=80.0% 的原始观测分类正确。表格最后一行的未分组个案被判断为正常人。

表 8-30 分类结果[a]

		组别	预测组成员信息		总计
			冠心病患者	正常人	
原始	计数	冠心病患者	12	3	15

续表

组别		预测组成员信息		总计
		冠心病患者	正常人	
原始	计数	正常人	3	12	15
		未分组个案	0	1	1
		冠心病患者	80.0	20.0	100.0
	%	正常人	20.0	80.0	100.0
		未分组个案	0.0	100.0	100.0

a. 正确地对80.0%的原始已分组个案进行了分类

8.5 逐步判别分析

在研究某一事物分类时，由于人们对客观事物的认识可能并不客观，以及对于哪些变量能够反映研究范围内事物的特性这一问题的认识还不够深刻，所以在进行判别分析时所选择的变量不一定都能很好地反映类别之间的差异。在实际工作中，采用逐步判别分析能很好地选择变量。

上一节主要介绍了一般判别分析，本节将要介绍的逐步判别分析假设已知的各类均属于多元正态分布，用逐步选择法选择最能反映类别之间差异的变量子集建立较好的判别函数。一个变量能否被选择为变量子集的成员进入模型，主要取决于协方差分析的 F 检验的显著性。

逐步判别分析从模型中没有变量开始，每一步都要对模型进行检验，即综合考虑引入的全部变量所形成的整体对模型判别能力的贡献的显著性。

判别分析的每一步都是把模型外对模型的判别能力贡献最大的变量引入模型，同时也考虑把已经在模型中但又不符合留在模型中的条件的变量剔除。这是因为新引入的变量有可能使原来已经在模型中的变量对模型的贡献变得不显著了。

当模型中所有变量都符合引入模型的判据，模型外的变量都不符合进入模型的判据时，逐步选择变量的过程就停止了。

执行菜单栏中的"分析"→"分类"→"判别式"命令，弹出如图 8-31 所示的"判别分析"对话框，进行相关参数的设置即可完成逐步判别分析。下面通过具体案例讲解如何在 SPSS 中进行逐步判别分析。

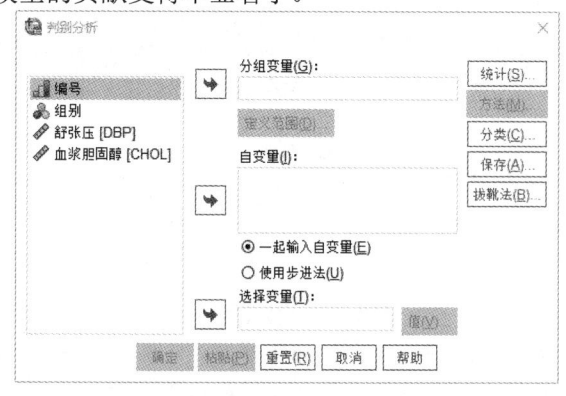

图 8-31 "判别分析"对话框

数据文件	数据文件\Chapter08\data08-05.sav
视频文件	视频文件\Chapter08\逐步判别分析.avi

8.5.1 数据描述

本例数据文件是某研究人员收集的 150 辆汽车的马力、底盘重量和燃料效率的资料，其中 149 辆汽车被分为低端车型、中端车型和高端车型，如图 8-32 所示。现要求利用逐步判别分析，根据未分类的汽车的数据对其进行分类。

	组别	X1	X2	X3
1	1	140	2.639	28
2	3	225	3.517	25
3	3	210	3.850	22
4	1	150	2.998	27
5	3	200	3.561	22
6	3	310	3.902	21
7	1	170	3.179	26

图 8-32 "data08-05.sav" 数据

8.5.2 SPSS 实现

（1）打开"data08-05.sav"文件，执行菜单栏中的"分析"→"分类"→"判别式"命令，打开如图 8-33 所示的"判别分析"对话框。在变量列表中选择"组别"变量，单击 ▶ 按钮，将其选入"分组变量"列表框，选中"马力""底盘重量""燃料效率"变量，单击 ▶ 按钮，将其选入"自变量"列表框，选中"使用步进法"单选按钮。

（2）单击"定义范围"按钮，在弹出的如图 8-34 所示的"判别分析：定义范围"对话框中分别输入"1"和"3"，单击"继续"按钮。

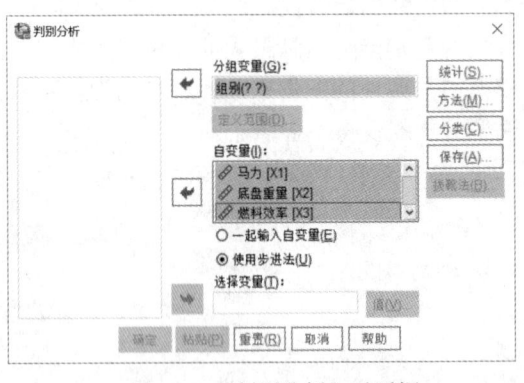

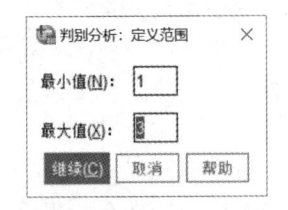

图 8-33 "判别分析"对话框　　　　图 8-34 "判别分析：定义范围"对话框

（3）在图 8-33 所示对话框中单击"统计"按钮，弹出如图 8-35 所示的"判别分析：统计"对话框，勾选"平均值""博克斯 M""费希尔""未标准化""组内协方差""分组协方差"复选框，单击"继续"按钮。

（4）在图 8-33 所示对话框中单击"方法"按钮，弹出如图 8-36 所示的"判别分析：步进法"对话框。选中"威尔克 Lambda""使用 F 的概率"单选按钮，勾选"步骤摘要"复选框，单击"继续"按钮。

第 8 章　聚类与判别分析

图 8-35　"判别分析：统计"对话框　　　图 8-36　"判别分析：步进法"对话框

（5）在图 8-33 所示对话框中单击"分类"按钮，弹出如图 8-37 所示的"判别分析：分类"对话框。选中"根据组大小计算"单选按钮，勾选"摘要表""合并组"复选框，单击"继续"按钮。

图 8-37　"判别分析：分类"对话框

（6）完成所有设置后，单击"确定"按钮执行命令，此时会弹出分析个案处理摘要、组统计等分析结果。

8.5.3　结果分析

由表 8-31 可以看出样本使用的信息，包括有效数据和缺失数据的统计信息，本例中有一个缺失数据，该缺失数据就是未分类的个案。

表 8-31　分析个案处理摘要

未加权个案数		个案数	百分比
有效		149	99.3
排除	缺失或超出范围组代码	1	0.7
	至少一个缺失判别变量	0	0.0

续表

未加权个案数		个案数	百分比
排除	既包括缺失或超出范围组代码，也包括至少一个缺失判别变量	0	0.0
	总计	1	0.7
总计		150	100.0

表 8-32 给出了各个类别的平均值、标准偏差，以及加权与未加权的有效个案数，通过这些数据可以了解 3 种类别的车型在这 3 个指标上的差异。

表 8-32 组统计

组别		平均值	标准偏差	有效个案数（成列）	
				未加权	加权
低端车型	马力	142.83607	30.339842	61	61.000
	底盘重量	2.83051	0.308607	61	61.000
	燃料效率	27.28033	3.596332	61	61.000
中端车型	马力	187.92308	39.048812	39	39.000
	底盘重量	3.96759	0.671766	39	39.000
	燃料效率	19.51282	2.909800	39	39.000
高端车型	马力	233.55102	55.333105	49	49.000
	底盘重量	3.57802	0.303299	49	49.000
	燃料效率	22.99592	2.097812	49	49.000
总计	马力	184.46980	57.208551	149	149.000
	底盘重量	3.37396	0.642407	149	149.000
	燃料效率	23.83826	4.346599	149	149.000

表 8-33 和表 8-34 给出了 3 个类别的协方差矩阵和总样本的协方差矩阵。

表 8-33 汇聚组内矩阵 [a]

		马力	底盘重量	燃料效率
协方差	马力	1781.762	9.362	−77.732
	底盘重量	9.362	0.187	−0.796
	燃料效率	−77.732	−0.796	8.966

a. 协方差矩阵的自由度为 146

表 8-34 协方差矩阵

组别		马力	底盘重量	燃料效率
低端车型	马力	920.506	6.993	−80.892
	底盘重量	6.993	0.095	−0.897
	燃料效率	−80.892	−0.897	12.934

续表

组别		马力	底盘重量	燃料效率
中端车型	马力	1524.810	21.673	−65.249
	底盘重量	21.673	0.451	−1.350
	燃料效率	−65.249	−1.350	8.467
高端车型	马力	3061.753	2.576	−83.664
	底盘重量	2.576	0.092	−0.231
	燃料效率	−83.664	−0.231	4.401

表 8-35 给出了博克斯 M 检验的结果，即对各总体协方差矩阵是否相等的统计检验，可以看出在 0.05 的显著性水平下接受原假设，即认为总体协方差矩阵不相等，所以，建议使用表 8-34 的分析。若否定了协方差矩阵相等的假设，则应使用表 8-33 进行计算和分类。

表 8-35 检验结果

博克斯 M		161.114
F	近似	13.010
	自由度 1	12
	自由度 2	78197.837
	显著性	<0.001
对等同群体协方差矩阵的原假设进行检验		

由表 8-36 可以看出筛选变量的过程。可以发现，这 3 步的威尔克 Lambda 检验都很显著，说明每一步加入的变量对正确判断分类都是有显著作用的。

表 8-36 已输入/除去变量 [a,b,c,d]

步骤	输入	威尔克 Lambda				精确 F			
		统计	自由度 1	自由度 2	自由度 3	统计	自由度 1	自由度 2	显著性
1	底盘重量	0.447	1	2	146.000	90.452	2	146.000	0.000
2	马力	0.281	2	2	146.000	64.169	4	290.000	0.000
3	燃料效率	0.215	3	2	146.000	55.432	6	288.000	0.000
在每个步骤中，将输入可使总体威尔克 Lambda 最小化的变量									
a. 最大步骤数为 6									
b. 要输入的 F 的最大显著性为 0.05									
c. 要除去的 F 的最小显著性为 0.10									
d. F 级别、容差或 VIN 不足，无法进行进一步计算									

由表 8-37 可以看出本例有两个函数，第一个判别函数解释了所有变异的 64.8%，第二个判别函数解释了所有变异的 35.2%。

表 8-37 特征值

函数	特征值	方差百分比	累计百分比	典型相关性
1	1.533^a	64.8	64.8	0.778
2	0.833^a	35.2	100.0	0.674

a. 在分析中使用了前两个典则判别函数

表 8-38 用来检验判别函数在统计学上是否有显著意义。从显著性为 0.000 可知，两个函数在 0.01 水平上极显著。所以，可以接受该函数建立的判别规则。

表 8-38 威尔克 Lambda

函数检验	威尔克 Lambda	卡方	自由度	显著性
1 直至 2	0.215	222.636	6	0.000
2	0.546	87.873	2	0.000

表 8-39 列出了标准化典则判别函数系数。

表 8-39 标准化典则判别函数系数

	函数	
	1	2
马力	0.394	1.221
底盘重量	−0.634	0.091
燃料效率	0.701	0.615

表 8-40 列出了判别变量和标准化判别函数之间的相关数据，可以看出哪个判别变量对哪个判别函数的贡献较大。由此可知，第一个判别函数与底盘重量、燃料效率这两个变量的相关性较大，第二个判别函数与马力这一变量的相关性较大。

表 8-40 结构矩阵

	函数	
	1	2
底盘重量	−0.863*	0.340
燃料效率	0.849*	−0.192
马力	−0.363	0.890*

判别变量与标准化典则判别函数之间的汇聚组内相关性变量按函数内相关性的绝对大小排序

*. 每个变量与任何判别函数之间的最大绝对相关性

若未对原始数据进行标准化处理，则可以利用表 8-41 中的系数。

表 8-41 典则判别函数系数

	函数	
	1	2
马力	0.009	0.029

续表

	函数	
	1	2
底盘重量	−1.467	0.212
燃料效率	0.234	0.205
（常量）	−2.353	−10.948
未标准化系数		

表8-42给出了3个类别的重心在平面上的位置。根据结果，判别函数在低端车型、中端车型和高端车型这3组的重心分别为（1.215，−0.613）、（−1.852，−0.663）、（−0.039，1.290）。根据判别函数计算出每个个案的平面位置后，再计算它们和各类重心的距离，就可以判断每个个案属于哪个类别。

表8-42 重心

组别	函数	
	1	2
低端车型	1.215	−0.613
中端车型	−1.852	−0.663
高端车型	−0.039	1.290
组平均值中评估的非标准规范判别式函数		

表8-43说明150个个案都参与了分类。

表8-43 分类处理摘要

	已处理	150
除外	缺失或超出范围组代码	0
	至少一个缺失判别变量	0
	已在输出中使用的	150

表8-44给出了各组的先验概率。因为操作时选择了根据组大小计算各组的先验概率，所以各组的先验概率与其样本量成正比。

表8-44 先验概率

组别	先验	已在分析中使用的个案	
		未加权	加权
低端车型	0.409	61	61.000
中端车型	0.262	39	39.000
高端车型	0.329	49	49.000
总计	1.000	149	149.000

由表8-45可以看出，低端车型这一组的分类函数是$f_1=0.254\times$马力$+39.854\times$底盘重量$+8.784\times$燃料效率-195.246。同理，可写出中端车型和高端车型的分类函数。可以计算

出每个观测在各组的分类函数值,然后将观测分类到较大的分类函数值中。

表 8-45　分类函数系数

	组别		
	低端车型	中端车型	高端车型
马力	0.254	0.224	0.297
底盘重量	39.854	44.342	42.097
燃料效率	8.784	8.055	8.881
(常量)	-195.246	-188.937	-213.259
费希尔线性判别函数			

图 8-38 是散点图。利用两个判别函数,计算所有个案在二维平面的坐标及 3 个类别的重心坐标。该图可以直观地描绘判别函数进行分类的结果。

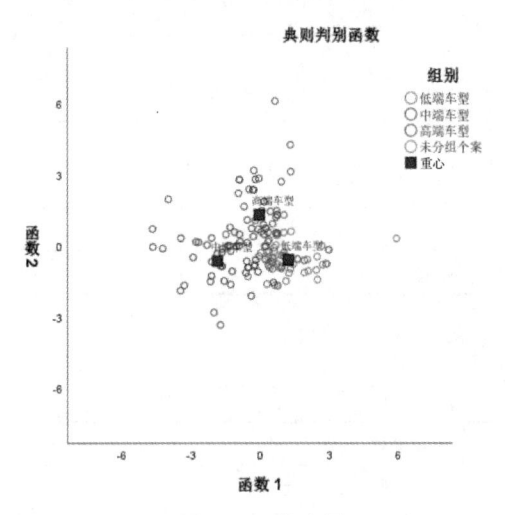

图 8-38　散点图

表 8-46 列出了用判别函数进行预测的统计信息。从表中可以看出,通过判别函数预测,有 131 个观测是分类正确的,其中低端车型这一组 61 个观测中有 59 个观测分类正确,中端车型这一组 39 个观测中 33 个观测分类正确,高端车型这一组 49 个观测中有 39 个观测分类正确,从而有(59+33+39)/(61+39+49)=131/149≈87.9%)的原始观测分类正确。未分组个案为低端车型。

表 8-46　分类结果 [a]

		组别	预测组成员信息			总计
			低端车型	中端车型	高端车型	
原始	计数	低端车型	59	1	1	61
		中端车型	4	33	2	39
		高端车型	7	3	39	49
		未分组个案	1	0	0	1

续表

		组别	预测组成员信息			总计
			低端车型	中端车型	高端车型	
	%	低端车型	96.7	1.6	1.6	100.0
		中端车型	10.3	84.6	5.1	100.0
		高端车型	14.3	6.1	79.6	100.0
		未分组个案	100.0	0.0	0.0	100.0

a. 正确地对 87.9%的原始已分组个案进行了分类

8.6 小结

聚类分析是将相似性较高的事物归为一类，而不同类之间的事物有着很大的差异。本章主要介绍了快速聚类、系统聚类和两步聚类的参数设置和实例操作。当要聚成的类数确定时，可以使用快速聚类，其适用于大样本的聚类分析；而系统聚类只限于较小的数据文件，但是能够对个案或变量进行聚类，计算可能解的范围，并为其中的每一个解保存聚类成员。两步聚类是一个探索性的分析工具，主要用来揭示原始数据的自然的分类或分组。

判别分析是用于分类和预测的方法，本章介绍了一般判别分析和逐步判别分析，两者的区别在于变量的选择方法不一样。一般判别分析不管变量对判别函数是否起作用及作用大小，都把指定的变量全部放入判别函数；逐步判别分析则根据各变量对判别贡献的大小逐步选择，每一步都把模型外对模型的判别能力贡献最大的变量引入模型，同时也考虑把已经在模型中但又不符合留在模型中的条件的变量剔除。

8.7 习题

1. 数据文件 data08-02.sav 为各省市高校教职工的职称情况，8.2 节中对各省份进行了 2～5 类聚类分析，得到 "CLU5_1" "CLU4_1" "CLU3_1" "CLU2_1" 的个案归属，请利用本章介绍的判别分析分别对这 4 类进行进一步分析，判断分类的准确性。数据存储于 "数据文件\Chapter08\data08-02.sav" 文件中。

2. 数据文件 data08-06.sav 为中国部分城市的经济发展水平的相关数据，包括地区生产总值、城乡居民储蓄年末余额、在岗职工平均工资等 8 项指标，请利用本章介绍的内容对城市进行聚类分析。数据存储于 "数据文件\Chapter08\data08-06.sav" 文件中。

3. 数据文件 data06-04.sav 包含山东省某年的人均 GDP、居民可支配收入、工资性收入、社会参保人数、社会消费品零售总额、固定资产筹资额的数据，请利用本章介绍的内容对城市进行聚类分析，完成后再利用判别分析对分类是否准确进行判断。数据存储于"数据文件\Chapter06\data06-04.sav"文件中。

4. 数据文件 data08-07.sav 为某省的物流发展水平的相关数据，包括货物周转量、货运量、城区生产总值、进出口贸易总值等 8 项指标，请利用本章介绍的内容对城市进行聚类分析，完成后再利用判别分析对分类是否准确进行判断。数据存储于"数据文件\Chapter08\data08-07.sav"文件中。

第9章

主成分与因子分析

实际问题往往涉及多个变量，而且各个变量之间可能存在一定的相关性，这无疑增加了问题分析的复杂性。此时，若盲目地减少变量，则会损失很多重要信息，可能会导致错误的结论；若分别分析每个变量，结果又可能是片面的，不能对数据进行综合评价。所以，最好能从众多变量中提取少数的综合变量，使其包含原变量提供的大部分信息，同时又尽量使综合变量尽可能地彼此不相关。主成分与因子分析可以通过数据的降维来解决这类问题。本章主要介绍主成分分析和因子分析的基本思想、基本步骤及实例操作。

学习目标

(1) 熟知主成分与因子分析的适用范围及思想。
(2) 掌握主成分与因子分析相关对话框各个选项的含义。
(3) 熟练掌握主成分与因子分析的操作步骤。
(4) 掌握主成分与因子分析的结果分析方法。

9.1 主成分分析

在实际应用中,经常会出现所收集的变量之间存在明显的相关性的情况,如进行多元线性回归分析时,发现多个自变量之间存在明显的多重共线性,这时已不适合采用多元线性回归进行分析了。本节主要介绍主成分分析在此类问题上的解决方法,其基本思路是将众多初始变量整合成少数几个互相无关的主成分变量。

执行菜单栏中的"分析"→"降维"→"因子"命令,弹出如图 9-1 所示的"因子分析"对话框,进行相关参数的设置即可完成主成分分析。下面通过具体案例讲解如何在 SPSS 中进行主成分分析。

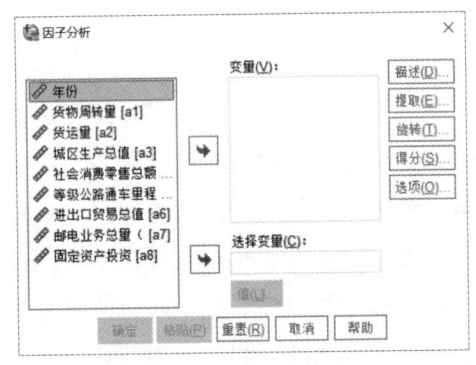

图 9-1 "因子分析"对话框

数据文件	数据文件\Chapter8\data08-07.sav
视频文件	视频文件\Chapter9\主成分分析.avi

9.1.1 数据描述

本例的数据文件 data08-07.sav 为某省的物流发展水平的相关数据,如图 9-2 所示,包括货物周转量、货运量、城区生产总值、进出口贸易总值等 8 项指标,以货物周转量为因变量,另外 7 项指标为自变量进行分析。

年份	a1	a2	a3	a4	a5	a6	a7	a8
2004	14012600	37279	2206.02	2062.03	56200	1355160	426.76	1899.10
2005	15761200	40400	2551.41	2351.72	58300	1674278	519.76	2344.73
2006	19043600	44304	3022.83	2717.62	86600	2146411	633.04	3115.08
2007	20837200	50500	3770.00	3212.34	86900	2743122	787.79	4321.74
2008	24014100	57254	4346.40	3866.69	88600	3168353	883.43	5301.69
2009	24774600	58231	5048.49	4481.00	89500	3226865	995.77	6362.03
2010	29835200	66159	5850.62	5310.03	91000	4384049	1194.20	8273.42
2011	34041100	75272	6878.74	6276.17	92300	6324439	513.50	10119.47
2012	38777300	84417	7737.13	7256.54	94700	6756271	594.90	12709.66
2013	39437700	96718	8664.66	8275.35	99500	7498267	667.54	15526.87
2014	47834800	111779	9525.60	9346.74	101200	8108668	857.49	18449.48

图 9-2 "data08-07.sav"数据

9.1.2 SPSS 实现

（1）打开 "data08-07.sav" 文件，进行多元线性回归分析，会发现多个自变量之间存在明显的共线性问题，说明不适合采用多元线性回归进行分析。线性回归在 7.1 节中已介绍过，此处不再重复。在进行主成分分析之前，对各个变量数据进行标准化处理。

（2）执行菜单栏中的 "分析"→"降维"→"因子"命令，打开如图 9-3 所示的 "因子分析"对话框。选中 "货运量""城区生产总值""社会消费零售总额""等级公路通车里程""进出口贸易总值""邮电业务总量""固定资产投资"这 7 个变量，单击 ▶ 按钮，将其选入 "变量"列表框。

（3）单击 "描述"按钮，弹出如图 9-4 所示的 "因子分析：描述"对话框，勾选 "单变量描述""系数""显著性水平""KMO 和巴特利特球形度检验"复选框，单击 "继续"按钮。

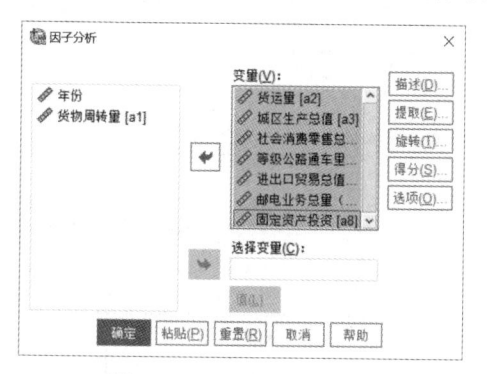

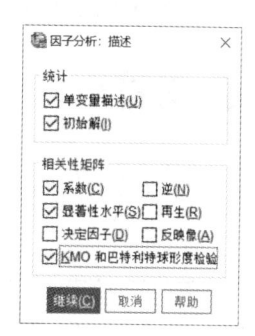

图 9-3 "因子分析"对话框　　图 9-4 "因子分析：描述"对话框

（4）在图 9-3 所示对话框中单击 "提取"按钮，弹出如图 9-5 所示的 "因子分析：提取"对话框，勾选 "碎石图"复选框，单击 "继续"按钮。

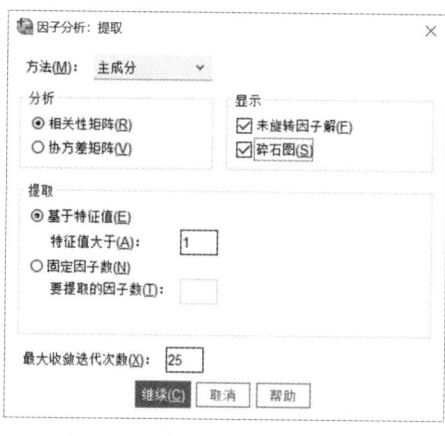

图 9-5 "因子分析：提取"对话框

（5）在图 9-3 所示对话框中单击 "得分"按钮，弹出如图 9-6 所示的 "因子分析：因子得分"对话框，勾选 "保存为变量""显示因子得分系数矩阵"复选框，单击 "继续"按钮。

（6）在图9-3所示对话框中单击"选项"按钮，弹出如图9-7所示的"因子分析：选项"对话框，勾选"按大小排序"复选框，单击"继续"按钮。

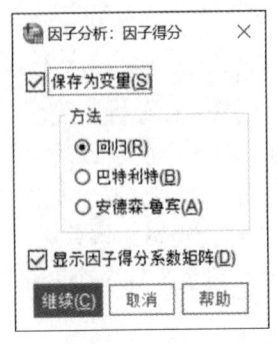

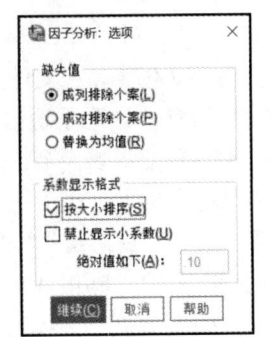

图9-6 "因子分析：因子得分"对话框　　图9-7 "因子分析：选项"对话框

（7）完成所有设置后，单击"确定"按钮执行命令，此时会弹出描述统计、相关性矩阵、KMO和巴特利特球形度检验等分析结果。

9.1.3　结果分析

表9-1列出了7个初始变量的描述统计，包括平均值、标准偏差和分析个案数。

表9-1　描述统计

	平均值	标准偏差	分析个案数
货运量	65664.82	24065.182	11
城区生产总值	5418.3545	2517.62237	11
社会消费零售总额	5014.2027	2490.78989	11
等级公路通车里程	85890.91	14930.000	11
进出口贸易总值	4307807.55	2448130.612	11
邮电业务总量	734.0164	233.16392	11
固定资产投资	8038.4791	5559.99864	11

表9-2列出了初始变量的相关性矩阵。从中可以看出多个变量之间的相关系数较大，且对应的显著性普遍较小，说明这些变量之间存在着显著的相关性，进而说明有进行主成分分析的必要。

表9-2　相关性矩阵

		货运量	城区生产总值	社会消费零售总额	等级公路通车里程	进出口贸易总值	邮电业务总量	固定资产投资
相关性	货运量	1.000	0.989	0.995	0.784	0.980	0.203	0.998
	城区生产总值	0.989	1.000	0.998	0.814	0.990	0.229	0.990
	社会消费零售总额	0.995	0.998	1.000	0.787	0.989	0.201	0.997
	等级公路通车里程	0.784	0.814	0.787	1.000	0.784	0.490	0.766

续表

		货运量	城区生产总值	社会消费零售总额	等级公路通车里程	进出口贸易总值	邮电业务总量	固定资产投资
相关性	进出口贸易总值	0.980	0.990	0.989	0.784	1.000	0.116	0.982
	邮电业务总量	0.203	0.229	0.201	0.490	0.116	1.000	0.181
	固定资产投资	0.998	0.990	0.997	0.766	0.982	0.181	1.000
显著性（单尾）	货运量		<0.001	<0.001	0.002	<0.001	0.274	<0.001
	城区生产总值	0.000		0.000	0.001	0.000	0.249	0.000
	社会消费零售总额	0.000	0.000		0.002	0.000	0.277	0.000
	等级公路通车里程	0.002	0.001	0.002		0.002	0.063	0.003
	进出口贸易总值	0.000	0.000	0.000	0.002		0.368	0.000
	邮电业务总量	0.274	0.249	0.277	0.063	0.368		0.297
	固定资产投资	0.000	0.000	0.000	0.003	0.000	0.297	

表 9-3 是 KMO 和巴特利特球形度检验。KMO 检验用于研究变量之间的偏相关性，计算偏相关时控制其他因素的影响。一般认为 KMO 统计量大于 0.9 时效果最好，0.7 以上可以接受，0.5 以下则不宜进行主成分分析。本例中的 KMO 统计量为 0.766，可以接受。而本例中的巴特利特球形度检验的显著性为 0.000，小于 0.01，由此可知各变量之间显著相关，即否定相关矩阵为单位阵的零假设。

表 9-3 KMO 和巴特利特球形度检验

KMO 取样适切性量数		0.766
巴特利特球形度检验	近似卡方	171.343
	自由度	21
	显著性	0.000

由表 9-4 可以看出，给出的是初始变量的共同度，其是衡量公共因子相对重要性的指标。"提取"列即变量共同度的取值，共同度取值为[0,1]。例如，货运量的共同度为 0.987，可以理解为提取的两个公共因子对变量的方差贡献率为 98.7%。

表 9-4 公因子方差

	初始	提取
货运量	1.000	0.987
城区生产总值	1.000	0.995
社会消费零售总额	1.000	0.994
等级公路通车里程	1.000	0.845
进出口贸易总值	1.000	0.992
邮电业务总量	1.000	0.971
固定资产投资	1.000	0.986
提取方法：主成分分析		

表 9-5 给出了每个公共因子所解释的方差及累计方差。从"初始特征值"中可以看出,前两个公共因子解释的累计方差达 96.698%,而后面的公共因子的特征值较小,对解释原有变量的贡献越来越小,因此提取两个公共因子是合适的。

"提取载荷平方和"是在未旋转时被提取的两个公共因子的方差贡献信息,其与"初始特征值"的前两行取值一样。

表 9-5 总方差解释

成分	初始特征值			提取载荷平方和		
	总计	方差/%	累计方差/%	总计	方差/%	累计方差/%
1	5.700	81.425	81.425	5.700	81.425	81.425
2	1.069	15.272	96.698	1.069	15.272	96.698
3	0.208	2.967	99.665			
4	0.019	0.274	99.939			
5	0.003	0.046	99.985			
6	0.001	0.013	99.997			
7	0.000	0.003	100.000			
提取方法:主成分分析						

表 9-6 列出了未经旋转的因子矩阵。由此可得最终的主成分公式(第一种计算主成分的方法):

$$F_1 = (0.989x_1 + 0.995x_2 + 0.992x_3 + 0.857x_4 + 0.981x_5 + 0.285x_6 + 0.985x_7)/\text{SQRT}(5.700)$$
$$= 0.414x_1 + 0.416x_2 + 0.415x_3 + 0.359x_4 + 0.410x_5 + 0.119x_6 + 0.413x_7$$
$$F_2 = (-0.097x_1 - 0.066x_2 - 0.100x_3 + 0.332x_4 - 0.174x_5 + 0.943x_6 - 0.123x_7)/\text{SQRT}(1.069)$$
$$= -0.094x_1 - 0.064x_2 - 0.097x_3 + 0.321x_4 - 0.168x_5 + 0.912x_6 - 0.119x_7$$

表 9-6 因子矩阵[a]

	因子	
	1	2
货运量	0.989	-0.097
城区生产总值	0.995	-0.066
社会消费零售总额	0.992	-0.100
等级公路通车里程	0.857	0.332
进出口贸易总值	0.981	-0.174
邮电业务总量	0.285	0.943
固定资产投资	0.985	-0.123
提取方法:主成分分析		
a. 提取了两个成分		

图 9-8 是因子得分,即 FAC1_1 和 FAC2_1。通过这两个未旋转的因子得分可以得到两个主成分的计算公式(第二种计算主成分的方法):

F_1 = FAC1_1×SQRT（5.700）

F_2 = FAC2_1×SQRT（1.069）

年份	a1	a2	a3	a4	a5	a6	a7	a8	FAC1_1	FAC2_1
2004	14012600	37279	2206.02	2062.03	56200	1355160	426.76	1899.10	-1.39696	-1.15900
2005	15761200	40400	2551.41	2351.72	58300	1674278	519.76	2344.73	-1.25290	-.82501
2006	19043600	44304	3022.83	2717.62	86600	2146411	633.04	3115.08	-.79998	.10408
2007	20837200	50500	3770.00	3212.34	86900	2743122	787.79	4321.74	-.55330	.57099
2008	24014100	57254	4346.40	3866.69	88600	3168353	883.43	5301.69	-.32095	.85540
2009	24774600	58231	5048.49	4481.00	89500	3226865	995.77	6362.03	-.15207	1.22931
2010	29835200	66159	5850.62	5310.03	91000	4384049	1194.20	8273.42	.21701	1.81417
2011	34041100	75272	6878.74	6276.17	92300	6324439	513.50	10119.47	.48237	-.99806
2012	38777300	84417	7737.13	7256.54	94700	6756271	594.90	12709.66	.82881	-.81507
2013	39437700	96718	8664.66	8275.35	99500	7498267	667.54	15526.87	1.25663	-.66574
2014	47834800	111779	9525.60	9346.74	101200	8108668	857.49	18449.48	1.69135	-.12106

图 9-8　因子得分

表 9-7 列出了因子得分系数矩阵。

表 9-7　因子得分系数矩阵

年份	F_1	F_2
2004	-3.33227	-1.19864
2005	-2.98874	-0.85342
2006	-1.90812	0.107752
2007	-1.31988	0.590262
2008	-0.76573	0.884224
2009	-0.36302	1.270688
2010	0.517155	1.875114
2011	1.150723	-1.03146
2012	1.9772	-0.84226
2013	2.997844	-0.67745
2014	4.034853	-0.1248

利用标准化后的因变量，以主成分 F_1 和 F_2 为自变量进行线性回归分析。

表 9-8 是模型摘要，调整后 R 方为 0.986，说明拟合优度非常好。

表 9-8　模型摘要

模型	R	R 方	调整后 R 方	标准估算的误差	德宾-沃森
1	0.995[a]	0.989	0.986	0.11657682	2.986

a. 预测变量：（常量），F_2，F_1。

b. 因变量：货物周转量

由表 9-9 可以看出，F 值为 363.913，显著性为 0.000，说明回归模型有意义。

表 9-9　ANOVA[a]

模型		平方和	自由度	均方	F	显著性
1	回归	9.891	2	4.946	363.913	0.000[b]
	残差	0.109	8	0.014		

续表

模型		平方和	自由度	均方	F	显著性
1	总计	10.000	10			

a. 因变量：货物周转量

b. 预测变量：（常量）、F_2、F_1

由表 9-10 可以看出，F_1、F_2 的回归系数都是显著的，且 VIF 远小于 10，说明不存在共线性问题。回归方程如下：

$$货物周转量 = 0.416F_1 - 0.066F_2 + 2.745 \times 10^{-9}$$

将第一种方法的 F_1 和 F_2 计算公式代入之后得到最终模型：

$$\begin{aligned} y &= 0.416F_1 - 0.066F_2 + 2.745 \times 10^{-9} \\ &= 0.416 \times (0.414x_1 + 0.416x_2 + 0.415x_3 + 0.359x_4 + 0.410x_5 + 0.119x_6 + 0.413x_7) \\ &\quad - 0.066 \times (-0.094x_1 - 0.064x_2 - 0.097x_3 + 0.321x_4 - 0.168x_5 + 0.912x_6 - 0.119x_7) + 2.745 \times 10^{-9} \\ &= 0.178x_1 + 0.178x_2 + 0.179x_3 + 0.128x_4 + 0.182x_5 - 0.011x_6 + 0.180x_7 + 2.745 \times 10^{-9} \end{aligned}$$

表 9-10　系数 [a]

模型		未标准化系数		标准化系数	t	显著性	共线性统计	
		B	标准误差	Beta			容差	VIF
1	（常量）	2.745E-9	0.035		0.000	1.000		
	F_1	0.416	0.015	0.992	26.914	0.000	1.000	1.000
	F_2	-0.066	0.036	-0.069	-1.862	0.005	1.000	1.000

a. 因变量：货物周转量

9.2　因子分析

因子分析在一定程度上可视为主成分分析的深化和拓展，是在主成分的基础上进行因子旋转。因子分析在各行各业的应用非常广泛，尤其在科研论文中因子分析频频出现。本节通过实例对因子分析的参数设置和操作步骤进行详细介绍。

执行菜单栏中的"分析"→"降维"→"因子"命令，弹出如图 9-9 所示的"因子分析"对话框，进行相关参数的设置即可完成因子分析。下面通过具体案例讲解如何在 SPSS 中进行因子分析。

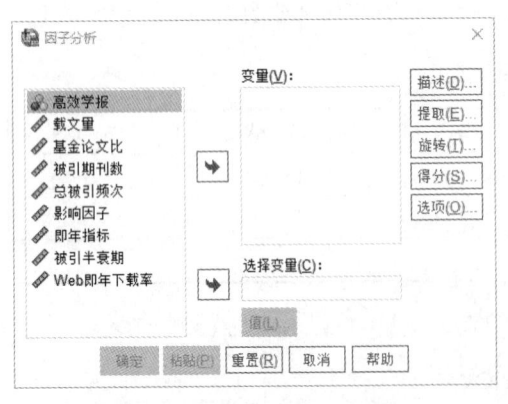

图 9-9　"因子分析"对话框

数据文件	数据文件\Chapter9\data09-01.sav
视频文件	视频文件\Chapter9\因子分析.avi

9.2.1 数据描述

本例的数据文件是对代表期刊学术影响力的 8 项指标进行研究的资料，如图 9-10 所示。现要求从中提取能够体现期刊学术影响力的潜在因素，即公共因子。

	高校学报	载文量	基金论文比	被引期刊数	总被引频次	影响因子	即年指标	被引半衰期	Web即年下载率
1	1	258	1.80	586	1158.000	.529	.039	4.6	45.4
2	2	279	.72	625	1052.000	.537	.054	4.7	36.9
3	3	153	.78	279	407.000	.365	.033	4.8	30.8
4	4	450	1.00	597	1461.000	.593	.058	4.5	49.5
5	5	226	.82	727	1503.000	.756	.088	5.0	47.6
6	6	82	.65	139	155.000	.172	.000	5.5	27.4
7	7	128	.23	123	148.000	.249	.078	3.0	28.3

图 9-10 "data09-01.sav" 数据

9.2.2 SPSS 实现

（1）打开 "data09-01.sav" 文件，执行菜单栏中的 "分析" → "降维" → "因子" 命令，打开如图 9-11 所示的 "因子分析" 对话框。选中 "载文量" "基金论文比" "被引期刊数" "总被引频次" "影响因子" "即年指标" "被引半衰期" "Web 即年下载率" 8 个变量，单击 ▶ 按钮，将其选入 "变量" 列表框。

（2）单击 "描述" 按钮，弹出如图 9-12 所示的 "因子分析：描述" 对话框，勾选 "单变量描述" "系数" "显著性水平" "KMO 和巴特利特球形度检验" 复选框，单击 "继续" 按钮。

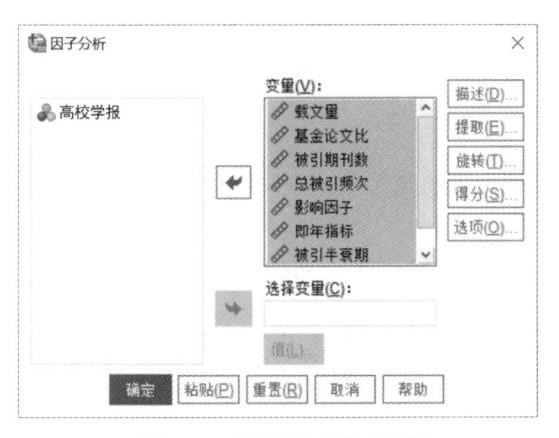

图 9-11 "因子分析" 对话框　　　　图 9-12 "因子分析：描述" 对话框

（3）在图 9-11 所示对话框中单击 "提取" 按钮，弹出如图 9-13 所示的 "因子分析：提取" 对话框，勾选 "碎石图" 复选框，单击 "继续" 按钮。

（4）在图 9-11 所示对话框中单击 "旋转" 按钮，弹出如图 9-14 所示的 "因子分析：旋转" 对话框，单击 "最大方差法" 单选按钮，勾选 "载荷图" 复选框，单击 "继续" 按钮。

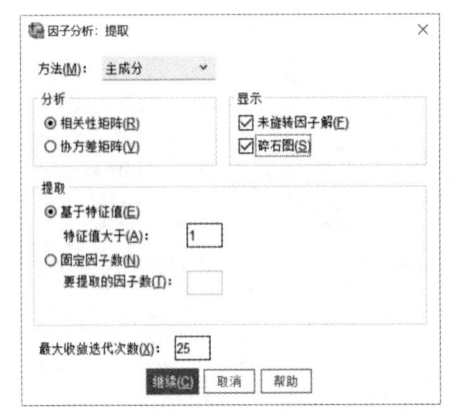

图 9-13 "因子分析：提取"对话框 　　图 9-14 "因子分析：旋转"对话框

（5）在图 9-11 所示对话框中单击"得分"按钮，弹出如图 9-15 所示的"因子分析：因子得分"对话框，勾选"保存为变量""显示因子得分系数矩阵"复选框，单击"继续"按钮。

（6）在图 9-11 所示对话框中单击"选项"按钮，弹出如图 9-16 所示的"因子分析：选项"对话框，勾选"按大小排序"复选框，单击"继续"按钮。

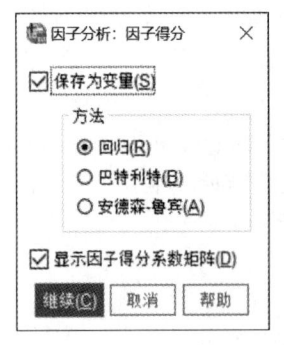

图 9-15 "因子分析：因子得分"对话框 　　图 9-16 "因子分析：选项"对话框

（7）完成所有设置后，单击"确定"按钮执行命令，此时会弹出描述统计、相关性矩阵、KMO 和巴特利特球形度检验等分析结果。

9.2.3 结果分析

表 9-11 列出了 8 个初始变量的描述统计，包括平均值、标准偏差和分析个案数。

表 9-11　描述统计

	平均值	标准偏差	分析个案数
载文量	222.73	120.813	15
基金论文比	0.7633	0.34946	15
被引期刊数	463.93	247.202	15
总被引频次	928.93333	590.058044	15

续表

	平均值	标准偏差	分析个案数
影响因子	0.46773	0.174411	15
即年指标	0.04620	0.026950	15
被引半衰期	4.820	0.6982	15
Web即年下载率	35.073	8.6610	15

由表9-12可以看出，多个变量之间的相关系数较大，且对应的显著性普遍较小，说明这些变量之间存在显著的相关性，进而说明有进行因子分析的必要。

表9-12 相关性矩阵

		载文量	基金论文比	被引期刊数	总被引频次	影响因子	即年指标	被引半衰期	Web即年下载率
相关系数	载文量	1	0.391	0.834	0.854	0.549	0.415	−0.006	0.771
	基金论文比	0.391	1	0.501	0.461	0.43	0.114	0.28	0.597
	被引期刊数	0.834	0.501	1	0.962	0.757	0.541	0.276	0.754
	总被引频次	0.854	0.461	0.962	1	0.815	0.566	0.291	0.77
	影响因子	0.549	0.43	0.757	0.815	1	0.669	0.32	0.695
	即年指标	0.415	0.114	0.541	0.566	0.669	1	−0.009	0.48
	被引半衰期	−0.006	0.28	0.276	0.291	0.32	−0.009	1	0.058
	Web即年下载率	0.771	0.597	0.754	0.77	0.695	0.48	0.058	1
显著性（单尾）	载文量		0.075	0	0	0.017	0.062	0.492	0
	基金论文比	0.075		0.029	0.042	0.055	0.343	0.156	0.009
	被引期刊数	0	0.029		0	0.001	0.019	0.16	0.001
	总被引频次	0	0.042	0		0	0.014	0.147	0
	影响因子	0.017	0.055	0.001	0		0.003	0.123	0.002
	即年指标	0.062	0.343	0.019	0.014	0.003		0.487	0.035
	被引半衰期	0.492	0.156	0.16	0.147	0.123	0.487		0.419
	Web即年下载率	0	0.009	0.001	0	0.002	0.035	0.419	

表9-13是KMO和巴特利特球形度检验。本例中的KMO统计量为0.771，可以接受。本例中的巴特利特球形度检验的显著性为0.000，小于0.01，由此可知各变量之间显著相关，即否定相关矩阵为单位阵的零假设。

表9-13 KMO和巴特利特球形度检验

KMO取样适切性量数		0.771
巴特利特球形度检验	上次读取的卡方	87.722
	自由度	28
	显著性	0.000

表 9-14 列出了公因子方差,给出的是初始变量的共同度,其是衡量公共因子相对重要性的指标。"提取"列即为变量共同度的取值,共同度取值为[0,1]。例如,载文量的共同度为 0.765,可以理解为提取的两个公共因子对载文量变量的方差贡献率为 76.5%。

表 9-14 公因子方差

	初始值	提取
载文量	1.000	0.765
基金论文比	1.000	0.539
被引期刊数	1.000	0.895
总被引频次	1.000	0.925
影响因子	1.000	0.747
即年指标	1.000	0.565
被引半衰期	1.000	0.816
Web 即年下载率	1.000	0.775

提取方法:因子分析

表 9-15 列出了每个公共因子所解释的方差及累计方差。从"初始特征值"中可以看出,前两个公共因子解释的累计方差达 75.345%,而后面的公共因子的特征值较小,对解释原有变量的贡献越来越小,因此提取两个公共因子是合适的。

表 9-15 总方差解释

组件	初始特征值			提取载荷平方和			旋转载荷平方和		
	总计	方差/%	累计方差/%	总计	方差/%	累计方差/%	总计	方差/%	累计方差/%
1	4.864	60.804	60.804	4.864	60.804	60.804	4.450	55.629	55.629
2	1.163	14.541	75.345	1.163	14.541	75.345	1.577	19.716	75.345
3	0.886	11.075	86.420						
4	0.566	7.077	93.497						
5	0.230	2.880	96.377						
6	0.184	2.302	98.679						
7	0.082	1.022	99.701						
8	0.024	0.299	100.000						

提取方法:主成分分析

图 9-17 是关于初始特征值(方差贡献率)的碎石图,是根据表 9-15 中的"初始特征值"的"总计"列的数据所绘制的图形。观察发现,第 2 个公共因子后的特征值变化趋缓,故而选取两个公共因子是比较合适的。

表 9-16 列出了因子矩阵,表 9-17 列出了旋转后的因子矩阵。可以发现,旋转后的每个公共因子上的载荷分配更清晰了,因而比未旋转时更容易解释各因子的意义。

第 9 章 主成分与因子分析

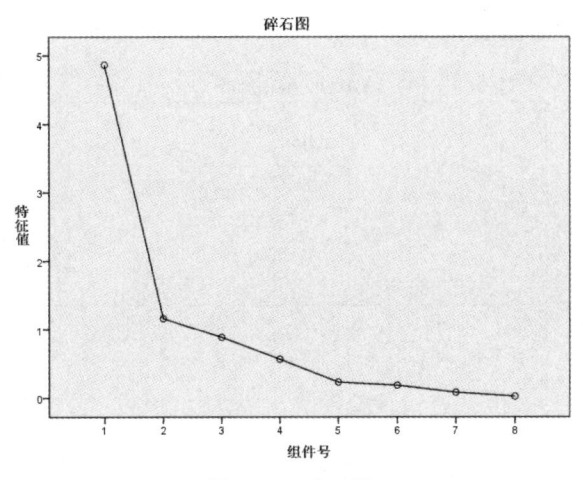

碎石图

图 9-17 碎石图

表 9-16 因子矩阵 [a]

	组件	
	1	2
总被引频次	0.962	0.000
被引期刊数	0.946	0.016
Web 即年下载率	0.874	−0.104
影响因子	0.863	0.049
载文量	0.842	−0.237
即年指标	0.639	−0.397
基金论文比	0.592	0.435
被引半衰期	0.264	0.864

提取方法：因子分析

a. 已提取两个因子

表 9-17 旋转后的因子矩阵 [a]

	成分	
	1	2
总被引频次	0.906	0.322
被引期刊数	0.886	0.332
载文量	0.873	0.058
Web 即年下载率	0.858	0.195
影响因子	0.797	0.335
即年指标	0.735	−0.161
被引半衰期	−0.040	0.903
基金论文比	0.412	0.608

提取方法：因子分析

旋转方法：凯撒正态化最大方差法

a. 旋转在 3 次迭代后已收敛

图 9-18 是旋转后的因子载荷散点图,是根据表 9-17 中的数据绘制的。

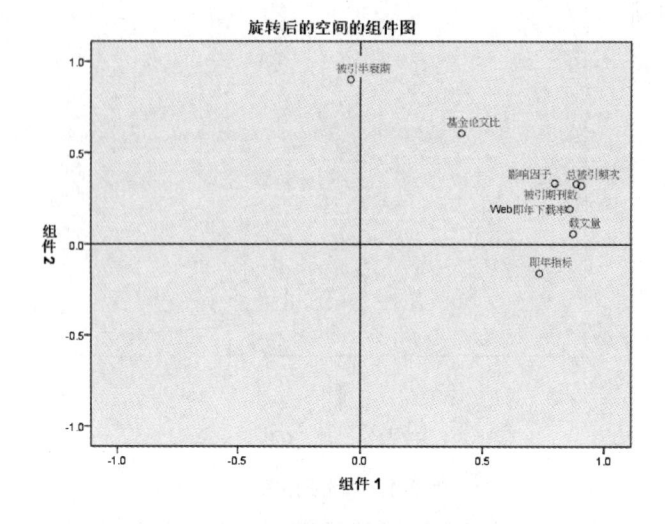

图 9-18 旋转后的因子载荷散点图

表 9-18 列出了因子得分系数矩阵,由此可得最终的因子得分公式:

F_1=0.231×载文量-0.011×基金论文比+⋯+0.199×Web 即年下载率
F_2=-0.134×载文量+0.393×基金论文比+⋯-0.024×Web 即年下载率

表 9-18 因子得分系数矩阵

	成分	
	1	2
载文量	0.231	-0.134
基金论文比	-0.011	0.393
被引期刊数	0.179	0.078
总被引频次	0.186	0.066
影响因子	0.153	0.099
即年指标	0.238	-0.278
被引半衰期	-0.197	0.718
Web 即年下载率	0.199	-0.024

提取方法:因子分析
旋转方法:凯撒正态化最大方差法
组件得分

若用户需要研究综合影响力,可对两个公共因子的得分进行加权求和,权数即公共因子对应的方差贡献率。本例采用方差贡献率作为取值,两个旋转后的公共因子的方差贡献率分别为 55.629%和 19.716%,所以,综合影响力的公式为:

$$F=55.629\% \times F_1 + 19.716\% \times F_2$$

9.3 小结

本章重点介绍了主成分与因子分析的实质和实例操作。主成分与因子分析根据变量之间的相关性大小将原始变量分组,使得同组内的变量之间相关性较高,而不同组的变量之间相关性较低。当得到的因子模型中的公共因子不能反映问题的实质特征时,可采用因子旋转解决这个问题。因子旋转又分为正交旋转与斜交旋转,经过正交旋转得到的公共因子仍然保持彼此独立的性质,而经过斜交旋转得到的公共因子是相关的,其实际意义更容易解释。

9.4 习题

1. 数据文件 data08-06.sav 为中国部分城市的关于经济发展水平的相关数据,包括地区生产总值、城乡居民储蓄年末余额、在岗职工平均工资等 8 项指标,请利用本章介绍的内容提取能够体现经济发展水平的潜在因素,即公共因子。数据存储于"数据文件\Chapter08\data08-06.sav"文件中。

2. 数据文件 data06-04.sav 包含山东省某年的人均 GDP、居民可支配收入、工资性收入、社会参保人数、社会消费品零售总额、固定资产筹资额的数据,请利用本章介绍的内容提取能够体现经济发展水平的潜在因素,即公共因子。数据存储于"数据文件\Chapter06\data06-04.sav"文件中。

3. 数据文件 data08-02.sav 是各省市高校教职工的职称情况,请利用本章介绍的内容对职称情况进行评价。数据存储于"数据文件\Chapter08\data08-02.sav"文件中。

第10章

对应分析

对应分析是由法国统计学家 Jean Paul Benzerci 于 1970 年提出的一种多元统计分析方法,是一种直观、简单、方便的方法,在很多领域都有所应用,如市场细分、产品定位、地质研究、计算机工程、品牌形象、城镇居民消费结构分析、临床医学等。本章主要介绍对应分析的基本原理、简单对应分析和多元对应分析。

学习目标

(1) 熟知对应分析的基本原理。
(2) 掌握对应分析相关对话框各个选项的含义。
(3) 熟练掌握对应分析的操作步骤。
(4) 掌握对应分析的结果分析方法。

10.1 简单对应分析

对应分析（Correspondence Analysis，CORA）也称相应分析、关联分析或 R-Q 型因子分析，通过分析由定性变量构成的交互汇总表来揭示变量之间的联系。对应分析是借助列联表建立起来的，基本思想是将一个列联表的行和列中各元素的比例结构以点的形式在较低维的空间中表示出来。对应分析根据所用变量的数目可以分为简单对应分析和多元对应分析（也称多重对应分析），前者用于分析两个分类变量之间的关系，后者可以分析多个分类变量之间的相关性。

简单对应分析是对两个定性变量进行的分析。由于变量取值均为离散型，所以将变量取值转换为 $n \times p$ 的矩阵形式，然后对二维列联表中行因素和列因素之间的对应关系进行分析处理。

执行菜单栏中的"分析"→"降维"→"对应分析"命令，弹出如图 10-1 所示的"对应分析"对话框，进行相关参数的设置即可完成简单对应分析。下面通过具体案例讲解如何在 SPSS 中进行简单对应分析。

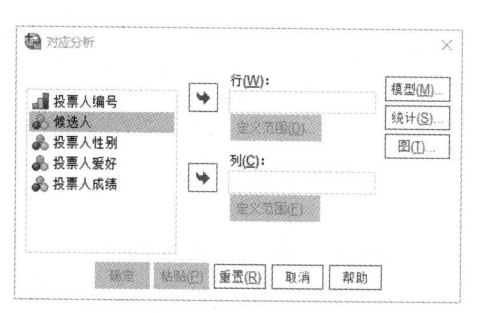

图 10-1 "对应分析"对话框

数据文件	数据文件\Chapter10\data10-01.sav
视频文件	视频文件\Chapter10\简单对应分析.avi

10.1.1 数据描述

本例的数据文件是某班级的三名同学竞选班长的数据统计，包括每个投票人的编号、性别、爱好和成绩等，如图 10-2 所示。现要求利用简单对应分析来分析投票人爱好与投票倾向性的关系。

	投票人编号	候选人	投票人性别	投票人爱好	投票人成绩
1	1	1	1	2	3
2	2	2	1	3	4
3	3	1	1	1	2
4	4	2	1	2	3
5	5	3	2	1	4
6	6	3	2	2	3
7	7	3	2	2	4

图 10-2 "data10-01.sav" 数据

10.1.2 SPSS 实现

(1) 打开 "data10-01.sav" 文件,执行菜单栏中的 "分析"→"降维"→"对应分析" 命令,弹出如图 10-3 所示的 "对应分析" 对话框。选中 "候选人" 变量,单击 按钮,将其选入 "行" 列表框,并单击其下面的 "定义范围" 按钮,弹出如图 10-4 所示的 "对应分析:定义行范围" 对话框,在 "最小值" "最大值" 文本框中分别输入 "1" 和 "3",然后先单击 "更新" 按钮,再单击 "继续" 按钮。

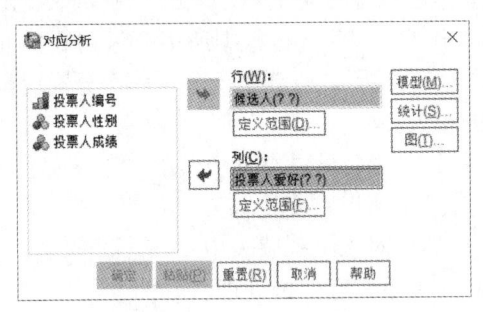

图 10-3 "对应分析" 对话框

(2) 在图 10-3 所示对话框中选中 "投票人爱好" 变量,单击 按钮,将其选入 "列" 列表框,并单击其下面的 "定义范围" 按钮,弹出如图 10-5 所示的 "对应分析:定义列范围" 对话框,在 "最小值" "最大值" 文本框中分别输入 "1" 和 "4",然后先单击 "更新" 按钮,再单击 "继续" 按钮。

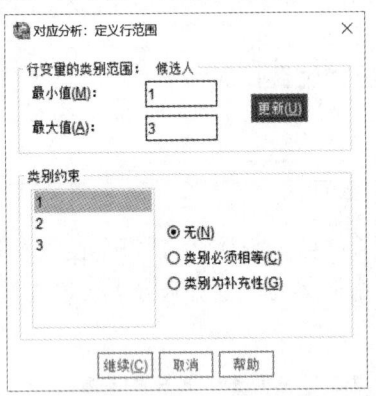

图 10-4 "对应分析:定义行范围" 对话框 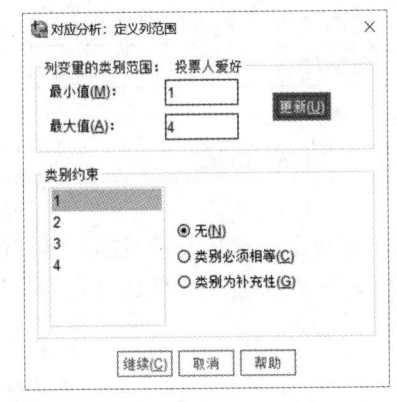   图 10-5 "对应分析:定义列范围" 对话框

(3) 其他选项均采用默认设置。

(4) 完成所有设置后,单击 "确定" 按钮执行命令,此时系统会弹出信用、对应表、摘要等分析结果。

10.1.3 结果分析

表 10-1 列出了 SPSS 对应分析模块的版权信息,说明该模块是由荷兰 Leiden 大学

第 10 章 对应分析

SPSS 课题组编制的，SPSS 通过合同对该程序进行了使用，所以每次都会显示该信息。

表 10-1 信用

| CORRESPONDENCE |
| Version 1.1 |
| by |
| Leiden SPSS Group |
| Leiden University |
| The Netherlands |

表 10-2 列出了两个变量各类别组合的基本情况，可以用于检查是否存在数据录入错误。从此表来看，爱阅读和运动的同学更支持于敏。

表 10-2 对应表

候选人	投票人爱好				
	阅读	运动	歌舞	乐器	活动边际
于敏	6	6	2	2	16
赵峰	2	2	4	3	11
李运	3	3	3	4	13
活动边际	11	11	9	9	40

表 10-3 列出了简单对应分析的结果，主要用于确定使用了多少个维度来对结果进行解释。其中，奇异值就是惯量的平方根，相当于相关分析中的相关系数；惯量就是特征根，用于说明简单对应分析的各个维度，能够解释列联表的两个变量之间相互联系的程度。

第 1 维惯量值为 0.114，第 2 维为 0.009。在"惯量比例"中给出了各维度所占的百分比，第 1 维惯量解释了总信息量的 92.8%，第 2 维惯量解释了总信息量的 7.2%。由此可知，二维图形可以完全表示两个变量之间的信息，并且观察时以第 1 维为主。

表 10-3 摘要

维	奇异值	惯量	卡方	显著性	惯量比例		置信度奇异值	
					占比	累计	标准差	相关性
								2
1	0.338	0.114			0.928	0.928	0.145	0.061
2	0.094	0.009			0.072	1.000	0.176	
总计		0.123	4.913	0.555[a]	1.000	1.000		

a. 6 自由度

表 10-4 和表 10-5 分别是行点和列点总览表。两者中的"数量"列为每一类别占总体的百分比；"维得分"列为坐标值；"贡献"列给出了每个类别对各个维度的贡献量，包括点对维的惯量和维对点的惯量。

表 10-4　行点总览表 [a]

候选人	数量	维得分		惯量	贡献				
					点对维的惯量		维对点的惯量		
		1	2		1	2	1	2	总计
于敏	0.400	−0.690	−0.092	0.065	0.564	0.036	0.995	0.005	1.000
赵峰	0.275	0.659	−0.356	0.044	0.354	0.371	0.925	0.075	1.000
李运	0.325	0.291	0.414	0.015	0.082	0.593	0.641	0.359	1.000
活动总计	1.000			0.123	1.000	1.000			

a. 对称正态化

表 10-5　列点总览表 [a]

投票人爱好	数量	维得分		惯量	贡献				
					点对维的惯量		维对点的惯量		
		1	2		1	2	1	2	总计
阅读	0.275	−0.524	−0.019	0.026	0.224	0.001	1.000	0.000	1.000
运动	0.275	−0.524	−0.019	0.026	0.224	0.001	1.000	0.000	1.000
歌舞	0.225	0.701	−0.432	0.041	0.328	0.447	0.905	0.095	1.000
乐器	0.225	0.580	0.479	0.030	0.224	0.551	0.841	0.159	1.000
活动总计	1.000			0.123	1.000	1.000			

a. 对称正态化

图 10-6 是二维对应分析图，观察此图遵循如下两步：首先检查各变量在横轴和纵轴方向上的区分情况，如果同一变量不同类别在某个方向上靠得较近，则说明这些类别在该维度上区别不大；然后比较不同变量各个分类之间的位置关系，落在邻近区域内的不同变量分类点之间的相互联系较为紧密。

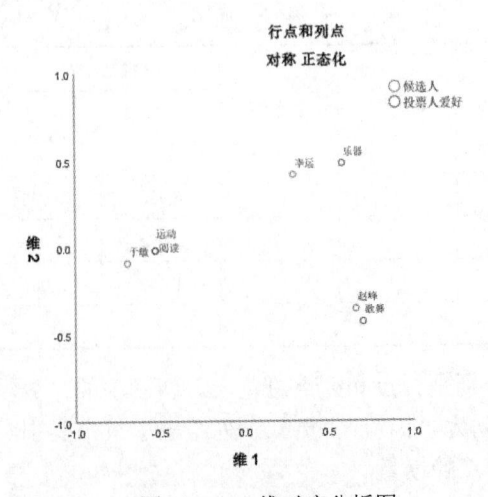

图 10-6　二维对应分析图

本例中，两个变量在第 1 维上分得很开，在第 2 维上区分效果一般，由此可知，变异以第 1 维为主。在投票倾向性上，爱好运动和阅读的同学更支持于敏，爱好歌舞的同学更支持赵峰，而爱好乐器的同学更支持李运。

10.2 多元对应分析

多元对应分析是对多个定性变量进行的分析，其设置比简单对应分析复杂。

执行菜单栏中的"分析"→"降维"→"最优标度"命令，弹出如图 10-7 所示的"最优标度"对话框，进行相关参数的设置即可完成多元对应分析。下面通过具体案例讲解如何在 SPSS 中进行多元对应分析。

图 10-7 "最优标度"对话框

数据文件	数据文件\Chapter10\data10-01.sav
视频文件	视频文件\Chapter10\多元对应分析.avi

10.2.1 数据描述

本例的数据文件是某班级的三名同学竞选班长的数据统计，包括每个投票人的编号、性别、爱好和成绩等，如图 10-8 所示。现要求利用多元对应分析来分析投票人爱好与投票倾向性的关系。

图 10-8 "data10-01.sav"数据

10.2.2　SPSS 实现

（1）打开"data10-01.sav"文件，执行菜单栏中的"分析"→"降维"→"最优标度"命令，弹出如图10-9所示的"最优标度"对话框。单击"所有变量均为多重名义"和"一个集合"单选按钮。

（2）单击"定义"按钮，弹出如图10-10所示的"多重对应分析"对话框。在变量列表中选中"候选人""投票人性别""投票人爱好""投票人成绩"这4个变量，单击 按钮将其选入"分析变量"列表框。

图 10-9　"最优标度"对话框

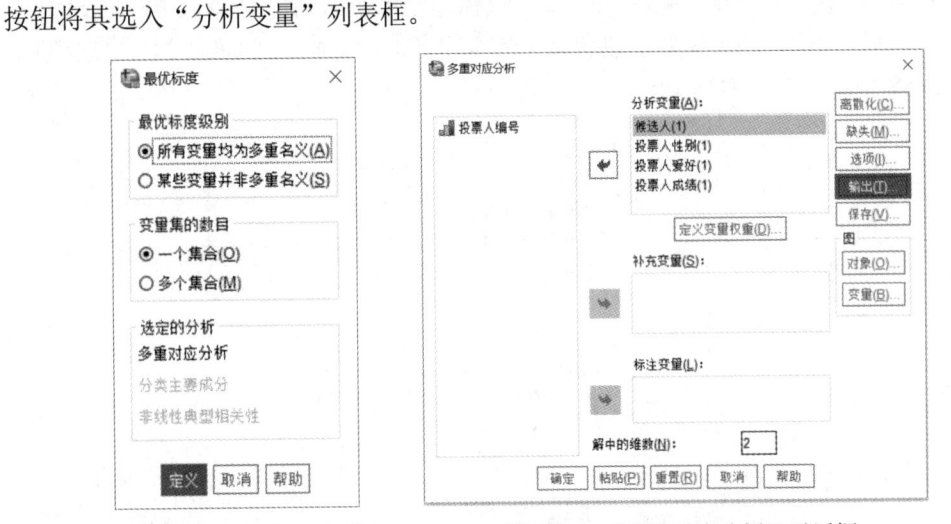

图 10-10　"多重对应分析"对话框

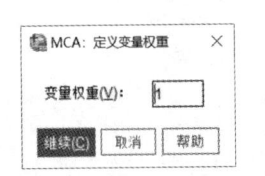

图 10-11　"MCA：定义变量权重"对话框

（3）此时"定义变量权重"按钮可用，选择"候选人"变量，单击"定义变量权重"按钮，弹出如图10-11所示的"MCA：定义变量权重"对话框，保持默认设置，其他三个变量采用同样的方法设置权重，单击"继续"按钮。

（4）在图10-10所示对话框中单击"输出"按钮，弹出如图10-12所示的"MCA：输出"对话框。在"量化变量"列表框中选中"候选人"变量，单击 按钮将其选入"类别量化与贡献"列表框中；在"量化变量"列表框中选中"投票人性别"变量，单击 按钮将其选入"描述统计"列表框中，单击"继续"按钮。

（5）在图10-10所示对话框中单击"变量"按钮，弹出如图10-13所示的"MCA：变量图"对话框。选中"候选人"变量，单击 按钮将其选入"类别图"列表框中；选中"投票人性别""投票人爱好""投票人成绩"变量，单击 按钮将其选入"联合类别图"列表框中，单击"继续"按钮。

（6）其他选项采用默认值。

（7）完成所有设置后，单击"确定"按钮执行命令，此时会弹出信用、个案处理摘要、投票人性别等分析结果。

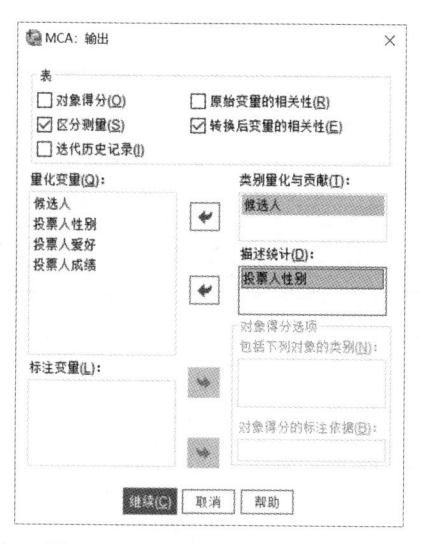

图 10-12 "MCA：输出"对话框 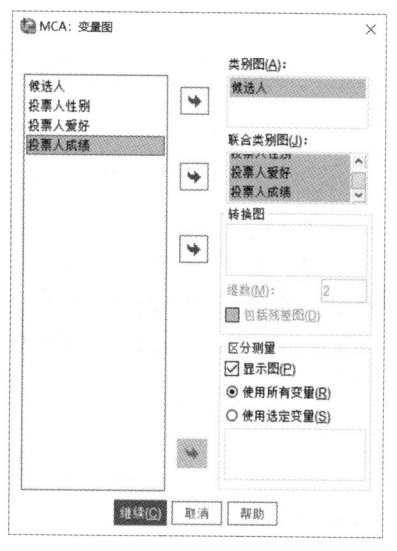　　　　图 10-13 "MCA：变量图"对话框

10.2.3 结果分析

表 10-6 列出了 SPSS 对应分析模块的版权信息。

表 10-6 信用

Multiple Correspondence
Version 1.0
by
Leiden SPSS Group
Leiden University
The Netherlands

表 10-7 列出了原始数据的基本使用情况。

表 10-7 个案处理摘要

有效活动个案	40
具有缺失值的活动个案	0
补充个案	0
总计	40
在分析中使用的个案	40

表 10-8 列出了性别变量的编码和统计信息。

表 10-8 投票人性别

		频率
有效	男[a]	21
	女	19
	总计	40

a. 众数

表 10-9 列出了最后一次迭代的次数、方差、方差增量等信息。表格下方显示了迭代终止的原因。

表 10-9 迭代历史记录

迭代编号	方差所占百分比		损失
	总计	提高	
62[a]	1.519747	0.000010	2.480253

a. 由于已达到收敛检验值，因此迭代过程已停止

表 10-10 列出了两个维度的方差总计（特征值）及惯量等信息。

表 10-10 模型摘要

维	克隆巴赫 Alpha	方差所占百分比		
		总计（特征值）	惯量	方差百分比
1	0.507	1.614	0.404	40.359
2	0.398	1.425	0.356	35.628
总计		3.039	0.760	
平均值	0.456[a]	1.520	0.380	37.994

a. 克隆巴赫 Alpha 平均值基于平均特征值

表 10-11 列出了"候选人"变量的类别中心坐标。其他变量的质心坐标与此类似。

表 10-11 候选人

		点：坐标	
类别	频率	质心坐标	
		维	
		1	2
于敏	16	-0.435	-0.779
赵峰	11	0.908	0.302
李运	13	-0.233	0.704

变量主成分正态化

图 10-14 是"候选人"变量的类别点图，是根据表 10-11 绘制的图形。从这样的单

个图形可以判断把该变量映射至二维空间后，其各个类别取值的区分程度，其他变量的图形与此类似。

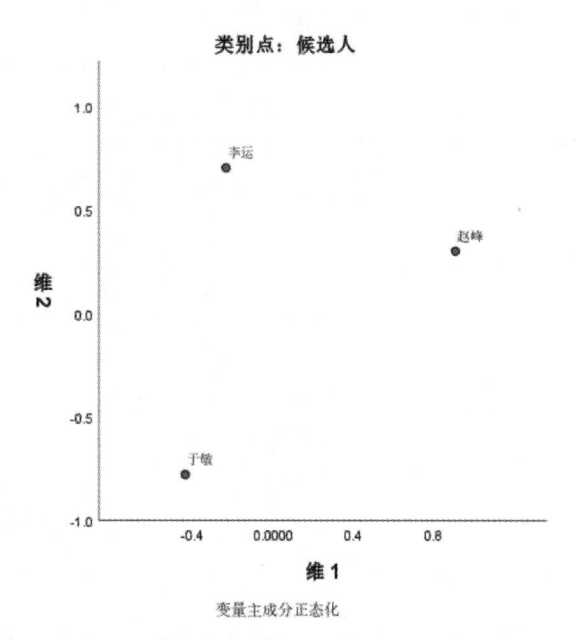

图 10-14 "候选人"变量的类别点图

图 10-15 是所有变量的类别点联合图形，把四个分析变量的类别点中心坐标在一个图形中显示，根据图形中各点的邻近关系进行了分类。

图 10-16 是所有变量的区分测量图，其相当于变量量化后的值向量与对象得分维度向量的平方相关系数，反映了维度得分与量化后变量值的相关性。由此可以判断重点变量在与其相关性较大的维度上的特征，在这个维度上的类别点一般会分得更开。

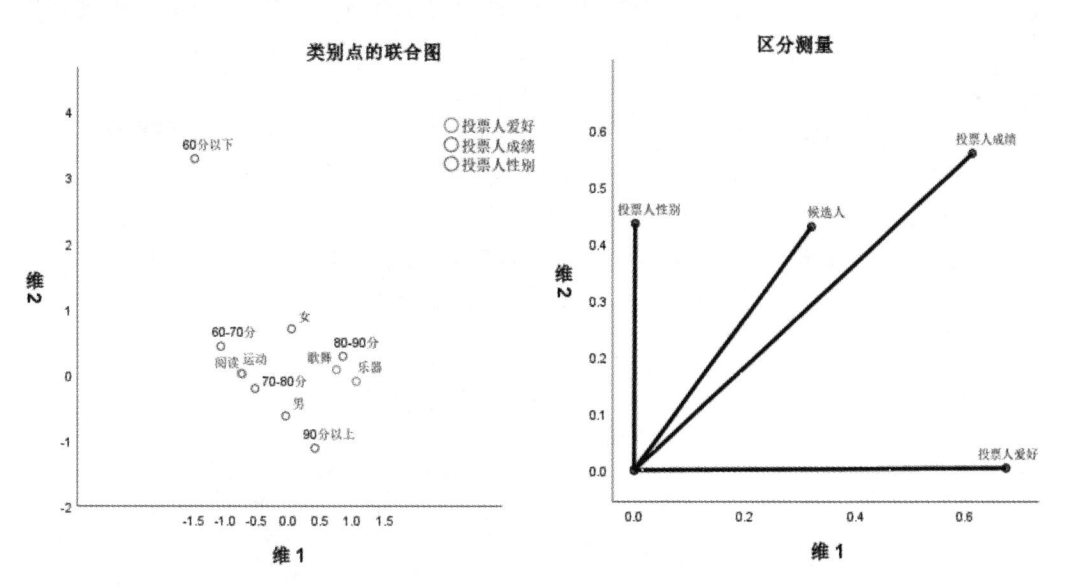

图 10-15 所有变量的类别点联合图　　　图 10-16 所有变量的区分测量图

投票人爱好在维度 1 上的值受较大关注，投票人成绩在两个维度上都需要关注，投票人性别在维度 2 上的值受较大关注。各个变量的区分度量在两个维度上都受较大的关注，故可知各个变量的权重值设为 1 较合理，不用更改权重再进行分析。

综上可知：爱好运动和阅读、70～80 分的同学对李运和于敏比较青睐；90 分以上的同学更喜欢于敏；60～70 分的同学更喜欢李运；爱好歌舞和乐器、80～90 分的同学更喜欢赵峰；从性别上看，女生更喜欢李运和赵峰，男生更喜欢于敏。若出现某个变量的区分度量在两个维度上都较小，可以考虑增大该变量的权重后再进行分析。

10.3 小结

本章着重介绍了对应分析与因子分析的异同点，并利用实例对简单对应分析和多元对应分析的各项参数含义、操作步骤等方面进行了介绍。对应分析可将一个列联表的行和列中各元素的比例结构以点的形式在较低维的空间中表示出来。简单对应分析是对两个定性变量进行的分析；而多元对应分析比简单对应分析要更进一步，其可以同时分析多个分类变量之间的关系和处理多种变量。

10.4 习题

1. 数据文件 data10-01.sav 是某班级的三名同学竞选班长的数据统计，包括每个投票人的编号、性别、爱好和成绩等。现要求利用简单对应分析来分析一下投票人成绩与投票倾向性的关系。数据存储于"数据文件\Chapter10\data10-01.sav"文件中。

2. 数据文件 data10-02.sav 是某个餐饮店外卖配送中顾客口味与顾客职业的统计数据，现要求利用本章介绍的内容分析一下顾客职业与外卖口味倾向性的关系。数据存储于"数据文件\Chapter10\data10-02.sav"文件中。

3. 数据文件 data10-03.sav 是高中低收入水平的顾客购买计算机的品牌的数据统计，现要求利用本章介绍的内容分析一下收入水平与购买计算机的品牌倾向性的关系。数据存储于"数据文件\Chapter10\data10-03.sav"文件中。

4. 数据文件 data10-04.sav 是不同年龄群体购物方式的数据统计，现要求利用本章介绍的内容分析一下年龄与购物方式的关系。数据存储于"数据文件\Chapter10\data10-04.sav"文件中。

第11章

尺度分析

问卷调查是市场调查中最常用的方法。在问卷调查中,问卷的设计和分析是问卷调查成功的关键,所以,常常很关心问卷中的题目能否反映调查意图,以及所得数据是否可靠,这可以通过"分析"→"度量"实现。本章主要介绍信度分析和多维尺度分析。

学习目标

(1) 熟知尺度分析的估计方法。
(2) 掌握尺度分析相关对话框的各个选项的含义。
(3) 熟练掌握尺度分析的操作步骤。
(4) 掌握尺度分析的结果分析方法。

11.1 信度分析

信度，又称可靠性，是检验同一事物的重复测量结果的一致性程度，其与测量结果的正确与否无关，而是反映测量工具（如调查问卷）的稳定性或可靠性，一般用信度系数表示。

一致性高的测量工具是指同一群人接受性质、题型和目的相同的不同测量工具测量后，在各结果之间显示出较强的正相关性；稳定性高的测量工具是指一群人在不同的时空条件下，接受相同工具的测量后，所得结果的差异很小。

一般而言，如果信度系数达到 0.9 以上，该量表的信度很好；信度系数为 0.8～0.9，是可以接受的；如果信度系数为 0.7～0.8，则应该对此测量工具进行修订，但其仍有价值；如果信度系数低于 0.7，则此量表的调查结果很不可信，需要重新设计量表。

根据评价对象的不同，信度分析可分为内在信度和外在信度。内在信度是衡量量表的某一组问题（或整个量表）测量的是否是同一个特征，这些问题之间是否具有较高的内在一致性，如果内在信度系数达到 0.8 以上，就认为量表具有较高的内在一致性，常用的内在信度系数为 Cronbach α 系数和分半信度。外在信度是指在不同时间对同批对象进行重复测量时量表结果的一致性程度，如果两次测量的结果相关性强，则说明得到的结果是可信的，常用的外在信度指标是重测信度，但由于在实际工作中实施重复测量较困难，所以应用较少。

在当今社会的经济活动管理中，对某个事物或个体进行综合评价都是极为普遍的。如某公司考核一名员工的升迁问题，则需要考核该员工的工作能力等情况。那么根据所要调查的内容所编制的量表的可靠性则非常重要，所以，可以利用信度分析来反映量表的稳定性或可靠性，以保证评估结果的可信性和可用性。

执行菜单栏中的"分析"→"刻度"→"可靠性分析"命令，弹出如图 11-1 所示的"可靠性分析"对话框，进行相关参数的设置即可完成信度分析。下面通过具体案例讲解如何在 SPSS 中进行信度分析。

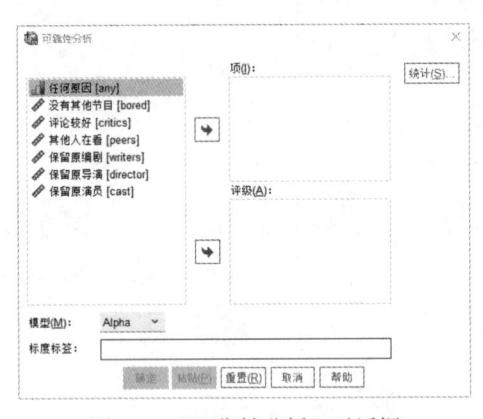

图 11-1 "可靠性分析"对话框

数据文件	数据文件\Chapter11\data11-01.sav
视频文件	视频文件\Chapter11\信度分析.avi

11.1.1 数据描述

本例的数据文件源于 SPSS 自带数据文件"tv-survey.sav"，该数据是调查用户是否继续收看某个节目的结果，如图 11-2 所示。数据中包括 7 个问题，取值 1 表示用户基于这个理由会继续观看该节目，取值 0 表示基于这个理由不会促使用户继续观看此节目。现要求根据信度分析来判断由该问卷所得的结论是否可靠。

	any	bored	critics	peers	writers	director	cast
1	1	1	1	1	1	1	1
2	0	0	0	0	1	0	0
3	0	0	0	0	0	1	0
4	0	0	0	0	1	0	1
5	0	0	0	0	0	1	0
6	0	1	0	0	0	0	0
7	1	1	0	1	0	0	1

图 11-2 "data11-01.sav" 数据

11.1.2 SPSS 实现

（1）打开"data11-01.sav"文件，执行菜单栏中的"分析"→"刻度"→"可靠性分析"命令，弹出如图 11-3 所示的"可靠性分析"对话框。将左侧的 7 个变量全部选中，单击按钮，将其选入"项"列表框。单击"模型"下拉列表框，选择"格特曼"。

"模型"下拉列表框中有 5 个选项。

- Alpha：表示 Cronbach α 系数，是默认选项。
- 折半：表示分半信度。
- 格特曼：表示 Guttman 系数。
- 平行：表示平行测验的信度估计。
- 严格平行：表示在平行测验的基础上，要求各变量的均值相等。

（2）单击"统计"按钮，弹出如图 11-4 所示的"可靠性分析：统计"对话框。勾选"相关性""删除项后的标度"复选框，单击"继续"按钮。

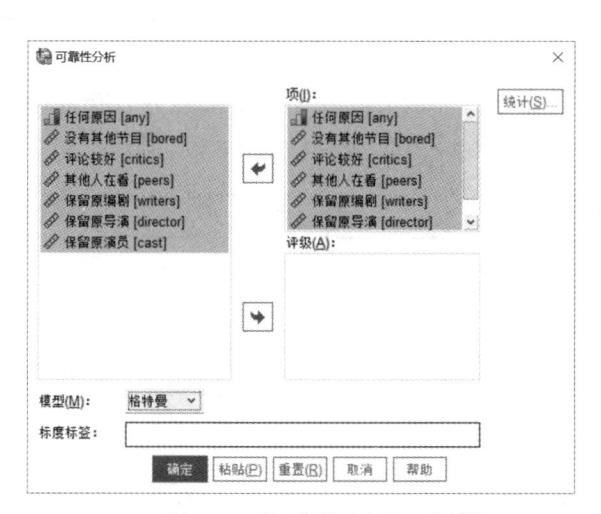

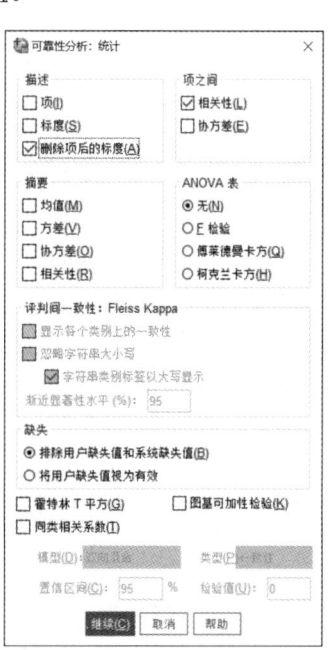

图 11-3 "可靠性分析"对话框   图 11-4 "可靠性分析：统计"对话框

(3) 完成各项设置后，在图 11-3 所示对话框中单击"确定"按钮执行命令，此时会弹出个案处理摘要、可靠性统计、相关矩阵等分析结果。

(4) 重复上述操作，并在第 1 步的"模型"下拉列表框中选择"Alpha"，如图 11-5 所示，用来比较采用这两个模型所得的结果有何异同。

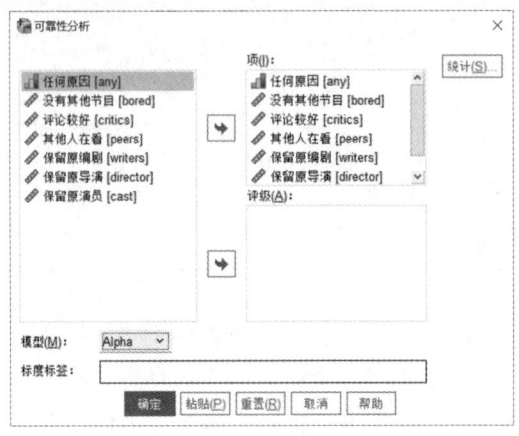

图 11-5　选择"Alpha"模型

11.1.3　结果分析

表 11-1 给出了初始数据中关于缺失值的统计信息。

表 11-1　个案处理摘要

		个案数	%
个案	有效	906	100.0
	排除 [a]	0	0.0
	总计	906	100.0

a. 基于过程中所有变量的成列删除

表 11-2 给出了 Guttman 系数的计算结果，表 11-3 给出了 Cronbach α 系数的计算结果。
表 11-2 中的 Lambda3 为 0.767，而表 11-3 中的 Cronbach α 系数也为 0.767，采用 Guttman 系数所输出的可靠性统计表中的 Lambda3 实际就是 Cronbach α 系数。

表 11-2　可靠性统计 1

Lambda	1	0.658
	2	0.803
	3	0.767
	4	0.427
	5	0.806
	6	0.800
项数		7

表 11-3　可靠性统计 2

Cronbach α	基于标准化项目的 Cronbach α	项数
0.767	0.748	7

由表 11-3 可以看出，0.767 是对真实 Gronbach α 系数的估计，考虑到此量表只有 7 个题目，所以认为该量表达到了可以接受的水平。

表 11-4 给出了各题目得分之间的相关矩阵。由表可知，前 4 个题目之间的相关性较高，说明如果用户基于这 4 个原因中的 1 个选择观看该节目的话，那么用户基于其他 3 种原因而选择观看该节目的可能性很大。

表 11-4 相关矩阵

	任何原因	没有其他节目	评论较好	其他人在看	保留原编剧	保留原导演	保留原演员
任何原因	1.000	0.736	0.693	0.770	0.269	0.234	0.200
没有其他节目	0.736	1.000	0.525	0.568	0.236	0.172	0.125
评论较好	0.693	0.525	1.000	0.547	0.179	0.185	0.118
其他人在看	0.770	0.568	0.547	1.000	0.211	0.179	0.153
保留原编剧	0.269	0.236	0.179	0.211	1.000	0.036	0.066
保留原导演	0.234	0.172	0.185	0.179	0.036	1.000	0.042
保留原演员	0.200	0.125	0.118	0.153	0.066	0.042	1.000

11.2 多维尺度分析

多维尺度分析常应用于市场调查等方面，比如让消费者比较不同品牌之间的相似程度，将这些数据进行多维尺度分析，就可以判断消费者认为哪些品牌是相似的，从而可以分析竞争对手。

多维尺度分析用于研究多个事物之间的相似程度，并在低维空间（常用二维空间）中用点与点之间的距离将相似程度展示出来。在实际应用中，获取距离矩阵主要有两种方法：一种是直接评价法，即要求被访者对多个对象进行两两比较并给出相似性评价结果；另一种是间接评价法，由研究人员根据经验，事先找出影响研究对象相似性的主要属性，然后让被访者对这些属性进行逐一评价，再将这些属性得分当作多维空间的坐标，计算对象之间的距离。

多维尺度分析对数据的分布没有特别要求，但是需要正确指定分析变量的测量尺度，即序数、区间或比率。

执行菜单栏中的"分析"→"刻度"→"多维标度（ALSCAL）"命令，弹出如图 11-6 所示的"多维标度"对话框，进行相关参数的设置即可完成多维尺度分析。下面通过具体案例讲解如何在 SPSS 中进行多维尺度分析。

图 11-6 "多维标度"对话框

数据文件	数据文件\Chapter11\data11-02.sav
视频文件	视频文件\Chapter11\多维尺度分析.avi

11.2.1 数据描述

本例的数据文件是 7 位受访者对 6 门课程进行两两比较的打分情况，如图 11-7 所示。受访者根据两者间的相似程度打分，采用 7 分制，分值越小表示相似程度越大。现要求对这些数据进行多维尺度分析，以判断哪些课程在受访者看来是相似的。

	受试者	课程	英语	数学	物理	语文	化学	生物
1	1	英语	1	7	6	2	6	5
2	1	数学	7	1	5	6	5	4
3	1	物理	6	4	1	5	7	5
4	1	语文	2	6	5	1	3	2
5	1	化学	6	5	7	3	1	4
6	1	生物	5	4	5	2	2	1
7	2	英语	1	5	7	3	3	7

图 11-7 "data11-02.sav"数据

11.2.2 SPSS 实现

（1）打开数据文件"data11-02.sav"，执行菜单栏中的"分析"→"刻度"→"多维标度（ALSCAL）"命令，弹出如图 11-8 所示的"多维标度"对话框。选中从"英语"到"生物"6 个变量，单击 ⇒ 按钮，将其作为分析变量选入"变量"列表框。用户需要注意：操作分析变量的顺序一定要与数据文件中的顺序一致。

（2）单击"选项"按钮，弹出如图 11-9 所示的"多维标度：选项"对话框。勾选"组图"复选框，单击"继续"按钮。

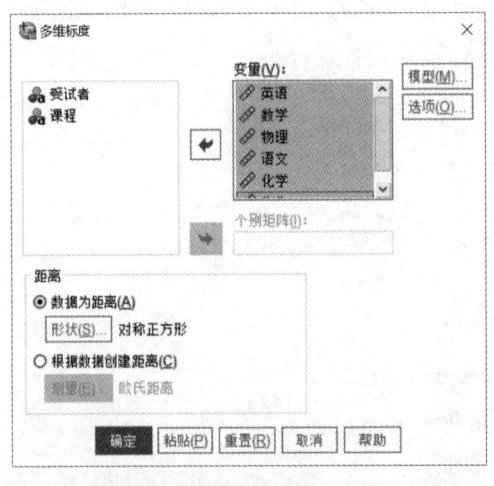

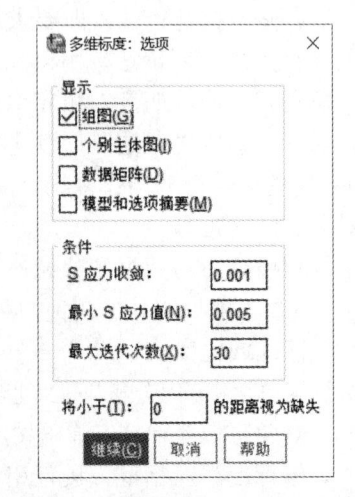

图 11-8 "多维标度"对话框　　　　图 11-9 "多维标度：选项"对话框

（3）其余选项采用默认设置。

（4）完成各项设置后，单击"确定"按钮执行命令，此时会弹出迭代记录、Stress（应力）和 RSQ（平方相关系数）值等分析结果。

11.2.3 结果分析

表 11-5 给出了二维空间中的迭代记录，由此可知，在 5 次迭代后的 S-stress Improvement（S 应力）值为 0.00031，小于指定值 0.001，所以达到了收敛标准。

表 11-5 迭代记录

Iteration history for the 2 dimensional solution (in squared distances)		
Young's S-stress formula 1 is used		
Iteration	S-stress	Improvement
1	0.34782	
2	0.32646	0.02136
3	0.32216	0.00430
4	0.32108	0.00107
5	0.32077	0.00031
Iterations stopped because		
S-stress improvement is less than	0.001000	

表 11-6 给出了 Stress（应力）和 RSQ（平方相关系数）值，它们是多维尺度分析的信度和效度的估计值。Stress 是拟合劣度指标，百分比越大说明模型拟合越差；RSQ 即 R^2，为拟合优度指标，值越大说明模型拟合越好，一般在 0.6 是可以接受的。本例的 Stress 平均值为 0.30280（30.280%），RSQ 平均值为 0.46212，均说明模型拟合不太好。用户须注意：当拟合度不太好时，可以通过 SPSS 中的多维刻度（PROXSCAL）进行分析；或者加大受试者的人数。

表 11-6 Stress（应力）和 RSQ（平方相关系数）值

Stress and squared correlation (RSQ) in distances								
RSQ values are the proportion of variance of the scaled data (disparities)								
in the partition (row, matrix, or entire data) which								
is accounted for by their corresponding distances								
Stress values are Kruskal's stress formula 1								
Matrix	Stress	RSQ	Matrix	Stress	RSQ	Matrix	Stress	RSQ
1	0.314	0.447	2	0.350	0.295	3	0.254	0.603
4	0.276	0.541	5	0.224	0.694	6	0.329	0.337
7	0.348	0.317						
Averaged (rms) over matrices								
Stress = 0.30280 RSQ = 0.46212								

表 11-7 中"1""2"列表示 6 门课程在二维空间中的坐标值,可用于绘制多维尺度分析图。

表 11-7　二维导出构形表

Configuration derived in 2 dimensions			
	Stimulus Coordinates		
		Dimension	
Stimulus Number	Stimulus Name	1	2
1	英语	1.5336	0.1927
2	数学	−1.0132	0.9939
3	物理	−0.6767	1.2494
4	语文	1.3111	0.0859
5	化学	−0.5305	−1.2564
6	生物	−0.6244	−1.2655

图 11-10 是多维尺度分析图,是用户进行多维尺度分析时最关注的结果。该图把反映变量之间相似程度的坐标在平面上排列出来,通过观察哪些散点比较接近,将变量进行分类,并寻找散点之间相关性的合理解释。本例有三组聚集点:数学和物理相似、化学和生物相似、语文和英语相似。

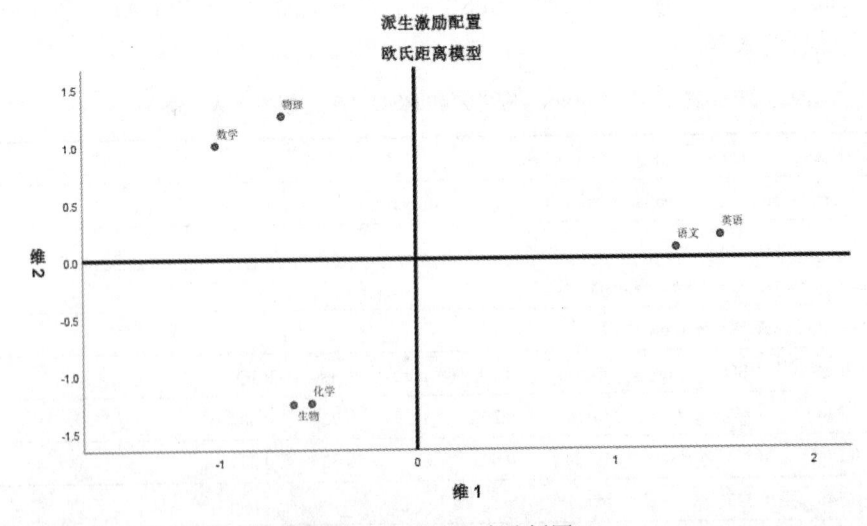

图 11-10　多维尺度分析图

图 11-11 是线性拟合散点图,它是欧式距离对原始数据不一致程度的散点图。如果

模型的拟合程度好，所有散点应分布在一条直线的周围。本例各点比较分散，不呈现明显的线性趋势，再次说明模型的拟合效果不好。

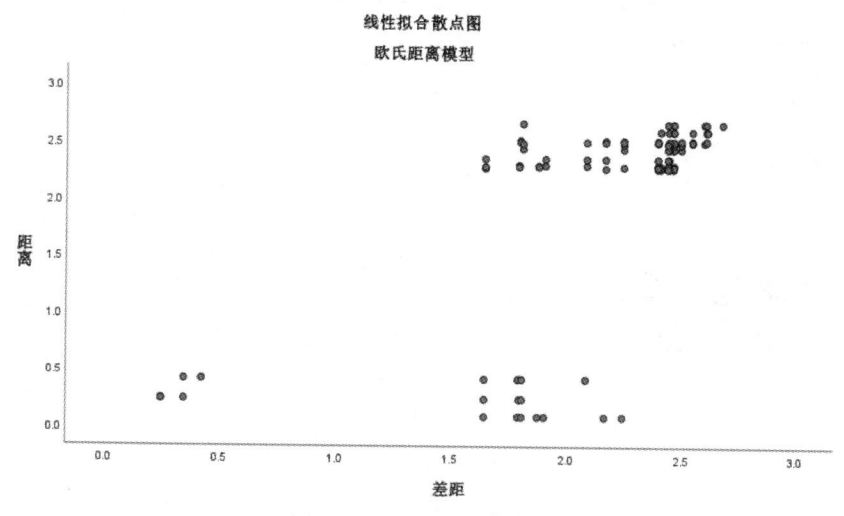

图 11-11　线性拟合散点图

11.3　小结

本章着重介绍了信度分析和多维尺度分析。信度分析检验同一事物的重复测量结果的一致性程度，其与测量结果的正确与否无关，反映测量工具的稳定性或可靠性，一般用信度系数表示。多维尺度分析用于研究多个事物之间的相似程度，并在低维空间中用点与点之间的距离将相似程度展示出来。在实际应用中，可以通过直接评价法和间接评价法来获取距离矩阵。

11.4　习题

1. 数据文件 data11-03.sav 是某个调查问卷的统计数据，一共有 19 道题目，均采用 1~7 分的计分方式，利用本章介绍的内容分析该问卷的信度是否满足要求，并给出结论或建议。数据存储于"数据文件\Chapter11\data11-03.sav"文件中。

2. 数据文件 data11-04.sav 是某个调查问卷的统计数据，一共有 31 道题目，均采用 1~7 分的计分方式，利用本章介绍的内容分析该问卷的信度是否满足要求，并给出结论或建议。数据存储于"数据文件\Chapter11\data11-04.sav"文件中。

3. 数据文件 data11-05.sav 是某个调查问卷的统计数据，一共有 22 道题目，且分为 5 个维度，利用本章介绍的内容分析该问卷的总信度及分量表的信度是否满足要求，并给出结论或建议。数据存储于"数据文件\Chapter11\data11-05.sav"文件中。

第12章

生存分析

生存分析涉及有关疾病的愈合、死亡，以及器官的生长发育等时效性指标。某些研究虽然与生存无关，但由于研究中随访资料常因失访等原因造成某些数据观察不完全，须用专门方法进行统计处理，这类方法起源于对寿命资料的统计分析，故称生存分析。本章主要介绍寿命表分析、Kaplan-Meier 分析和 Cox 回归模型。寿命表分析适用于大样本的情况，Kaplan-Meier 分析适用于样本较少的情况。

学习目标

(1) 熟知生存分析的概念。
(2) 掌握生存分析相关对话框的各个选项的含义。
(3) 熟练掌握生存分析的操作步骤。
(4) 掌握生存分析的结果分析方法。

12.1 寿命表分析

寿命表分析适用于大样本的情况，其把数据按时间段分成几组，观测不同时间段的生存率，通过计算落入单位时间段内的失效观察和删失观测的个数，估计该区间上的死亡概率，并且用该区间及其之前各区间上的生存概率之积估计生存率。

当资料按照固定的时间段收集时，随访结果只有时间段内的若干观察人数、出现预期观察结果的人数和删失人数，每位研究对象的确切生存时间是无法知道的，此时就应当使用寿命表进行分析，即分组资料的生存分析。

执行菜单栏中的"分析"→"生存分析"→"寿命表"命令，弹出如图 12-1 所示的"寿命表"对话框，进行相关参数的设置即可完成寿命表分析。下面通过具体案例讲解如何在 SPSS 中进行寿命表分析。

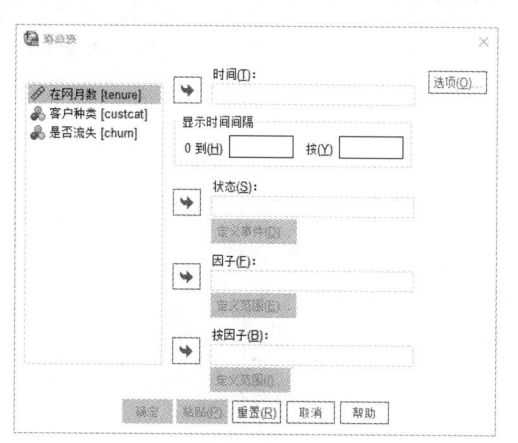

图 12-1 "寿命表"对话框

数据文件	数据文件\Chapter12\data12-01.sav
视频文件	视频文件\Chapter12\寿命表分析.avi

12.1.1 数据描述

本例的数据文件摘自 SPSS 自带的数据文件"telco.sav"，如图 12-2 所示。数据中包括 tenure（在网月数）、custcat（客户种类）、churn（是否流失）3 个变量。现要求利用寿命表分析来研究不同种类客户的流失情况有何差异。

	tenure	custcat	churn
1	13	1	1
2	11	4	1
3	68	3	0
4	33	2	1
5	23	3	0
6	41	3	0
7	45	2	1

图 12-2 "data12-01.sav"数据

12.1.2　SPSS 实现

（1）打开"data12-01.sav"文件，执行菜单栏中的"分析"→"生存分析"→"寿命表"命令，弹出如图 12-3 所示的"寿命表"对话框。选中左侧变量列表中的"在网月数"变量，单击 ▶ 按钮，将其作为时间变量选入"时间"列表框，并在下方的"0 到"文本框中输入"72"，在"按"文本框中输入"12"。选中左侧变量列表中的"chum(1)"（是否流失）变量，单击 ▶ 按钮，将其作为状态变量选入"状态"列表框。

（2）单击"定义事件"按钮，弹出如图 12-4 所示的"寿命表：为状态变量定义事件"对话框，在"单值"后的文本框中输入"1"，单击"继续"按钮。

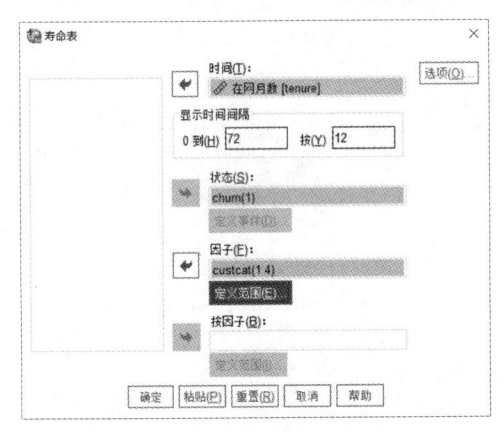

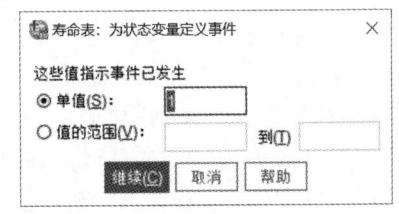

图 12-3　"寿命表"对话框　　　　图 12-4　"寿命表：为状态变量定义事件"对话框

（3）在图 12-3 所示对话框中选中左侧变量列表中的"客户种类"变量，单击 ▶ 按钮，将其选入"因子"列表框，并单击"定义范围"按钮，弹出如图 12-5 所示的"寿命表：定义因子范围"对话框，在"最大值"和"最小值"文本框里分别输入"4"和"1"，单击"继续"按钮。

（4）在图 12-3 所示对话框中单击"选项"按钮，弹出如图 12-6 所示的"寿命表：选项"对话框。勾选"寿命表""生存分析"复选框，单击"成对"单选按钮，单击"继续"按钮。

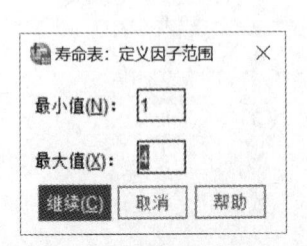

图 12-5　"寿命表：定义因子范围"对话框　　　　图 12-6　"寿命表：选项"对话框

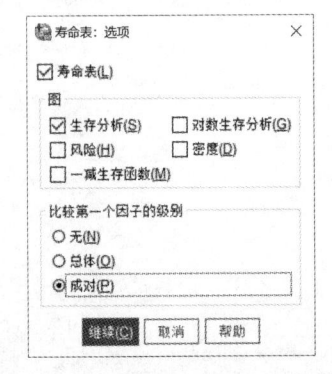

（5）完成所有设置后，单击"确定"按钮执行命令，此时会弹出寿命表、生存分析函数图、总体比较等分析结果。

12.1.3 结果分析

从表12-1的"进入时间间隔的数目"一列可以看出，四类客户的人数相近；由"终端事件数"一列可以发现，四类客户均在入网一年后存在较大的流失，所以建议运营公司在客户入网一年内加强服务措施，以提高客户满意度。

表 12-1 寿命表

一阶控制		时间间隔开始时间	进入时间间隔的数目	时间间隔期内撤销数目	有风险的数目	终端事件数	终止比例	生存分析比例	期末的累计生存分析比例	期末累计生存分析比例的标准误差	概率密度	概率密度的标准误差	风险率	风险率的标准误差
客户种类	基本服务	0	266	36	248.000	47	0.19	0.81	0.81	0.02	0.016	0.002	0.02	0.00
		12	183	44	161.000	16	0.10	0.90	0.73	0.03	0.007	0.002	0.01	0.00
		24	123	40	103.000	13	0.13	0.87	0.64	0.04	0.008	0.002	0.01	0.00
		36	70	25	57.500	7	0.12	0.88	0.56	0.04	0.006	0.002	0.01	0.00
		48	38	26	25.000	0	0.00	1.00	0.56	0.04	0.000	0.000	0.00	0.00
		60	12	12	6.000	0	0.00	1.00	0.56	0.04	0.000	0.000	0.00	0.00
	上网服务	0	217	4	212.000	10	0.05	0.95	0.95	0.01	0.004	0.001	0.00	0.00
		12	203	14	196.000	17	0.09	0.91	0.87	0.02	0.007	0.002	0.01	0.00
		24	172	18	163.000	13	0.08	0.92	0.80	0.03	0.006	0.002	0.01	0.00
		36	141	27	127.500	10	0.08	0.92	0.74	0.03	0.005	0.002	0.01	0.00
		48	104	36	86.000	9	0.10	0.90	0.66	0.04	0.006	0.002	0.01	0.00
		60	59	49	34.500	0	0.00	1.00	0.66	0.04	0.000	0.000	0.00	0.00
		72	10	10	5.000	0	0.00	1.00	0.66	0.04	0.000	0.000	0.00	0.00
	附加服务	0	281	18	272.000	15	0.06	0.94	0.94	0.01	0.005	0.001	0.00	0.00
		12	248	34	231.000	8	0.03	0.97	0.91	0.02	0.003	0.001	0.00	0.00
		24	206	42	185.000	7	0.04	0.96	0.88	0.02	0.003	0.001	0.00	0.00
		36	157	30	142.000	5	0.04	0.96	0.85	0.02	0.003	0.001	0.00	0.00
		48	122	48	98.000	4	0.04	0.96	0.81	0.03	0.003	0.001	0.00	0.00
		60	70	53	43.500	5	0.11	0.89	0.72	0.05	0.008	0.003	0.01	0.00
		72	12	12	6.000	0	0.00	1.00	0.72	0.05	0.000	0.000	0.00	0.00
	所有服务	0	236	12	230.000	28	0.12	0.88	0.88	0.02	0.010	0.002	0.01	0.00
		12	196	25	183.500	23	0.13	0.87	0.77	0.03	0.009	0.002	0.01	0.00
		24	148	20	138.000	14	0.10	0.90	0.69	0.03	0.006	0.002	0.01	0.00
		36	114	29	99.500	8	0.08	0.92	0.63	0.04	0.005	0.002	0.01	0.00
		48	77	23	65.500	10	0.15	0.85	0.54	0.04	0.008	0.002	0.01	0.00
		60	44	30	29.000	5	0.17	0.83	0.45	0.05	0.008	0.003	0.02	0.01
		72	9	9	4.500	0	0.00	1.00	0.45	0.05	0.000	0.000	0.00	0.00

图 12-7 是生存分析函数图,该图是寿命表的图形展示,能更形象地展示分析结果。由图可知,在入网一年后,基本服务这类客户的累计生存函数下降最快,其次是所有服务的客户,然后是附加服务的客户,下降最慢的是上网服务的客户。

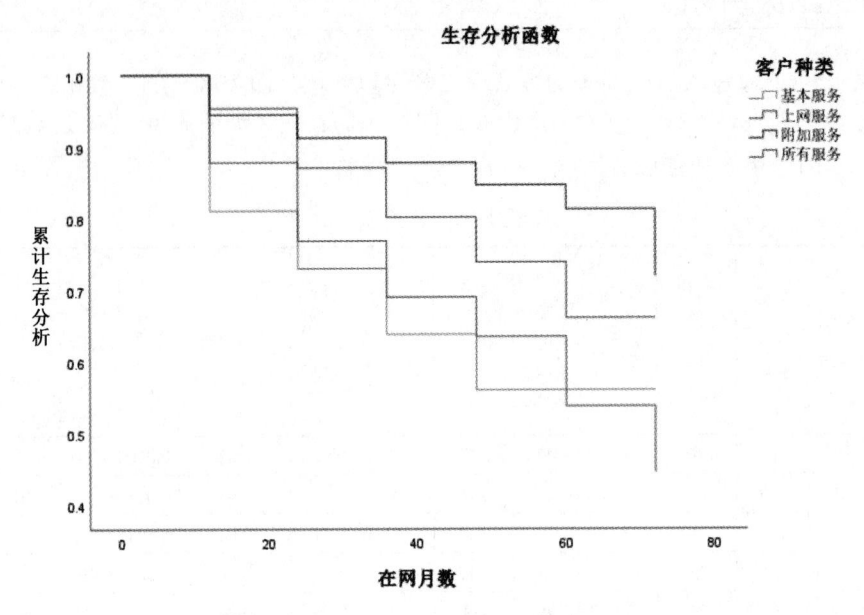

图 12-7 生存分析函数图

由表 12-2 可以看出,通过威尔科克森(吉亨)统计,显著性小于 0.001,说明四类客户的生存曲线存在显著差异。

表 12-2 总体比较 [a]

威尔科克森(吉亨)统计	自由度	显著性
49.179	3	<0.001

a. 执行的是精确比较

表 12-3 给出了更详细的结论。可以看出,除了基本服务与所有服务之间不存在显著差异,其余两两之间均存在显著差异。

表 12-3 成对比较 [a]

(I) custcat	(J) custcat	威尔科克森(吉亨)统计	自由度	显著性
1	2	18.640	1	<0.001
	3	37.154	1	<0.001
	4	2.949	1	0.086
2	1	18.640	1	<0.001
	3	5.515	1	0.019
	4	9.222	1	0.002

续表

(I) custcat	(J) custcat	威尔科克森（吉亨）统计	自由度	显著性
3	1	37.154	1	<0.001
	2	5.515	1	0.019
	4	27.229	1	<0.001
4	1	2.949	1	0.086
	2	9.222	1	0.002
	3	27.229	1	<0.001

a. 执行的是精确比较

12.2 Kaplan-Meier 分析

Kaplan-Meier 分析适用于样本较少的情况，它不能给出特定时刻的生存率，所以不用担心某些时间段内只有很少的几个观测，甚至没有观测的情况。为充分利用每个数据所包含的信息，必须采用更精确的估计方法，Kaplan-Meier 的乘积极限估计是目前应用最多且效率最高的方法。

SPSS 的 Kaplan-Meier 分析适用于如下问题的研究：

（1）估计某研究因素不同水平的中位生存时间。

（2）比较某研究因素不同水平的生存时间有无差异。

（3）控制某分层因素后，对感兴趣的分组因素不同水平的生存时间做比较。

执行菜单栏中的"分析"→"生存分析"→"Kaplan-Meier"命令，弹出如图 12-8 所示的"Kaplan-Meier"对话框，进行相关参数的设置即可完成 Kaplan-Meier 分析。下面通过具体案例讲解如何在 SPSS 中进行 Kaplan-Meier 分析。

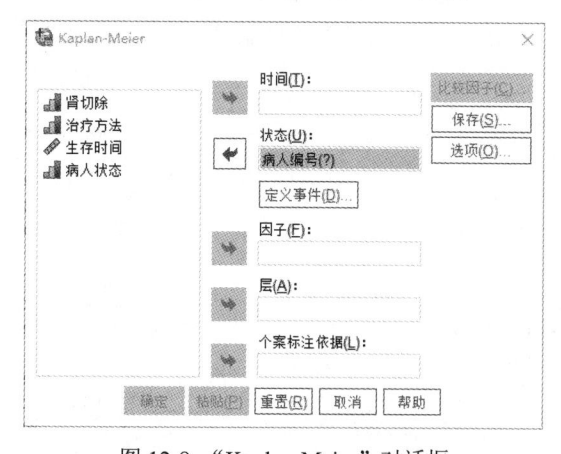

图 12-8 "Kaplan-Meier"对话框

数据文件	数据文件\Chapter12\data12-02.sav
视频文件	视频文件\Chapter12\Kaplan-Meier 分析.avi

12.2.1 数据描述

本例的数据文件为某医院 58 位肾上腺样瘤病人在不同治疗方法研究中的数据，如图 12-9 所示。现要求利用 Kaplan-Meier 分析在切除肾脏条件下两种治疗方法的结果是否具有显著差异。

	病人编号	肾切除	治疗方法	生存时间	病人状态
1	1	1	1	77	0
2	2	1	1	18	1
3	3	0	1	8	1
4	4	1	1	68	1
5	5	1	1	35	1
6	6	1	1	8	1
7	7	1	1	26	1

图 12-9 "data12-02.sav" 数据

12.2.2 SPSS 实现

（1）打开数据文件 "data12-02.sav"，执行菜单栏中的"分析"→"生存分析"→"Kaplan-Meier"命令，弹出如图 12-10 所示的"Kaplan-Meier"对话框。选中左侧变量列表中的"生存时间"变量，单击 ▶ 按钮，将其作为时间变量选入"时间"列表框。选中左侧变量列表中的"病人状态"变量，单击 ▶ 按钮，将其作为状态变量选入"状态"列表框。选中左侧变量列表中的"治疗方法"变量，单击 ▶ 按钮，将其作为控制变量选入"因子"列表框。选中左侧变量列表中的"肾切除"变量，单击 ▶ 按钮，将其作为分层变量选入"层"列表框。

（2）单击"定义事件"按钮，弹出如图 12-11 所示的"Kaplan-Meier：为状态变量定义事件"对话框，在"单值"后面的文本框中输入"1"，单击"继续"按钮。

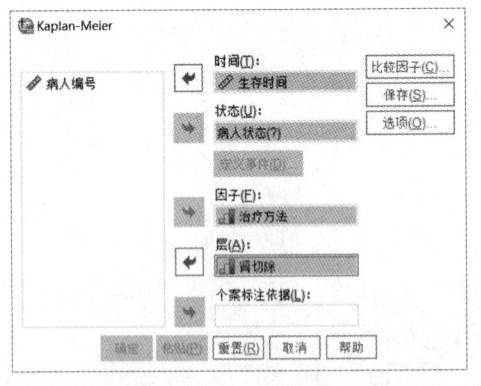

图 12-10 "Kaplan-Meier" 对话框　　图 12-11 "Kaplan-Meier：为状态变量定义事件" 对话框

（3）在图 12-10 所示对话框中单击"比较因子"按钮，弹出如图 12-12 所示的"Kaplan-Meier：比较因子级别"对话框。勾选"秩的对数""布雷斯洛""塔罗内-韦尔复选框,单击"针对每个层成对比较"单选按钮,单击"继续"按钮。

(4)在图 12-10 所示对话框中单击"选项"按钮,弹出如图 12-13 所示的"Kaplan-Meier:选项"对话框。勾选"平均值和中位数生存分析函数"和"四分位数"复选框,单击"继续"按钮。

(5)完成所有设置,单击"确定"按钮执行命令,此时会弹出警告、个案处理摘要、生存分析时间的平均值和中值等分析结果。

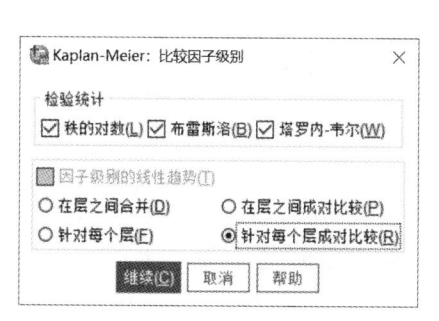

图 12-12 "Kaplan-Meier:比较因子级别"对话框 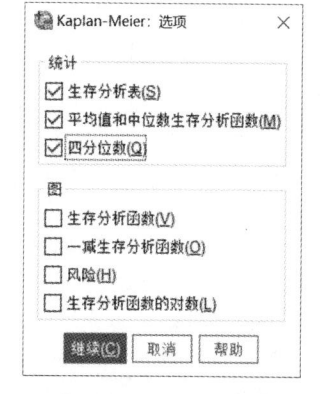　　图 12-13 "Kaplan-Meier:选项"对话框

12.2.3　结果分析

表 12-4 是警告。由于数据中的"生存时间"中包含负数,所以会出现此警告。

表 12-4　警告

找到因变量值为负数或缺失的个案。将忽略这些个案

表 12-5 给出了包括因素变量各取值水平下的事件发生数与删失数的统计信息。Kaplan-Meier 分析将变量中的负数或缺失值剔除。数据文件中共有 58 个个案,但进入分析的数据总计为 56 个个案,说明有两个个案的数据存在负数或缺失值。可以看出,切除肾脏的个案被删除了 9 个,这是因为状态变量被指定为 1,而未对非 1 的个案进行分析。

表 12-5　个案处理摘要

肾切除		总数	事件数	检剔后	
				个案数	百分比
否	化学与免疫法结合	7	7	0	0.0%
	其他方法	3	3	0	0.0%
	总体	10	10	0	0.0%
是	化学与免疫法结合	29	25	4	10.8%
	其他方法	17	12	5	29.4%
	总体	46	37	9	19.6%
总体		56	47	9	13.1%

表12-6给出了生存分析时间的平均值和中值,表12-7给出了中值与生存时间的百分位数。从两个表可以粗略看出:化学与免疫法结合的治疗方法与其他治疗方法在延长病人生存时间上的差异不太明显。更精确的判断需要通过假设检验确定。

表12-6 生存分析时间的平均值和中值

肾切除	治疗方法	平均值[a]				中值			
		估算	标准错误	95%置信区间		估算	标准错误	95%置信区间	
				下限	上限			下限	上限
否	化学与免疫法结合	12.571	2.034	8.585	16.558	12.000	3.928	4.301	19.699
	其他方法	8.000	0.000	8.000	8.000	8.000	.	.	.
	总体	11.200	1.555	8.152	14.248	8.000	0.949	6.141	9.859
是	化学与免疫法结合	46.217	7.154	32.194	60.240	36.000	7.908	20.500	51.500
	其他方法	52.392	18.232	16.657	88.128	20.000	4.749	10.692	29.308
	总体	47.414	7.698	32.326	62.503	30.000	6.982	16.316	43.684
总体		40.825	6.579	27.929	53.720	20.000	3.606	12.932	27.068

a. 如果已对生存分析时间进行检验,那么估算将限于最大生存分析时间

表12-7 中值与生存时间的百分位数

肾切除	治疗方法	25.0%		50.0%		75.0%	
		估算	标准错误	估算	标准错误	估算	标准错误
否	化学与免疫法结合	17.000	2.315	9.000	3.928	8.000	1.793
	其他方法	8.000		8.000		8.000	
	总体	12.000	3.795	8.000	0.949	8.000	0.791
是	化学与免疫法结合	72.000	13.537	36.000	7.908	11.000	3.404
	其他方法	40.000	8.277	20.000	4.749	13.000	2.627
	总体	68.000	9.163	30.000	6.982	11.000	2.962
总体		52.000	11.250	20.000	3.606	10.000	1.614

由表12-8可以看出,利用3种检验统计量分别对控制变量的不同水平做时序检验,检验结果表明:无论病人的肾脏切除与否,化学与免疫法结合的治疗方法与其他治疗方法在延长病人生存时间上没有显著差异。

表 12-8 成对比较

肾切除	肾切除	治疗方法	化学与免疫法结合		其他方法	
			卡方	显著性	卡方	显著性
Log Rank（Mantel-Cox）	否	化学与免疫法结合			2.440	0.118
		其他方法	2.440	0.118		
	是	化学与免疫法结合			0.110	0.741
		其他方法	0.110	0.741		
Breslow（Generalized Wilcoxon）	否	化学与免疫法结合			2.182	0.140
		其他方法	2.182	0.140		
	是	化学与免疫法结合			0.264	0.607
		其他方法	0.264	0.607		
Tarone-Ware	否	化学与免疫法结合			2.312	0.128
		其他方法	2.312	0.128		
	是	化学与免疫法结合			0.304	0.582
		其他方法	0.304	0.582		

12.3 Cox 回归模型

Cox 回归模型用于拟合 Cox 比例风险模型，它是多因素生存分析比较常用的一种方法。该方法主要应用于肿瘤或其他慢性疾病的预后分析，其适用于多因素的分析、不考虑生存时间的分布形态，能够有效地利用截尾数据。

一般情况下，在 Cox 回归模型中，因变量常指生存时间，自变量则是与生存时间有关的一些变量，即协变量或预后变量。Cox 回归模型需要满足两个前提假设：各危险因素的作用大小不随时间变化而变化，各危险因素之间不存在交互作用。此外，样本数不能太小，一般要求样本数为变量个数的 5～20 倍，生存资料的截尾数据不能超过 20%，要有一定数量的样本发生结局事件。

执行菜单栏中的"分析"→"生存分析"→"Cox 回归"命令，弹出如图 12-14 所示的"Cox 回归"对话框，进行相关参数的设置即可完成 Cox 回归模型分析。下面通过具体案例讲解如何在 SPSS 中进行 Cox 回归模型分析。

图 12-14 "Cox 回归"对话框

数据文件	数据文件\Chapter12\data12-03.sav
视频文件	视频文件\Chapter12\Cox 回归模型.avi

12.3.1 数据描述

本例的数据文件为 63 例病人的生存时间、结局及影响因素的数据，如图 12-15 所示。现要求利用 Cox 回归模型进行预后分析。

	编号	年龄	性别	组织学类型	治疗方法	淋巴结是否转移	肿瘤的浸润程度	生存时间	病人结局
1	1	54	0	0	0	0	0	52	1
2	2	57	0	1	1	0	0	51	1
3	3	58	0	1	1	1	1	35	0
4	4	43	1	1	0	1	0	103	1
5	5	48	0	1	1	0	2	7	0
6	6	40	0	1	1	0	2	60	1
7	7	44	0	1	1	0	2	58	1

图 12-15 "data12-03.sav" 数据

12.3.2 SPSS 实现

（1）打开 "data12-03.sav" 文件，执行菜单栏中的 "分析"→"生存分析"→"Cox 回归" 命令，弹出如图 12-16 所示的 "Cox 回归" 对话框。选中 "月[生存时间]" 变量，单击 按钮，将其作为时间变量选入 "时间" 列表框。选中 "病人结局" 变量，单击 按钮，将其作为状态变量选入 "状态" 列表框。选中 "年龄" "性别" "组织学类型" "治疗方法" "淋巴结是否转移" "肿瘤的浸润程度" 变量，单击 按钮，将其作为协变量选入 "协变量" 列表框，并在 "方法" 下拉列表框中选择 "向后：瓦尔德"。

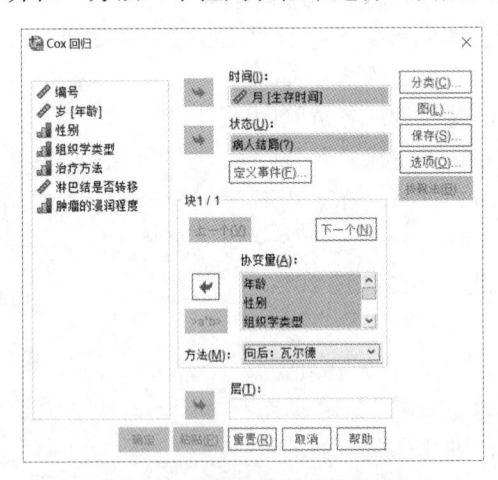

图 12-16 "Cox 回归" 对话框

（2）单击 "定义事件" 按钮，弹出如图 12-17 所示的 "Cox 回归：为状态变量定义事件" 对话框，在 "单值" 后面的文本框中输入 "0"，单击 "继续" 按钮。

（3）在图 12-16 所示对话框中单击 "分类" 按钮，弹出如图 12-18 所示的 "Cox 回归:定义分类协变量"对话框。将"组织学类型""淋巴结是否转移""治疗方法""肿瘤的浸润程度"变量选入"分类协变量"列表框。分别选中这四个变量,将"对比"均设为"指示符",其中"组织学类型"变量的"参考类别"为"第一个",其他三个分类协变量的"参考类别"均为"最后一个",单击"继续"按钮。

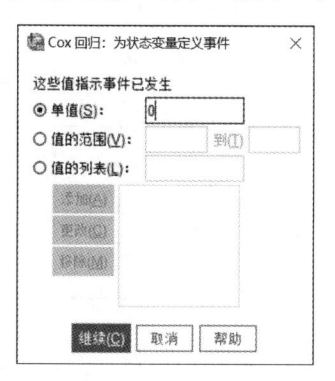

图 12-17 "Cox 回归:为状态变量定义事件"对话框 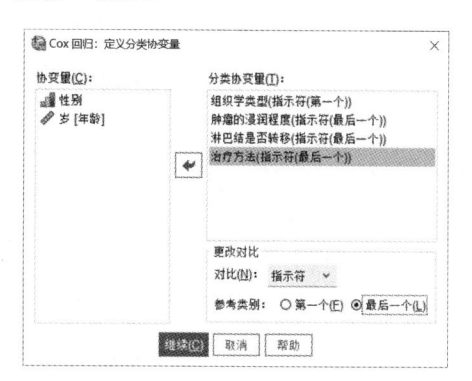   图 12-18 "Cox 回归:定义分类协变量"对话框

(4)在图 12-16 所示对话框中单击"图"按钮,弹出如图 12-19 所示的"Cox 回归:图"对话框,勾选"生存分析""风险"复选框;并选中左边的"治疗方法",单击▶按钮,将其选入"针对下列各项绘制单独的线条"列表框,单击"继续"按钮。

(5)在图 12-16 所示对话框中单击"选项"按钮,弹出如图 12-20 所示的"Cox 回归:选项"对话框。勾选"Exp(B)的置信区间"和"估算值的相关性"复选框,单击"在每个步骤"单选按钮,单击"继续"按钮。

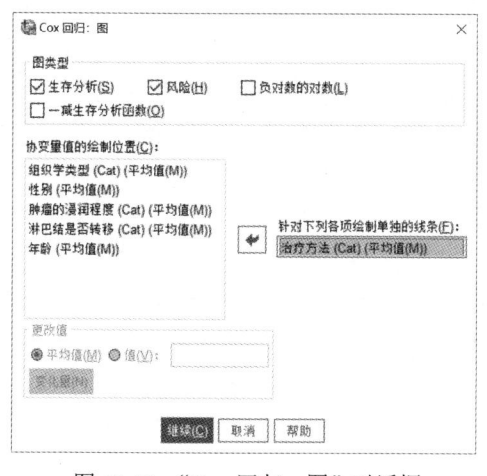

图 12-19 "Cox 回归:图"对话框    图 12-20 "Cox 回归:选项"对话框

(6)完成所有设置,单击"确定"按钮执行命令,此时会弹出个案处理摘要、分类变量编码等分析结果。

12.3.3 结果分析

表 12-9 是对数据处理的说明。从表中可以看出,个案总数为 63,用于分析的个案

数为 26，被检剔的个案数为 37，具有缺失值和负时间的个案数为 0，层中最早发生的事件之前检剔的个案数为 0。删除记录不会用于计算回归系数，但要用于计算基准危险率。

表 12-9　个案处理摘要

		个案数	百分比
可以在分析中使用的个案	事件 [a]	26	41.3%
	检剔	37	58.7%
	总计	63	100.0%
已删除的个案	具有缺失值的个案	0	0.0%
	具有负时间的个案	0	0.0%
	层中最早发生的事件之前检剔的个案	0	0.0%
	总计	0	0.0%
总计		63	100.0%

a. 因变量：月

表 12-10 给出了分类变量编码，它有助于解释分类协变量的回归系数。由（1）列可以看出，取值为 0 的表示参考类别。默认情况下，参考类别为分类变量取值的最后一个类别。但本例在参数设置时，将组织学类型的参考类别选为第一个，所以，该变量的第一分类是参考类别，即在原始数据中取值为 0 的低分化这一类。

表 12-10　分类变量编码 [a,c,e,f]

		频率	(1) [d]	(2)
组织学类型 [b]	0=低分化	31	0	
	1=高分化	32	1	
治疗方法 [b]	0=新方法	26	1	
	1=传统方法	37	0	
淋巴结是否转移 [b]	0=否	27	1	
	1=是	36		
肿瘤的浸润程度 [b]	0=未突破浆膜	21	1	0
	1=突破浆膜	16	0	1
	2=严重突破浆膜	26	0	0

a. 类别变量：组织学类型
b. 指示符参数编码
c. 类别变量：治疗方法
d. 由于(0,1)变量已重新编码，因此其系数不会与指示符(0,1)编码的系数相同
e. 类别变量：淋巴结是否转移
f. 类别变量：肿瘤的浸润程度

由表 12-11 可以看出检验结果，如果删除一个变量后的卡方更改量的显著性大于 0.05，则去除此变量是合理的。

表 12-11　模型系数的 Omnibus 检验 [f]

步长	-2 对数似然	总体（得分）			从上一步进行更改			从上一块进行更改		
		卡方	自由度	显著性	卡方	自由度	显著性	卡方	自由度	显著性
1[a]	175.496	25.785	7	<0.001	26.498	7	<0.001	26.498	7	<0.001
2[b]	175.795	25.699	6	<0.001	0.299	1	0.585	26.199	6	<0.001
3[c]	176.046	25.498	5	<0.001	0.252	1	0.616	25.947	5	<0.001
4[d]	177.227	23.874	4	<0.001	1.181	1	0.277	24.766	4	<0.001
5[e]	182.777	17.594	2	<0.001	5.550	2	0.062	19.217	2	<0.001

a. 在步骤号 1：年龄、性别、组织学类型、治疗方法、淋巴结是否转移、肿瘤的浸润程度处输入的变量
b. 在步骤号 2：组织学类型处除去的变量
c. 在步骤号 3：年龄处除去的变量
d. 在步骤号 4：性别处除去的变量
e. 在步骤号 5：肿瘤的浸润程度处除去的变量
f. 起始块号 1。方法 = 向后步进（瓦尔德）

表 12-12 给出了使用每一步向后剔除拟合的统计量和瓦尔德检验。由表可知，步骤 1，全部指定的协变量进入模型，但瓦尔德检验说明在这一步骤中几乎没有变量对模型贡献显著；步骤 5，经过一步步剔除对模型没有统计意义的协变量，最后剩下治疗方法、淋巴结是否转移，从瓦尔德检验说明这两个变量对模型贡献显著。

Exp（B）列表示变量相对于参考类别的危险率。在步骤 5 中，治疗方法变量的相对危险率为 0.172，由此可知治疗方法变量相对于参考类别（值标签取值为 1，即传统方法）来说，危险率仅为参照变量的 0.172 倍；同理，淋巴结是否转移变量的相对危险率为 0.394，表明其仅为参考类别（值标签取值为 1，即淋巴结转移）的 0.394 倍。所以，可得出结论：新方法和淋巴结未转移能延长病人的生存时间。

表 12-12　方程式中的变量

		B	SE	瓦尔德	自由度	显著性	Exp（B）
步骤 1	年龄	-0.011	0.017	0.424	1	0.515	0.989
	性别	-0.654	0.643	1.033	1	0.309	0.520
	组织学类型	0.383	0.679	0.319	1	0.572	1.467
	治疗方法	-1.027	0.758	1.838	1	0.175	0.358
	淋巴结是否转移	-1.386	0.748	3.428	1	0.064	0.250
	肿瘤的浸润程度			4.234	2	0.120	
	肿瘤的浸润程度（1）	-1.171	0.593	3.907	1	0.048	0.310
	肿瘤的浸润程度（2）	-0.025	0.462	0.003	1	0.957	0.975
步骤 2	年龄	-0.008	0.017	0.251	1	0.616	0.992
	性别	-0.667	0.634	1.107	1	0.293	0.513
	治疗方法	-1.007	0.747	1.815	1	0.178	0.365

续表

		B	SE	瓦尔德	自由度	显著性	Exp（B）
步骤 2	淋巴结是否转移	-1.045	0.459	5.183	1	0.023	0.352
	肿瘤的浸润程度			4.062	2	0.131	
	肿瘤的浸润程度（1）	-1.140	0.590	3.729	1	0.053	0.320
	肿瘤的浸润程度（2）	-0.009	0.461	0.000	1	0.984	0.991
步骤 3	性别	-0.658	0.637	1.067	1	0.302	0.518
	治疗方法	-1.023	0.749	1.863	1	0.172	0.360
	淋巴结是否转移	-1.008	0.454	4.924	1	0.026	0.365
	肿瘤的浸润程度			4.188	2	0.123	
	肿瘤的浸润程度（1）	-1.158	0.588	3.881	1	0.049	0.314
	肿瘤的浸润程度（2）	-0.021	0.460	0.002	1	0.964	0.979
步骤 4	治疗方法	-1.527	0.561	7.401	1	0.007	0.217
	淋巴结是否转移	-1.012	0.454	4.965	1	0.026	0.364
	肿瘤的浸润程度			4.438	2	0.109	
	肿瘤的浸润程度（1）	-1.140	0.581	3.842	1	0.050	0.320
	肿瘤的浸润程度（2）	0.080	0.455	0.031	1	0.860	1.083
步骤 5	治疗方法	-1.762	0.548	10.337	1	0.001	0.172
	淋巴结是否转移	-0.931	0.445	4.389	1	0.036	0.394

由表 12-13 可以看出，统计结果 Sig 都大于 0.05，表明对模型无统计意义的变量都没有进入模型。

表 12-13 未包括在方程中的变量

未包括在方程中的变量 [a,b,c,d]				
步骤 2	组织学类型	0.322	1	0.570
步骤 3	年龄	0.252	1	0.616
	组织学类型	0.137	1	0.711
步骤 4	年龄	0.207	1	0.649
	性别	1.083	1	0.298
	组织学类型	0.225	1	0.636
步骤 5	年龄	0.420	1	0.517
	性别	1.398	1	0.237
	组织学类型	0.046	1	0.830
	肿瘤的浸润程度	4.886	2	0.087
	肿瘤的浸润程度（1）	4.845	1	0.028
	肿瘤的浸润程度（2）	1.113	1	0.292

a. 残差卡方 = 0.322，自由度为 1，显著性 = 0.570
b. 残差卡方 = 0.564，自由度为 2，显著性 = 0.754
c. 残差卡方 = 1.657，自由度为 3，显著性 = 0.647
d. 残差卡方 = 6.282，自由度为 5，显著性 = 0.280

由表 12-14 可以看出，两个变量之间的相关系数均不大，说明进入模型的变量之间基本相互独立，共线性问题不明显。

表 12-14 回归系数的相关性矩阵

	治疗方法
淋巴结是否转移	0.011

表 12-15 给出了每个协变量的平均值，以及在设置中所指定的作图协变量的各个模式。本例将治疗方法变量作为作图协变量，其他变量的描述均统一显示为同行的平均值。

表 12-15 协变量平均值和模式值

	平均值	模式	
		1	2
年龄	46.857	46.857	46.857
性别	0.460	0.460	0.460
组织学类型	0.508	0.508	0.508
治疗方法	0.413	1.000	0.000
淋巴结是否转移	0.429	0.429	0.429
肿瘤的浸润程度（1）	0.333	0.333	0.333
肿瘤的浸润程度（2）	0.254	0.254	0.254

图 12-21 是累积生存函数图，数据来自表 12-15。图 12-22 是按治疗方法分组后的累计生存函数图，由图可知，新方法的生存函数曲线较高，而传统方法的生存函数曲线偏低。

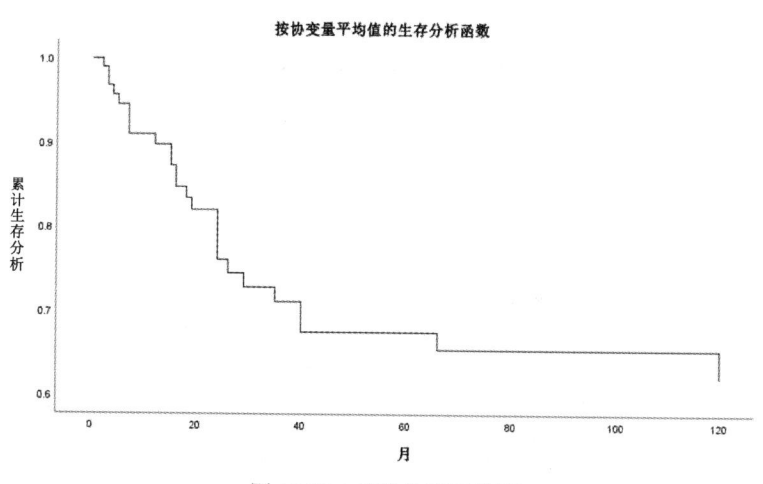

图 12-21 累计生存函数图

图 12-23 是累计危险函数图，数据来自表 12-15。图 12-24 是按治疗方法分组后的累计危险函数图。这两张图所反映的信息与图 12-21 和图 12-22 类似。

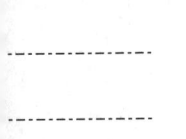

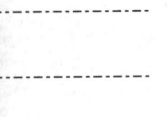

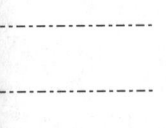

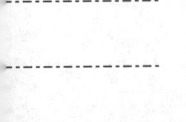

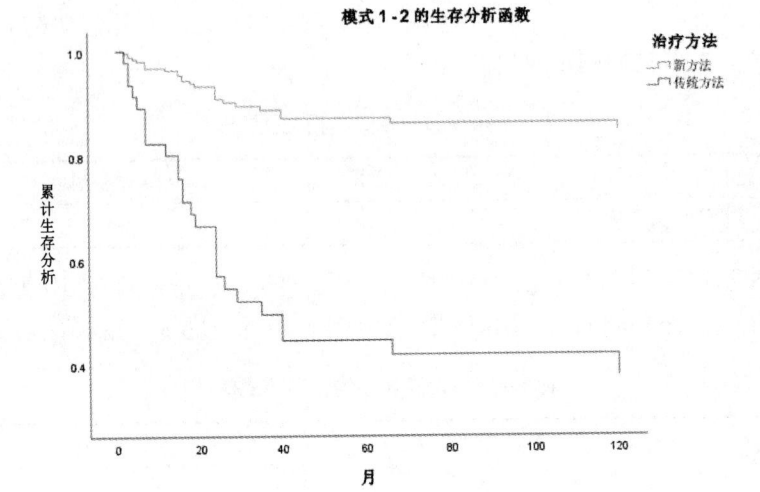

图 12-22　按治疗方法分组后的累计生存函数图

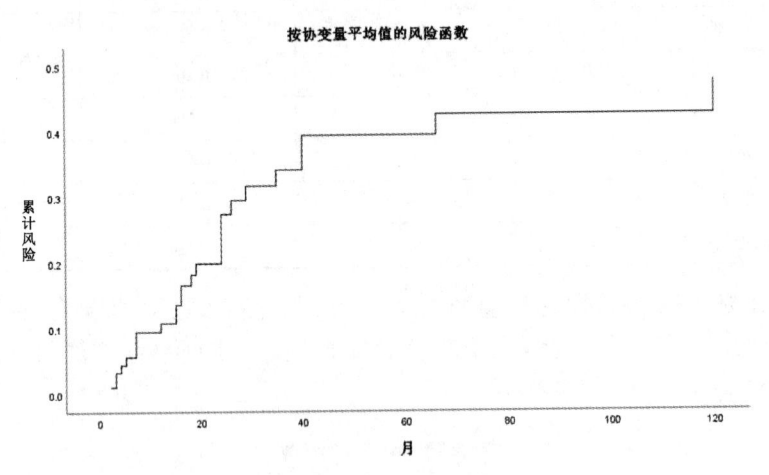

图 12-23　累计危险函数图

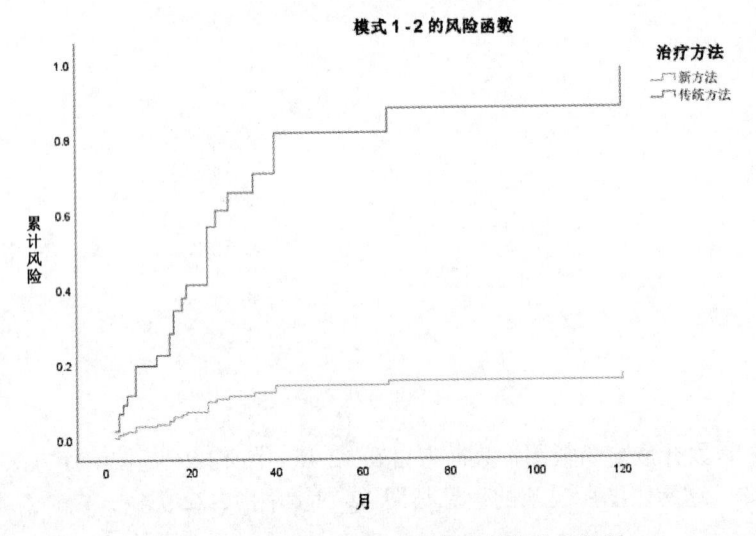

图 12-24　按治疗方法分组后的累计危险函数图

12.4 小结

本章主要介绍了生存分析的常用概念和方法。本章利用实例对寿命表分析、Kaplan-Meier 分析和 Cox 回归模型进行了详细介绍。

12.5 习题

1. 数据文件 data12-04.sav 为某研究针对杂草在不同药物下存活时间的统计，现要求利用本章介绍的内容分析两种药物下杂草的寿命情况，以及比较两种药物的效果是否具有显著差异。数据存储于"数据文件\Chapter12\data12-04.sav"文件中。

2. 数据文件 data12-05.sav 为研究新型癌症药物治疗效果的数据，分成传统治疗方法和新方法两组，现要求利用本章介绍的内容针对传统治疗方法和新方法进行预后分析。数据存储于"数据文件\Chapter12\data12-05.sav"文件中。

3. 数据文件 data12-06.sav 为研究新型白血病药物治疗效果的数据，分成传统治疗方法和新方法两组，现要求利用本章介绍的内容分析两种方法的效果是否具有显著差异。数据存储于"数据文件\Chapter12\data12-06.sav"文件中。

第13章

时间序列分析

时间序列是通过定期度量时间段中某个变量获得的一组观察值,很多数据都可以时间序列的形式存在,如一年中每个月物品的销售量、每天的股票价格、若干年的人口的总数、一个国家几十年的 GDP 等,它们都有一个共同点,即都曾在一定时间长度内的已知间隔定期观察某个变量。时间序列数据与以往研究的数据有不同之处,以往的数据都是在某一个时刻或某一段时间内存在的数据,没有先后顺序可言,交换个案之间的顺序对于分析结果没有影响。但是,时间序列数据是不能随意交换先后顺序的,相邻观测值之间通常是不独立的,存在着某种前后相承的关系,所以分析这类数据就需要特殊的分析方法,即时间序列分析,对时间序列进行观察、研究,寻找它们发展变化的规律,从而来预测将来的发展趋势。本章主要介绍时间序列的预处理、序列图、周期性分解、谱分析、自相关、创建时间模型、应用时间模型和交叉相关性。

学习目标

(1) 了解时间序列与一般序列的区别。
(2) 理解时间序列分析的作用。
(3) 熟知相关对话框中的选项的含义。
(4) 熟练掌握时间序列分析的操作步骤。
(5) 深刻理解各项结果的含义。

13.1 时间序列的预处理

时间序列分析可以分为描述性时间序列分析和统计时间序列分析，描述性时间序列分析就是通过比较先后的数据，经过作图观测，来发现时间序列数据的一些特点和发展规律，通常情况下描述性时间序列分析是在进行统计时间序列分析之前的一些探索性研究。

统计时间序列分析可以分为频域分析和时域分析，前者是将时间序列看成不同频率的正弦或余弦波叠加的结果，主要分析其频率特征，常用于电子信号等方面，本书不涉及这方面的知识；后者主要是认为时间序列观测值之间具有一定的关系，通过拟合模型来重点分析这种关系随时间变化的趋势。

在对时间序列进行分析之前，需要对其进行预处理，在 SPSS 中，预处理主要分为 3 步。

（1）检查时间序列是否存在缺失值，对存在缺失值的数据进行替换。

（2）SPSS 需要对时间变量进行标识，所以需要对时间序列进行定义。

（3）时间序列分析方法是建立在序列满足平稳性的条件之上的，所以往往需要对时间序列进行计算和创建来满足平稳性的要求。

数据文件	视频文件\Chapter13\data13-01.sav
视频文件	视频文件\Chapter13\时间序列的预处理.avi

13.1.1 替换缺失值

如果要进行时间序列分析的数据中存在缺失值，如果采取直接删除的方法来解决，序列开头和末尾的缺失值可能不会引发特殊的问题，只会缩短序列的有效长度，但是序列中间的缺失值可能导致原有时间序列周期发生错位，无法得到正确的分析结果，所以采用替换缺失值的方法，对缺失值进行替换，依次单击"转换"→"替换缺失值"命令，弹出"替换缺失值"对话框，如图 13-1 所示。

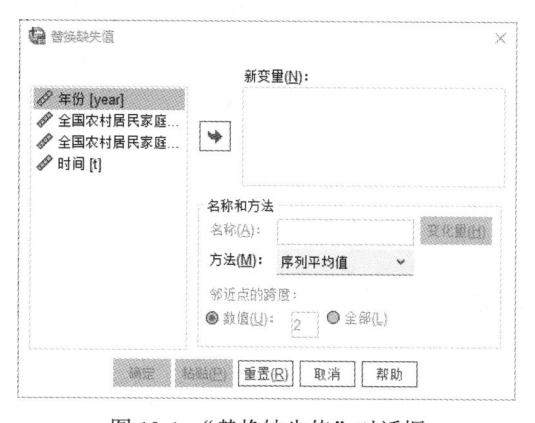

图 13-1 "替换缺失值"对话框

13.1.2 定义时间变量

在进行时间序列分析时，只有用户定义了时间变量，系统才能识别指定序列的时间变量，确保输出的正确性。依次单击"数据"→"定义日期和时间"命令，弹出"定义日期"对话框，如图13-2所示，各选项含义如下。

- 个案是：给出了多种时间格式。
- 第一个个案是：定义起始日期值，该值作为第一个观测量，之后的观测量根据时间间隔自动生成。
- 当前日期：显示定义的起始日期。

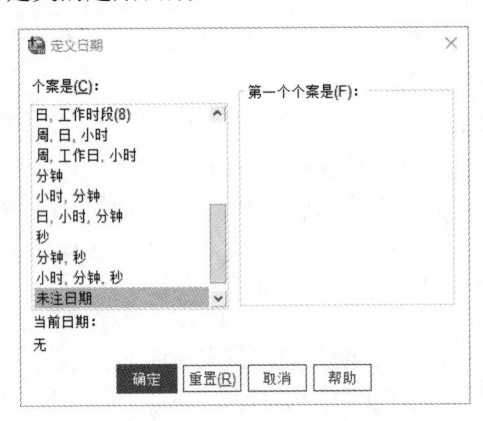

图13-2 "定义日期"对话框

13.1.3 数据描述

本例的数据文件是1978年到2007年全国农村居民家庭人均纯收入的资料，如图13-3所示，现要求对这个时间序列建立时间序列新变量。

	year	Y	lnY	t
1	1978	133.57	4.895	1
2	1979	149.46	5.007	2
3	1980	191.33	5.254	3
4	1981	223.44	5.409	4
5	1982	270.11	5.599	5
6	1983	309.77	5.736	6
7	1984	355.33	5.873	7

图13-3 "data13-01.sav"数据

13.1.4 SPSS实现

（1）打开"data 13-01.sav"文件，执行菜单栏中的"转换"→"数据"→"定义日期和时间"命令，在"个案是"列表框中选择"年，季度，月"，在"第一个个案是"选项区中出现"年""季度""月"文本框,分别输入"1978""1""2",右边的"更高级别的周期长度"中,"季度"的默认周期为4,"月"的默认周期为12,如图13-4所示。

(2) 此时数据编辑窗口中生成显示多个当前日期的新变量,如图13-5所示。

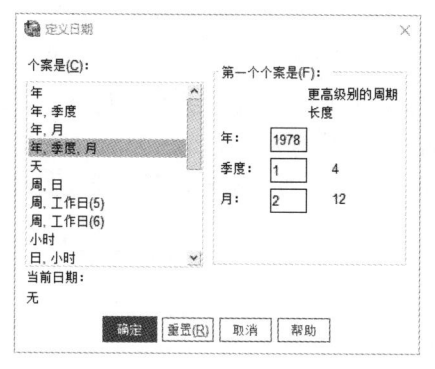

图13-4 "定义日期"对话框　　图13-5 数据编辑窗口

(3) 执行菜单栏中的"转换"→"创建时间序列"命令,弹出如图13-6所示的"创建时间序列"对话框。将"年份"变量通过按钮选入右边的"变量->新名称"列表框。

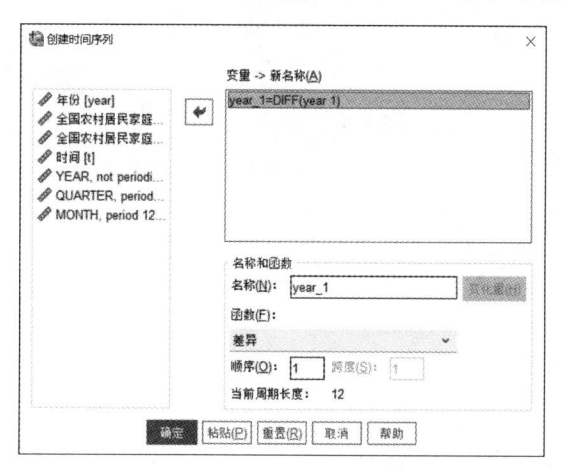

图13-6 "创建时间序列"对话框

(4) 完成所有设置后,单击"确定"按钮执行命令,此时会弹出创建的序列等结果。

13.1.5 结果分析

由表13-1可以看出序列名称、第一个非缺失值的个案编号、最后一个非缺失值的个案编号、有效个案数、创建函数。

表13-1 创建的序列

	序列名称	非缺失值的个案编号		有效个案数	创建函数
		第一个	最后一个		
1	year_1	2	30	29	DIFF(year,1)

13.2 序列图

在创建一个时间序列模型之前,需要了解时间序列数据的性质,如是否呈现某种变化趋势,是否存在周期性波动等,可以通过对时间序列做序列图来判断上述性质。

执行菜单栏中的"分析"→"时间序列预测"→"序列图"命令,弹出如图 13-7 所示的"序列图"对话框,进行相关参数的设置即可完成序列图分析。下面通过具体案例讲解如何在 SPSS 中进行序列图分析。

图 13-7 "序列图"对话框

数据文件	数据文件\Chapter13\data13-02.sav
视频文件	视频文件\Chapter13\序列图.avi

13.2.1 数据描述

本例的数据文件是 1989 年 1 月到 1998 年 12 月市场上每月男装、女装、珠宝等销售情况,如图 13-8 所示。现要求利用序列图对男装销售量进行分析。

	日期	男装	女装	珠宝	邮寄	页	电话	印刷	服务
1	01/01/1989	11357.92	16578.93	10776.38000	7978	73	34	22294.48	20
2	02/01/1989	10605.95	18236.13	10821.97000	8290	88	29	27426.47	20
3	03/01/1989	16998.57	43393.55	22845.79000	8029	65	24	27978.66	26
4	04/01/1989	6563.75	30908.49	11102.62000	7752	85	20	28949.65	22
5	05/01/1989	6607.69	28701.58	16066.57000	8685	74	17	22642.27	21
6	06/01/1989	9839.00	29647.57	11061.28000	7847	87	30	27210.61	23
7	07/01/1989	9398.32	31141.51	11328.97000	7881	79	28	26632.96	22

图 13-8 "data13-02.sav"数据

13.2.2 SPSS 实现

(1)打开"data13-02.sav"文件,执行菜单栏中的"数据"→"定义日期和时间"命令,弹出如图 13-9 所示的"定义日期"对话框。在"个案是"列表框中选择"年,月",

在"年"文本框中输入"1989",在"月"文本框中输入"1",单击"确定"按钮,在数据编辑窗口中就可以看到起始日期为 1989 年 1 月。

(2)执行菜单栏中的"分析"→"时间序列预测"→"序列图"命令,弹出如图 13-10 所示的"序列图"对话框。选择"男装销售"变量,单击按钮,将其选入"变量"列表框,将"日期"变量选入"时间轴标签"列表框,用来标示时间轴。

图 13-9 "定义日期"对话框

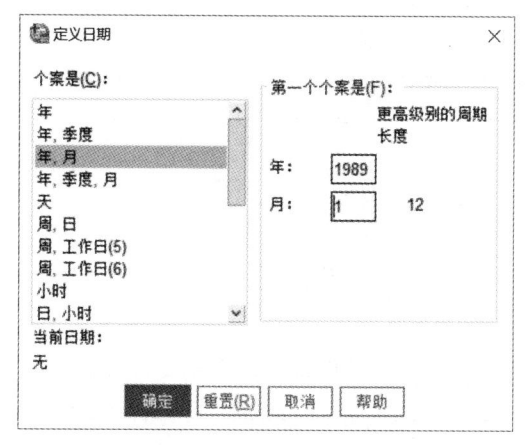

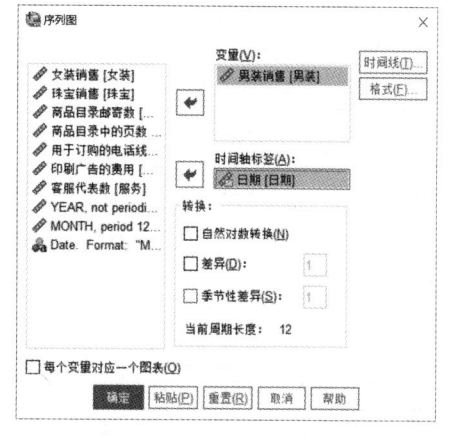

图 13-10 "序列图"对话框

(3)单击"时间线"按钮,弹出如图 13-11 所示的"序列图:时间轴参考线"对话框。单击"绘制日期参考线"单选按钮,在"年"文本框中输入"1990",在"月"文本框中输入"1",单击"继续"按钮。

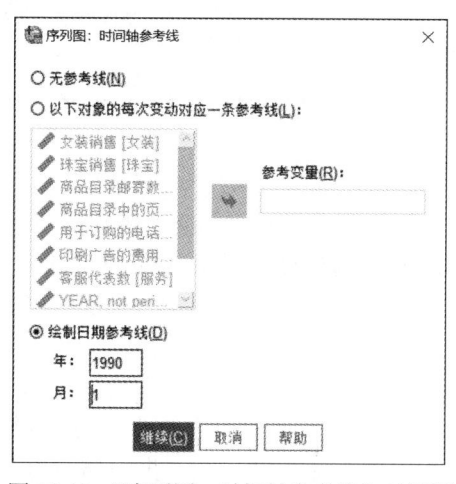

图 13-11 "序列图:时间轴参考线"对话框

(4)完成所有设置后,在图 13-10 所示对话框中单击"确定"按钮执行命令,此时会弹出模型描述、个案处理摘要、序列图等分析结果。

13.2.3 结果分析

表 13-2 给出了模型的一些基础信息,包括模型名称(MOD_1)、系列或序列(男装

销售)、转换(无)、非季节性差分(0)、季节性差分(0)、季节性周期长度(12)、水平轴标(日期)、干预开始(1990年1月)、参考线(无)和曲线下方的区域(未填充)。

表 13-2　模型描述

模型名称		MOD_1
系列或序列	1	男装销售
转换		无
非季节性差分		0
季节性差分		0
季节性周期长度		12
水平轴标		日期
干预开始		YEAR, not periodic=1990, MONTH, period 12=1
参考线		无
曲线下方的区域		未填充

正在应用来自 MOD_1 的模型指定项

由表 13-3 可以看出系列或序列长度为 120，没有缺失值。

表 13-3　个案处理摘要

		男装销售
系列或序列长度		120
图表中的缺失值数	用户缺失	0
	系统缺失	0

图 13-12 显示了从 1989 年 1 月到 1998 年 12 月每个月男装销售的序列图，竖线为基准线，对应的时间为 1990 年 1 月，序列表现出明显的上下波动趋势，总体上序列还呈现一定的上升趋势，此外基本上每年的 12 月份男装销售都达到一个高峰，呈现出较为明显的周期性波动特征。09/01/1997 对应的数值有可能是异常值，分析时需要注意。

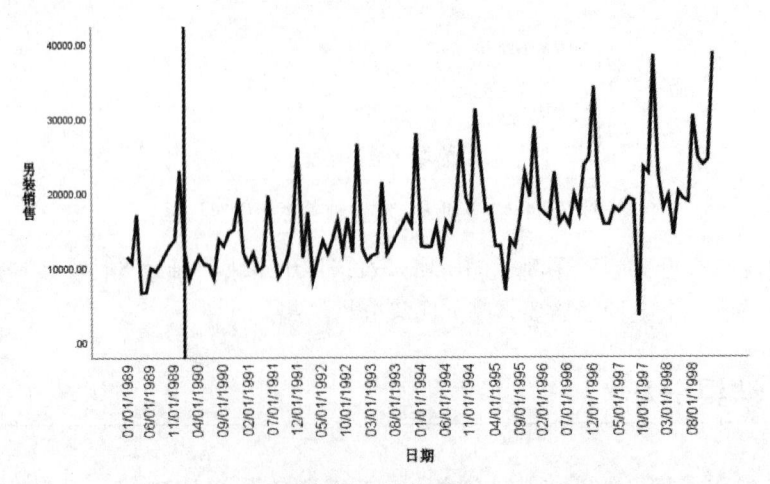

图 13-12　序列图

13.3 周期性分解

周期性分解可将一个序列分解成一个周期性成分、一个组合趋势和循环的成分和一个"误差"成分。例如，科学家想要对特定气象站的臭氧层每月测量结果进行分析，目标是确定数据中是否存在任何趋势。为了揭示真实趋势，由于季节性影响，科学家首先需要考虑所读取资料中的变异。可使用周期性分解来删除任何系统性的周期性变化，然后，对周期性调整序列执行趋势分析。

执行菜单栏中的"分析"→"时间序列预测"→"季节性分解"命令，弹出如图 13-13 所示的"季节性分解"对话框，进行相关参数的设置即可完成周期性分解。下面通过具体案例讲解如何在 SPSS 中进行周期性分解。

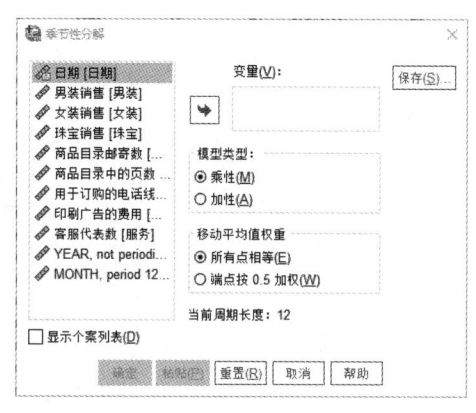

图 13-13 "季节性分解"对话框

数据文件	数据文件\Chapter13\data13-02.sav
视频文件	视频文件\Chapter13\周期性分解.avi

13.3.1 数据描述

本例的数据文件仍然是 1989 年 1 月到 1998 年 12 月市场上每月男装、女装、珠宝等销售情况，如图 13-14 所示。现要求对男装销售量进行周期性分解。

	日期	男装	女装	珠宝	邮寄	页	电话	印刷	服务
1	01/01/1989	11357.92	16578.93	10776.38000	7978	73	34	22294.48	20
2	02/01/1989	10605.95	18236.13	10821.97000	8290	88	29	27426.47	20
3	03/01/1989	16998.57	43393.55	22845.79000	8029	65	24	27978.66	26
4	04/01/1989	6563.75	30908.49	11102.62000	7752	85	20	28949.65	22
5	05/01/1989	6607.69	28701.58	16066.57000	8685	74	17	22642.27	21
6	06/01/1989	9839.00	29647.57	11061.28000	7847	87	30	27210.61	23
7	07/01/1989	9398.32	31141.51	11328.97000	7881	79	28	26632.96	22

图 13-14 "data13-02.sav"数据

13.3.2 SPSS 实现

(1) 打开"data13-02.sav"文件,定义日期参照 13.2 节,不再重复介绍。

(2) 执行菜单栏中的"分析"→"时间序列预测"→"季节性分解"命令,弹出如图 13-15 所示的"季节性分解"对话框。在左边变量列表中选择"男装销售"变量,单击 ▶ 按钮,将其选入"变量"列表框,单击"乘性""端点按 0.5 加权"单选按钮,勾选"显示个案列表"复选框。

(3) 单击"保存"按钮,弹出如图 13-16 所示的"季节:保存"对话框,单击"添加到文件"单选按钮,单击"继续"按钮。

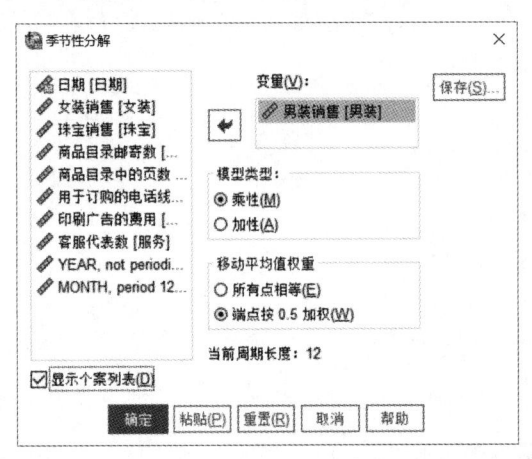

图 13-15 "季节性分解"对话框   图 13-16 "季节:保存"对话框

(4) 完成所有设置后,单击"确定"按钮执行命令,此时系统会弹出模型描述、周期性分解等分析结果。

13.3.3 结果分析

表 13-4 给出了模型的一些基本信息,包括模型名称(MOD_1)、模型类型(乘性)、系列名称(男装销售)、季节性周期长度(12)和移动平均值的计算方法(跨度等于周期性加 1,且端点按 0.5 加权)。

表 13-4 模型描述

模型名称		MOD_1
模型类型		乘性
系列名称	1	男装销售
季节性周期长度		12
移动平均值的计算方法		跨度等于周期性加1,且端点按 0.5 加权
应用 MOD_1 中的模型规范		

表 13-5 列出了变量的原始序列、季节因子、季节性调整序列等信息，只截取了部分结果（1989.1—1990.12），从表 13-5 可以看出每年的 12 月季节因子数值最高，说明 12 月对序列的影响最大，可以判断男装销售的周期为 12，即 1 年。

表 13-5 周期性分解

DATE_	原始序列	移动平均序列	原始序列与移动平均序列之比（%）	季节因子（%）	季节性调整序列	长期趋势序列	不规则（误差）因子
系列名称：男装销售							
JAN 1989	11357.920	.	.	95.0	11952.222	15603.400	0.766
FEB 1989	10605.950	.	.	84.4	12563.682	14867.455	0.845
MAR 1989	16998.570	.	.	84.6	20086.460	13395.563	1.499
APR 1989	6563.750	.	.	84.7	7744.927	11424.611	0.678
MAY 1989	6607.690	.	.	85.5	7731.251	10276.244	0.752
JUN 1989	9839.000	.	.	86.4	11387.613	10021.865	1.136
JUL 1989	9398.320	11933.6900	78.8	85.9	10940.902	10854.893	1.008
AUG 1989	10395.530	11876.8363	87.5	95.0	10944.713	11362.371	0.963
SEP 1989	11663.130	11490.5967	101.5	93.5	12475.429	11664.137	1.070
OCT 1989	12805.220	11407.1229	19.3	111.3	11206.928	11870.294	0.944
NOV 1989	13636.250	11769.1846	112.9	110.8	12306.759	12242.872	1.005
DEC 1989	22849.010	11940.4825	191.4	179.9	12702.772	12185.671	1.042
JAN 1990	12325.800	11910.7575	103.5	95.0	12970.747	1209.775	1.080
FEB 1990	8273.580	12007.5192	68.9	84.4	9800.784	11710.131	0.837
MAR 1990	10061.190	12189.0550	82.5	84.6	11888.864	11944.208	0.995
APR 1990	11497.760	12307.5446	93.4	84.7	13566.836	12258.765	1.107
MAY 1990	10363.160	12433.6008	83.3	85.5	12125.295	12086.349	1.003
JUN 1990	10194.680	12334.1096	82.7	86.4	11799.276	11904.357	0.991
JUL 1990	8401.240	12157.7225	69.1	85.9	9780.168	11939.312	0.819
AUG 1990	13642.890	12218.1438	111.7	95.0	14363.627	12722.179	1.129
SEP 1990	12772.630	12376.5150	103.2	93.5	13662.202	13157.271	1.038
OCT 1990	14539.470	12368.8296	117.5	111.3	12724.716	13051.517	0.975
NOV 1990	14927.350	12274.2558	121.6	110.8	13471.981	12581.105	1.071
DEC 1990	19170.120	12650.1267	151.5	179.9	10657.514	12065.689	0.883

由图 13-17 可以看到在数据编辑窗口中生成的模型销售量的误差项（ERR_1）、季节校准序列（SAS_1）、季节因素指数（SAF_1）和季节趋势周期（STC_1）。

	服务	YEAR_	MONTH_	DATE_	ERR_1	SAS_1	SAF_1	STC_1
1	20	1989	1	JAN 1989	.76600	11952.22247	.95028	15603.40013
2	20	1989	2	FEB 1989	.84505	12563.68151	.84418	14867.45453
3	26	1989	3	MAR 1989	1.49949	20086.45963	.84627	13395.56335
4	22	1989	4	APR 1989	.67792	7744.92743	.84749	11424.61089
5	21	1989	5	MAY 1989	.75234	7731.25092	.85467	10276.24396
6	23	1989	6	JUN 1989	1.13628	11387.61315	.86401	10021.86514
7	22	1989	7	JUL 1989	1.00792	10940.90214	.85901	10854.89324

图 13-17 保存的变量

13.4 谱分析

谱分析主要用来标识时间序列中的周期行为，特点是不需要分析一个时间点与下一个时间点之间的变异，只要按不同频率的周期性成分分析整体序列的变异即可。平滑序列在低频率下具有更强的周期性成分，而随机变异（白噪声）将成分强度分布到所有频率。

执行菜单栏中的"分析"→"时间序列预测"→"谱分析"命令，弹出如图 13-18 所示的"谱图"对话框，进行相关参数的设置即可完成谱分析。下面通过具体案例讲解如何在 SPSS 中进行谱分析。

图 13-18 "谱图"对话框

数据文件	数据文件\Chapter13\data13-02.sav
视频文件	视频文件\Chapter13\谱分析.avi

13.4.1 数据描述

本例的数据文件仍为 1989 年 1 月到 1998 年 12 月市场上每月男装、女装、珠宝等销售情况，如图 13-19 所示。现要求对男装销售量进行谱分析。

	日期	男装	女装	珠宝	邮寄	页	电话	印刷	服务
1	01/01/1989	11357.92	16578.93	10776.38000	7978	73	34	22294.48	20
2	02/01/1989	10605.95	18236.13	10821.97000	8290	88	29	27426.47	20
3	03/01/1989	16998.57	43393.55	22845.79000	8029	65	24	27978.66	26
4	04/01/1989	6563.75	30908.49	11102.62000	7752	85	20	28949.65	22
5	05/01/1989	6607.69	28701.58	16066.57000	8685	74	17	22642.27	21
6	06/01/1989	9839.00	29647.57	11061.28000	7847	87	30	27210.61	23
7	07/01/1989	9398.32	31141.51	11328.97000	7881	79	28	26632.96	22

图 13-19 "data13-02.sav"数据

13.4.2 SPSS 实现

（1）打开"data13-02.sav"文件，定义日期参照 13.2 节，不再重复介绍。

（2）执行菜单栏中的"分析"→"时间序列预测"→"谱分析"命令，弹出如图 13-20 所示的"谱图"对话框。从左边变量列表中选择"男装销售"变量，单击➡按钮，将其选入"变量"列表框，在"图"选项区中勾选"谱密度"复选框。

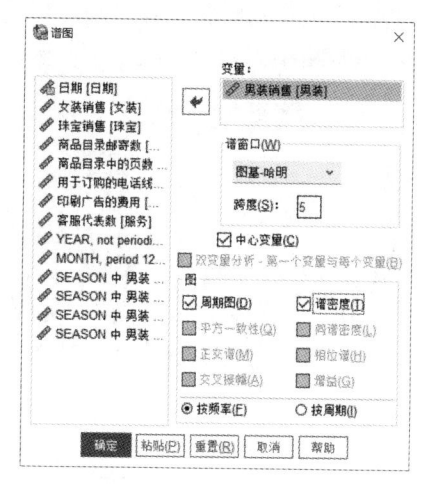

图 13-20 "谱图"对话框

（3）完成所有设置后，单击"确定"按钮执行命令，此时会弹出模型描述、周期图等分析结果。

13.4.3 结果分析

表 13-6 给出了模型的一些基本信息，包括模型名称、分析类型、序列名称等。

表 13-6 模型描述

模型名称		MOD_3
分析类型		单变量
序列名称	1	男装销售
值范围		通过零点居中进行精简

续表

周期图平滑	谱窗口		图基-哈明
	窗口跨度		5
	权重值	W(-2)	2.231
		W(-1)	2.238
		W(0)	2.240
		W(1)	2.238
		W(2)	2.231
正在应用来自 MOD_3 的模型指定项			

图 13-21 是周期图，从周期图可以看出有很多连续的峰值，在小于 0.1 的频率处有最高的峰值，初步判断此数据可能包含了一个年度的周期性成分，一个年度周期对应数据集中的周期 12，而频率和周期互为倒数，周期 12 对应的频率为 1/12（0.083），刚好与最高峰值处的频率一致。

图 13-22 是谱密度图，谱密度图是消除背景噪声平滑后的周期图，可以看出最高峰值所在的频率在 0.083 处，结合周期图可以判断数据拥有一个年度的周期性成分。

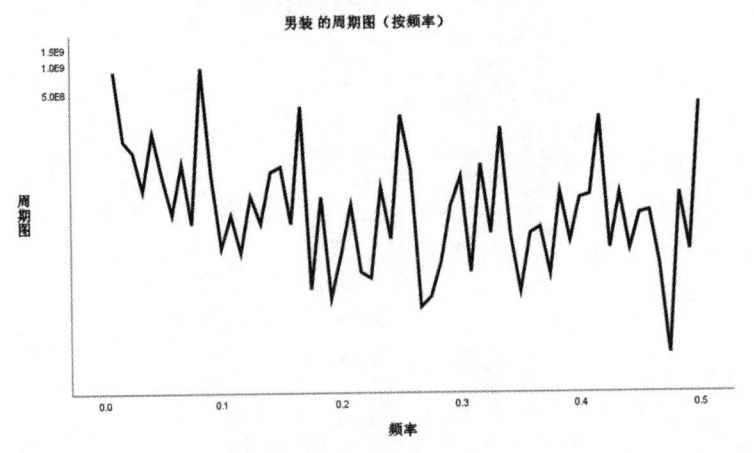

图 13-21 周期图

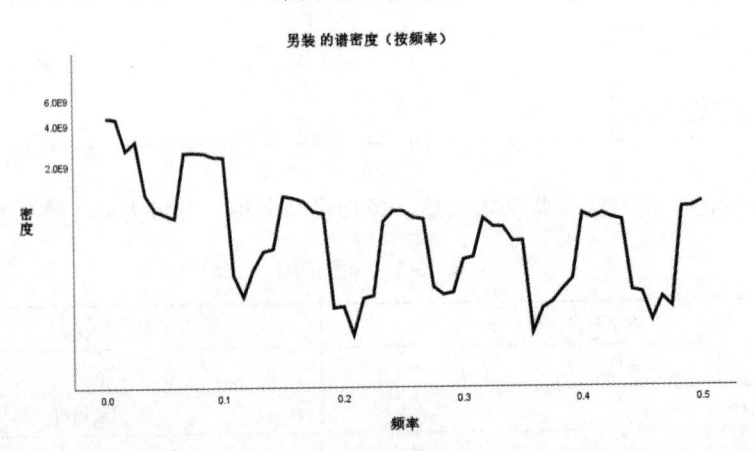

图 13-22 谱密度图

13.5 自相关

时间序列的自相关分析可以了解不同间隔的观察值之间的相关程度，用来解释自相关系数的工具就是相关函数图，根据自相关函数图和偏相关函数图来分析观察值之间的相关程度。

执行菜单栏中的"分析"→"时间序列预测"→"自相关"命令，弹出如图 13-23 所示的"自相关性（A）"对话框，进行相关参数的设置即可完成自相关分析。下面通过具体案例讲解如何在 SPSS 中进行自相关分析。

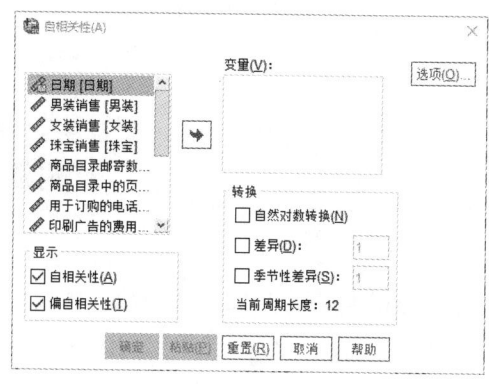

图 13-23 "自相关性（A）"对话框

数据文件	数据文件\Chapter13\data13-02.sav
视频文件	视频文件\Chapter13\自相关.avi

13.5.1 数据描述

本例的数据文件仍然是 1989 年 1 月到 1998 年 12 月市场上每月男装、女装、珠宝等销售情况，如图 13-24 所示。现要求对男装销售量进行自相关分析。

	日期	男装	女装	珠宝	邮寄	页	电话	印刷	服务
1	01/01/1989	11357.92	16578.93	10776.38000	7978	73	34	22294.48	20
2	02/01/1989	10605.95	18236.13	10821.97000	8290	88	29	27426.47	20
3	03/01/1989	16998.57	43393.55	22845.79000	8029	65	24	27978.66	26
4	04/01/1989	6563.75	30908.49	11102.62000	7752	85	20	28949.65	22
5	05/01/1989	6607.69	28701.58	16066.57000	8685	74	17	22642.27	21
6	06/01/1989	9839.00	29647.57	11061.28000	7847	87	30	27210.61	23
7	07/01/1989	9398.32	31141.51	11328.97000	7881	79	28	26632.96	22

图 13-24 "data13-02.sav"数据

13.5.2 SPSS 实现

（1）打开"data13-02.sav"文件，定义日期参照 13.2 节，不再重复介绍。

（2）执行菜单栏中的"分析"→"时间序列预测"→"自相关"命令，弹出如图13-25所示的"自相关性（A）"对话框。从左边变量列表中选择"男装销售"变量，单击按钮，将其选入"变量"列表框，在"显示"选项区中勾选"自相关性"和"偏自相关性"复选框。

（3）单击"选项"按钮，弹出如图13-26所示的"自相关性：选项"对话框，在"最大延迟数"文本框中输入"30"，单击"继续"按钮。

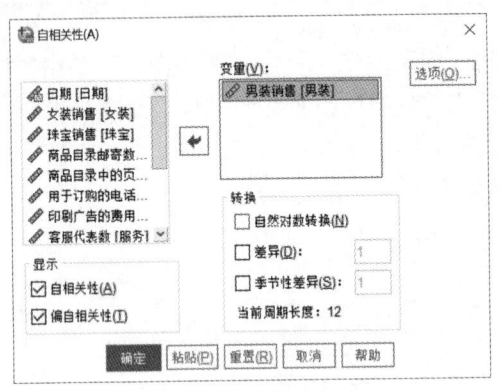

图13-25 "自相关性"对话框　　图13-26 "自相关性：选项"对话框

（4）完成所有设置后，单击"确定"按钮执行命令，此时会弹出模型描述、个案处理摘要、自相关性等分析结果。

13.5.3　结果分析

表13-7给出了模型的一些基本描述，从上到下依次为模型名称（MOD_1）、序列名称（男装销售）、转换（无）、非季节性差分（0）、季节性差分（0）、季节性周期长度（12）、最大延迟数（30）、为计算自相关性标准误差而假定的过程［独立性（白噪声）］、显示和绘制（所有延迟）。

表13-7　模型描述

模型名称		MOD_1
序列名称	1	男装销售
转换		无
非季节性差分		0
季节性差分		0
季节性周期长度		12
最大延迟数		30
为计算自相关性标准误差而假定的过程		独立性（白噪声）[a]
显示和绘制		所有延迟
正在应用来自 MOD_1 的模型指定项		
a. 不适用于计算偏自相关性的标准误差		

表 13-8 从上到下依次为序列长度（120）、缺失值的数目（用户和系统缺失值都为 0）、有效值的数目（120）、可计算的首次延迟数（119）。

表 13-8　个案处理摘要

		男装销售
序列长度		120
缺失值的数目	用户缺失值	0
	系统缺失值	0
有效值的数目		120
可计算的首次延迟数		119

由表 13-9 可以看出，显著性都小于 0.05，说明全部自相关均有显著意义。表 13-9 对应的是图 13-27。周期性序列的自相关函数呈现明显的周期性波动，且以周期长度及其整数倍数为阶数的自相关和偏自相关函数均显著不为 0。

由图 13-27 可以看出，本序列呈现周期性，因为周期为 12，自相关函数呈现明显的周期性波动，且在 12、24 处的自相关和偏自相关函数均显著不为 0。此外，本序列还具有一定的趋势性，因为偏自相关函数呈现下降趋势，很快落入置信区间内。

表 13-9　自相关性

			博克斯-杨统计		
延迟	自相关性	标准误差[a]	值	自由度	显著性[b]
1	0.401	0.090	19.742	1	<0.001
2	0.332	0.090	33.376	2	<0.001
3	0.187	0.089	37.730	3	<0.001
4	0.184	0.089	41.986	4	<0.001
5	0.130	0.089	44.125	5	<0.001
6	0.110	0.088	45.674	6	<0.001
7	0.138	0.088	48.127	7	<0.001
8	0.162	0.087	51.555	8	<0.001
9	0.138	0.087	54.070	9	<0.001
10	0.231	0.087	61.183	10	<0.001
11	0.233	0.086	68.491	11	<0.001
12	0.569	0.086	112.321	12	<0.001
13	0.301	0.085	124.700	13	<0.001
14	0.233	0.085	132.202	14	<0.001
15	0.101	0.085	133.636	15	<0.001
16	0.112	0.084	135.391	16	<0.001
17	0.039	0.084	135.608	17	<0.001

续表

序列：男装销售					
延迟	自相关性	标准误差[a]	博克斯-杨统计		
			值	自由度	显著性[b]
18	0.054	0.083	136.021	18	<0.001
19	0.066	0.083	136.647	19	<0.001
20	0.130	0.083	139.109	20	<0.001
21	0.108	0.082	140.827	21	<0.001
22	0.198	0.082	146.658	22	<0.001
23	0.213	0.081	153.497	23	<0.001
24	0.467	0.081	186.823	24	<0.001
25	0.202	0.081	193.114	25	<0.001
26	0.182	0.080	198.254	26	<0.001
27	0.108	0.080	200.093	27	<0.001
28	0.071	0.079	200.894	28	<0.001
29	0.001	0.079	200.895	29	<0.001
30	−0.047	0.078	201.259	30	<0.001

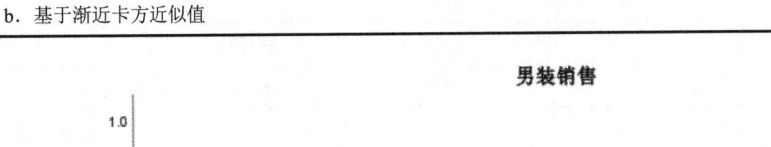

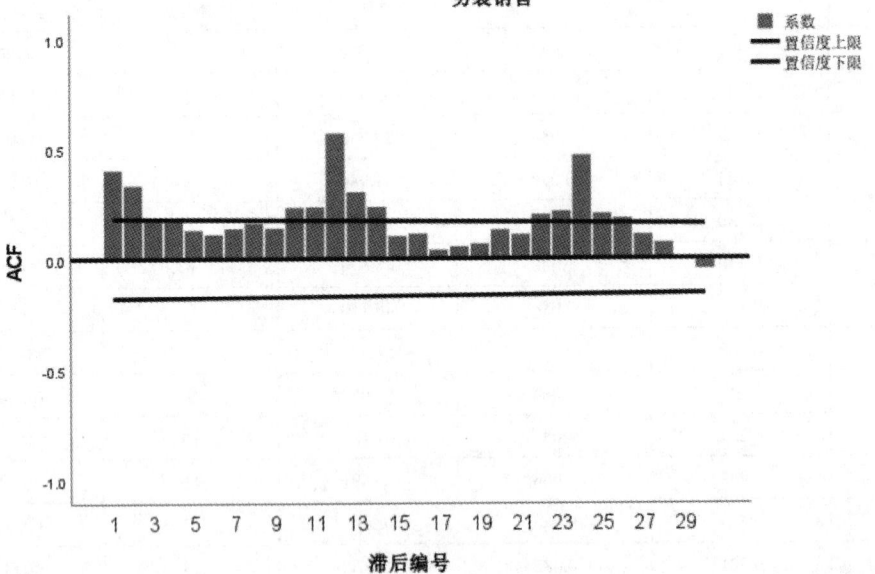

a. 假定的基本过程为独立性（白噪声）
b. 基于渐近卡方近似值

图 13-27 自相关图

表 13-10 从左至右依次为延迟、偏自相关性和标准误差。图 13-28 为偏自相关图。

表 13-10 偏自相关性

序列：男装销售			序列：男装销售		
延迟	偏自相关性	标准误差	延迟	偏自相关性	标准误差
1	0.401	0.091	16	−0.011	0.091
2	0.204	0.091	17	−0.065	0.091
3	−0.001	0.091	18	0.008	0.091
4	0.071	0.091	19	−0.022	0.091
5	0.019	0.091	20	0.050	0.091
6	0.012	0.091	21	0.024	0.091
7	0.077	0.091	22	0.065	0.091
8	0.079	0.091	23	0.084	0.091
9	0.017	0.091	24	0.175	0.091
10	0.152	0.091	25	−0.174	0.091
11	0.092	0.091	26	−0.017	0.091
12	0.489	0.091	27	0.074	0.091
13	−0.088	0.091	28	−0.066	0.091
14	−0.098	0.091	29	−0.041	0.091
15	−0.083	0.091	30	−0.127	0.091

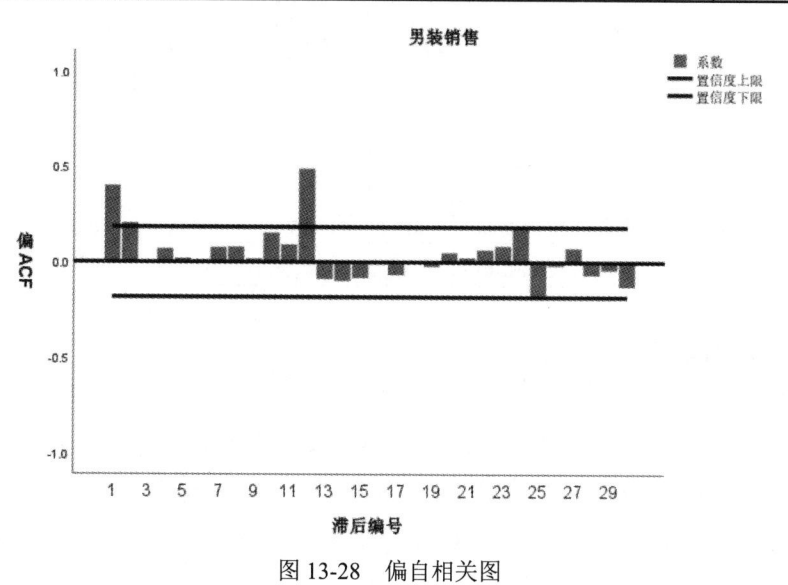

图 13-28 偏自相关图

13.6 创建时间模型

创建时间模型是根据时间序列的特征和分析的要求，选择合适的模型进行数据建模。

建模过程会估计时间序列的指数平滑法模型、单变量 ARIMA 模型和多变量 ARIMA 模型，并生成预测值。

该过程包含的专家建模器可自动为一个或多个因变量序列标识和估计最佳拟合 ARIMA 或指数平滑法模型，因而就不必通过反复试验来标识适当的模型了。另外，可以指定 ARIMA 模型或指数平滑法模型。

执行菜单栏中的"分析"→"时间序列预测"→"创建模型"命令，弹出如图 13-29 所示的"时间序列建模器"对话框，进行相关参数的设置即可创建时间模型。下面通过具体案例讲解如何在 SPSS 中创建时间模型。

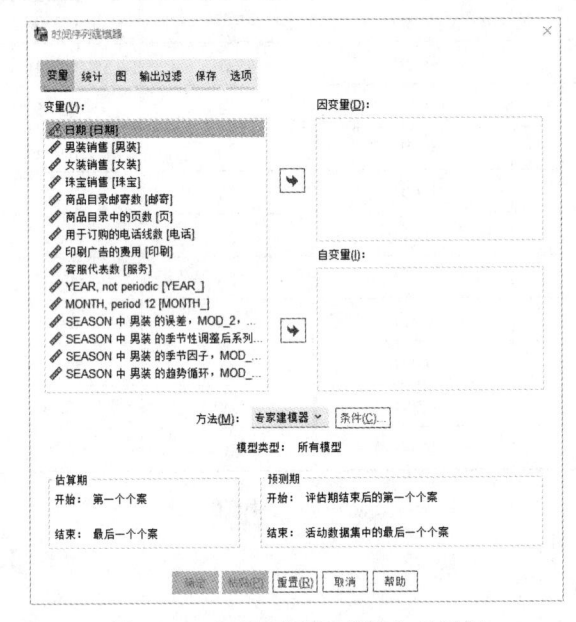

图 13-29 "时间序列建模器"对话框

数据文件	数据文件\Chapter13\data13-02.sav
视频文件	视频文件\Chapter13\创建时间模型.avi

13.6.1 数据描述

本例的数据文件仍然是 1989 年 1 月到 1998 年 12 月市场上每月男装、女装、珠宝等销售情况，如图 13-30 所示。现要求对男装销售量创建时间模型。

	日期	男装	女装	珠宝	邮寄	页	电话	印刷	服务
1	01/01/1989	11357.92	16578.93	10776.38000	7978	73	34	22294.48	20
2	02/01/1989	10605.95	18236.13	10821.97000	8290	88	29	27426.47	20
3	03/01/1989	16998.57	43393.55	22845.79000	8029	65	24	27978.66	26
4	04/01/1989	6563.75	30908.49	11102.62000	7752	85	20	28949.65	22
5	05/01/1989	6607.69	28701.58	16066.57000	8685	74	17	22642.27	21
6	06/01/1989	9839.00	29647.57	11061.28000	7847	87	30	27210.61	23
7	07/01/1989	9398.32	31141.51	11328.97000	7881	79	28	26632.96	22

图 13-30 "data13-02.sav"数据

13.6.2 SPSS 实现

（1）打开"data13-02.sav"文件，定义日期参照 13.2 节，不再重复介绍。

（2）执行菜单栏中的"分析"→"时间序列预测"→"创建模型"命令，弹出如图 13-31 所示的"时间序列建模器"对话框。从左边变量列表中选择"男装销售"变量，单击➡按钮，将其选入"变量"列表框，"方法"选择"专家建模器"。

图 13-31 "时间序列建模器"对话框

（3）单击"统计"选项卡，如图 13-32 所示，勾选"显示预测值"复选框，其他采用系统默认选项。

图 13-32 "统计"选项卡

(4)单击"图"选项卡,如图 13-33 所示,勾选"残差自相关函数""残差偏自相关函数""拟合值"复选框,其他采用系统默认选项。

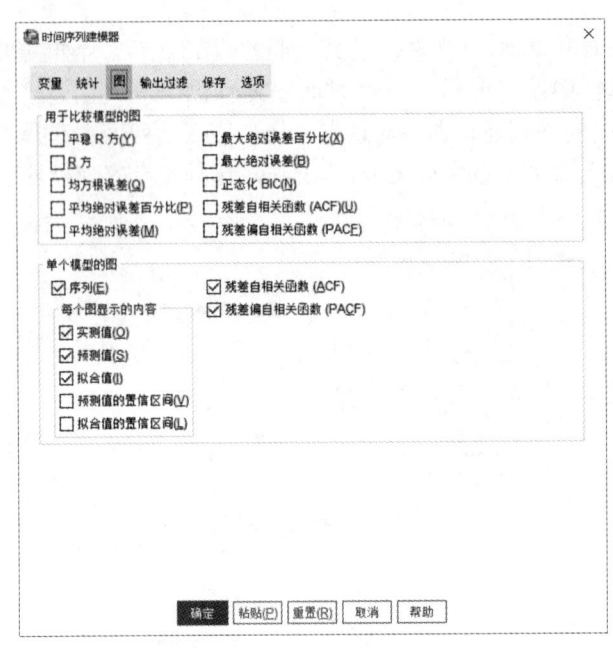

图 13-33 "图"选项卡

(5)单击"保存"选项卡,如图 13-34 所示,在"导出模型文件"选项区中单击"浏览"按钮,指定保存的路径和名称,名称为 catalog01.xml。

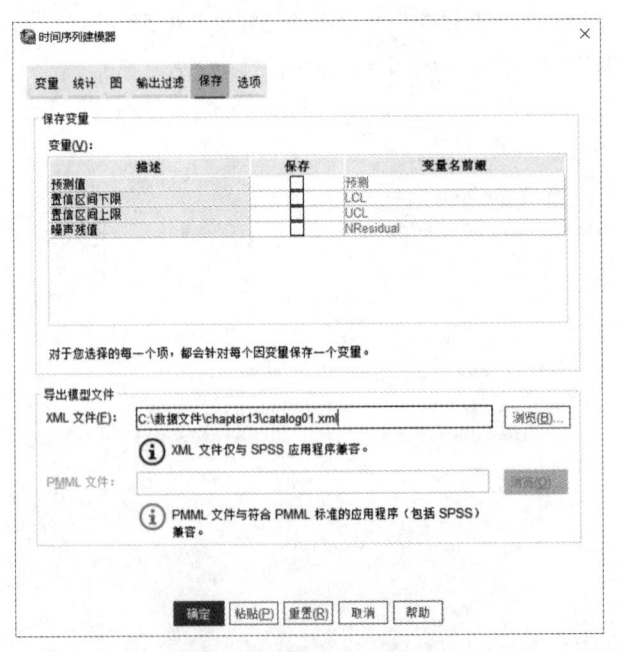

图 13-34 "保存"选项卡

(6)单击"选项"选项卡,如图 13-35 所示,在"预测期"选项区中单击"评估期结束后的第一个个案到指定日期之间的个案"单选按钮,在"年"文本框中输入"1999",在"月"文本框中输入"6"。

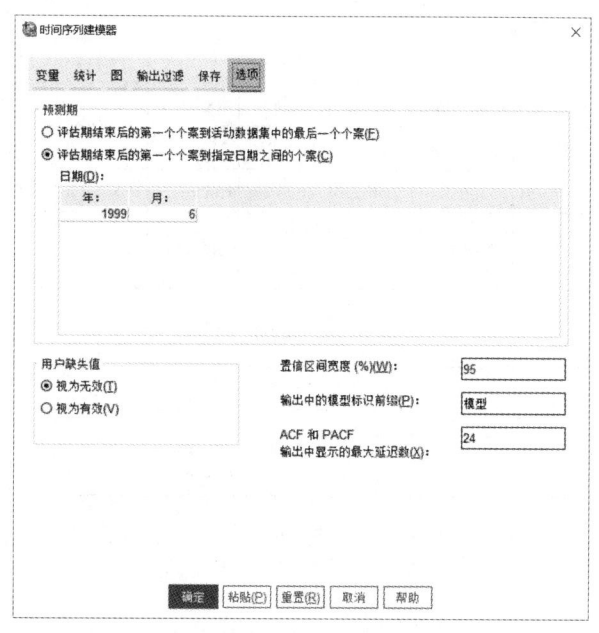

图 13-35 "选项"选项卡

(7)完成所有设置后,单击"确定"按钮执行命令,此时会弹出模型描述、模型拟合度、模型统计等分析结果。

13.6.3 结果分析

由表 13-11 可以看出最佳拟合模型为温特斯可加性模型。

表 13-11 模型描述

模型标识	男装销售	模型_1	模型类型
			温特斯可加性

表 13-12 从左到右依次给出了各拟合统计量的平均值、最小值、最大值和百分位数,由表 13-13 可以看出平稳 R 方为 0.713,大于 0,说明当前的模型优于基准模型。

表 13-12 模型拟合度

拟合统计信息	平均值	标准误差	最小值	最大值	百分位数						
					5	10	25	50	75	90	95
平稳 R 方	0.713		0.713	0.713	0.713	0.713	0.713	0.713	0.713	0.713	0.713
R 方	0.719		0.719	0.719	0.719	0.719	0.719	0.719	0.719	0.719	0.719
RMSE	3383.634		3383.634	3383.634	3383.634	3383.634	3383.634	3383.634	3383.634	3383.634	3383.634

续表

拟合统计信息	平均值	标准误差	最小值	最大值	百分位数						
					5	10	25	50	75	90	95
MAPE	17.814		17.814	17.814	17.814	17.814	17.814	17.814	17.814	17.814	17.814
MaxAPE	482.446		482.446	482.446	482.446	482.446	482.446	482.446	482.446	482.446	482.446
MAE	2166.830		2166.830	2166.830	2166.830	2166.830	2166.830	2166.830	2166.830	2166.830	2166.830
MaxAE	15656.236		15656.236	15656.236	15656.236	15656.236	15656.236	15656.236	15656.236	15656.236	15656.236
正态化BIC	13.373		13.373	13.373	13.373	13.373	13.373	13.373	13.373	13.373	13.373

表 13-13 模型统计

模型	预测变量数	模型拟合度统计	杨-博克斯 Q（18）			界外值数
		平稳 R 方	统计	DF	显著性	
男装销售-模型_1	0	0.713	21.476	15	0.122	0

由表 13-14 可以看出 1999 年 1—6 月的预测值，UCL 和 LCL 分别是 95%置信区间的上限和下限。

表 13-14 预测

模型		1 月 1999	2 月 1999	3 月 1999	4 月 1999	5 月 1999	6 月 1999
男装销售-模型_1	预测	22261.78	20679.95	20979.81	20245.51	20788.45	20875.04
	UCL	28962.89	27393.91	27706.61	26985.12	27540.85	27640.19
	LCL	15560.67	13965.98	14253.01	13505.90	14036.05	14109.88

对于每个模型，预测从所请求估算期范围内的最后一个非缺失值之后开始，并结束于最后一个所有预测变量都有可用的非缺失值的周期，或者在所请求预测期的结束日期结束，以较早者为准。

图 13-36 为残差序列图，残差 ACF 和残差 PACF 两个图形中都没有显著的趋势特征，可以初步判断本例使用的模型是比较恰当的。

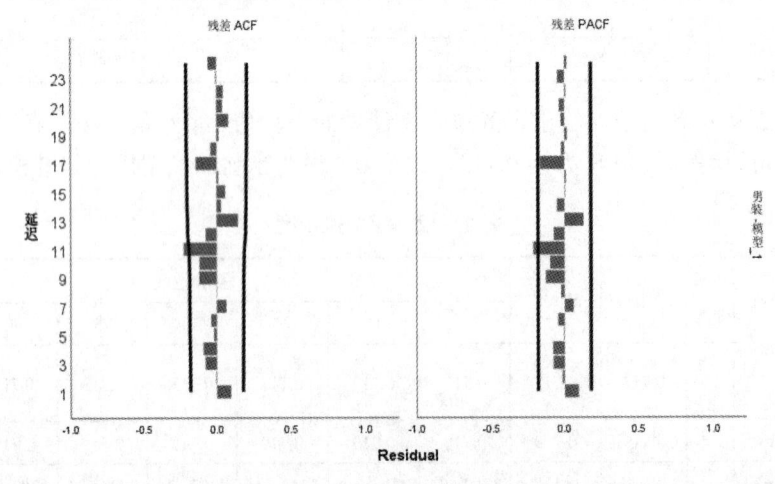

图 13-36 残差序列图

图 13-37 为拟合和预测结果图，描绘了实测值、拟合值及预测值，从图中可以看出本例使用的模型是比较合理的。

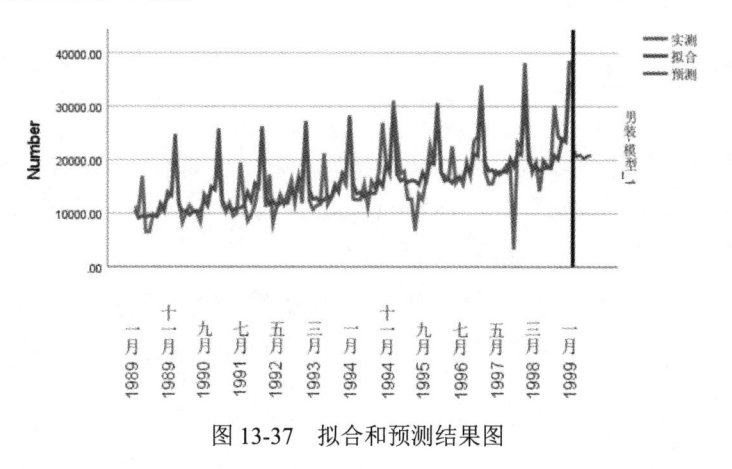

图 13-37　拟合和预测结果图

13.7　应用时间模型

其过程是从外部文件中加载现有的时间模型，并将它们应用于活动数据集。使用此过程，可以在不重新建立模型的情况下获得新数据或修订数据可用的序列的预测值。

执行菜单栏中的"分析"→"时间序列预测"→"应用传统模型"命令，弹出如图 13-38 所示的"应用时间序列模型"对话框，进行相关参数的设置即可完成应用时间模型。下面通过具体案例讲解如何在 SPSS 中进行应用时间模型。

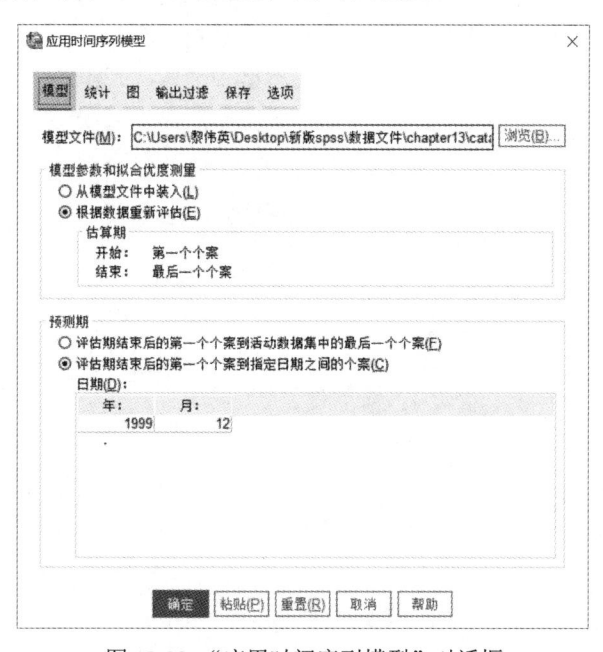

图 13-38　"应用时间序列模型"对话框

数据文件	数据文件\Chapter13\catalog02.sav
视频文件	视频文件\Chapter13\应用时间模型.avi

13.7.1 数据描述

本例的数据以创建的 catalog01.xml 为模型基础，在 data13-02.sav 基础上加上 1999 年 1 月到 6 月的数据形成新数据集 catalog02.sav，预测 1999 年 7 月到 12 月的男装销售量，来说明时间模型的应用，如图 13-39 所示。

日期	男装	女装	珠宝	邮寄	页	电话	印刷	服务	YEAR_	MONTH_	DATE_
07/01/1998	18631.15	44961.98	12554.13000	11460	80	46	28232.17	43	1998	7	JUL 1998
08/01/1998	30208.17	58660.76	24377.91000	11808	85	44	26668.16	45	1998	8	AUG 1998
09/01/1998	24467.94	57791.14	16044.00000	12781	83	49	29911.68	54	1998	9	SEP 1998
10/01/1998	23602.00	56329.40	15974.66000	11690	95	43	27872.97	55	1998	10	OCT 1998
11/01/1998	24289.32	54617.35	23753.23000	11393	76	48	26047.70	53	1998	11	NOV 1998
12/01/1998	38609.66	80245.97	35893.86000	15263	95	53	36666.60	68	1998	12	DEC 1998
01/01/1999	22261.78								1999	1	JAN 1999
02/01/1999	20679.95								1999	2	FEB 1999
03/01/1999	20979.81								1999	3	MAR 1999
04/01/1999	20245.51								1999	4	APR 1999
05/01/1999	20788.45								1999	5	MAY 1999
06/01/1999	20875.04								1999	6	JUN 1999

图 13-39 "catalog02.sav" 数据

13.7.2 SPSS 实现

（1）打开 "catalog02.sav" 文件，定义日期参照 13.2 节，这里不再重复介绍。

（2）执行菜单栏中的 "分析" → "时间序列预测" → "应用传统模型" 命令，弹出如图 13-40 所示的 "应用时间序列模型" 对话框。单击 "浏览" 按钮，打开 catalog01.xml，在 "模型参数和拟合优度测量" 选项区中单击 "根据数据重新评估" 单选按钮，在 "预测期" 选项区中单击 "评估期结束后的第一个个案到指定日期之间的个案" 单选按钮，在 "年" 文本框中输入 "1999"，在 "月" 文本框中输入 "12"。

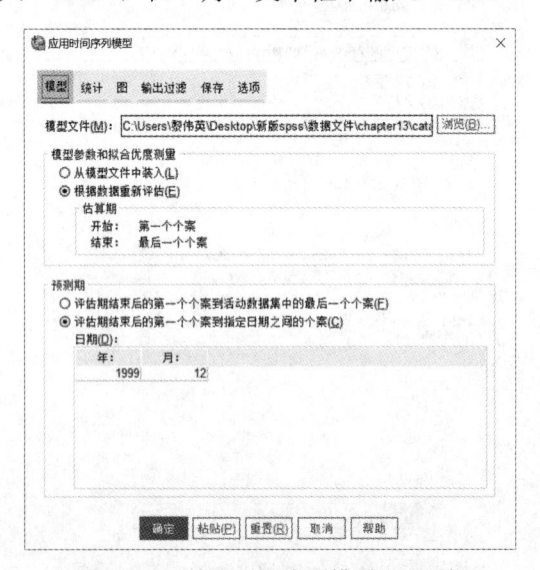

图 13-40 "应用时间序列模型" 对话框

(3)"统计""图"等选项卡的设置同创建时间模型一样,参照 13.6 节。

(4)完成所有设置后,单击"确定"按钮执行命令,此时会弹出模型描述、模型拟合度、模型统计等分析结果。

13.7.3 结果分析

由表 13-15 可以看出最佳拟合模型为温特斯可加性模型。

表 13-15 模型描述

			模型类型
模型 ID	男装销售	模型_1	温特斯可加性

表 13-16 从左到右依次给出了各拟合统计量的平均值、最小值、最大值和百分位数,从表 13-17 可以看出平稳 R 方为 0.725,大于 0,说明当前的模型要优于基准模型。

表 13-16 模型拟合度

拟合统计	平均值	标准误差	最小值	最大值	百分位数						
					5	10	25	50	75	90	95
平稳 R 方	0.725		0.725	0.725	0.725	0.725	0.725	0.725	0.725	0.725	0.725
R 方	0.732		0.732	0.732	0.732	0.732	0.732	0.732	0.732	0.732	0.732
RMSE	3261.651		3261.651	3261.651	3261.651	3261.651	3261.651	3261.651	3261.651	3261.651	3261.651
MAPE	16.967		16.967	16.967	16.967	16.967	16.967	16.967	16.967	16.967	16.967
MaxAPE	483.367		483.367	483.367	483.367	483.367	483.367	483.367	483.367	483.367	483.367
MAE	2076.695		2076.695	2076.695	2076.695	2076.695	2076.695	2076.695	2076.695	2076.695	2076.695
MaxAE	15686.144		15686.144	15686.144	15686.144	15686.144	15686.144	15686.144	15686.144	15686.144	15686.144
正态化 BIC	16.295		16.295	16.295	16.295	16.295	16.295	16.295	16.295	16.295	16.295

表 13-17 模型统计

模型	预测变量数	模型拟合度统计	杨-博克斯 Q(18)			离群值数
		平稳 R 方	统计	DF	显著性	
男装销售-模型_1	0	0.725	22.079	15	0.106	0

由表 13-18 可以看出 1999 年 7—12 月的预测值,UCL 和 LCL 分别是 95%置信区间的上限和下限。

表 13-18 预测

模型		7 月 1999	8 月 1999	9 月 1999	10 月 1999	11 月 1999	12 月 1999
男装销售-模型_1	预测	20303.90	22669.22	21441.68	24886.89	24391.57	35748.55
	UCL	26760.14	29126.45	27899.91	31346.11	30851.79	42209.75
	LCL	13847.66	16211.99	14983.46	18427.67	17931.36	29287.34
对于每个模型,预测从所请求估算期范围内的最后一个非缺失值之后开始,并结束于最后一个所有预测变量都有可用的非缺失值的周期,或者在所请求预测期的结束日期结束,以较早者为准							

图 13-41 为拟合和预测结果图，描绘了实测值和预测值，从图中可以看出本例使用的模型是比较合理的。

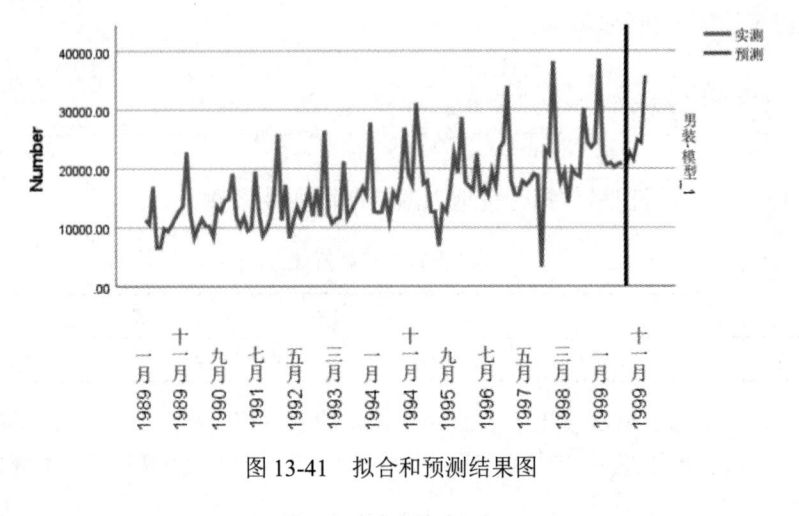

图 13-41　拟合和预测结果图

13.8　交叉相关性

自相关图和偏相关图是描述时间序列的重要工具，当时间序列只有一个时，可以采用自相关图和偏相关图进行分析，当需要考虑的时间序列有多个，且需要考虑多个时间序列之间的关系时，就需要使用交叉相关函数了。交叉相关函数分析的是一个时间序列中的观察值同另一个时间序列在不同的滞后和领先时的观察值之间的相关关系。交叉相关函数显示在图中，就是交叉相关图。前面介绍了时间序列的自相关性，本节着重介绍时间序列的交叉相关性。

执行菜单栏中的"分析"→"时间序列预测"→"交叉相关性"命令，弹出如图 13-42 所示的"交叉相关性"对话框，进行相关参数的设置即可完成交叉相关性分析。下面通过具体案例讲解如何在 SPSS 中进行交叉相关性分析。

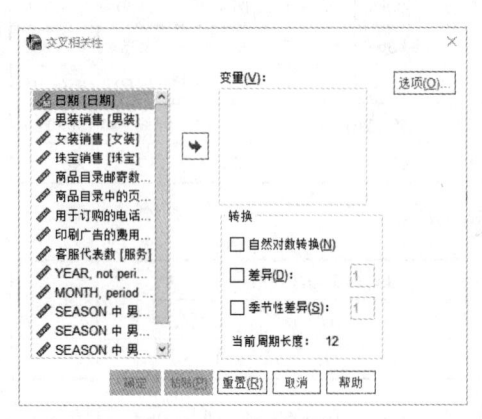

图 13-42　"交叉相关性"对话框

数据文件	数据文件\Chapter13\data13-02.sav
视频文件	视频文件\Chapter13\交叉相关性.avi

13.8.1　数据描述

本例的数据文件仍然是 1989 年 1 月到 1998 年 12 月市场上每月男装、女装、珠宝等销售情况，如图13-43所示。现要求对男装销售量与女装销售量进行交叉相关性分析。

	日期	男装	女装	珠宝	邮寄	页	电话	印刷	服务
1	01/01/1989	11357.92	16578.93	10776.38000	7978	73	34	22294.48	20
2	02/01/1989	10605.95	18236.13	10821.97000	8290	88	29	27426.47	20
3	03/01/1989	16998.57	43393.55	22845.79000	8029	65	24	27978.66	26
4	04/01/1989	6563.75	30908.49	11102.62000	7752	85	20	28949.65	22
5	05/01/1989	6607.69	28701.58	16066.57000	8685	74	17	22642.27	21
6	06/01/1989	9839.00	29647.57	11061.28000	7847	87	30	27210.61	23
7	07/01/1989	9398.32	31141.51	11328.97000	7881	79	28	26632.96	22

图13-43 "data13-02.sav"数据

13.8.2 SPSS 实现

（1）打开"data13-02.sav"文件，执行菜单栏中的"分析"→"时间序列预测"→"交叉相关性"命令，弹出如图13-44所示的"交叉相关性"对话框。从左边变量列表中选择"男装销售"和"女装销售"变量，单击 按钮，将其选入"变量"列表框。

（2）单击"选项"按钮，弹出如图13-45所示的"交叉相关性：选项"对话框，选择系统默认选项，单击"继续"按钮。

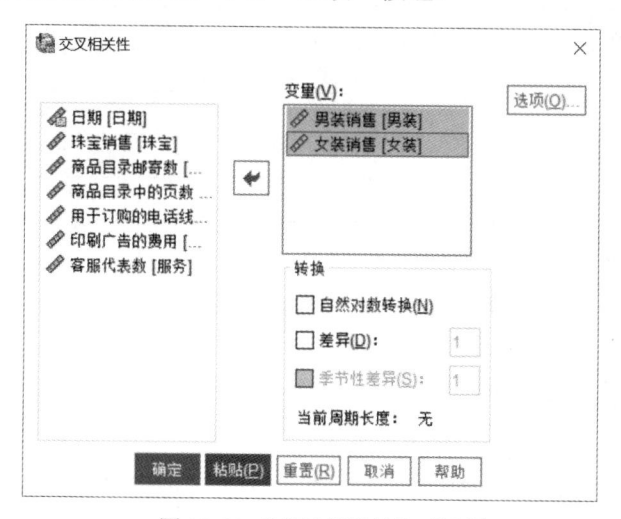

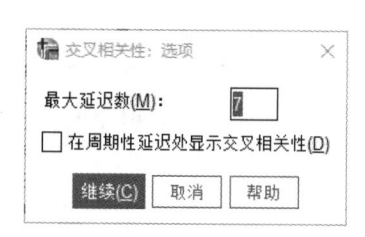

图13-44 "交叉相关性"对话框　　　图13-45 "交叉相关性：选项"对话框

（3）完成所有设置后，单击"确定"按钮执行命令，此时会弹出模型描述、个案处理摘要、交叉相关性等分析结果。

13.8.3 结果分析

表13-19给出了模型的一些基本信息，包括模型名称、序列名称、转换等。

表 13-19 模型描述

模型名称		MOD_1
序列名称	1	男装销售
	2	女装销售
转换		无
非季节性差分		0
季节性差分		0
季节性周期长度		无周期长度
延迟范围	从	-7
	到	7
显示和绘制		所有延迟
正在应用来自 MOD_1 的模型指定项		

由表 13-20 可以看出序列长度为 120，没有缺失值，有效个案数为 120。

表 13-20 个案处理摘要

序列长度		120
因为以下原因而排除的个案数	用户缺失值	0
	系统缺失值	0
有效个案数		120
差分后可计算的零阶相关系数的数量		120

由表 13-21 可以看出交叉相关系数的计算结果。

图 13-46 是交叉相关图，图中两条横线分别是置信区间的上下限。从图中可以看出最大的交叉相关性出现在延迟 0 处，为 0.802，交叉相关系数并不关于延迟 0 处对称，说明男装销售量与女装销售量之间存在线性关系。

表 13-21 交叉相关性

序列对：男装销售，带有 女装销售		
延迟	交叉相关系数	标准误差[a]
-7	0.159	0.094
-6	0.150	0.094
-5	0.211	0.093
-4	0.224	0.093
-3	0.271	0.092
-2	0.342	0.092
-1	0.374	0.092
0	0.802	0.091
1	0.134	0.092

续表

序列对：男装销售，带有 女装销售		
延迟	交叉相关系数	标准误差 [a]
2	0.114	0.092
3	0.125	0.092
4	0.209	0.093
5	0.163	0.093
6	0.124	0.094
7	0.178	0.094

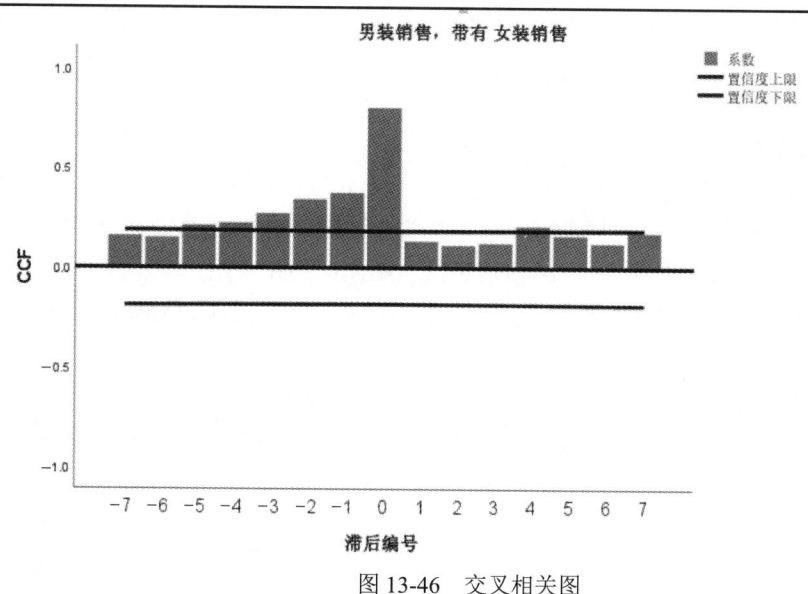

a. 基于各个序列不具有交叉相关性且其中一个序列为白噪声的假定

图 13-46 交叉相关图

13.9 小结

  本章主要介绍了时间序列的预处理、序列图、周期性分解、谱分析、自相关、创建时间模型、应用时间模型和交叉相关性。时间序列的预处理包括替换缺失值、定义时间变量和建立时间序列这 3 步。序列图主要用于了解时间序列数据的性质，如是否呈现某种变化趋势等。周期性分解可以用来删除任何系统性的周期性变化，然后对周期性调整序列执行趋势分析。谱分析主要用来标识时间序列中的周期行为。自相关是利用相关图来了解不同间隔的观察值之间的相关程度。创建时间模型是根据时间序列的特征和分析的要求，选择合适的模型进行数据建模。应用时间模型是从外部文件中加载现有的时间模型，并将它们应用于活动数据集。交叉相关性是利用交叉相关图来分析多个时间序列之间的关系，通过交叉相关函数分析一个时间序列中的观察值同另一个时间序列在不同的滞后和领先时的观察值之间的相关关系。

13.10 习题

1. data13-02.sav 文件是 1989 年 1 月到 1998 年 12 月市场上每月男装、女装、珠宝等销售情况，请用本章介绍的内容完成以下分析。

（1）对女装销售量分别进行序列图、周期性分解、谱分析、自相关、创建时间模型、应用时间模型等分析。

（2）对用于订购的电话线数分别进行序列图、周期性分解、谱分析、自相关、创建时间模型、应用时间模型等分析。

（3）对珠宝销售量分别进行序列图、周期性分解、谱分析、自相关、创建时间模型、应用时间模型等分析。

（4）对商品目录邮寄数分别进行序列图、周期性分解、谱分析、自相关、创建时间模型、应用时间模型等分析。

（5）对印刷广告的费用分别进行序列图、周期性分解、谱分析、自相关、创建时间模型、应用时间模型等分析。数据存储于"数据文件\Chapter013\data13-02.sav"文件中。

2. data13-03.sav 文件是某企业 2009—2021 年的销售额，请用本章介绍的内容完成对销售额的分析，并对 2022—2025 年的销售额进行预测。数据存储于"数据文件\Chapter013\data13-03.sav"文件中。

3. data013-04.sav 文件为某省 2004—2014 年的物流发展水平的相关数据，包括货物周转量、货运量、城区生产总值、进出口贸易总值等 8 项指标，请利用本章介绍的内容对该 8 项指标进行时间序列分析，并预测之后五年的数据。数据存储于"数据文件\Chapter08\data13-04.sav"文件中。

第14章

企业综合竞争力评价应用

随着经济体制改革的深入,我国的社会主义市场经济体制不断完善和发展,在国民经济活动中的主体地位日益突出。经济效益最好的效果是经济占用少,成本的支出也相对较少,最后的回报也多。所以提高经济效益对于企业及社会具有十分重要的意义。经济效益是衡量经济活动的最终指标,企业经济效益的好坏不仅关系到企业自身的发展,而且也影响着国家竞争力与人民生活水平的提高。本章从经济效益的相关指标入手,以实际应用为主进行讲解。

学习目标

(1) 了解企业经济效益的相关概念。
(2) 了解经济效益的相关指标和公式。
(3) 掌握主成分分析在经济效益中的应用。
(4) 掌握聚类分析在经济效益中的应用。

14.1 背景介绍

企业经济效益就是企业在经济活动中所取得的劳动成果与劳动消耗的比值，即企业的生产总值同生产成本之间的比例关系，用公式表示：经济效益=生产总值/生产成本。

对企业经济效益的评价主要依靠对企业财务指标的分析，实质上就是对企业的偿债能力、盈利能力、营运能力等指标的评价。

从生产经营角度分析，企业经济效益可用资产报酬率、权益报酬率等指标反映；从物化劳动效果角度分析，企业经济效益可用销售利税率、成本费用利税率、固定资产生产率和流动资产周转率等指标反映；从劳动效果角度分析，企业经济效益可用全员劳动生产率和人均利税率等指标反映。这些指标大多是依据财务报告数据计算出来的。

对企业经济效益因素进行分析，一是从资金占用和资金周转的角度，分析影响经济效益的资金因素；二是从原材料、工资、费用等支出角度，分析影响经济效益的成本因素。此外，还要把企业自身的微观经济效益与全社会的宏观经济效益联系起来，把当前的经济效益与长远经济效益结合起来。

对各地区工业企业经济效益进行综合评价和分类，是制定各地区工业企业发展政策和区域协调发展政策的重要依据。目前，我国评价工业企业经济效益的指标很多，如工业增加值率、总资产贡献率、资产负债率、流动资产周转次数、工业成本费用利用率和产品销售率等。这些指标仅仅从不同侧面评价了工业企业经济效益，但综合分析没有得以体现。正是基于这一点，本章以2006年中国各地区全部国有及规模以上非国有工业企业主要经济效益指标为基础，运用主成分分析和聚类分析，对全国31个地区的工业企业综合竞争力进行综合评价，数据见表14-1。

数据文件：数据文件\Chapter14\data14-01.sav

视频文件：视频文件\Chapter14\工业企业主要经济效益指标.avi

表14-1 各地区全部国有及规模以上非国有工业企业主要经济效益指标（2006年）

地 区	工业增加值率（%）	总资产贡献率（%）	资产负债率（%）	流动资产周转次数（次/年）	工业成本费用利用率（%）	产品销售率（%）
全国总计	28.77	12.74	57.46	2.50	6.74	98.18
北 京	22.41	6.32	38.91	2.06	6.17	99.18
天 津	28.66	14.70	57.83	2.57	8.68	99.22
河 北	28.76	14.40	61.05	2.94	7.33	98.21
山 西	36.40	10.49	67.59	1.81	6.56	97.66
内蒙古	42.95	12.44	61.08	2.40	9.44	97.84
辽 宁	29.23	8.22	57.50	2.32	3.38	98.31

续表

地 区	工业增加值率 （%）	总资产 贡献率 （%）	资产负债率 （%）	流动资产 周转次数 （次/年）	工业成本 费用利用率 （%）	产品销售率 （%）
吉 林	31.86	9.54	54.78	2.37	4.96	95.94
黑龙江	47.14	31.04	54.71	2.47	28.79	98.52
上 海	26.03	10.54	50.28	2.21	6.03	99.03
江 苏	24.90	11.62	60.58	2.71	4.88	98.53
浙 江	20.57	11.08	60.35	2.26	5.07	97.80
安 徽	31.88	10.49	62.65	2.42	4.60	98.25
福 建	28.46	12.94	53.81	2.51	6.58	96.96
江 西	30.34	12.81	60.98	2.79	5.04	98.46
山 东	29.64	17.51	57.77	3.40	7.58	98.43
河 南	33.15	18.84	60.26	3.18	9.13	98.46
湖 北	32.09	10.26	54.86	2.29	6.82	97.96
湖 南	34.07	14.24	60.20	2.93	5.27	99.55
广 东	26.37	12.24	56.72	2.48	5.48	97.65
广 西	32.02	12.44	61.10	2.36	6.51	96.24
海 南	29.71	11.71	60.50	1.97	11.49	97.16
重 庆	29.12	9.97	59.55	2.08	5.22	98.44
四 川	35.12	10.78	60.87	2.10	6.31	98.02
贵 州	36.16	10.58	65.80	1.86	6.32	96.98
云 南	37.47	17.78	54.86	1.72	10.99	98.38
西 藏	56.62	7.84	44.20	1.06	20.24	91.68
陕 西	41.21	15.21	59.76	1.90	14.00	98.15
甘 肃	28.49	9.34	58.71	2.17	4.56	97.78
青 海	40.52	13.18	65.56	1.72	21.41	96.37
宁 夏	30.77	6.90	61.54	1.73	3.26	96.85
新 疆	43.22	24.77	51.58	2.75	28.44	98.77

14.2 指标简介

下面介绍各指标的计算公式和经济含义。

1. 工业增加值率

它是指在一定时期内，工业增加值占同期工业总产值的比重，它反映了降低中间消耗的经济效益。其计算公式为：

工业增加值率（%）=[工业增加值（现价）/工业总产值（现价）]×100%

2．总资产贡献率

它反映企业全部资产的获利能力，是企业经营业绩和管理水平的集中体现。它还是评价、考核企业盈利能力的核心指标。其计算公式为：

总资产贡献率（%）=[（利润总额+税金总额+利息支出）/平均资产总额]×100%

3．资产负债率

它既反映企业经营风险的大小，也反映企业利用债权人提供的资金从事经营活动的能力。其计算公式为：

资产负债率（%）=[负债总额/资产总额]×100%

4．流动资产周转次数

它指在一定时期内流动资产完成的周转次数，反映流动资产的周转速度。其计算公式为：

流动资产周转次数=产品销售收入/全部流动资产平均余额

5．工业成本费用利用率

它是指在一定时期内，实现的利润与成本费用之比。它既是反映工业生产成本及费用投入的经济效益指标，又是反映降低成本的经济效益指标。其计算公式为：

工业成本费用利用率（%）=[利润总额/成本费用总额]×100%

6．产品销售率

它是指报告期工业销售产值与同期全部工业总产值之比。它是反映工业产品已实现销售的速度，分析工业企业产销衔接情况，研究工业产品满足社会需求程度的指标。其计算公式为：

产品销售率（%）=[工业销售产值/工业总产值]×100%

14.3 主成分分析的应用

14.3.1 SPSS 实现

（1）打开"data14-01.sav"文件，执行菜单栏中的"分析"→"降维"→"因子"命令，弹出"因子分析"对话框，如图 14-1 所示。选中"工业增加值率""总资产贡献率""资产负债率""流动资产周转次数""工业成本费用利用率""产品销售率"6 个变量，单击 ▶ 按钮，将其选入"变量"列表框。

（2）单击"描述"按钮，弹出"因子分析：描述"对话框，如图 14-2 所示。勾选"单变量描述""系数""显著性水平""KMO 和巴特利特球形度检验"复选框，单击"继续"按钮。

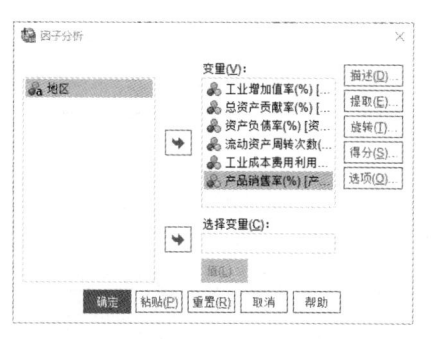

图 14-1 "因子分析"对话框 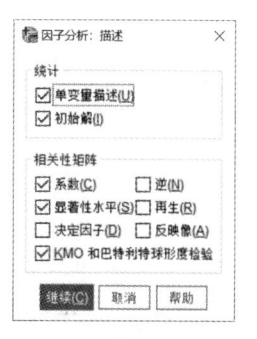　　　　图 14-2 "因子分析：描述"对话框

（3）在图 14-1 所示对话框中单击"提取"按钮，弹出"因子分析：提取"对话框，如图 14-3 所示。勾选"碎石图"复选框，单击"基于特征值"单选按钮，在"特征值大于"文本框中输入"0.8"，单击"继续"按钮。

（4）在图 14-1 所示对话框中单击"旋转"按钮，弹出"因子分析：旋转"对话框，如图 14-4 所示。单击"最大方差法"单选按钮，勾选"载荷图"复选框，单击"继续"按钮。

图 14-3 "因子分析：提取"对话框 　　　　图 14-4 "因子分析：旋转"对话框

（5）在图 14-1 所示对话框中单击"得分"按钮，弹出"因子分析：因子得分"对话框，如图 14-5 所示。勾选"保存为变量""显示因子得分系数矩阵"复选框，单击"继续"按钮。

（6）在图 14-1 所示对话框中单击"选项"按钮，弹出"因子分析：选项"对话框，如图 14-6 所示。勾选"按大小排序"复选框，单击"继续"按钮。

（7）完成所有设置后，单击"确定"按钮执行命令。

图 14-5 "因子分析：因子得分"对话框 　　　　图 14-6 "因子分析：选项"对话框

14.3.2 结果分析

表 14-2 给出了 6 个初始变量的描述统计量，包括平均值、标准偏差和分析数。

表 14-2 描述统计

	平均值	标准偏差	分析数
工业增加值率（%）	33.0755	7.53348	31
总资产贡献率（%）	12.9103	5.04520	31
资产负债率（%）	57.9335	5.88783	31
流动资产周转次数（次/年）	2.3077	0.48380	31
工业成本费用利用率（%）	9.0497	6.71500	31
产品销售率（%）	97.7671	1.43088	31

表 14-3 给出了初始变量的相关性矩阵，可以看出多个变量之间的相关系数较大，且对应的显著性普遍较小，说明这些变量之间存在着显著的相关性。例如，工业增加值率与工业成本费用利用率有显著的相关性，显著性小于 0.05，进而说明有进行因子分析的必要。

表 14-3 相关性矩阵

		工业增加值率（%）	总资产贡献率（%）	资产负债率（%）	流动资产周转次数（次/年）	工业成本费用利用率（%）	产品销售率（%）
相关性	工业增加值率（%）	1.000	0.390	-0.071	-0.379	0.745	-0.504
	总资产贡献率（%）	0.390	1.000	0.011	0.429	0.706	0.313
	资产负债率（%）	-0.071	0.011	1.000	0.128	-0.237	0.131
	流动资产周转次数（次/年）	-0.379	0.429	0.128	1.000	-0.154	0.595
	工业成本费用利用率（%）	0.745	0.706	-0.237	-0.154	1.000	-0.208
	产品销售率（%）	-0.504	0.313	0.131	0.595	-0.208	1.000
显著性（单尾）	工业增加值率（%）		0.015	0.351	0.018	0.000	0.002
	总资产贡献率（%）	0.015		0.476	0.008	0.000	0.043
	资产负债率（%）	0.351	0.476		0.247	0.100	0.240
	流动资产周转次数（次/年）	0.018	0.008	0.247		0.204	0.000
	工业成本费用利用率（%）	0.000	0.000	0.100	0.204		0.131
	产品销售率（%）	0.002	0.043	0.240	0.000	0.131	-0.504

由表 14-4 可以看出，本例中的 KMO 统计量为 0.528，还算可以接受。而本例中的巴特利特球形度检验的显著性为 0.000，小于 0.01，由此可知各变量之间显著相关，即否定相关矩阵为单位阵的零假设。

表 14-4　KMO 和巴特利特球形度检验

KMO 取样适切性量数		0.528
巴特利特球形度检验	近似卡方	100.190
	自由度	15
	显著性	0.000

表 14-5 给出了初始变量的共同度，其是衡量公共因子相对重要性的指标。"提取"列即变量共同度的取值，为[0,1]。如工业增加值率的共同度为 0.890，可以理解为提取的公共因子对工业增加值率变量的方差贡献率为 89.0%。

表 14-5　公因子方差

	初始值	提取
工业增加值率（%）	1.000	0.890
总资产贡献率（%）	1.000	0.954
资产负债率（%）	1.000	0.995
流动资产周转次数（次/年）	1.000	0.785
工业成本费用利用率（%）	1.000	0.930
产品销售率（%）	1.000	0.786
提取方法：主成分分析		

表 14-6 给出了每个公共因子所解释的方差及累计。从"初始特征值"列中可以看出，前 3 个公共因子解释的累计方差达 89.003%，而后面的公共因子的初始特征值较小，对解释原有变量的贡献越来越小，因此提取三个公共因子是合适的。

"提取载荷平方和"列是在未旋转时被提取的 3 个公共因子的方差贡献信息，其与"初始特征值"列的前两行取值一样。"旋转载荷平方和"是旋转后得到的新公共因子的方差贡献信息，和未旋转的贡献信息相比，每个公共因子的方差贡献率有变化，但最终的累计方差贡献率不变。

表 14-6　总方差解释

组件	初始特征值			提取载荷平方和			旋转载荷平方和		
	总计	方差百分比	累计 %	总计	方差百分比	累计 %	总计	方差百分比	累计 %
1	2.424	40.406	40.406	2.424	40.406	40.406	2.246	37.434	37.434
2	1.943	32.388	72.794	1.943	32.388	72.794	2.067	34.454	71.888
3	0.973	16.209	89.003	0.973	16.209	89.003	1.027	17.115	89.003
4	0.405	6.758	95.760						
5	0.179	2.987	98.747						
6	0.075	1.253	100.000						
提取方法：主成分分析									

图 14-7 是碎石图，观察发现，第 3 个公因子后的特征值变化趋缓，故选取 3 个公共因子是比较合适的。

表 14-7 列出了未经旋转的因子矩阵，表 14-8 列出了旋转后的因子矩阵。观察两个表格可以发现，旋转后的每个公共因子上的载荷分配更清晰了，因而比未旋转时更容易解释各因子的意义。

因子载荷是变量与公共因子的相关系数，某变量在某公共因子中的载荷绝对值越大，表明该变量与该公共因子越密切，即该公共因子更能代表该变量。由此可知，本例中的第 1 个公共因子更能代表工业增加值率（%）、工业成本费用利用率（%）和总资产贡献率（%），第 2 个公共因子更能代表流动资产周转次数（次/年）和产品销售率（%），第 3 个公共因子更能代表资产负债率（%）。

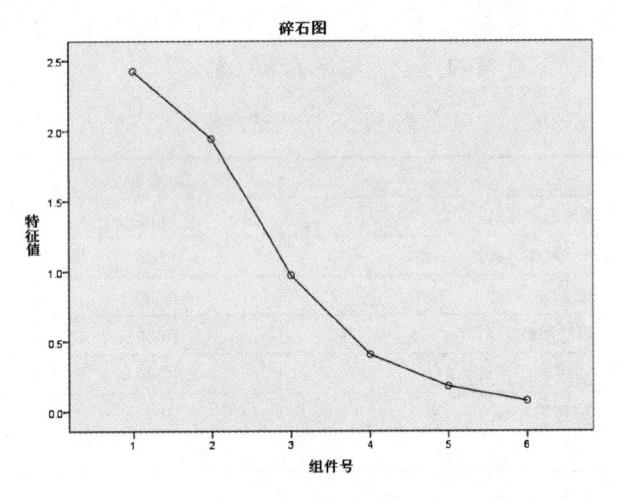

图 14-7 碎石图

表 14-7 未经旋转的因子矩阵[a]

	组件		
	1	2	3
工业增加值率（%）	0.917	0.055	0.216
工业成本费用利用率（%）	0.865	0.424	-0.048
总资产贡献率（%）	0.399	0.890	0.047
流动资产周转次数（次/年）	-0.491	0.735	-0.064
产品销售率（%）	-0.595	0.648	-0.110
资产负债率（%）	-0.285	0.090	0.952
提取方法：主成分分析			
a. 提取了 3 个因子			

表 14-8 旋转后的因子矩阵[a]

	组件		
	1	2	3
工业成本费用利用率（%）	0.939	−0.129	−0.178
总资产贡献率（%）	0.841	0.495	0.033
工业增加值率（%）	0.798	−0.502	0.045
流动资产周转次数（次/年）	0.019	0.882	0.079
产品销售率（%）	−0.120	0.877	−0.047
资产负债率（%）	−0.072	0.078	0.992
提取方法：主成分分析			
旋转方法：凯撒正态化最大方差法			
a. 旋转在 4 次迭代后已收敛			

表 14-9 为因子得分系数矩阵，由此可得最终的因子得分公式：

F_1=0.347×工业增加值率（%）+0.403×总资产贡献率（%）+…−0.019×产品销售率（%）
F_2=−0.224×工业增加值率（%）+0.274×总资产贡献率（%）+…+0.427×产品销售率（%）
F_3=0.149×工业增加值率（%）+0.048×总资产贡献率（%）+…−0.43×产品销售率（%）

表 14-9 因子得分系数矩阵

	组件		
	1	2	3
工业增加值率（%）	0.347	−0.224	0.149
总资产贡献率（%）	0.403	0.274	0.048
资产负债率（%）	0.042	−0.056	0.984
流动资产周转次数（次/年）	0.046	0.431	−0.001
工业成本费用利用率（%）	0.409	−0.013	−0.100
产品销售率（%）	−0.019	0.427	−0.043
提取方法：主成分分析			
旋转方法：凯撒正态化最大方差法			
组性得分			

为研究各企业经济效益，可对 3 个公共因子的得分进行加权求和，权数即公共因子对应的方差贡献率，其可由表 14-6 得到。本例采用方差贡献率作为取值，3 个旋转后的公共因子的方差贡献率分别为 37.434%、34.454% 和 17.115%，所以，各地区的综合得分的公式为：

$$F=37.434\%\times F_1+34.454\%\times F_2+17.115\%\times F_3$$

各地区工业企业经济效益综合评价值排序见表 14-10。

表 14-10 各地区工业企业经济效益综合评价值排序

排序	地区	得分	排序	地区	得分	排序	地区	得分	排序	地区	得分
1	黑龙江	1.48	9	青海	0.22	17	广西	-0.12	25	甘肃	-0.34
2	新疆	1.15	10	内蒙古	0.21	18	贵州	-0.14	26	辽宁	-0.34
3	河南	0.73	11	江西	0.2	19	海南	-0.15	27	上海	-0.38
4	山东	0.6	12	云南	0.1	20	广东	-0.16	28	吉林	-0.5
5	湖南	0.45	13	江苏	0.05	21	福建	-0.22	29	宁夏	-0.62
6	河北	0.34	14	安徽	-0.01	22	重庆	-0.23	30	北京	-0.98
7	天津	0.26	15	山西	-0.05	23	浙江	-0.25	31	西藏	-1.17
8	陕西	0.24	16	四川	-0.1	24	湖北	-0.26			

14.4 聚类分析的应用

上节用主成分分析方法分析了各地区工业企业经济效益，再使用聚类分析方法，看看能否通过各地区工业企业经济效益将 31 个地区聚为几类，并比较主成分分析和聚类分析得到的结果。

14.4.1 SPSS 实现

（1）打开"data14-01.sav"文件，执行菜单栏中的"分析"→"分类"→"系统聚类"命令，弹出"系统聚类分析"对话框，如图 14-8 所示。在左侧的变量列表中选中"工业增加值率""总资产贡献率""资产负债率""流动资产周转次数""工业成本费用利用率""产品销售率"6 个变量，单击 ➡ 按钮，将其选入"变量"列表框，将"地区"变量选入右边的"个案标注依据"列表框作为标示变量。在"聚类"选项区中单击"个案"单选按钮，勾选"统计"和"图"复选框。

（2）单击"统计"按钮，弹出"系统聚类分析：统计"对话框，如图 14-9 所示。勾选"集中计划"复选框，在"聚类成员"选项区中单击"解的范围"单选按钮，在"最小聚类数"文本框中输入"2"，在"最大聚类数"文本框中输入"5"，单击"继续"按钮。

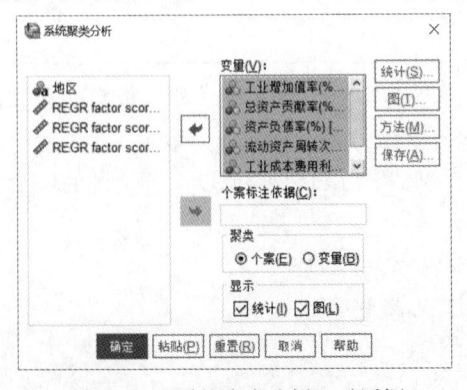

图 14-8 "系统聚类分析"对话框   图 14-9 "系统聚类分析：统计"对话框

（3）在图14-8所示对话框中单击"方法"按钮，弹出"系统聚类分析：方法"对话框，如图14-10所示，在"转换值"选项区中，"标准化"选择"Z得分"，单击"继续"按钮。

（4）在图14-8所示对话框中单击"图"按钮，弹出如图14-11所示的"系统聚类分析：图"对话框。勾选"谱系图"复选框，在"冰柱图"选项区中单击"全部聚类"单选按钮，在"方向"选项区中单击"垂直"单选按钮，单击"继续"按钮。

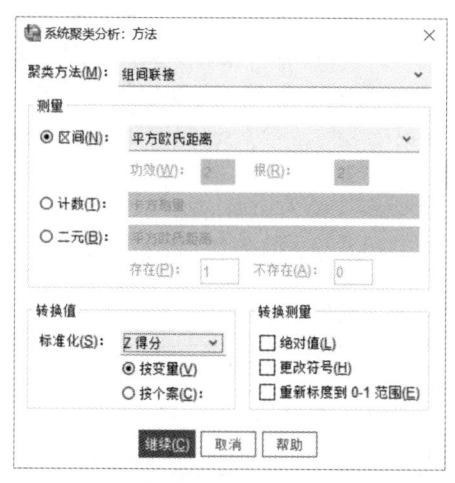

图14-10 "系统聚类分析：方法"对话框 　　图14-11 "系统聚类分析：图"对话框

（5）在图14-8所示对话框中单击"保存"按钮，弹出"系统聚类分析：保存"对话框，如图14-12所示。在"聚类成员"选项区中单击"解的范围"单选按钮，在"最小聚类数"文本框中输入"2"，在"最大聚类数"文本框中输入"5"，单击"继续"按钮。

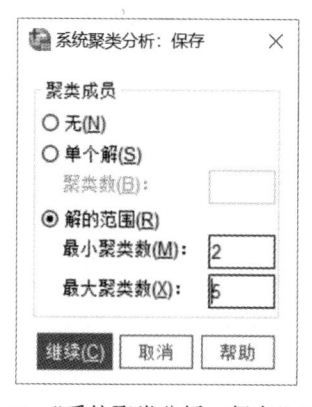

图14-12 "系统聚类分析：保存"对话框

（6）完成所有设置后，单击"确定"按钮执行命令，此时会弹出个案处理摘要等结果。

14.4.2 结果分析

由表14-11可以看出一共31个个案参与聚类，无缺失值。

表 14-11　个案处理摘要[a]

个案					
有效		缺失		总计	
数字	百分比	数字	百分比	数字	百分比
31	100.0%	0	0.0%	31	100.0%

a. 平方欧式距离，使用中

由表 14-12 可以看出整个聚类过程，"阶段"列表示聚类的步数，以第 4 行为例，此步是将第 6 类和第 22 类合并为一类，其中第 6 类首次出现（首次出现阶段集群的集群 1 中显示数字为 0），而第 22 类首次出现是在第 1 步（首次出现阶段集群的集群 2 中显示数字为 1），所以第 4 步中的第 22 类其实包含了第 22 个个案和第 28 个个案，所以第 4 步是将第 6 个、第 22 个和第 28 个个案归为了第 2 类，而第 6 类下一次合并是在第 9 步（下一个阶段列中第 4 步显示数字为 9）。最后，31 个观测经过 30 步聚为一类。

表 14-12　聚类过程

阶段	组合的集群		系数	首次出现阶段集群		下一个阶段
	集群 1	集群 2		集群 1	集群 2	
1	22	28	0.300	0	0	4
2	4	24	0.332	0	0	16
3	3	14	0.386	0	0	7
4	6	22	0.468	0	1	9
5	13	19	0.604	0	0	15
6	15	16	0.726	0	0	21
7	3	10	0.797	3	0	11
8	12	23	0.808	0	0	10
9	6	17	0.955	4	0	10
10	6	12	1.263	9	8	17
11	2	3	1.387	0	7	14
12	25	27	1.564	0	0	22
13	7	20	1.581	0	0	15
14	2	18	1.631	11	0	21
15	7	13	2.009	13	5	20
16	4	30	2.283	2	0	24
17	6	21	2.283	10	0	19
18	8	31	2.466	0	0	29
19	6	11	2.563	17	0	20
20	6	7	2.693	19	15	23
21	2	15	2.872	14	6	26
22	5	25	3.459	0	12	25

续表

阶段	组合的集群		系数	首次出现阶段集群		下一个阶段
	集群1	集群2		集群1	集群2	
23	6	9	4.243	20	0	24
24	4	6	4.791	16	23	25
25	4	5	6.174	24	22	26
26	2	4	6.484	21	25	27
27	2	29	12.752	26	0	28
28	1	2	18.964	0	27	29
29	1	8	28.621	28	18	30
30	1	26	51.202	29	0	0

由表 14-13 可以看出聚类个数为 2~5 的个案的最终归属类别。

表 14-13 聚类成员

个案	5个集群	4个集群	3个集群	2个集群	个案	5个集群	4个集群	3个集群	2个集群
1: 北 京	1	1	1	1	17: 湖 北	2	2	1	1
2: 天 津	2	2	1	1	18: 湖 南	2	2	1	1
3: 河 北	2	2	1	1	19: 广 东	2	2	1	1
4: 山 西	2	2	1	1	20: 广 西	2	2	1	1
5: 内蒙古	2	2	1	1	21: 海 南	2	2	1	1
6: 辽 宁	2	2	1	1	22: 重 庆	2	2	1	1
7: 吉 林	2	2	1	1	23: 四 川	2	2	1	1
8: 黑龙江	3	3	2	1	24: 贵 州	2	2	1	1
9: 上 海	2	2	1	1	25: 云 南	2	2	1	1
10: 江 苏	2	2	1	1	26: 西 藏	4	4	3	2
11: 浙 江	2	2	1	1	27: 陕 西	2	2	1	1
12: 安 徽	2	2	1	1	28: 甘 肃	2	2	1	1
13: 福 建	2	2	1	1	29: 青 海	5	2	1	1
14: 江 西	2	2	1	1	30: 宁 夏	2	2	1	1
15: 山 东	2	2	1	1	31: 新 疆	3	3	2	1
16: 河 南	2	2	1	1					

图 14-13 是冰柱图，用柱状图的方式显示了最终聚成 2~5 类的聚集过程。横轴为 31 个个案，纵轴为聚集个数，冰柱中最长的空格长度表示当前的聚类步数，画一条横线在纵轴 5 处，即把 31 个个案聚成 5 类，经过了 4 步，5 类分别是（北京）、（西藏）、（新疆、黑龙江）、（青海）、（天津、河北、山西、内蒙古、辽宁、吉林、上海、江苏、浙江、安徽、福建、江西、山东、河南、湖北、湖南、广东、广西、海南、重庆、四川、贵州、云南、陕西、甘肃、宁夏）。

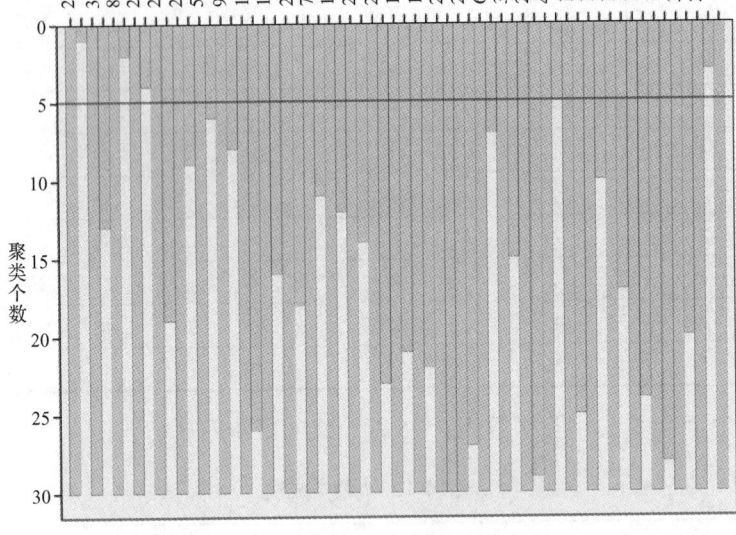

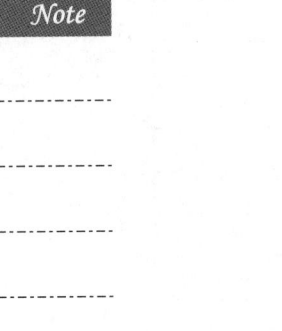

图 14-13　冰柱图

图 14-14 是谱系图（树状图），直观地显示了聚类的整个过程，也可以很方便地指定聚类个数的分类结果，图中横轴 5 处的黑色线条与五条横线相交，表明将全部观测分为了 5 类，最终分类结果为（北京）、（西藏）、（新疆、黑龙江）、（青海）、（天津、河北、山西、内蒙古、辽宁、吉林、上海、江苏、浙江、安徽、福建、江西、山东、河南、湖北、湖南、广东、广西、海南、重庆、四川、贵州、云南、陕西、甘肃、宁夏）。

在数据编辑窗口中，可以看到保存的"CLU5_1""CLU4_1""CLU3_1""CLU2_1"，如图 14-15 所示，表示的是聚类数为 2～5 的各个案的最终归属类别。

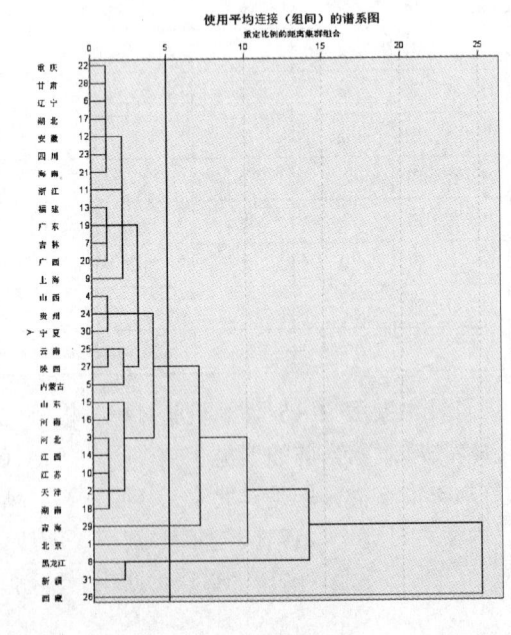

CLU5_1	CLU4_1	CLU3_1	CLU2_1
1	1	1	1
2	2	1	1
2	2	1	1
2	2	1	1
2	2	1	1
2	2	1	1
3	3	2	1
2	2	1	1
2	2	1	1
2	2	1	1
2	2	1	1
2	2	1	1

图 14-14　谱系图　　　　　图 14-15　个案的最终归属类别

14.4.3 进一步分析

1．OLAP立方体的SPSS实现

（1）在"系统聚类"运行后的数据编辑窗口中，执行菜单栏中的"分析"→"报告"→"OLAP立方体"命令，弹出"OLAP立方体"对话框，如图14-16所示，在左侧的变量列表中选中"工业增加值率""总资产贡献率""资产负债率""流动资产周转次数""工业成本费用利用率""产品销售率"6个变量，单击▶按钮，选入右边的"摘要变量"列表框，将"Average Linkage（Between Groups）[CLU4_1]"变量选入右边的"分组变量"列表框。

（2）完成所有设置后，单击"确定"按钮执行命令。

2．OLAP立方体的结果分析

在结果中找到"OLAP 立方体"表格，右击并选择"透视托盘"命令，弹出"透视托盘"对话框，如图14-17所示，将"变量"放入列，将"Average Linkage（Between Groups）[CLU4_1]"和"统计"按顺序放入"行"，得到表14-14。

图14-16 "OLAP立方体"对话框

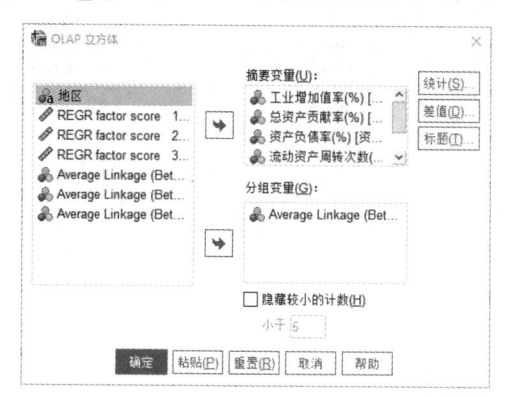

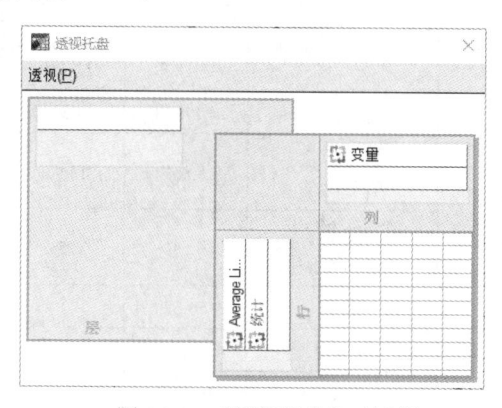

图14-17 "透视托盘"对话框

表14-14给出了4类的各个变量的信息，结合聚类成员表发现，第3类个案有两个，即新疆和黑龙江，各变量基本上趋于中高等，企业经济效益较好，第2类包含的个案最多，各变量基本上都趋于中等，企业经济效益一般，而第1类个案只有1个，即北京，各变量值都比较小，第4类个案有1个，即西藏，除了工业增加值率和资产负债率高于其他几类，其余都低于其他几类，说明北京和西藏的工业企业经济效益不是很高，需要加强。

表14-14 OLAP立方体

	Average Linkage (Between Groups)	工业增加值率（%）	总资产贡献率（%）	资产负债率（%）	流动资产周转次数（次/年）	工业成本费用利用率（%）	产品销售率（%）
1	总和	22.41	6.32	38.91	2.06	6.17	99.18
	个案数	1	1	1	1	1	1
	平均值	22.4100	6.3200	38.9100	2.0600	6.1700	99.1800

续表

Average Linkage (Between Groups)		工业增加值率（%）	总资产贡献率（%）	资产负债率（%）	流动资产周转次数（次/年）	工业成本费用利用率（%）	产品销售率（%）
1	标准偏差	.	.	.	.	.	.
	在总和中所占的百分比	2.2%	1.6%	2.2%	2.9%	2.2%	3.3%
	在总个案数中所占的百分比	3.2%	3.2%	3.2%	3.2%	3.2%	3.2%
2	总和	855.95	330.25	1606.54	63.20	196.90	2642.63
	个案数	27	27	27	27	27	27
	平均值	31.7019	12.2315	59.5015	2.3407	7.2926	97.8752
	标准偏差	5.12473	2.86021	3.78436	0.44516	3.77337	0.88764
	在总和中所占的百分比	83.5%	82.5%	89.5%	88.3%	70.2%	87.2%
	在总个案数中所占的百分比	87.1%	87.1%	87.1%	87.1%	87.1%	87.1%
3	总和	90.36	55.81	106.29	5.22	57.23	197.29
	个案数	2	2	2	2	2	2
	平均值	45.1800	27.9050	53.1450	2.6100	28.6150	98.6450
	标准偏差	2.77186	4.43356	2.21324	0.19799	0.24749	0.17678
	在总和中所占的百分比	8.8%	13.9%	5.9%	7.3%	20.4%	6.5%
	在总个案数中所占的百分比	6.5%	6.5%	6.5%	6.5%	6.5%	6.5%
4	总和	56.62	7.84	44.20	1.06	20.24	91.68
	个案数	1	1	1	1	1	1
	平均值	56.6200	7.8400	44.2000	1.0600	20.2400	91.6800
	标准偏差	.	.	.	.	.	.
	在总和中所占的百分比	5.5%	2.0%	2.5%	1.5%	7.2%	3.0%
	在总个案数中所占的百分比	3.2%	3.2%	3.2%	3.2%	3.2%	3.2%
总计	总和	1025.34	400.22	1795.94	71.54	280.54	3030.78
	个案数	31	31	31	31	31	31
	平均值	33.0755	12.9103	57.9335	2.3077	9.0497	97.7671
	标准偏差	7.53348	5.04520	5.88783	0.48380	6.71500	1.43088
	在总和中所占的百分比	100.0%	100.0%	100.0%	100.0%	100.0%	100.0%
	在总个案数中所占的百分比	100.0%	100.0%	100.0%	100.0%	100.0%	100.0%

14.5 小结

本章以 2006 年中国各地区全部国有及规模以上非国有工业企业主要经济效益指标为基础，运用主成分分析和聚类分析对全国 31 个地区的工业企业综合竞争力进行了综合评价。从计算结果看，主成分分析是一种较为客观的综合评价方法。它无须人为确定各个指标的权重，而是根据各项指标的相关关系和各项指标的变异程度来确定权重，以计算综合评价值。这种方法不仅可以用于各地区工业企业经济效益综合评价，而且可以用于同一地区不同时期工业企业经济效益综合评价，以判断工业企业发展变化趋势。而聚类分析为解读工业企业经济指标数据提供了一个简单而基础的工具。

14.6 习题

1. 数据文件 data08-06.sav 为中国部分城市的关于经济发展水平的相关数据，包括地区生产总值、城乡居民储蓄年末余额、在岗职工平均工资等 8 项指标，请利用该数据综合评价各城市的发展水平。数据存储于"数据文件\Chapter08\data08-06.sav"文件中。

2. 数据文件 data08-07.sav 为某省的关于物流发展水平的相关数据，包括货物周转量、货运量、城区生产总值、进出口贸易总值等 8 项指标，请利用该数据综合评价物流发展水平。数据存储于"数据文件\Chapter08\data08-07.sav"文件中。

3. 数据文件 data06-04.sav 为山东省某年的人均 GDP、居民可支配收入元、工资性收入、社会参保人数、社会消费品零售总额、固定资产筹资额的数据，请利用该数据对山东省各城市的经济发展水平进行排序。数据存储于"数据文件\Chapter06\data06-04.sav"文件中。

第15章

房地产市场评估应用

房地产是房产和地产的总称,即土地及附着在土地上的建筑物、构筑物和其他附属物的总称。对房地产进行分类的标准有很多,以房地产的运营方式为标准,房地产可分为收益性房地产(如置业投资性公寓、出租性写字楼等)和非收益性房地产(如各类自用住宅及自用写字楼等)。本章从商品住宅平均价格与其影响因素入手,以实际应用为主体进行讲解。

学习目标

(1) 了解房地产的发展及商品房的影响因素。
(2) 掌握相关分析在房地产中的应用。
(3) 掌握回归分析在房地产中的应用。

第 15 章 房地产市场评估应用

15.1 背景介绍

近年来，房地产行业以其较快的发展速度，极大的资金聚集功能，明显的产业带动效应，巨大的社会影响力成为举国上下高度关注的重要行业。

随着房地产行业的发展，出现了法律术语"商品房"，其是指由房地产开发公司综合开发、建成后出售的住宅、商业用房以及其他建筑物。凡是自建或者委托建设者参加统建，又是自己使用的住宅、商业用房和其他建筑物，不属于商品房范围。而"商品住宅"是商品房中的一部分，用数学语言来表示，商品住宅是商品房的一个子集。

为了抑制房价过快上涨，避免出现房产泡沫，保证国民经济健康稳定发展，改善民生，促进社会和谐稳定，自 2009 年开始到现在，从中央政府到地方政府，陆续出台了一系列政策。但直至目前，商品住宅的价格始终是舆论关注的焦点，中央政府、地方政府、开发企业、金融机构、科研院所、普通群众都在密切关注行业发展趋势，许多专家学者都在不停探索影响商品房价格的因素。

所以，利用 SPSS 对房地产市场进行分析，能使消费者、开发商和地方政府对商品住宅价格的影响因素有更加清晰的认识，为消费者的购买决策、房地产开发商的投资决策及地方政府的调控政策的制定提供参考。

本章依据大连市统计年鉴的数据，对大连市商品住宅平均价格与其影响因素进行相关分析及回归分析。

> 数据文件：数据文件\Chapter15\data15-01.sav
> 视频文件：视频文件\Chapter15\商品住宅影响因素指标.avi

15.2 相关分析的应用

相关分析是研究变量之间不确定关系的统计方法，现利用简单相关分析来分析大连市商品住宅平均价格与各影响因素的相关程度，从而找出哪些因素与大连市商品住宅价格有更高的相关程度。

15.2.1 SPSS 实现

（1）打开"data15-01.sav"文件，执行菜单栏中的"分析"→"相关"→"双变量"命令，弹出"双变量相关性"对话框，如图 15-1 所示。在左侧的变量列表中选中"商品住宅平均售价""全市人口""住宅完成投资额""GDP""人均可支配收入""城镇家庭户数""商品住宅销售面积""竣工住宅建造成本""住宅竣工面积""十五年期公积金贷款年利率"10 个变量，单击 按钮，将其选入"变量"列表框。勾选"皮尔逊"复选框，在"显著性检验"选项区中单击"双尾"单选按钮，勾选"标记显著性相关性"复选框。

（2）单击"选项"按钮，弹出"双变量相关性：选项"对话框，如图 15-2 所示。在"统计"选项区中勾选"均值和标准差"和"叉积偏差和协方差"复选框，在"缺失值"选项区中单击"成对排除个案"单选按钮。单击"继续"按钮。

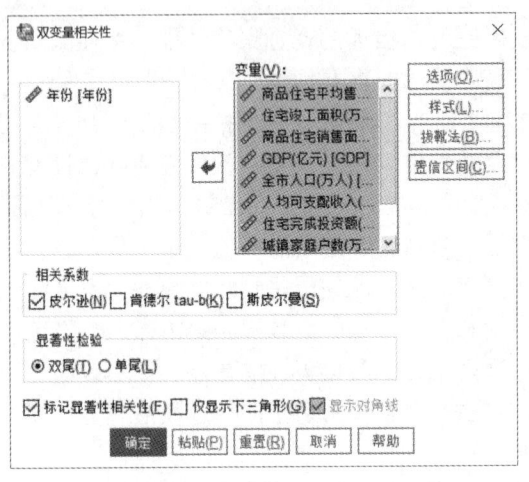

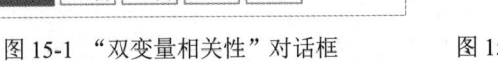

图 15-1 "双变量相关性"对话框　　　图 15-2 "双变量相关性：选项"对话框

（3）完成所有设置后，单击"确定"按钮执行命令。

15.2.2　结果分析

从表 15-1 中可以看到大连市商品住宅平均售价与住宅竣工面积的皮尔逊相关性为 0.290，且相关系数检验的 t 统计量的显著性为 0.416，大于 0.05，因此接受零假设，认为两者之间没有显著的相关关系。同理，可以知道，商品住宅平均售价与商品住宅销售面积、GDP、全市人口、人均可支配收入、住宅完成投资额、城镇家庭户数、竣工住宅建造成本有显著的相关关系，而与十五年期公积金贷款年利率没有显著相关关系。

表 15-1　相关性

		商品住宅平均售价（元/平方米）	住宅竣工面积（万平方米）	商品住宅销售面积（万平方米）	GDP（亿元）	全市人口（万人）
商品住宅平均售价（元/平方米）	皮尔逊相关性	1	0.290	0.957**	0.975**	0.985**
	显著性（双尾）		0.416	0.000	0.000	0.000
	个案数	10	10	10	10	10
住宅竣工面积（万平方米）	皮尔逊相关性	0.290	1	0.262	0.342	0.360
	显著性（双尾）	0.416		0.465	0.334	0.307
	个案数	10	10	10	10	10

续表

		商品住宅平均售价（元/平方米）	住宅竣工面积（万平方米）	商品住宅销售面积（万平方米）	GDP（亿元）	全市人口（万人）
商品住宅销售面积（万平方米）	皮尔逊相关性	0.957**	0.262	1	0.973**	0.951**
	显著性（双尾）	0.000	0.465		0.000	0.000
	个案数	10	10	10	10	10
GDP（亿元）	皮尔逊相关性	0.975**	0.342	0.973**	1	0.989**
	显著性（双尾）	0.000	0.334	0.000		0.000
	个案数	10	10	10	10	10
全市人口（万人）	皮尔逊相关性	0.985**	0.360	0.951**	0.989**	1
	显著性（双尾）	0.000	0.307	0.000	0.000	
	个案数	10	10	10	10	10
人均可支配收入（元）	皮尔逊相关性	0.973**	0.292	0.958**	0.993**	0.991**
	显著性（双尾）	0.000	0.413	0.000	0.000	0.000
	个案数	10	10	10	10	10
住宅完成投资额（亿元）	皮尔逊相关性	0.983**	0.374	0.966**	0.992**	0.983**
	显著性（双尾）	0.000	0.287	0.000	0.000	0.000
	个案数	10	10	10	10	10
城镇家庭户数（万户）	皮尔逊相关性	0.962**	0.261	0.946**	0.982**	0.987**
	显著性（双尾）	0.000	0.466	0.000	0.000	0.000
	个案数	10	10	10	10	10
竣工住宅建造成本（元/平方米）	皮尔逊相关性	0.932**	0.210	0.952**	0.971**	0.950**
	显著性（双尾）	0.000	0.561	0.000	0.000	0.000
	个案数	10	10	10	10	10
十五年期公积金贷款年利率（%）	皮尔逊相关性	0.253	0.293	-0.007	0.114	0.213
	显著性（双尾）	0.481	0.411	0.984	0.753	0.555
	个案数	10	10	10	10	10

		人均可支配收入（元）	住宅完成投资额（亿元）	城镇家庭户数（万户）	竣工住宅建造成本（元/平方米）	十五年期公积金贷款年利率（%）
商品住宅平均售价（元/平方米）	皮尔逊相关性	0.973**	0.983**	0.962**	0.932**	0.253
	显著性（双尾）	0.000	0.000	0.000	0.000	0.481
	个案数	10	10	10	10	10
住宅竣工面积（万平方米）	皮尔逊相关性	0.292	0.374	0.261	0.210	0.293
	显著性（双尾）	0.413	0.287	0.466	0.561	0.411
	个案数	10	10	10	10	10
商品住宅销售面积（万平方米）	皮尔逊相关性	0.958**	0.966**	0.946**	0.952**	-0.007
	显著性（双尾）	0.000	0.000	0.000	0.000	0.984
	个案数	10	10	10	10	10

续表

		人均可支配收入（元）	住宅完成投资额（亿元）	城镇家庭户数（万户）	竣工住宅建造成本（元/平方米）	十五年期公积金贷款年利率（%）
GDP（亿元）	皮尔逊相关性	0.993**	0.992**	0.982**	0.971**	0.114
	显著性（双尾）	0.000	0.000	0.000	0.000	0.753
	个案数	10	10	10	10	10
全市人口（万人）	皮尔逊相关性	0.991**	0.983**	0.987**	0.950**	0.213
	显著性（双尾）	0.000	0.000	0.000	0.000	0.555
	个案数	10	10	10	10	10
人均可支配收入（元）	皮尔逊相关性	1	0.976**	0.995**	0.968**	0.134
	显著性（双尾）		0.000	0.000	0.000	0.712
	个案数	10	10	10	10	10
住宅完成投资额（亿元）	皮尔逊相关性	0.976**	1	0.957**	0.952**	0.174
	显著性（双尾）	0.000		0.000	0.000	0.632
	个案数	10	10	10	10	10
城镇家庭户数（万户）	皮尔逊相关性	0.995**	0.957**	1	0.966**	0.127
	显著性（双尾）	0.000	0.000		0.000	0.727
	个案数	10	10	10	10	10
竣工住宅建造成本（元/平方米）	皮尔逊相关性	0.968**	0.952**	0.966**	1	-0.022
	显著性（双尾）	0.000	0.000	0.000		0.951
	个案数	10	10	10	10	10
十五年期公积金贷款年利率（%）	皮尔逊相关性	0.134	0.174	0.127	-0.022	1
	显著性（双尾）	0.712	0.632	0.727	0.951	
	个案数	10	10	10	10	10

** 在 0.01 级别（双尾），相关性显著。

按照皮尔逊系数从大到小的顺序对 9 个影响因素进行排序：全市人口（0.985）>住宅完成投资额（0.983）>GDP（0.975）>人均可支配收入（0.973）>城镇家庭户数（0.962）>商品住宅销售面积（0.957）>竣工住宅建造成本（0.932），住宅竣工面积和十五年期公积金贷款年利率与大连市商品住宅平均售价不相关，不参加排序。

从排序的结果可以看出，大连市全市人口与商品住宅平均售价的相关系数最大，因此可以判断影响商品住宅需求的人口数量是商品住宅价格上涨的最直接因素，而竣工住宅建造成本作为影响供给的因素，其与商品住宅平均售价的相关系数在 7 个相关因素中是最小的。因此得出结论，大连市商品住宅价格的上涨最主要还是受需求推动的，而推动需求的最主要因素是大连市人口的不断增加。

15.3 回归分析的应用

在研究一个变量的变化受多个因素的影响时，往往考虑建立线性回归模型进行分析。

选取 9 个变量作为商品住宅平均售价的影响因素：住宅竣工面积、商品住宅销售面积、GDP、全市人口、人均可支配收入、住宅完成投资额、城镇家庭户数、竣工住宅建造成本和十五年期公积金贷款年利率，将上述 9 个因素作为自变量，商品住宅平均售价作为因变量，通过逐步回归的方法建立线性回归模型。

15.3.1 SPSS 实现

（1）打开"data15-01.sav"数据文件，执行菜单栏中的"分析"→"回归"→"线性"命令，弹出如图 15-3 所示的"线性回归"对话框。在左侧的变量列表中选中"住宅竣工面积""商品住宅销售面积""GDP""全市人口""人均可支配收入""住宅完成投资额""城镇家庭户数""竣工住宅建造成本""十五年期公积金贷款年利率"变量，单击 ▶ 按钮，将其选入"自变量"列表框，将"商品住宅平均售价"变量选入右边的"因变量"列表框，在"方法"选择"步进"。

（2）单击"统计"按钮，弹出如图 15-4 所示的"线性回归：统计"对话框。在"回归系数"选项区中勾选"估算值"复选框，在"残差"选项区中勾选"个案诊断"，在"离群值"文本框中输入"3"，勾选"模型拟合"复选框，单击"继续"按钮。

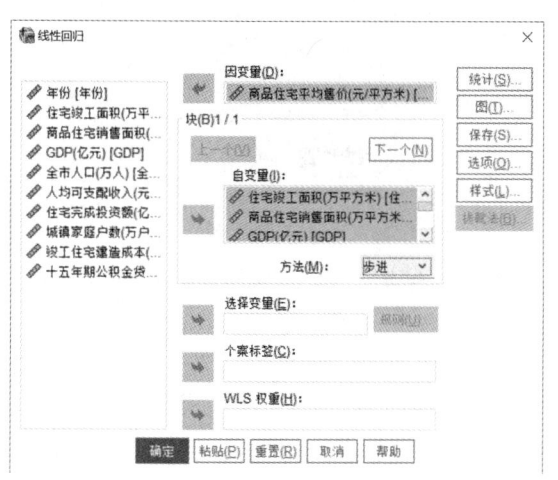

图 15-3 "线性回归"对话框

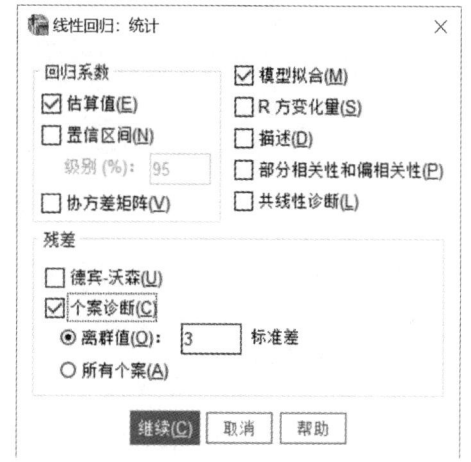

图 15-4 "线性回归：统计"对话框

（3）在图 15-3 所示对话框中单击"图"按钮，弹出如图 15-5 所示的"线性回归：图"对话框。将变量"*SDRESID"和"*ZPRED"分别选入 Y 轴和 X 轴，单击"下一个"按钮，将变量"*ZRESID"和"*ZPRED"分别选入 Y 轴和 X 轴，单击"继续"按钮。

（4）在图 15-3 所示对话框中单击"保存"按钮，弹出如图 15-6 所示的"线性回归：保存"对话框，在"距离"选项区中勾选"马氏距离""库克距离""杠杆值"复选框，在"预测区间"选项区中勾选"平均值"和"单值"复选框，在"影响统计"选项区中勾

图 15-5 "线性回归：图"对话框

选"标准化 DfBeta""标准化 DfFit""协方差比率"复选框，勾选"包括协方差矩阵"复选框，单击"继续"按钮。

（5）在图 15-3 所示对话框中单击"选项"按钮，弹出如图 15-7 所示的"线性回归：选项"对话框，选择系统默认设置，单击"继续"按钮。

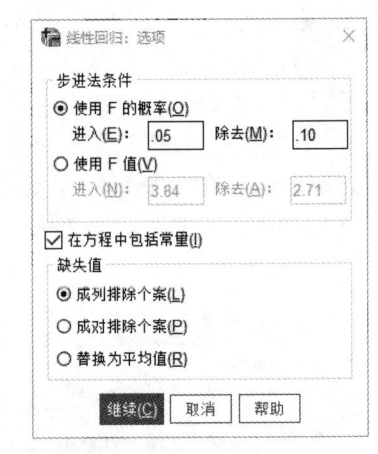

图 15-6 "线性回归：保存"对话框　　图 15-7 "线性回归：选项"对话框

（6）完成所有设置后，单击"确定"按钮执行命令。

15.3.2　结果分析

表 15-2 给出了逐步回归过程中变量的引入和剔除过程，可以看出，唯一引入模型的变量是全市人口。

表 15-2　已输入/除去变量 [a]

模型	输入的变量	除去的变量	方法
1	全市人口（万人）	.	步进（条件：要输入的 F 的概率 <= 0.050，要除去的 F 的概率 >= 0.100）

a. 因变量：商品住宅平均售价（元/平方米）

表 15-3 给出了模型摘要，可见模型 1 的 R 方为 0.971，调整后的 R 方为 0.967，接近于 1，说明模型可解释的变异占总变异的比例较大，引入回归方程的变量是显著的，模型 1 建立的回归方程较好。

表 15-3 模型摘要 [b]

模型	R	R方	调整后的R方	标准估算的错误	更改统计量				
					R方变化量	F更改	自由度1	自由度2	显著性F变化量
1	0.985[a]	0.971	0.967	208.65651	0.971	268.001	1	8	0.000

a. 预测变量：（常量），全市人口（万人）
b. 因变量：商品住宅平均售价（元/平方米）

表 15-4 给出了回归拟合过程中的方差分析结果。可见模型 1 的显著性均小于 0.05，拒绝回归系数都为 0 的原假设。从表中可知，回归平方和为 11668119.198，残差平方和为 348300.326，总计为 12016419.523，可见回归平方和占了总计平方和的绝大部分，说明线性模型解释了总计平方和的绝大部分，模型拟合效果较好。

表 15-4 ANOVA[a]

模型		平方和	自由度	均方	F	显著性
1	回归	11668119.198	1	11668119.198	268.001	0.000[b]
	残差	348300.326	8	43537.541		
	总计	12016419.523	9			

a. 因变量：商品住宅平均售价（元/平方米）
b. 预测变量：（常量），全市人口（万人）

表 15-5 给出了所有模型的回归系数估计值，包括非标准化系数、标准系数、t、显著性。

从显著性这一列可以看出，模型中所有变量和常数项的显著性均小于 0.05，均通过了显著性检验。

模型 1 回归方程：

$$商品住宅平均售价 = -50239.223 + 95.075 \times 全市人口$$

表 15-5 系数[a]

模型		非标准化系数		标准系数	t	显著性
		B	标准错误	Beta		
1	（常量）	−50239.223	3293.326		−15.255	0.000
	全市人口（万人）	95.075	5.808	0.985	16.371	0.000

a. 因变量：商品住宅平均售价（元/平方米）

表 15-6 给出了各个模型中排除变量的统计信息，模型 1 中已经引入全市人口变量，其余变量均被排除在外，从显著性这一列看，被排除的变量的显著性均大于 0.05，说明这些变量对模型的贡献不显著，均被排除。

表 15-6 排除的变量 [a]

模型		输入 Beta	t	显著性	偏相关	共线性统计 容许
1	住宅竣工面积（万平方米）	-0.074[b]	-1.180	0.277	-0.407	0.870
	商品住宅销售面积（万平方米）	0.211[b]	1.099	0.308	0.384	0.096
	GDP（亿元）	0.013[b]	0.030	0.977	0.011	0.021
	人均可支配收入（元）	-0.192[b]	-0.409	0.695	-0.153	0.018
	住宅完成投资额（亿元）	0.438[b]	1.432	0.195	0.476	0.034
	城镇家庭户数（万户）	-0.398[b]	-1.069	0.320	-0.375	0.026
	竣工住宅建造成本（元/平方米）	-0.036[b]	-0.174	0.867	-0.066	0.098
	十五年期公积金贷款年利率（%）	0.045[b]	0.715	0.498	0.261	0.955

a. 因变量：商品住宅平均售价（元/平方米）
b. 模型中的预测变量：（常量），全市人口（万人）

图 15-8 和图 15-9 是因变量与其回归学生化的已删除残差的散点图和因变量与其回归标准化残差的散点图，可以看出观测量均在-1.5 与+1.5 之间，可以看出残差符合正态分布，因此通过残差的正态性检验。

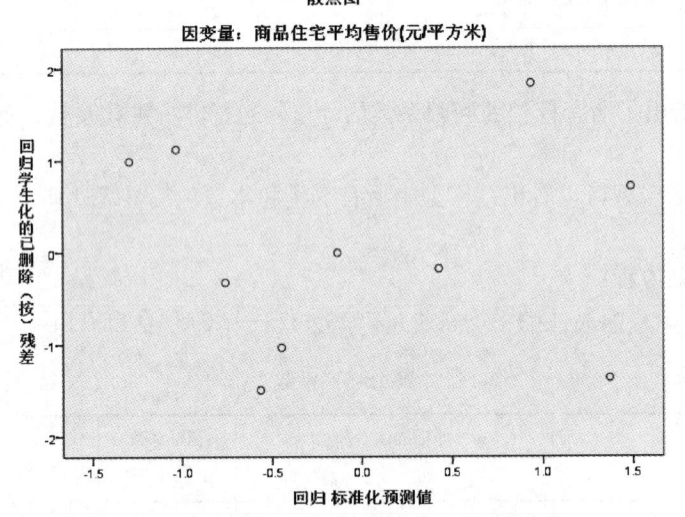

图 15-8 因变量与其回归学生化的已删除残差的散点图

经过线性回归分析，最初将 9 个因素选入线性回归模型，希望能够得到这 9 个影响需求的因素对大连市商品住宅平均售价的综合影响模型，但经过建模和显著性检验，最终保留的只有一个解释变量：全市人口。

回归方程：商品住宅平均售价=-50239.223+95.075×全市人口，这说明大连市商品住宅平均售价与全市人口是同方向正比例变化的，如果大连市全市人口增加 1 万人，那么大连市商品住宅平均售价每平方米将上涨 95 元。

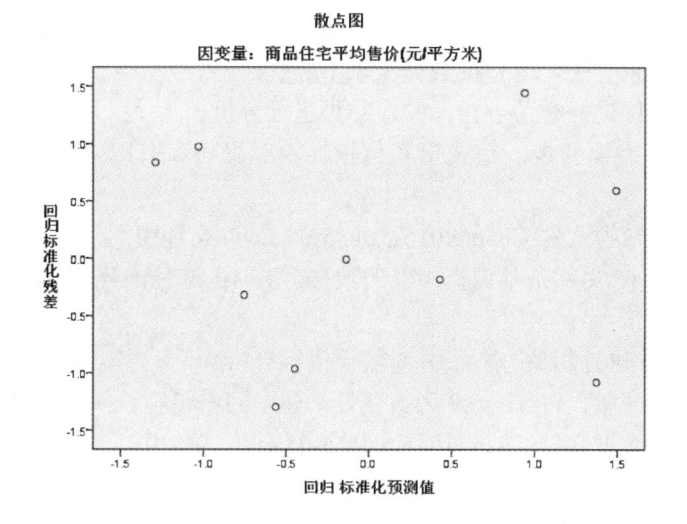

图 15-9　因变量与其回归标准化残差的散点图

15.4　小结

本章依据大连市统计年鉴的数据，对大连市商品住宅平均售价与其影响因素进行了相关分析以及回归分析。从结果可以看出大连市全市人口与商品住宅平均售价的相关系数最大，经过线性回归的建模和显著性检验后，最终只保留全市人口作为解释变量。

利用相关分析，可以研究现象之间是否存在某种依存关系，并对具体有依存关系的现象探讨其相关方向以及相关程度，是研究随机变量之间的相关关系的一种非常好的统计方法。回归分析基于观测数据建立由自变量推算因变量的回归方程，以分析数据内在规律，可用于预报、控制等问题。在实际应用时，当两个变量都是随机变量时，需要同时给出这两种方法分析的结果。这两种方法在房地产市场分析中应用十分广泛，读者在学习 SPSS 的统计分析方法前，须对数据所属领域有一定了解，这样有利于挖掘数据的内涵。

15.5　习题

1．data15-02.sav 文件是住房情况调查的数据，包括性别、年龄、文化程度、住房满意度等指标，请根据统计数据进行合适的分析，并给出住房情况调查的分析结果。数据存储于"数据文件\Chapter015\data15-02.sav"文件中。

2．data15-03.sav 文件是某单位员工租房支出的统计数据，请研究租房支出与工龄、性别之间的关系，并尝试建立回归模型进行解释。数据存储于"数据文件\Chapter015\data15-03.sav"文件中。

3．data15-04.sav 文件是某地区某疾病患病率的统计数据，初步分析与六十五岁以上人口、人口密度、建筑密度、路网密度、植被面积占比、五公里范围污染企业、距最近污染企业距离等因素有关,请根据数据做以下分析:

(1) 对各项指标进行相关分析,并对结果进行分析。

(2) 以患病率为因变量,筛选出其他指标中对患病率有影响的因素,并建立回归模型。

数据存储于"数据文件\Chapter015\data15-04.sav"文件中。

4. data15-05.sav 文件是某调查问卷的数据,共 10 道题,分为 y、x1~x9,请根据数据完成以下分析:

(1) 对 x1~x9 进行相关分析,并对结果进行分析。

(2) 以 y 为因变量,以 x1~x9 为自变量,建立回归模型。

数据存储于"数据文件\Chapter015\data15-05.sav"文件中。

第16章

社会科学调查应用

　　社会科学调查是一种系统性的研究工作,确定研究内容、制订研究计划、搜集数据及完成数据的处理分析,最终得出研究结论。在现代的社会科学调查中,调查问卷已经成为收集数据最为普遍且有效的工具。本章从大学生自我管理能力的调查问卷入手,以实际应用来讲解 SPSS 在社会科学调查中的应用。

学习目标

(1) 了解调查问卷的设计与应用。
(2) 掌握相关分析在调查问卷中的应用。

16.1 问卷设计

自我管理能力是个人为达到和实现自我管理所应具备的能力。根据大学生的特点，可以将大学生的自我管理能力概括为：依据国家高等教育的培养目标，大学生按照社会的要求和自身发展的需要，发挥主观能动性，合理整合自身条件，在德智体美等方面全面发展，实现自身社会价值所应具备的能力。

本章的案例将把大学生自我管理能力划分为 4 个维度：时间管理能力、学习管理能力、身心管理能力、人际关系管理能力，进而研究大学生的自我管理能力，问卷见表 16-1。

表 16-1 问卷

第一部分 基础信息	
问卷题目	选型
性别	1. 男；2. 女
是否独生子女	1. 是；2. 否
是否在读研究生	1. 是；2. 否
父母学历	1. 小学及以下；2. 初中中专；3. 高中高职；4. 大专；5. 本科及以上

第二部分 大学生自我管理能力			
维度	问卷题目代码	问卷题目	量表题选项
时间管理能力	A1	你对于自己每天的任务和安排都十分清楚明白	1. 非常不赞同；2. 比较不赞同；3. 居中；4. 比较赞同；5. 非常赞同
	A2	按照自己计划的作息时间表执行	1. 非常不赞同；2. 比较不赞同；3. 居中；4. 比较赞同；5. 非常赞同
	A3	有计划地安排每周的任务	1. 非常不赞同；2. 比较不赞同；3. 居中；4. 比较赞同；5. 非常赞同
学习管理能力	B1	自己学习的专业知识十分有价值	1. 非常不赞同；2. 比较不赞同；3. 居中；4. 比较赞同；5. 非常赞同
	B2	只关心结果而不在乎方法和途径	1. 非常不赞同；2. 比较不赞同；3. 居中；4. 比较赞同；5. 非常赞同
	B3	有规律地复习自己新学到的知识	1. 非常不赞同；2. 比较不赞同；3. 居中；4. 比较赞同；5. 非常赞同
	B4	经常总结学习的知识并找出其中的规律	1. 非常不赞同；2. 比较不赞同；3. 居中；4. 比较赞同；5. 非常赞同
身心管理能力	C1	适应周围的变化并不觉得迷茫	1. 非常不赞同；2. 比较不赞同；3. 居中；4. 比较赞同；5. 非常赞同
	C2	把握好时机，分清事情的先后主次	1. 非常不赞同；2. 比较不赞同；3. 居中；4. 比较赞同；5. 非常赞同
	C3	了解自己的缺点并希望能够改变	1. 非常不赞同；2. 比较不赞同；3. 居中；4. 比较赞同；5. 非常赞同

续表

维度	问卷题目代码	问卷题目	量表题选项
人际关系管理能力	D1	对自身的优势和欲从事的职业有客观的认识	1．非常不赞同；2．比较不赞同；3．居中；4．比较赞同；5．非常赞同
	D2	常思考大学毕业以后要做什么	1．非常不赞同；2．比较不赞同；3．居中；4．比较赞同；5．非常赞同

设计完成问卷后，通过线上、线下的方式收集有效问卷数量 215 份。

> 数据文件：数据文件\Chapter16\data16-01.sav
> 视频文件：视频文件\Chapter16\社会科学调查问卷.avi

16.2 信度分析

获得问卷数据之后应当对问卷信度进行分析，以判断问卷是否满足可靠性的要求。

16.2.1 SPSS 实现

（1）打开"data16-01.sav"文件，执行菜单栏中的"分析"→"刻度"→"可靠性分析"命令，弹出如图 16-1 所示的"可靠性分析"对话框。将左侧的大学生自我管理量表的 12 个题目全部选中，单击 ▶ 按钮，将其选入"项"列表框。单击"模型"下拉列表框，选择"Alpha"。

（2）单击"统计"按钮，弹出如图 16-2 所示的"可靠性分析：统计"对话框，勾选"删除项后的标度"复选框。

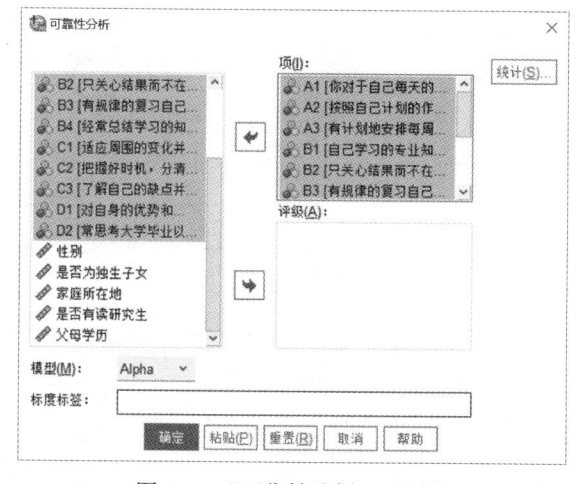

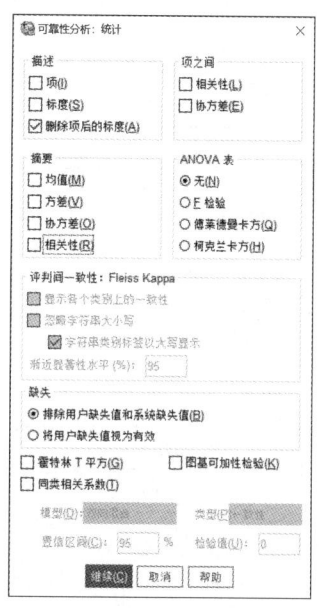

图 16-1 "可靠性分析"对话框　　图 16-2 "可靠性分析：统计"对话框

（3）完成各项设置后，单击"确定"按钮执行命令，此时会弹出个案处理摘要、可靠性统计等分析结果。

16.2.2 结果分析

表 16-2 给出了初始数据中关于缺失值的统计信息，从表中可以看出不存在缺失值。

表 16-2 个案处理摘要

		个案数	%
个案	有效	215	100.0
	排除 a	0	0.0
	总计	215	100.0

a. 基于过程中所有变量的成列删除

表 16-3 给出了可靠性统计结果，克隆巴赫 Alpha 为 0.935，该信度比较高，说明该问卷的量表题部分通过信度检验。

表 16-3 可靠性统计

克隆巴赫 Alpha	项数
0.935	12

表 16-4 给出了项总计统计的信息，在信度分析中可以通过修正后的项与总计相关性、删除项后的克隆巴赫 Alpha 两项的系数对问卷题目进行修改或者调整，一般要求修正后的项与总计相关性的系数大于 0.4，而删除项后的克隆巴赫 Alpha 系数是指某量表题被删除后，剩下其他题目的可靠性统计，当删除某一项后，克隆巴赫 Alpha 系数明显增大，那么可以将该量表题删除，重新进行信度分析，从而设计出满足要求的问卷。

表 16-4 项总计统计

	删除项后的标度平均值	删除项后的标度方差	修正后的项与总计相关性	删除项后的克隆巴赫 Alpha
A1	43.56	54.088	0.743	0.929
A2	43.80	53.808	0.666	0.931
A3	43.95	53.325	0.678	0.931
B1	43.58	53.656	0.735	0.929
B2	43.62	53.142	0.798	0.926
B3	43.80	52.612	0.740	0.928
B4	44.04	52.470	0.708	0.930
C1	43.85	53.744	0.678	0.931
C2	43.63	53.710	0.735	0.929
C3	43.60	55.100	0.671	0.931
D1	43.53	54.839	0.672	0.931
D2	43.76	53.577	0.749	0.928

16.3 效度分析

该问卷中的大学生自我管理能力部分存在四个维度，需要进一步研究该问卷的结构效度是否符合要求。

16.3.1 SPSS 实现

（1）打开"data16-01.sav"文件，执行菜单栏中的"分析"→"降维"→"因子分析"命令，打开如图 16-3 所示的"因子分析"对话框。将左侧的大学生自我管理量表的 12 个题目全部选中，单击 ▶ 按钮，将其选入"变量"列表框。

（2）单击"描述"按钮，弹出如图 16-4 所示"因子分析：描述"对话框。勾选"单变量描述""系数""显著性水平""KMO 和巴特利特球形度检验"复选框，单击"继续"按钮。

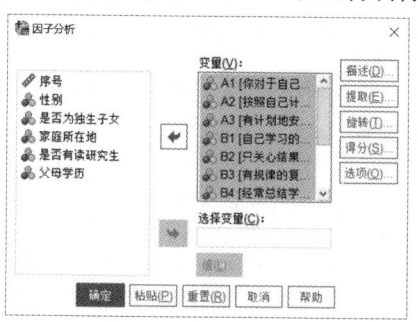

图 16-3 "因子分析"对话框

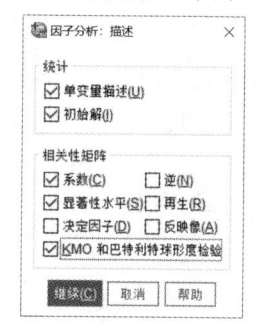

图 16-4 "因子分析：描述"对话框

（3）在图 16-3 所示对话框中单击"提取"按钮，弹出如图 16-5 所示的"因子分析：提取"对话框。勾选"碎石图"复选框，单击"固定因子数"单选按钮，并设置"要提取的因子数"为 4，单击"继续"按钮。

（4）在图 16-3 所示对话框中单击"旋转"按钮，弹出如图 16-6 所示的"因子分析：旋转"对话框。单击"最大方差法"单选按钮，勾选"载荷图"复选框，单击"继续"按钮。

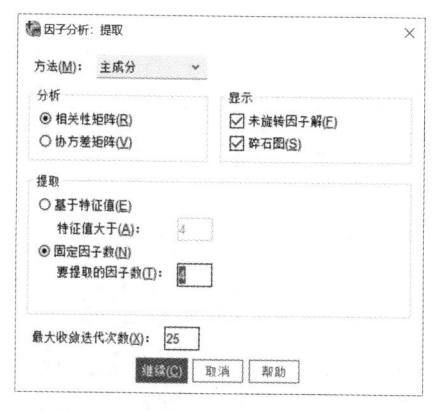

图 16-5 "因子分析：提取"对话框

图 16-6 "因子分析：旋转"对话框

（5）在图 16-3 所示对话框中单击"得分"按钮，弹出如图 16-7 所示的"因子分析：因子得分"对话框。勾选"保存为变量""显示因子得分系数矩阵"复选框，单击"继续"按钮。

（6）在图 16-3 所示对话框中单击"选项"按钮，弹出如图 16-8 所示的"因子分析：选项"对话框。勾选"按大小排序"复选框，单击"继续"按钮。

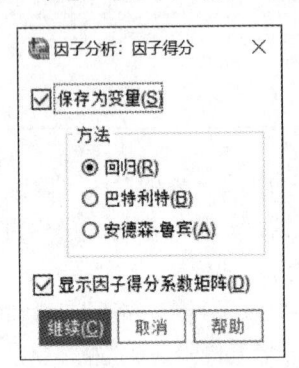

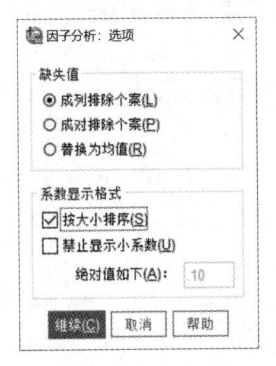

图 16-7 "因子分析：因子得分"对话框　　图 16-8 "因子分析：选项"对话框

（7）完成所有设置后，单击"确定"按钮执行命令，此时会弹出描述统计、相关性矩阵、KMO 和巴特利特球形度检验等分析结果。

16.3.2 结果分析

表 16-5 是 8 个初始变量的描述统计，包括平均值、标准偏差和分析个案数。

表 16-5 描述统计

	平均值	标准偏差	分析个案数
A1	4.14	0.802	215
A2	3.91	0.907	215
A3	3.75	0.938	215
B1	4.13	0.847	215
B2	4.08	0.831	215
B3	3.91	0.933	215
B4	3.66	0.982	215
C1	3.85	0.900	215
C2	4.07	0.843	215
C3	4.10	0.782	215
D1	4.17	0.805	215
D2	3.94	0.841	215

由表 16-6 可以看出多个变量之间的相关系数较大，且对应的显著性普遍较小，说明这些变量之间存在着显著的相关性，进而说明有进行因子分析的必要。

表 16-6 相关性矩阵

		A1	A2	A3	B1	B2	B3	B4	C1	C2	C3	D1	D2
相关性	A1	1.000	0.640	0.568	0.565	0.614	0.554	0.541	0.560	0.566	0.507	0.549	0.586
	A2	0.640	1.000	0.746	0.483	0.555	0.465	0.515	0.441	0.412	0.388	0.483	0.508
	A3	0.568	0.746	1.000	0.510	0.535	0.534	0.546	0.465	0.448	0.435	0.460	0.480
	B1	0.565	0.483	0.510	1.000	0.690	0.612	0.540	0.521	0.629	0.553	0.544	0.561
	B2	0.614	0.555	0.535	0.690	1.000	0.661	0.583	0.610	0.666	0.520	0.609	0.642
	B3	0.554	0.465	0.534	0.612	0.661	1.000	0.705	0.440	0.579	0.557	0.488	0.631
	B4	0.541	0.515	0.546	0.540	0.583	0.705	1.000	0.577	0.526	0.427	0.417	0.571
	C1	0.560	0.441	0.465	0.521	0.610	0.440	0.577	1.000	0.636	0.552	0.436	0.526
	C2	0.566	0.412	0.448	0.629	0.666	0.579	0.526	0.636	1.000	0.691	0.499	0.573
	C3	0.507	0.388	0.435	0.553	0.520	0.557	0.427	0.552	0.691	1.000	0.552	0.534
	D1	0.549	0.483	0.460	0.544	0.609	0.488	0.417	0.436	0.499	0.552	1.000	0.705
	D2	0.586	0.508	0.480	0.561	0.642	0.631	0.571	0.526	0.573	0.534	0.705	1.000
显著性（单尾）	A1		<0.001	<0.001	<0.001	<0.001	<0.001	<0.001	<0.001	<0.001	<0.001	<0.001	<0.001
	A2	0.000		0.000	0.000	0.000	0.000	0.000	0.000	0.000	0.000	0.000	0.000
	A3	0.000	0.000		0.000	0.000	0.000	0.000	0.000	0.000	0.000	0.000	0.000
	B1	0.000	0.000	0.000		0.000	0.000	0.000	0.000	0.000	0.000	0.000	0.000
	B2	0.000	0.000	0.000	0.000		0.000	0.000	0.000	0.000	0.000	0.000	0.000
	B3	0.000	0.000	0.000	0.000	0.000		0.000	0.000	0.000	0.000	0.000	0.000
	B4	0.000	0.000	0.000	0.000	0.000	0.000		0.000	0.000	0.000	0.000	0.000
	C1	0.000	0.000	0.000	0.000	0.000	0.000	0.000		0.000	0.000	0.000	0.000
	C2	0.000	0.000	0.000	0.000	0.000	0.000	0.000	0.000		0.000	0.000	0.000
	C3	0.000	0.000	0.000	0.000	0.000	0.000	0.000	0.000	0.000		0.000	0.000
	D1	0.000	0.000	0.000	0.000	0.000	0.000	0.000	0.000	0.000	0.000		0.000
	D2	0.000	0.000	0.000	0.000	0.000	0.000	0.000	0.000	0.000	0.000	0.000	

由表 16-7 可以看出，本例的 KMO 统计量为 0.908，效果好。而本例的巴特利特球形度检验的显著性为 0.000，小于 0.01，由此可知各变量之间显著相关，即否定相关矩阵为单位阵的零假设，即可以进行因子分析。

表 16-7 KMO 和巴特利特球形度检验

KMO 取样适切性量数		0.908
巴特利特球形度检验	近似卡方	1740.794
	自由度	66
	显著性	0.000

表 16-8 给出了初始变量共同度，其是衡量公共因子相对重要性的指标。"提取"列

即变量共同度的取值，共同度取值为[0,1]。如 A1 的共同度为 0.683，可以理解为提取的 4 个公共因子对变量的方差贡献率为 68.3%。

表 16-8 公因子方差

	初始	提取
A1	1.000	0.683
A2	1.000	0.878
A3	1.000	0.807
B1	1.000	0.640
B2	1.000	0.718
B3	1.000	0.847
B4	1.000	0.841
C1	1.000	0.769
C2	1.000	0.809
C3	1.000	0.734
D1	1.000	0.877
D2	1.000	0.783

提取方法：主成分分析法

表 16-9 给出了每个公共因子所解释的方差及累计方差。从"初始特征值"列可以看出，前 4 个公共因子解释的累计方差百分比达 78.216%，而后面的公共因子的特征值较小，对解释原有变量的贡献越来越小，因此提取 4 个公共因子是合适的。

"提取载荷平方和"列是在未旋转时被提取的 4 个公共因子的方差贡献信息，其与"初始特征值"列的前两行取值一样。"旋转载荷平方和"是旋转后得到的新公共因子的方差贡献信息，和未旋转的贡献信息相比，每个公共因子的方差百分比有变化，但最终的累计方差百分比不变。

表 16-9 总方差解释

成分	初始特征值			提取载荷平方和			旋转载荷平方和		
	总计	方差百分比	累计 %	总计	方差百分比	累计 %	总计	方差百分比	累计 %
1	7.052	58.768	58.768	7.052	58.768	58.768	2.701	22.509	22.509
2	0.961	8.012	66.780	0.961	8.012	66.780	2.364	19.696	42.205
3	0.716	5.966	72.746	0.716	5.966	72.746	2.226	18.547	60.752
4	0.656	5.470	78.216	0.656	5.470	78.216	2.096	17.464	78.216
5	0.520	4.336	82.552						
6	0.477	3.972	86.524						
7	0.392	3.265	89.789						
8	0.315	2.629	92.418						
9	0.269	2.241	94.659						

续表

成分	初始特征值			提取载荷平方和			旋转载荷平方和		
	总计	方差百分比	累计 %	总计	方差百分比	累计 %	总计	方差百分比	累计 %
10	0.246	2.049	96.708						
11	0.235	1.957	98.665						
12	0.160	1.335	100.000						

提取方法：主成分分析

图 16-9 是碎石图，是根据表 16-9 中的"初始特征值"列的数据所绘制的图形。观察发现，第 4 个公共因子后的特征值变化趋缓，故选取 4 个公共因子是比较合适的。

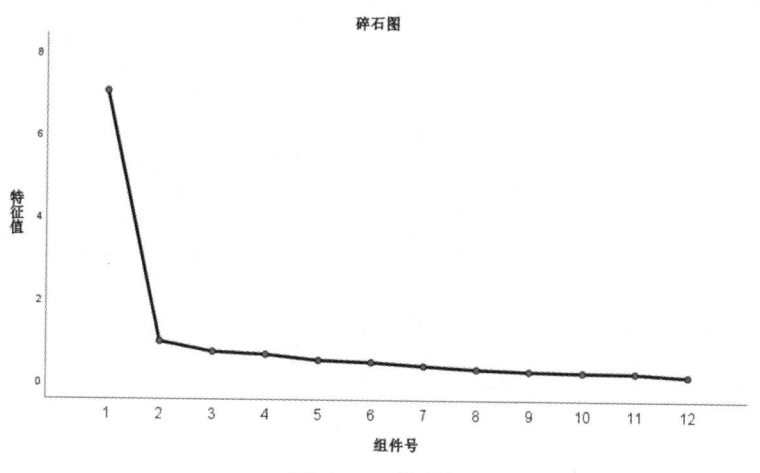

图 16-9 碎石图

表 16-10 列出了因子矩阵，表 16-11 列出了旋转后的因子矩阵。观察两个表可以发现，旋转后每个公共因子上的载荷分配更清晰了，因而比未旋转时更容易解释各因子的意义。

表 16-10 因子矩阵[a]

	成分			
	1	2	3	4
A1	0.789	0.173	0.074	0.158
A2	0.717	0.569	0.098	0.174
A3	0.727	0.508	−0.034	0.140
B1	0.787	−0.125	−0.031	−0.064
B2	0.841	−0.069	−0.004	−0.077
B3	0.789	−0.037	−0.199	−0.428
B4	0.756	0.118	−0.412	−0.292
C1	0.735	−0.168	−0.264	0.363
C2	0.788	−0.360	−0.130	0.202

	成分			
	1	2	3	4
C3	0.729	−0.374	0.076	0.239
D1	0.732	−0.093	0.567	−0.104
D2	0.798	−0.087	0.274	−0.251

提取方法：主成分分析

a. 提取了4个公共因子

表 16-11　旋转后的因子矩阵 [a]

	成分			
	1	2	3	4
A1	0.413	**0.579**	0.243	0.344
A2	0.159	**0.870**	0.190	0.244
A3	0.211	**0.808**	0.287	0.165
B1	0.474	0.259	**0.446**	0.386
B2	0.458	0.327	**0.469**	0.425
B3	0.259	0.203	**0.789**	0.341
B4	0.287	0.347	**0.795**	0.081
C1	**0.772**	0.327	0.251	0.056
C2	**0.782**	0.151	0.313	0.277
C3	**0.727**	0.133	0.149	0.407
D1	0.255	0.273	0.129	**0.849**
D2	0.276	0.248	0.418	**0.686**

提取方法：主成分分析

旋转方法：凯撒正态化最大方差法

a. 旋转在6次迭代后已收敛

16.4　问卷数据处理

该问卷中的大学生自我管理能力部分存在四个维度，每个维度分为多个问题，因此要把问题进行数据处理，得出维度的得分。

（1）打开"data16-01.sav"文件，执行菜单栏中的"数据"→"转换"→"计算变量"命令，打开如图16-10所示的"计算变量"对话框。在"目标变量"文本框中输入"时间管理能力"，选中A1、A2、A3，单击 按钮，将其选入"数字表达式"列表框，并进行公式计算。

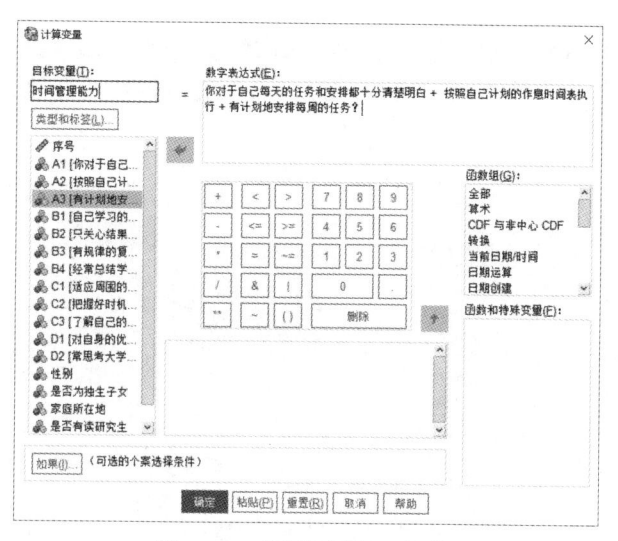

图 16-10 "计算变量"对话框

（2）单击"确定"按钮，在数据视图中会出现一列以"时间管理能力"命名的新数据。
（3）重复以上步骤，完成学习管理能力、身心管理能力、人际关系管理能力三个维度得分的计算，如图 16-11 所示。

时间管理能力	学习管理能力	身心管理能力	人际关系管理能力
12.00	15.00	13.00	8.00
13.00	19.00	14.00	10.00
12.00	14.00	12.00	8.00
12.00	16.00	12.00	8.00
15.00	20.00	15.00	10.00
12.00	19.00	12.00	9.00
12.00	15.00	13.00	10.00
12.00	16.00	12.00	8.00
14.00	15.00	12.00	9.00
12.00	20.00	13.00	10.00
15.00	19.00	15.00	10.00
12.00	18.00	12.00	8.00
12.00	16.00	12.00	10.00
11.00	12.00	11.00	8.00
15.00	20.00	15.00	10.00

图 16-11 数据处理结果

16.5 频率分析

该问卷中第一部分为被调查者的基本情况，下面对这些基本情况进行频率分析。

16.5.1 SPSS 实现

（1）打开"data16-01.sav"文件，执行菜单栏中的"分析"→"描述统计"→"频率"命令,弹出如图 16-12 所示的"频率"对话框。在左侧的变量列表中选中"性别""是否为独生子女""家庭所在地""是否有读研究生""父母学历"变量,单击 按钮,将其选入"变量"列表框。

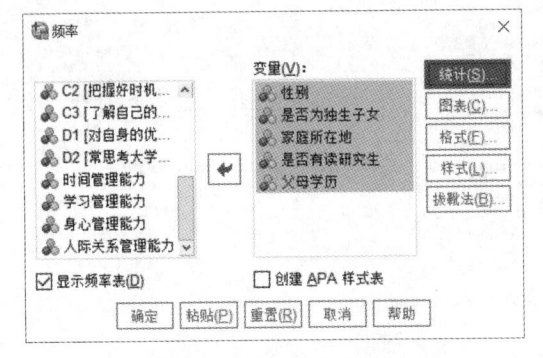

图 16-12 "频率"对话框

(2)单击"确定"按钮,此时会弹出描述统计表等分析结果。

16.5.2 结果分析

表 16-12 为描述统计表,可以看出有效个案为 215 个,没有缺失值。

表 16-12 描述统计表

个案数		性别	是否为独生子女	家庭所在地	是否有读研究生	父母学历
	有效	215	215	215	215	215
	缺失	0	0	0	0	0

由表 16-13~表 16-16 可以看出"性别""是否为独生子女""父母学历""是否有读研究生"的频率分布。例如性别,男性占 5.1%,女性占 94.9%。

表 16-13 性别频率分布表

		频率	百分比	有效百分比	累计百分比
有效	男	11	5.1	5.1	5.1
	女	204	94.9	94.9	100.0
	总计	215	100.0	100.0	

表 16-14 是否为独生子女频率分布表

		频率	百分比	有效百分比	累计百分比
有效	是	36	16.7	16.7	16.7
	否	179	83.3	83.3	100.0
	总计	215	100.0	100.0	

表 16-15 父母学历频率分布表

		频率	百分比	有效百分比	累计百分比
有效	小学及以下	29	13.5	13.5	13.5
	初中中专	101	47.0	47.0	60.5
	高中高职	42	19.5	19.5	80.0
	大专	23	10.7	10.7	90.7
	本科及以上	20	9.3	9.3	100.0
	总计	215	100.0	100.0	

表 16-16 是否有读研究生频率分布表

		频率	百分比	有效百分比	累计百分比
有效	是	167	77.7	77.7	77.7
	否	48	22.3	22.3	100.0
	总计	215	100.0	100.0	

16.6 描述性分析

该问卷中第二部分为大学生自我管理能力的问卷调查，现对这四个维度进行描述性分析。

16.6.1 SPSS 实现

（1）打开"data16-01.sav"文件，执行菜单栏中的"分析"→"描述统计"→"描述"命令，弹出"描述"对话框。在左侧的变量列表中选中"时间管理能力""学习管理能力""身心管理能力""人际关系管理能力"四个变量，单击按钮，将其选入"变量"列表框，如图 16-13 所示。

（2）单击"选项"按钮，弹出如图 16-14 所示的"描述：选项"对话框，勾选"均值""标准差""最小值""最大值""标准误差均值"复选框，单击"继续"按钮。

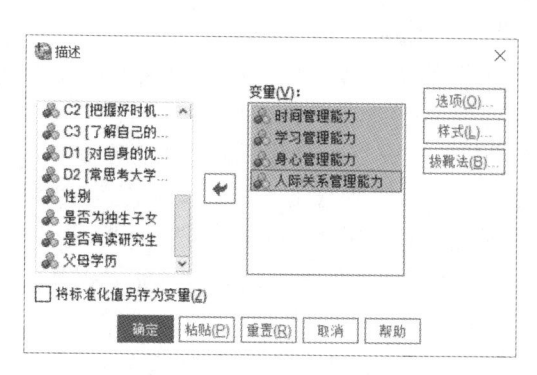

图 16-13 "描述"对话框

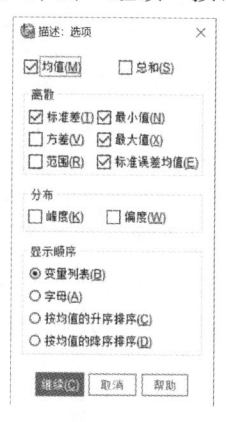

图 16-14 "描述：选项"对话框

（3）完成所有设置后，单击"确定"按钮执行命令，此时系统会弹出分析结果。

16.6.2 结果分析

由表 16-17 可以看出样本个数为 215，有效的样本个数为 215。时间管理能力维度的最小值为 4.00，最大值为 15.00，平均值为 11.7953，标准差为 2.32519，可以看出时间管理能力维度的得分在中等偏上的水平。同理，学习管理能力、身心管理能力、人际关系管理能力三个维度的得分均在中等偏上的水平。

表 16-17　描述统计资料

	N	最小值	最大值	平均值	标准差
时间管理能力	215	4.00	15.00	11.7953	2.32519
学习管理能力	215	8.00	20.00	15.7721	3.05696
身心管理能力	215	5.00	15.00	12.0186	2.18740
人际关系管理能力	215	4.00	10.00	8.1163	1.51949
有效个案数（成列）	215				

16.7　相关性分析

该问卷中第二部分为大学生自我管理能力的问卷调查，下面对这四个维度进行相关性分析，研究四个维度之间的关系。

16.7.1　SPSS 实现

（1）打开数据文件"data16-01.sav"，执行菜单栏中的"图形"→"旧对话框"→"散点图/点图"命令，弹出"散点图/点图"对话框，如图 16-15 所示。

（2）选择"矩阵散点图"，并单击"定义"按钮，弹出"散点图矩阵"对话框，如图 16-16 所示。选中"时间管理能力""学习管理能力""身心管理能力""人际关系管理能力"4 个变量，单击按钮，将其选入"矩阵变量"列表框。

（3）完成所有设置后，单击"确定"按钮执行命令，此时会弹出矩阵散点图，如图 16-17 所示，可以初步判断相关性。

（4）执行菜单栏中的"分析"→"相关"→"双变量"命令，弹出如图 16-18 所示的"双变量相关性"对话框。在左侧的变量列表中选中"时间管理能力""学习管理能力""身心管理能力""人际关系管理能力"4 个变量，单击按钮，将其选入"变量"列表框。勾选"皮尔逊"复选框，单击"双尾"，单选按钮勾选"标记显著性相关性"复选框。

第 16 章 社会科学调查应用

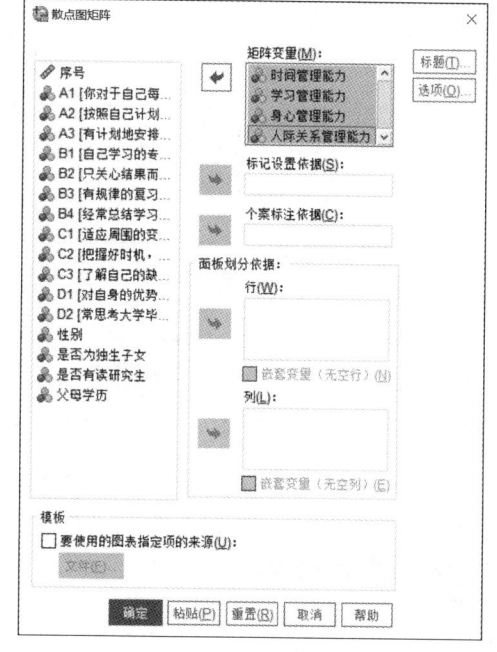

图 16-15 "散点图/点图"对话框

图 16-16 "散点图矩阵"对话框

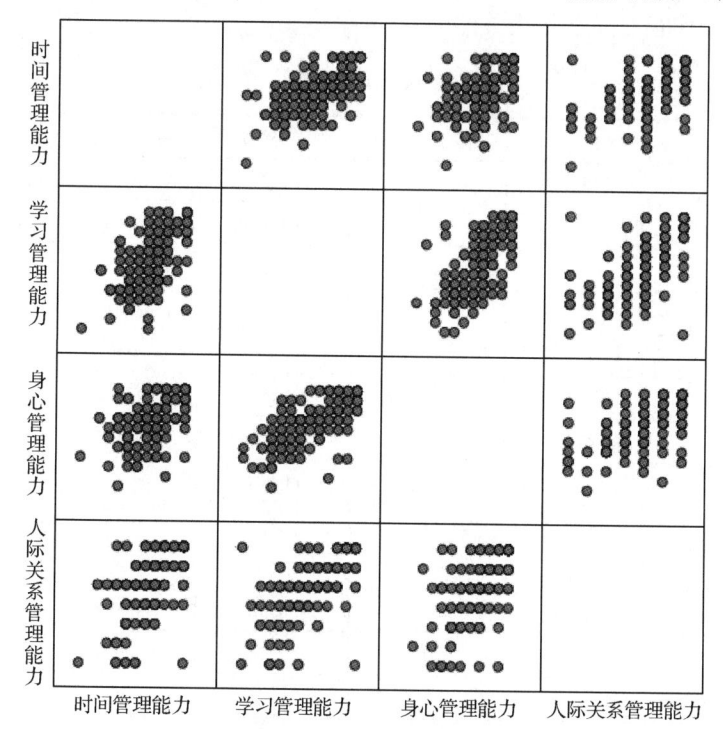

图 16-17 矩阵散点图

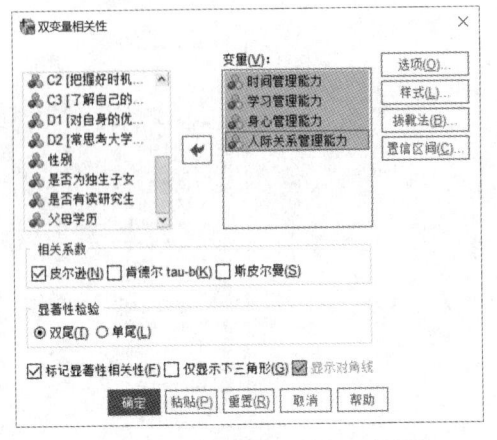

图 16-18 "双变量相关性"对话框

（5）完成所有设置后，单击"确定"按钮执行命令，此时会弹出相关性的分析结果。

16.7.2 结果分析

由表 16-18 可以看出，时间管理能力、学习管理能力、身心管理能力、人际关系管理能力两两之间均存在显著正相关的关系。

表 16-18 相关性

		时间管理能力	学习管理能力	身心管理能力	人际关系管理能力
时间管理能力	皮尔逊相关性	1	0.713**	0.614**	0.627**
	显著性（双尾）		<0.001	<0.001	<0.001
	个案数	215	215	215	215
学习管理能力	皮尔逊相关性	0.713**	1	0.744**	0.708**
	显著性（双尾）	<0.001		<0.001	<0.001
	个案数	215	215	215	215
身心管理能力	皮尔逊相关性	0.614**	0.744**	1	0.649**
	显著性（双尾）	<0.001	<0.001		<0.001
	个案数	215	215	215	215
人际关系管理能力	皮尔逊相关性	0.627**	0.708**	0.649**	1
	显著性（双尾）	<0.001	<0.001	<0.001	
	个案数	215	215	215	215

**. 在 0.01 级别（双尾），相关性显著

16.8 差异性分析

该问卷中第二部分为大学生自我管理能力的问卷调查，下面对这 4 个维度在性别上

利用独立样本 t 检验进行差异性分析。

16.8.1 SPSS 实现

（1）打开数据文件"data16-01.sav"，执行菜单栏中的"分析"→"比较均值"→"独立样本 t 检验"命令，弹出"独立样本 t 检验"对话框。选择"时间管理能力""学习管理能力""身心管理能力""人际关系管理能力"4 个变量，单击按钮，将其选入"检验变量"列表框，选择"性别"变量，单击按钮，将其选入"分组变量"列表框，如图 16-19 所示。

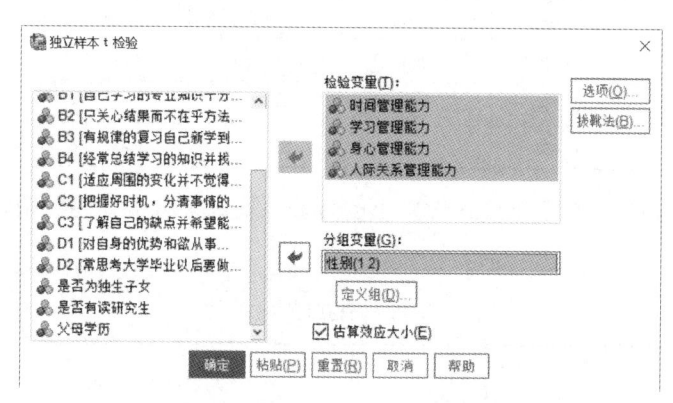

图 16-19 "独立样本 t 检验"对话框

（2）单击"定义组"按钮，弹出如图 16-20 所示的"定义组"对话框，分别在"组 1"和"组 2"文本框中输入"1"和"2"，单击"继续"按钮。"1"和"2"对应性别中的男和女。

（3）在图 16-19 所示对话框中单击"选项"按钮，弹出如图 16-21 所示的"独立样本 t 检验：选项"对话框，保持系统默认设置，单击"继续"按钮。

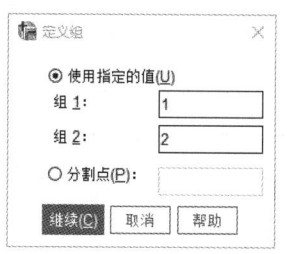

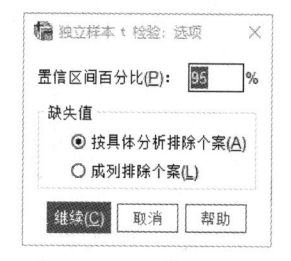

图 16-20 "定义组"对话框　　图 16-21 "独立样本 t 检验：选项"对话框

（4）完成所有设置后，单击"确定"按钮执行命令，系统弹出组统计、独立样本 t 检验等分析结果。

16.8.2 结果分析

由表 16-19 可以看出，男性样本数为 11，时间管理能力的均值为 11.1818，标准差为

2.82199，标准误差平均值为 0.85086，女性样本数为 204，时间管理能力的均值为 11.8284，标准差为 2.29906，标准误差平均值为 0.16097。

表 16-19　组统计

	性别	N	均值	标准差	标准误差平均值
时间管理能力	男	11	11.1818	2.82199	0.85086
	女	204	11.8284	2.29906	0.16097
学习管理能力	男	11	15.1818	3.99545	1.20467
	女	204	15.8039	3.00751	0.21057
身心管理能力	男	11	10.9091	2.77325	0.83617
	女	204	12.0784	2.14355	0.15008
人际关系管理能力	男	11	7.6364	1.91169	0.57640
	女	204	8.1422	1.49692	0.10481

由表 16-20 可知，4 个维度在性别上的显著性均大于 0.05，说明在性别上均不存在显著差异。

表 16-20　独立样本 t 检验

		莱文方差等同性检验		平均值等同性 t 检验						
		F	显著性	t	自由度	显著性		平均值差值	标准误差差值	差值 95%置信区间	
						单侧 P	双侧 P			下限	上限
时间管理能力	假定等方差	1.827	0.178	-0.898	213	0.185	0.370	-0.64661	0.72005	-2.06595	0.77273
	不假定等方差			-0.747	10.728	0.236	0.471	-0.64661	0.86595	-2.55848	1.26525
学习管理能力	假定等方差	3.342	0.069	-0.657	213	0.256	0.512	-0.62210	0.94749	-2.48977	1.24556
	不假定等方差			-0.509	10.620	0.311	0.621	-0.62210	1.22294	-3.32557	2.08137
身心管理能力	假定等方差	2.421	0.121	-1.735	213	0.042	0.084	-1.16934	0.67391	-2.49773	0.15905
	不假定等方差			-1.376	10.654	0.098	0.197	-1.16934	0.84953	-3.04657	0.70789
人际关系管理能力	假定等方差	1.028	0.312	-1.076	213	0.142	0.283	-0.50579	0.47016	-1.43256	0.42097
	不假定等方差			-0.863	10.672	0.203	0.407	-0.50579	0.58585	-1.80009	0.78850

16.9　小结

在现代社会科学调查中，调查问卷已经成收集数据最普遍且有效的途径。设计调查问卷尤其重要，需要根据前人的研究结果或者实际应用情况设计合适的调查问卷，调查问卷的水平直接决定了数据收集的质量、问卷的有效性等，读者在学习的过程中应当学习更多问卷设计的方法，在实际的调查过程中可以不断检验问卷的合理性与难度是否满足要求。

16.10 习题

1. 数据文件 data16-01.sav 为大学生自我管理能力的调查问卷，请补充以下分析：

（1）研究时间管理能力、学习管理能力、身心管理能力、人际关系管理能力得分是否符合正态分布。

（2）分别分析时间管理能力、学习管理能力、身心管理能力、人际关系管理能力四个维度的信度。

（3）研究时间管理能力、学习管理能力、身心管理能力、人际关系管理能力在是否独生、是否有读研究生上是否存在差异。

（4）研究时间管理能力、学习管理能力、身心管理能力、人际关系管理能力在父母学历上是否存在差异。

（5）假设需要评价每个学生自我管理能力的综合得分，请利用合适的方法进行综合评价。

数据存储于"数据文件\Chapter16\data16-01.sav"文件中。

2. 数据文件 data16-02.sav 为关于大学生课外阅读情况的调查问卷，请根据问卷题目和数据完成分析，包括但不限于信度分析、差异性分析、描述性分析、筛选合格问卷等，并根据结果给出结论与建议。数据存储于"数据文件\Chapter16\data16-02.sav"文件中。

3. 数据文件 data16-03.sav 为幼儿自理能力的的调查问卷，分为家庭基本情况调查和幼儿自理能力的调查，其中幼儿自理能力调查问卷共 25 题，又分为生活自理能力、交往自理能力、学习自理能力，请根据问卷内容和数据完成分析，包括但不限于信度分析、差异性分析、描述性分析、筛选合格问卷等，并根据结果给出结论与建议。数据存储于"数据文件\Chapter16\data16-03.sav"文件中。

4. 请自行针对某个研究主题设计一份调查问卷，并完成问卷数据收集及分析。

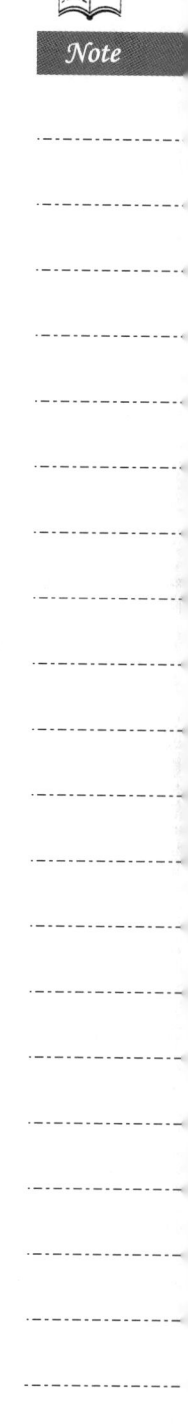

第17章

企业经营发展应用

企业经营涉及方方面面,经营者最关心的是企业的收益率、安全性、效益性及成长性。影响企业经营发展的因素有很多,包括管理层权力、大股东的持股比例、总资产、资产负债率、主营业务收入等。本章选择部分影响因素对企业的经营情况进行分析。

学习目标

(1) 了解企业经营的影响因素。
(2) 掌握回归分析在企业经营中的应用。

17.1 背景介绍

本章选取中国统计年鉴中部分上市企业的经营数据，包括资产收益率、第一大股东持股比例、总资产、资产负债率、主营业务收入等因素（数据已经标准化），利用回归分析研究第一大股东持股比例、总资产、资产负债率、主营业务收入等因素对资产收益率的影响，见表17-1。

表17-1 回归模型

变量	名称	说明
因变量	资产收益率	
自变量1	董事会规模	利用主成分分析将管理的各个因素合为一项处理，即管理层权力
	管理层持股	
	总经理任期	
	管理层在外兼任	
自变量2	第一大股东持股比例	
控制变量	总资产	
	资产负债率	
	主营业务收入	

数据文件：数据文件\Chapter17\data17-01.sav
视频文件：视频文件\Chapter17\企业经营.avi

17.2 主成分分析

管理层权力涉及董事会规模、管理层持股、总经理任期、管理层在外兼任，为了综合评价管理层权力，利用主成分分析获得综合评价的管理层权力，并将其作为自变量。

17.2.1 SPSS 实现

（1）打开"data17-01.sav"文件，执行菜单栏中的"分析"→"降维"→"因子"命令，弹出"因子分析"对话框，如图 17-1 所示。选中"董事会规模""管理层持股""总经理任期""管理层在外兼任"4个变量，单击 ▶ 按钮，将其选入"变量"列表框。

（2）单击"描述"按钮，弹出"因子分析：描述"对话框，如图 17-2 所示。勾选"系数""显著性水平""KMO 和巴特利特球形度检验"复选框，单击"继续"按钮。

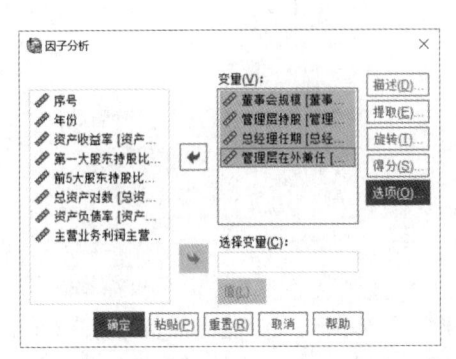

图 17-1 "因子分析"对话框 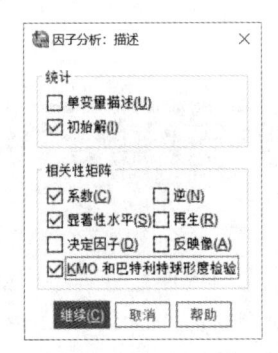　　　图 17-2 "因子分析：描述"对话框

（3）在图 17-1 所示对话框中单击"提取"按钮，弹出"因子分析：提取"对话框，如图 17-3 所示。勾选"碎石图"复选框，单击"基于特征值"单选按钮，在"特征值大于"文本框中输入"1"，单击"继续"按钮。

（4）在图 17-1 所示对话框中单击"旋转"按钮，弹出"因子分析：旋转"对话框，如图 17-4 所示。单击"最大方差法"单选按钮，勾选"载荷图"复选框，单击"继续"按钮。

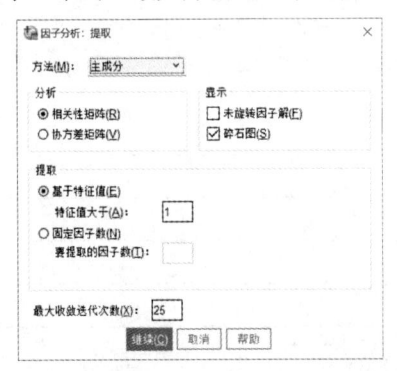

图 17-3 "因子分析：提取"对话框 　　　图 17-4 "因子分析：旋转"对话框

（5）在图 17-1 所示对话框中单击"得分"按钮，弹出"因子分析：因子得分"对话框，如图 17-5 所示。勾选"保存为变量""显示因子得分系数矩阵"复选框，单击"继续"按钮。

（6）在图 17-1 所示对话框中单击"选项"按钮，弹出"因子分析：选项"对话框，如图 17-6 所示。勾选"按大小排序"复选框，单击"继续"按钮。

（7）完成所有设置后，单击"确定"按钮执行命令，此时会弹出 KMO 和巴特利特球形度检验等分析结果。

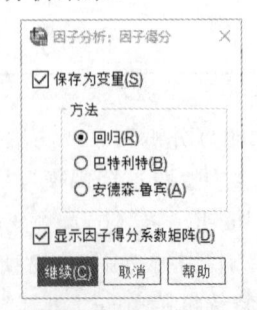

图 17-5 "因子分析：因子得分"对话框 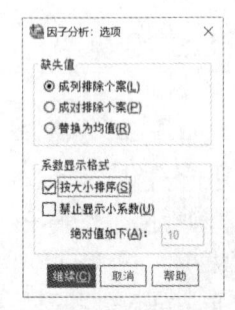　　　图 17-6 "因子分析：选项"对话框

17.2.2 结果分析

由表 17-2 可以看出，本例中的 KMO 统计量为 0.524，还算可以接受。而本例中的巴特利特球形度检验的显著性为 0.015，小于 0.05，由此可知各变量之间显著相关，即否定相关矩阵为单位阵的零假设。

表 17-2　KMO 和巴特利特球形度检验

KMO 取样适切性量数		0.524
巴特利特球形度检验	近似卡方	15.840
	自由度	6
	显著性	0.015

表 17-3 给出了每个公共因子所解释的方差及累计。本例设置提取特征值大于 1 的公共因子，共提取两个公共因子，累计方差 55.499%。累计方差较低，本例中按可接受进行后续分析。

表 17-3　总方差解释

成分	初始特征值			提取载荷平方和			旋转载荷平方和		
	总计	方差百分比	累计 %	总计	方差百分比	累计 %	总计	方差百分比	累计 %
1	1.186	29.648	29.648	1.186	29.648	29.648	1.173	29.322	29.322
2	1.034	25.850	55.499	1.034	25.850	55.499	1.047	26.177	55.499
3	0.914	22.838	78.337						
4	0.867	21.663	100.000						
提取方法：主成分分析									

由表 17-4 和表 17-5 可以发现，旋转后的每个公共因子上的载荷分配更清晰了，因而比未旋转时更容易解释各因子的意义。

因子载荷是变量与公共因子的相关系数，某变量在某公共因子中的载荷绝对值越大，表明该变量与该公共因子更密切，即该公共因子更能代表该变量。由此可知，本例中的第 1 个公共因子更能代表董事会规模、管理层在外兼任、管理层持股这三个变量，第 2 个公共因子更能代表总经理任期这个变量。

表 17-4　因子矩阵[a]

	成分	
	1	2
管理层持股	0.648	-0.338
董事会规模	-0.645	-0.216
管理层在外兼任	0.585	0.266
总经理任期	-0.085	0.896
提取方法：主成分分析		
a. 提取了两个成分		

表 17-5　旋转后的因子矩阵[a]

	成分	
	1	2
董事会规模	−0.680	−0.017
管理层在外兼任	0.638	0.083
管理层持股	0.520	−0.513
总经理任期	0.181	0.881
提取方法：主成分分析		
旋转方法：凯撒正态化最大方差法		
a. 旋转在 3 次迭代后已收敛		

表 17-6 为因子得分系数矩阵，由此可得最终的因子得分公式：

$F_1 = -0.581 \times$董事会规模$+0.427 \times$管理层持股$+0.185 \times$总经理任期$+0.547 \times$管理层在外兼任

$F_2 = -0.040 \times$董事会规模$-0.473 \times$管理层持股$+0.849 \times$总经理任期$+0.102 \times$管理层在外兼任

表 17-6　因子得分系数矩阵

	成分	
	1	2
董事会规模	−0.581	−0.040
管理层持股	0.427	−0.473
总经理任期	0.185	0.849
管理层在外兼任	0.547	0.102
提取方法：主成分分析		
旋转方法：凯撒正态化最大方差法		
组件得分		

为综合评价管理层权力，可对两个公共因子的得分进行加权求和，权数即公共因子对应的方差贡献率。本例采用方差贡献率作为取值，两个旋转后的公共因子的方差贡献率分别为 29.322%、26.177%，所以，管理层权力的公式为：

$$F = 29.322\% \times F_1 + 26.177\% \times F_2$$

计算 F 的 SPSS 实现可参考 16.4 节的步骤，计算得到的 F 如图 17-7 所示。

F_1	F_2	F
−1.96	−0.47	−0.70
−1.93	−0.33	−0.65
−2.02	−0.75	−0.79
−0.03	−0.23	−0.05
−0.82	−0.88	−0.01
−0.94	−1.25	−0.06
−0.63	−0.15	−0.15
−1.48	1.26	−0.10
−1.45	1.40	−0.06
−0.94	−0.32	−0.19
−1.09	−0.38	−0.42
−1.06	−0.24	−0.37

图 17-7　计算得到的 F

17.3 回归分析

得到管理层权力的综合评价之后,进一步利用分层回归的方式完成多元线性回归分析。

17.3.1 SPSS 实现

(1)打开"data17-01.sav"文件,执行菜单栏中的"分析"→"回归"→"线性"命令,弹出如图 17-8 所示的"线性回归"对话框。在左侧的变量列表中选中"资产收益率",单击▶按钮,将其选入"因变量"列表框,将"F""第一大股东持股比例"变量选入右边的资"块"列表框,"方法"选择"输入"。

(2)单击"下一个"按钮,将"总资产""资产负债率""主营业务收入"选入右边"块"列表框,如图 17-9 所示。

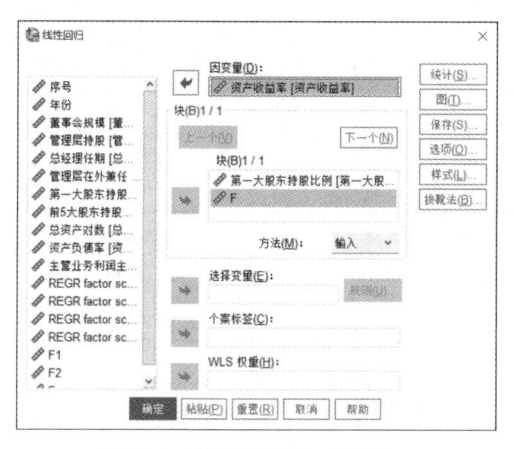

图 17-8 "线性回归"对话框一   图 17-9 "线性回归"对话框二

(3)单击"统计"按钮,弹出如图 17-10 所示的"线性回归:统计"对话框。在"回归系数"选项区中勾选"估算值"复选框,在"残差"选项区中勾选"个案诊断"复选框,在"离群值"文本框中输入"3",勾选"模型拟合""共线性诊断"复选框,单击"继续"按钮。

图 17-10 "线性回归:统计"对话框

（4）完成所有设置后，单击"确定"按钮执行命令，此时会弹出分析结果。

17.3.2　结果分析

表 17-7 给出了回归过程中变量的引入和剔除过程及其准则，可以看出，模型 1 引入的是 F、第一大股东持股比例两个变量，模型 2 引入了资产负债率、主营业务收入、总资产三个变量。

表 17-7　输入/剔除变量[a]

模型	输入的变量	剔除的变量	方法
1	F, 第一大股东持股比例[b]	.	输入
2	资产负债率, 主营业务收入, 总资产[b]	.	输入

a. 因变量：资产收益率

b. 已输入所请求的所有变量

表 17-8 给出了模型编号、R、R 方、调整后 R 方等，可见模型 1 的 R 方为 0.021，调整后 R 方为 0.017，模型 2 的 R 方为 0.172，调整后 R 方为 0.165。R 方的数值均较小，说明回归模型拟合得不太好。

表 17-8　模型摘要[b]

模型	R	R 方	调整后 R 方	标准估算的错误
1	0.145[a]	0.021	0.017	0.99892738
2	0.415[b]	0.172	0.165	0.92096558

a. 预测变量：（常量），F，第一大股东持股比例

b. 预测变量：（常量），F，第一大股东持股比例，资产负债率，主营业务收入，总资产

表 17-9 给出了回归拟合过程中的方差分析结果，可见模型 1 和模型 2 的显著性均小于 0.05，说明回归模型是有意义的。

表 17-9　ANOVA[a]

模型		平方和	自由度	均方	F	显著性
1	回归	11.365	2	5.683	5.695	0.004[b]
	残差	531.857	533	0.998		
	总计	543.222	535			
2	回归	93.688	5	18.738	22.092	<0.001[c]
	残差	449.534	530	0.848		
	总计	543.222	535			

a. 因变量：资产收益率

b. 预测变量：（常量），F，第一大股东持股比例

c. 预测变量：（常量），F，第一大股东持股比例，资产负债率，主营业务收入，总资产

表 17-10 给出了所有模型的回归系数估计值，包括未标准化系数、标准化系数、t、显著性。从显著性这一列可以看出，模型中所有变量和常数项的显著性均小于 0.05，均通过了显著性检验。

模型 1 回归方程：

资产收益率=-0.014+0.102×第一大股东持股比例+0.239×F

模型 2 回归方程：

资产收益率=-0.013+0.091×第一大股东持股比例+0.125×F+0.377×总资产-0.436×资产负债率+0.115×主营业务收入

表 17-10 系数[a]

模型		未标准化系数		标准化系数	t	显著性
		B	标准错误	Beta		
1	（常量）	-0.014	0.043		-0.325	0.745
	第一大股东持股比例	0.102	0.044	0.102	2.331	0.020
	F	0.239	0.120	0.087	1.987	0.047
2	（常量）	-0.013	0.040		-0.329	0.742
	第一大股东持股比例	0.091	0.041	0.091	2.219	0.027
	F	0.125	0.112	0.045	1.118	0.264
	总资产	0.377	0.052	0.370	7.202	<0.001
	资产负债率	-0.436	0.053	-0.434	-8.300	<0.001
	主营业务收入	0.115	0.041	0.115	2.784	0.006

a. 因变量：资产收益率

经过线性回归分析，将最初的 8 个因素经过主成分分析变为 5 个因素，将这 5 个因素选入线性回归模型，希望能够得到这 5 个因素对资产收益率的回归模型，但经过建模和显著性检验，虽然回归系数均显著，但 R 方的数值均较小，有待进一步优化模型或者补充更多数据。

由于案例只选择了部分影响因素，实际情况下对资产收益率的影响还有很多因素，比如公司规模等，需要进一步研究，建立更合适的模型。

17.4 小结

本章依据中国统计年鉴中部分上市企业的经营数据，将资产收益率作为因变量，将第一大股东持股比例、总资产、资产负债率、主营业务收入等因素作为自变量，利用主成分分析及回归分析建立回归模型。

回归分析基于观测数据建立由自变量推算因变量的回归方程，以分析数据内在规律，可用于预报、控制等问题。主成分分析是一种较为客观的综合评价方法。它无须人为确定各个指标的权重，而是根据各项指标的相关关系和变异程度来确定权重，以计算综合评价值。

17.5 习题

1. 数据文件 data17-01.sav 中有前五大股东持股比例的数据，请利用本章介绍的内容完成如下模型的建立。

变量	名称	说明
因变量	资产收益率	
自变量1	董事会规模	利用主成分分析将管理的各个因素合为一项处理，即管理层权力
	管理层持股	
	总经理任期	
	管理层在外兼任	
自变量2	前五大股东持股比例	
控制变量	总资产	
	资产负债率	
	主营业务收入	

数据存储于"数据文件\Chapter17\data17-01.sav"文件中。

2. 数据文件 data17-02.sav 为 A 股上市公司的财务绩效、资产负债率、公司规模等9项指标，以财务绩效为因变量，研究另外8项指标对财务绩效的影响，并筛选出合适的自变量，建立一个合适的回归模型。数据存储于"数据文件\Chapter17\data17-02.sav"文件中。

3. 数据文件 data17-03.sav 为部分公司的贷款规模、债务融资成本、企业规模等8项指标，请完成以下分析：

（1）以贷款规模为因变量，研究企业规模、净资产收益率、营业收入增长率、留存比率、资产负债率、资产抵押能力对贷款规模的影响，建立一个合适的回归模型。

（2）以债务融资成本为因变量，研究企业规模、净资产收益率、营业收入增长率、留存比率、资产负债率、资产抵押能力对债务融资成本的影响，建立一个合适的回归模型。

数据存储于"数据文件\Chapter17\data17-03.sav"文件中。